Wandlung
Religionen und Kirchen inmitten kultureller Transformation

„Wir leben nicht einer Ära des Wandels,
sondern erleben einen Wandel der Ära."
(Papst Franziskus)

Inhalt

Highlights

Weiterhin wachsende Verbuntung

1. Die österreichische Bevölkerung hat sich im letzten halben Jahrhundert (1970–2020) in weltanschaulicher Hinsicht zunehmend verbuntet. Das zeigt sich nicht nur an der Zugehörigkeit bzw. Nichtzugehörigkeit zu Religionsgemeinschaften und Kirchen. Bunt ist auch, wie unterschiedlich die Menschen religiös fühlen (ihre Religiosität), was sie inhaltlich glauben (ihr Glaubenshaus, ihr Glaubenskosmos) und wie sie sich am Leben und Handeln einer Religionsgemeinschaft beteiligen (Kirchlichkeit, Commitment). Und ähnlich bunt sind die Auswirkungen des „Soziореligiösen" auf die Gestaltung des persönlichen Lebens und des gesellschaftlichen Zusammenlebens.

Sterbliche und Unsterbliche

2. Aus religionssoziologischer Perspektive besteht die Bevölkerung weltanschaulich aus „Sterblichen" und „Unsterblichen"; die „Transzendenzspannweite" der von beiden Kategorien mit ihrem Bewusstsein bewohnte Wirklichkeit ist höchst verschieden:
   - Die „Sterblichen" leben in einer engen diesseitigen Welt. Für sie ist mit dem Tod alles aus; ihre „Wirklichkeit" ist begrenzt durch Raum und Zeit. Eine jenseitige Welt existiert für sie nicht.
   - Die raumzeitliche Reichweite jener „Wirklichkeit", in der die „Unsterblichen" ihre Existenz verorten und realisieren, ist hingegen erheblich weiter; sie leben ebenso wie die „Sterblichen" in einer diesseitig-alltäglichen Welt, die aber von einer jenseitig-außeralltäglichen umfangen ist. Die konkrete „Ausgestaltung" dieser anderen Welt geschieht zumeist im Austausch mit einer Religionsgemeinschaft, der sich jemand zugehörig weiß. Es kann das Paradies des Korans mit Allah, aber auch der christliche Himmel mit einem persönlichen, den Menschen in Jesus von Nazaret nahegekommenen „dreifaltigen" Gott sein. Eine Minderheit leiht sich bei der Einrichtung ihres „Glaubenshauses" Bilder aus fernöstlichen Religionen. Aber auch andere weltanschauliche und philosophische Konstellationen (Aufklärung, Freidenker) können die Ausgestaltung mitprägen.
3. In beiden „Lagern" (der Sterblichen wie der Unsterblichen) ist sich ein Teil der „Zugerechneten" überzeugungssicher. Daneben aber gibt es Anteile in der Bevölkerung, die keine unerschütterliche Überzeugung gewonnen oder diese verloren haben. Sie sind eher skeptisch, suchend, unsicher. So ist die Welt mancher der „Sterblichen" durch die Grenzen von Raum und Zeit nicht völlig geschlossen: Sie erzählen von außeralltäglichen Erfahrungen, welche religiöse Gefühle erzeugen. Im Lager der „Unsterblichen" wiederum haben nicht wenige Vorstellungsprobleme: Die vom Christentum gelehrte Auferstehung des ganzen Men-

schen mit Leib und Seele, wie sie von der Auferstehung Jesu berichtet wird, erscheint nicht wenigen als unvorstellbar. So spekulieren sie mit einem abstrakten „Weiterleben ohne Körper". Eine Minderheit setzt auf Reinkarnation, und dies eher in einer europäisierten Version der Glücksverlängerung als zum Abbüßen von bösartigem Karma.

4. Die Glaubensfesten der beiden gegensätzlichen Lager sind in ihrer Weltdeutung gut erkennbar und bilden klar abgrenzbare Pole:
   - Die „Sterblichen" tendieren in allen drei soziorelgiösen Aspekten zu „Nullwerten": Sie bezeichnen sich subjektiv nicht als religiös, ihr Glaubenskosmos ist leer, sie sind höchstens bei besonderen Anlässen (wie einer Beerdigung von Angehörigen) in einer kirchlichen Feier präsent, und das nicht aus religiösen Motiven, sondern aus Respekt vor kulturellen Gepflogenheiten.
   - Die „Unsterblichen" verankern ihr vergängliches Leben in einem unvergänglichen Himmel, in dem (ein liebender) Gott wohnt. Sie „bewohnen" ein reichlich ausgestattetes Glaubenshaus mit einem Himmel, besiedelt von Engeln und Heiligen als mit einer Hölle und einem Teufel, und engagieren sich mit einer gewissen Regelmäßigkeit in einer religiösen Gemeinschaft, deren Hauptaufgabe sie darin erblicken, (für sie/kulturell) Gott in Erinnerung zu halten und ein menschenwürdiges Leben unter einem offenen Himmel zu fördern.

   Diese „sicheren" Zugehörigen zu beiden „Lagern" besitzen subjektiv eine hohe Glaubenskraft: „Die einen glauben Gott weg, die anderen glauben ihn her"; die einen „atheisieren", die anderen glauben ihr Leben in die Welt Gottes hinein und damit Gott in ihr Leben herein.
5. Die Zugehörigkeit zu einem der beiden Lager der „Sterblichen" und der „Unsterblichen" hat enorme Auswirkungen nicht nur auf die Weltdeutung, sondern auch auf die Gestaltung des persönlichen Lebens und des gesellschaftlichen Zusammenlebens. Diese Auswirkungen gehen oftmals in völlig gegensätzliche Richtungen. Daraus können enorme kulturpolitische Konflikte erwachsen:
   - Für die „Sterblichen" ist dieses kurze Leben „die letzte Gelegenheit" (Marianne Gronemeyer, 1993). Diese gilt es vorrangig für die Maximierung des eigenen Lebensglücks auszunützen. Es gilt das Kunststück zu meistern, die in ihrer Tendenz maßlose Sehnsucht (die nicht in Raum und Zeit passt) in mäßiger Zeit und auf dieser Welt zu stillen. Erstrebt wird maximales Glück in minimaler Zeit. Es muss gleichsam der verlorene und doch immer noch im Modus der Sehnsucht erhoffte Himmel auf Erden gefunden werden. Dazu sind alle kulturellen Glücksbehinderungen zu beseitigen. Das erhöht beispielsweise die Mobilität im Bereich der Liebesbeziehungen, reduziert die Bereitschaft zu lebenslangen Bindungen, schätzt (abwählbare) Freunde mehr als (fest verbundene) Ehepartner, sucht (motiviert durch die Angst, zu kurz zu kommen) mehr den eigenen Vorteil denn das Teilen begrenzter Glückschancen oder das Verteilen knapper Überlebensmittel der Menschheit: Das scheint einer der Gründe zu sein, warum die Kinderzahl unter den

Sterblichen deutlich niedriger ist als unter den Unsterblichen. Sterbliche tendieren auch dazu, im Zuge der Optimierung des eigenen Glücks Leiderfahrungen zu minimieren. Das zeigt sich etwa an den Sterbebildern der „Sterblichen": Das physisch oder psychisch leidvolle Sterben soll gleichsam aus dem Leben verdrängt werden; Sterbliche wünschen sich mehrheitlich, ohne Bewusstsein zu sterben; sie brauchen dazu auch nicht den Beistand der Angehörigen, sondern fordern eine liberalisierte Medizin, die ihnen straffrei beim Sterben aktive Hilfe leistet.

- Ganz anders die „Unsterblichen". Deren spezifische Fähigkeit besteht darin, mit Fragmenten des Glücks im irdischen Leben „zu-Frieden" zu sein, also Sinn und Frieden zu finden. Die große Erfüllung ihrer Glückwünsche setzen sie mit dem Leben nach dem Tod in Gottes Himmel in Verbindung. Das lenkt sie nicht vom guten Leben auf der Erde ab. Nicht wenige der „Unsterblichen", die unter einem offenen Himmel leben, sind bestrebt, etwas von diesem ausstehenden Himmel schon jetzt auf Erden zu realisieren – in Spuren wenigstens. Dieses Outsourcen des maßlosen Glücks und im irdischen Leben nicht erfüllter Glückswünsche in ein kommendes Leben entstresst ihr irdisches Leben und Zusammenleben. Das erleichtert es den Unsterblichen, begrenzte Glückschancen auf Erden mit Kindern, aber auch (migrationspolitisch in durchaus verantwortbaren Begrenzungen) mit Schutzsuchenden zu teilen. Im Raum der Religion ist es ihnen möglich, die mit der Endlichkeit verbundene Urangst, in ihrer Erdenzeit „zu kurz zu kommen", in Zaum zu halten. Das setzt bei ihnen Solidarität frei. Unsterbliche sind, so die Daten, solidarischer denn Sterbliche. Neigen Sterbliche zur selbstbesorgten Entsolidarisierung, sind Unsterbliche eher offen für eine Solidarisierung, die zum Teilen und zum Verteilen begrenzter Überlebensgüter in der Lage ist.

Das dritte Lager: die religiösen und die skeptischen Verunsicherten

6. Der Anteil der (überzeugten) „Sterblichen" ist im Kern im letzten halben Jahrhundert in der Bevölkerung relativ stabil geblieben. Im Umkreis der „Unsterblichen" hingegen haben sich markante Entwicklungen ereignet. Die christlich geprägten „Unsterblichen" sind merklich weniger geworden.
   Eine Ursache dafür ist die lautlose Ausdünnung der Glaubenskommunikation vieler „Unsterblicher" mit einer christlichen Kirche. Das führte dazu, dass sich zwischen den gefestigten Lagern der überzeugten „Sterblichen" (34 % in 2020) und der glaubensfesten „Unsterblichen" (18 % in 2020) ein „drittes Lager" ausgebildet hat. Dieses splittet sich neuerlich in zwei Subgruppen: Die eine Subgruppe triftet *skeptisch* in Richtung der „Sterblichen" (27 % im Jahre 2020), die

andere bleibt *religiös* im Umkreis der „Unsterblichen" (21 % im Jahre 2020) und sympathisiert mit diesen.

7. Typisch für dieses dritte Lager ist die Verunsicherung hinsichtlich der Einrichtung ihres Glaubenskosmos. Bei einem Teil der „Unsterblichen" haben sich die christlichen Glaubensbilder „aufgeweicht": Der Glaube an eine Auferstehung mit Leib und Seele – damit auch an die Auferstehung Jesu – ist vielen „Unsterblichen" unvorstellbar geworden. Verunsichert erscheint auch deren Gottesbild. Aus dem Gott Jesu wird der Gott der Philosophen, der Aufklärer und Freidenker. Die herrschende Kultur prägt das Gottesbild stärker als das Evangelium. Aus überzeugten Christgläubigen werden skeptische „Etwasisten", die glauben, dass es also irgendein höheres Wesen geben müsse; aber den Schritt zum kosmisch unbehausten Atheisten riskieren sie nicht. „(Irgend)etwas müsse es geben", sonst ließe sich der Bestand der Welt nicht erklären und auch nicht das Gewissen der Menschen. Die Verunsicherung im Glaubenskosmos setzt sich fort in einer Verunsicherung in den Haltungen für das Meistern der persönlichen wie gesellschaftlichen Herausforderungen (wie Sterbekultur, Solidarität).

TABELLE 1: Entwicklung der Verteilung der vier sozioreligiösen Grundtypen 1970–2020

	Säkulare	Skeptiker	Religiöse	Kirchliche
RiÖ 1970	12%	20%	23%	45%
RiÖ 1980	20%	25%	17%	38%
RiÖ 1990	26%	24%	22%	29%
RiÖ 2000	22%	30%	24%	24%
RiÖ 2010	26%	28%	29%	18%
RiÖ 2020	34%	27%	21%	18%

Lockerung des Austausches mit einer Religionsgemeinschaft

8. Der regelmäßige Austausch und damit die formungsbereite Ausrichtung der Befragten auf eine Religionsgemeinschaft haben sich in den letzten Jahren merklich gelockert. Die Menschen nützen ihre individuelle Religionsfreiheit. Sie wählen aus den „Gratifikationen" (was guttut) ihrer Religionsgemeinschaft aus. Und wenn die Gratifikationen unattraktiv und unbrauchbar werden bzw. es den Kirchen nicht gelingt, diese in ihrer Sinnhaftigkeit zu erschließen, mindern nicht wenige die Orientierung an ihrer Gemeinschaft und einige verlassen sie lautlos und ohne ersichtlichen Grund. Die sozialen wie traditionellen Gründe, Mitglied einer Kirche zu bleiben, sind im Lauf der fünf Jahrzehnte merklich schwächer geworden. Entscheidend sind die aufrechterhaltene oder

neue gesuchte Mitgliedschaft für immer mehr Menschen allein die religiösen Gründe (eben die Gratifikationen).

Gratifikationen und Irritationen

9. Es ist in diesem halben Jahrhundert den christlichen Kirchen nicht wirklich gelungen, den Rückgang an sozialen wie traditionellen Mitgliedschaftsgründen durch starke religiöse zu ersetzen. Derzeit gelingt es den christlichen Kirchen kaum, der breiten Bevölkerung den Schatz der überlieferten Gratifikationen lebensnah zu erschließen und sie zur häufigeren Teilnahme an gottesdienstlichen Versammlungen zu gewinnen und so mit ihr im regen Austausch zu bleiben.
Allerdings sind die Bindungen über die Lebenswendenrituale nach wie vor beachtlich stark: Diese aber sind mehr ein Teil der heutigen Lebenskultur denn des überkommenen christlichen Glaubenskosmos; sie sind Rituale, weniger Sakramente. In Richtung der überzeugten Säkularen ist das Nachfragen nach Taufen, Beerdigungen und Hochzeiten freilich rückläufig.
Für einen Teil der Bevölkerung erweisen sich erlebbare Spiritualität und handfeste Solidarität als interessante Anziehungskräfte. Nicht wenige suchen in den christlichen Kirchen Trost und Rat in persönlicher Verzweiflung und Ratlosigkeit: Aber eben diese Suche nach kompetenter Seelsorge wird zumal in der katholischen Kirche derzeit häufig enttäuscht. Die Kirchen scheinen in ihrem Bemühen unter einer doppelten Schwäche zu leiden: Das Offerierte ist nicht erkennbar lebensnotwendig und die Erfahrungsorte für christliches Lebens sind weithin austauschlos vom Alltagsleben der Menschen entkoppelt.

Irritierte junge Frauen

10. Fehlen attraktive Gratifikationen, die an eine religiöse Gemeinschaft binden und eine geregelte Teilnahme an deren Leben und Handeln begünstigen, und kommen zugleich kräftige Irritationen auf (wie Missbrauch, Konflikte mit kirchlichem Personal), dann beschleunigt sich der lautlose Rückzug oder gar Auszug aus einer Religionsgemeinschaft.
Besonders stark irritiert sind derzeit in der katholischen Kirche viele jüngere Frauen. Auf dem Hintergrund der kulturell inzwischen selbstverständlich gewordenen Ansprüche auf Gleichwertigkeit und Beteiligung fühlen sie sich subjektiv (trotz ausgeklügelter theologischer Gegenargumente von vormodernen Vertretern der Kirchenleitung) in der katholischen Kirche diskriminiert und wenden sich deshalb von der Kirche ab. Die katholische Kirche hat die unter

30-jährigen Frauen inzwischen nahezu gänzlich verloren. Der oft von der Fachwelt abgekoppelte Disput um eine „gender-ideology“ oder um moderne Frauenrollen verursacht bei der erdrückenden Mehrheit junger Frauen nur Kopfschütteln und Abwendung. Gerade moderne Frauen, so eine verbreitete Ansicht im Kirchenvolk, haben es in der katholischen Kirche schwer (56 % aller Katholikinnen). Und das quer durch alle Altersgruppen.

ABBILDUNG 1: Gerade moderne Frauen tun sich mit der katholischen Kirche schwer.

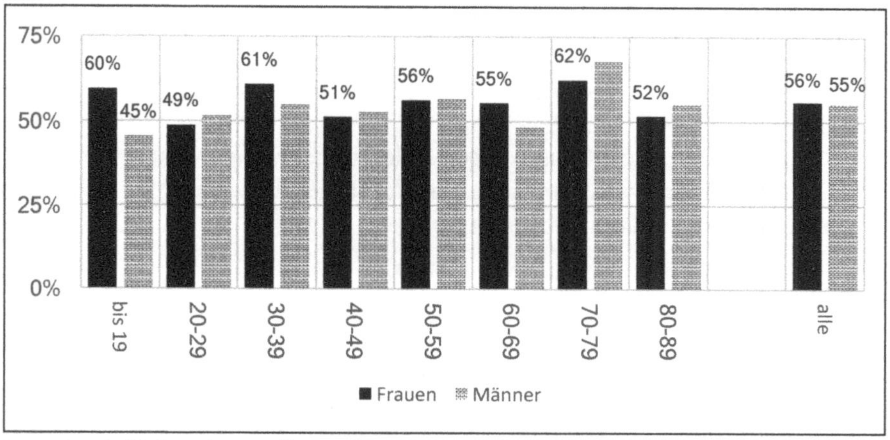

Prozentwerte für 1 = stimme voll zu und 2 = stimme zu (fünfteilige Skala). Nur Katholiken, nach Geschlecht und Alter.

11. Diese irritierte Distanz von jungen Frauen vom kirchlichen Leben wird sich auf die Kirchenbindung der kommenden Generationen nachhaltig auswirken. Die Tradierung des christlich geformten Glaubens wird, so die Daten mit Deutlichkeit, in den familialen Gebilden grundgelegt und erfolgt dort nicht durch Belehrung, sondern durch vorbildliches Handeln. Die religiöse Erziehung stellt bei sehr vielen Menschen die Weichen hinsichtlich des religiösen Selbstgefühls, Gottesglaubens und Austauschs mit kirchlichem Leben. Mütter wie Großmütter spielen dabei eine herausragende Rolle. Aber es gibt die kirchlich gebundenen Mütter und Großmütter kaum noch.[1]

1 Die Zahlen zeigen zudem, dass vor allem in kinderarmen Familien die Nachkommen kaum noch Zugang zum kirchlichen Leben erleben.

TABELLE 2: Religiöse Erziehung stellt Weichen

	ATHEISIE-RENDE	SKEPTIKER	SYMPATHI-SANTEN	KIRCHLICHE	Zeile*
sehr religiös erzogen	6%	12%	18%	64%	17%
2	10%	17%	30%	42%	32%
3	21%	30%	31%	18%	29%
4	47%	23%	22%	8%	13%
überhaupt nicht religiös	61%	21%	12%	6%	9%
alle	22%	21%	25%	32%	

* *Zeile informiert über den Anteil dieser Gruppe in der Gesamtbevölkerung.*

Wegen der Kirchenenttäuschungen vieler junger Frauen wird eine kirchenfreie Generation nachwachsen. Das hat auch mit der Entwicklung des Kirchenverhältnisses im Lauf des Lebens zu tun.

Mit dem Wandel der Ära wandelt sich die Kirchengestalt

12. Die Langzeitanalysen zeigen, dass die Startkirchlichkeit der jungen Jahre in der Regel über das ganze Leben hin anhält. Auch das hat für die künftige Entwicklung der Kirche enorme Bedeutung. Die niedrige Startkirchlichkeit bei der jungen Generation wird die nächsten Jahrzehnte nachhaltig prägen. Schon heute zeigt sich, dass die kirchlich Gebundenen wegsterben und keine jungen Mitglieder mit austauschbereiter Kirchlichkeit nachwachsen.
Die Kirchen haben diesbezüglich zwei Möglichkeiten: Entweder gewinnen sie die jungen Frauen und auch Männer (wieder) und setzen auf familiale Tradierung der christlichen Glaubensbilder und Lebenspraktiken oder sie stellen sich (wie in atheisierenden Kulturen Ost[Mittel]Europas in der Zeit kommunistischer Verfolgung) darauf ein, nur primär über den Weg der Konversion Einzelner neue erwachsene Mitglieder zu gewinnen. Dies kommt einer Art Neugründung der christlichen Kirchen wie in den biblischen Anfangszeiten gleich.
Das Ende der Konstantinischen Ära in ihrer nachreformatorischen Gestalt könnte die Kirche(n) im Land wieder in den biblischen Normalfall versetzen. Im günstigsten Fall könnte eine Art „Reset“ passieren. In einer solchen neuen postkonstantinischen Kirchengestalt gäbe es zwei Hauptarten von Mitgliedern: Pilger (le pélerin: Danièle Hervieu-Léger) und Konvertiten (le converti). Pilger sind „seeker“, Suchende, Zweifelnde, Gäste, die kommen und gehen. Konvertiten sind hingegen Personen, die eine Ahnung von Jesu Vision für seine Bewegung erwerben und sich dieser Jesusbewegung im Raum einer christlichen Kirche in einer persönlichen Entscheidung angeschlossen haben. Die künftige

Kirche wird für beide Haupttypen strukturell vorsorgen. Gelingt keine Offenheit für die seeker und kein reger Austausch mit diesen bei vielfältigen Gelegenheiten (wie beispielsweise Lebenswendenritualen, in diakonalen Projekten, in der Bildung und durch gesellschaftliche Einrichtungen für Alte, Kinder und Kranke), dann verkommt die Kirche soziologisch zur Sekte. Großkirchen sind stets verbuntet, Sekten hingegen monokolor.

Fehlt der sense of urgency in den Kirchenleitungen?

13. Diese Entwicklung wird, so zeigen die Analysen über ein halbes Jahrhundert, voraussichtlich unspektakulär und weithin unaufhaltsam verlaufen. Die Wandlung der Ära ist vermutlich durch nichts aufzuhalten, auch nicht durch eine noch so zeitempathische Pastoral. Möglich wäre es, rechtzeitig den Übergang in die neue Ära zu gestalten. Aber es sieht derzeit in der katholischen Kirche nicht danach aus, dass die Verantwortlichen den Ernst der Lage erkannt haben: Es mangelt an einem „sense of urgency". Der ausdrückliche Wunsch sehr vieler Kirchenmitglieder, dass die Kirche in ihrer Lehre und Praxis besser „in die Zeit passt" (ohne sich dieser platt und unprophetisch anzupassen), wird vielfach frustriert. Die administrative Energie der Kirchenorganisation wird in die strukturelle „Abwicklung" der sterbenden Kirchengestalt investiert. Das wird nicht dadurch besser, dass dieser Vorgang zumeist mit einem spirituellen Appell auf Neuevangelisierung und „mission first" verschleiert wird. Aber wird man damit etwa die enttäuschten jungen Frauen wieder für kirchliches Leben neugierig machen? Eine zuversichtliche Stimmung, die auf Wandlung in Reformen mit Augenmaß setzt, ist nicht spürbar. Die (katholische) Kirche steht im Ruf, mehr der Vergangenheit verhaftet zu sein denn auf Zukunft zu setzen. Das erklärt auch die Altersdepression, in der sich viele überalterte Kirchengemeinden befinden. Sie merken, dass die Kirchenbänke von älteren Kirchlichen besetzt werden, und wenn sie diese durch Krankheit oder Tod verlassen, rücken keine jungen Kirchenmitglieder nach.
14. Der (katholischen) Kirche fehlt offensichtlich der Wille, sich entschlossen genug mit der Kultur der Gegenwart (durchaus kritisch) auseinanderzusetzen und sich in wichtigen Belangen zu reformieren. Erwachsenen Kirchenmitgliedern ist in einer demokratischen Kultur nicht autoritär stilisierter Klerikalismus zuzumuten. Die nach wie vor faktisch vorhandene Ungleichheit zwischen Ordinierten und Subordinierten, Priestern und Laien irritiert viele. Es gibt keine wirkliche „entscheidende" Partizipation der Kirchenmitglieder, schon gar nicht der Frauen, und dies, obgleich selbst im katholischen Kirchenrecht allen Getauften eine „Gleichheit an Würde und Berufung" zugesprochen wird. Rhetorik und Praxis klaffen nach wie vor auseinander. Kirchenreform wird mit dem Hinweis, es gehe doch um Gott und das Evangelium, verweigert oder ver-

schleppt. Dabei ist Kirchenreform selbst ein Prozess, der belegt, dass die Kirche das Evangelium ernst nimmt. Ohne Reform an der Schnittstelle von Tradition und Situation geht Evangelisierung nicht. Eine solche an der Mitte der Tradition orientierte Reformlogik führt nicht zu einer Verweltlichung des Evangeliums, sondern zum Überwinden von Zuständen, die nicht vom Evangelium, sondern lediglich von einer vergangenen Zeit gedeckt sind.

Kulturelles Martyrium

15. Spannungen zwischen dem, was in der säkularen Kultur gilt, und dem, wofür das Evangelium steht, bleiben auch nach einer gediegenen Reform der Kirche immer noch genug vorhanden. Die aufrechte Christin wird deshalb einem „kulturellen Martyrium" nie ganz entrinnen. Aber es ist unzulässig, den Kirchenmitgliedern mehr von diesem „kulturellen Martyrium" aufzulasten, als vom Evangelium her unbedingt erforderlich ist. Vor solcher Zumutung warnt das Evangelium selbst: „Auf dem Stuhl des Mose sitzen die Schriftgelehrten und die Pharisäer... Sie schnüren schwere und unerträgliche Lasten zusammen und legen sie den Menschen auf die Schultern, selber aber wollen sie keinen Finger rühren, um die Lasten zu bewegen." (Mt 23,2.4)
Ein solches unnötiges „kulturelles Martyrium" wird aber derzeit in der katholischen Kirche vielen (jungen) Frauen zugemutet, die in der heutigen säkularen Kultur eine andere Erfahrung an Entdiskriminierung machen als im Raum der eigenen Kirche. In ganz anderer Art belastet werden akademisch Gebildete, denen in Predigten das Evangelium im überholten Rahmen einer mittelalterlichen Schultheologie verschlüsselt vermittelt wird. Es leiden darunter auch freiheitsbedachte Christinnen und Christen, die von ihrer Gewissensfreiheit Gebrauch machen und deshalb innerkirchlich disqualifiziert werden. Sie legen großen Wert darauf, Glauben und Vernunft nach den heutigen Standards zu verbinden. Und was auch zum Niedergang der christlichen Kirchen in säkularen Kulturen beiträgt: Spirituell Suchende erleben nicht nur die säkulare Kultur, sondern auch ihre eigene Kirche in ihren gottesdienstlichen Feiern als spirituell erschöpft.

Was den Kirchen Zuversicht machen könnte

16. Es gibt einige Erkenntnisse in der Studie, die den Kirchen in der Zeit der Wandlung Zuversicht bringen können. Zunächst zeigt sich, dass die Menschen der uralten – in Märchen und Mythen abgehandelten – Frage nicht entgehen, was am Ende stärker ist, die Liebe oder der Tod. Es scheinen sich die Liebenden

auch heute nicht damit abzufinden, dass – wie der griechische Mythos in unnachahmlicher Weise treffsicher erzählt – Orpheus seine geliebte Eurydike durch tragischen Tod für immer verliert. Das aber ist genau ein Kernanliegen der Religion: Sie ist ein ständiger Aufstand gegen Tod und Vergänglichkeit. Dafür sprechen auch die Daten der Studie, dass die Todesfrage ein Hauptthema der Religiösen ist. Das Christentum stellt nun mit Hilfe der Jesuserzählung dar, dass am Ende nicht der Tod, sondern die Liebe obsiegt: Der am Kreuz verstarb, blieb nicht im Tod. „Anesté", so der Ruf der Christenheit durch die Jahrhunderte und hinein bis in die letzten Winkel ihrer Feiern, Erzählungen und ihres diakonalen Handelns. Und das erzählen die Christen im Gleichklang mit allen Religionen der Erde. Christliche Kirchen sind eine ständige Lobby gegen den Tod und geben jenen Menschen heute Unterstützung, die sich nicht damit abfinden wollen, dass der Tod stärker ist als die Liebe.
Mit dem Aufstand gegen den Tod ist für die christliche Erzählung aber stets das Wissen um einen „unbeirrbar treuen" (Dtn 32,4) Gott verbunden, der eine Geschichte mit der Welt hat, und dies von allem Anfang an bis an deren Ende. Moderne Menschen sind sich der verletzlichen Geschichte des Alls zunehmend bewusst. Die ökologische Krise hat dafür weltweit das Bewusstsein geschärft. Sie werden sich der Geschichtlichkeit und damit der Vergänglichkeit nicht nur ihres eigenen Lebens, sondern auch der Welt als Ganzer bewusst. Immer mehr Menschen fragen nicht mehr nur mit den Darwinisten, wie diese Geschichte bisher gelaufen ist, sondern worauf sie hinausläuft und was die Menschheit, der die Entwicklung der Welt anvertraut ist, zu einem guten Verlauf jetzt beizutragen hat. Viele wache Zeitgenossen sind in der heutigen Zeit nicht nur um die Ökologie besorgt, sondern auch um eine gerechte Ökonomie und gestützt auf die weltweite Gerechtigkeit um den Frieden in der vernetzten Welt.

Kirchen als Anwältinnen der Freiheit in Kulturen der Angst

17. Die derzeitige Entwicklung der Welt macht nicht wenigen Menschen Angst. Die komplexen Herausforderungen überfordern offensichtlich viele. Immer mehr fangen in ihrer angstbesetzten Überforderung an, Freiheit auf dem Altar der Sicherheit zu opfern und die Verantwortung an politische Führer abzutreten. Sicherheit wird ihnen von diesen vollmundig versprochen. Die Studie belegt solche Entwicklungen. Seismographisch belegen die Langzeitdaten, dass seit der Mitte der Neunzigerjahre die Zahl zumal junger Menschen zunimmt, welche die lästig werdende Last der Freiheit wieder loswerden wollen. Dabei nimmt auch in diesen freiheitsflüchtigen Kreisen die Religion eine zwiespältig-legitimierende Funktion an. Parallel zum kulturell wachsenden Autoritarismus wächst bei einem Teil der Kirchenmitglieder ein aggressiver „Kirchenautoritarismus". Wofür stehen die Religionsgemeinschaften, stehen die

christlichen Kirchen in einer solchen Entwicklung? Wird beispielsweise die katholische Kirchenleitung neuerlich ihrem ererbten Freiheitsmisstrauen erliegen und die Entwicklung zum Autoritären, Nationalen, Freiheitsflüchtigen bereitwillig religiös legitimieren, noch dazu wenn dafür als Gegendienst von neuen Machthabern den Kirchen finanzielle und gesellschaftliche Vorteile versprochen werden? Oder werden die Religionsgemeinschaften gerade inmitten der Freiheitsflucht Anwältinnen riskanter demokratischer Freiheit sein, und dies auch dann, wenn sie dafür von einem Teil keinen Applaus erhalten? Wenn die Kirchen ihre Aufgaben für die Menschheit annehmen, werden sie nicht nur Freunde haben. Das spüren etwa Diakonie und Caritas, wenn sie sich für schutzsuchende Menschen einsetzen, deren Integration verlangen, weshalb einige ihrer traditionellen Mitglieder den Kirchen gerade deshalb die Mitgliedschaft aufkündigen.

Kirchen als Anwältinnen für mehr Gerechtigkeit in der einen vielfach ungerechten Welt

18. Leichter haben es aufgrund ihrer Tradition die christlichen Kirchen damit, Anwältinnen für wachsende nationale wie internationale Gerechtigkeit zu sein und dafür zu sorgen, dass in der Bevölkerung die Ängste kleiner und die Fähigkeit zu handfester Solidarität größer wird. Die Daten belegen, dass Religiosität sowie Austausch mit einer christlichen Kirche bei einem Teil der Kirchenmitglieder die Fähigkeit zur Solidarität stärken. Wenn Christen betonen, dass es nur einen einzigen Gott gebe, dann erzählen sie damit etwas über eine tiefe Einheit der Menschheit und mit dieser über die weltweite Verantwortung füreinander. Unbeschadet der Realisierung einer solidarischen Politik in kleinen Schritten mahnen die christlichen Kirchen unnachgiebig als Orientierung „universelle Solidarität" ein. Das macht die Religionsgemeinschaften und christlichen Kirchen zu Anwältinnen einer geduldigen solidarischen Politik mit Augenmaß auf nationaler wie internationaler Ebene. Die Aussagen der Kirchenführung konvergieren in dieser Hinsicht mit den Erwartungen der Menschen an die Kirchen. Der Einsatz für die Armen wird ebenso von den Kirchen erwartet wie sich Gedanken über Gott zu machen. Nächstenliebe und Gottesliebe sind, so die Kernaussage der Ethik der Bergpredigt, untrennbar ineinander verwoben.

Kirchen als Anwältinnen der Wahrheit über den Menschen

19. Die modernen Gesellschaften ringen aber nicht nur um Freiheit und Gerechtigkeit. Sie stehen auch in beständigem Ringen um die Wahrheit vom Menschen und der Geschichte der Welt. Indem die Menschen den Kirchen zumuten, sich Gedanken über Gott zu machen, erwarten sie indirekt, von ihnen auch etwas zum Sinn menschlichen Lebens zu erfahren. Die Aussagen über Gott und über den Menschen hängen eng zusammen. Sobald nämlich die Religion den Menschen an Gott rückbindet (was ja eine der Bedeutungen des lateinischen Wortes „religio" ist), entzieht sie den Menschen den demütigenden Zugriffen irdischer Mächte: in der Politik, in der Wirtschaft, in der Verwaltung, in der Wissenschaft. Religion wird damit in ihrem unpolitischsten Tun der Anbetung hochpolitisch. Das macht die zentrale Bedeutung der Kirchen als „Gotteserinnerer" aus: Sie sind ein Schutzschild für die unantastbare Würde des Menschen von der Wiege bis zum Grabe, also mit dem Recht auf das Geborenwerden, auf Gerechtigkeit während des ganzen Lebens auch in gefährdeten Umständen wie politischer Vertreibung, Flucht vor Klimakatastrophen oder auch vor der Hoffnungslosigkeit der Verarmung; und nicht zuletzt sind sie ein Schutzschild für ein Sterben „in Würde und Charakter" (Cicely Saunders).
20. Laut Umfragen meint ein (derzeit leicht wachsender, letztlich aber kleiner) Teil der Bevölkerung, dass es Religionsgemeinschaften und christliche Kirchen heute in säkularen Gesellschaften nicht mehr brauche. Die Mehrheit der Befragten sieht das anders. Bei dieser ist ein Verständnis dafür vorhanden, dass es gerade einer humanen säkularen Gesellschaft guttut, wenn es in ihr Kirchen gibt, die sich Gedanken über Gott machen. Sie äußern diese Erwartung auch dann, wenn sie sich selbst nicht am Leben einer Kirche beteiligen.
    Eine Art „stellvertretender Kirchlichkeit" kommt hier als bemerkenswertes Forschungsergebnis ans Licht. In ähnlicher Weise verfahren heute manche mit den Gewerkschaften[2]. So wollen 61 % der Befragten nicht (zahlendes) Mitglied sein, erwarten aber von den Gewerkschaften, dass sie sich in der Arbeitswelt vor allem angesichts der bevorstehenden neuen Sozialen Frage, die durch Roboterisierung und Digitalisierung angefeuert wird, um die Menschlichkeit und Gerechtigkeit in Wirtschaft und Gesellschaft kümmern. Wie würde unsere Gesellschaft ohne die vielfältigen Einrichtungen von Religionen und Kirchen, ohne ihren Gottes- und Menschendienst in Krankenhäusern, Altersheimen, Privatschulen aussehen? Wären nicht die heutigen Gesellschaften ohne handlungsfähige Religionsgemeinschaften und Kirchen menschlich ärmer und sozial kälter? Die Hälfte der Befragten (48 %) sieht das so.
21. Umso mehr sind die Kirchen selbst auch mit Blick auf ihre Verantwortung für die Gesellschaft dafür verantwortlich, dass ihnen die Menschen vertrauen

---

2 Die einschlägige Frage dazu lautete: „Ich erwarte, dass sich die Gewerkschaft für die Arbeitnehmer und die Arbeitslosen einsetzen. Aber das ist für mich kein Grund, Mitglied in einer Gewerkschaft zu sein."

sowie ihnen Kinder und Jugendliche ohne Besorgnis anvertrauen können. Die Menschen erwarten laut Daten, dass die Kirchen mit der Zeit gehen und nicht allein um die unbeschädigte Überlieferung einer musealisierten Botschaft besorgt sind, sondern sich vor allem um den Brückenschlag zwischen dem alltäglichen Leben heutiger Menschen und den alten Erzählungen der biblischen Tradition kümmern. Die Kirchen müssen daher, soziologisch besehen, die Kluft zwischen Kultur und Evangelium überbrücken und dürfen sich nicht auf eine kultur- und lebensferne Lehre zurückziehen. Nur eine dergestalt „pontifikale" (brückenbauende) Kirche ist auch in der Lage, die Menschen vor einem selbstverschuldeten und daher unnötigen „kulturellen Martyrium" zu bewahren.

Damit verlieren die Religionen nicht ihre prophetische Kraft des Widerspruchs gegen die vielfältigen Formen des Verlustes an Menschlichkeit. Aber die Religionsgemeinschaften kämpfen dann nicht wahllos gegen „die" moderne Welt, ihre Vertreter sind keine „Unglückspropheten", für die alles in der Welt von heute schlecht ist, sondern konzentrieren ihre empathische Sorge um die Welt von heute auf deren inhumanen Aspekte: auf die Verwundung der Schöpfung, auf die Wunden der Ungerechtigkeiten in und zwischen den Völkern sowie auf die Verletzung des auf Gerechtigkeit gründenden Friedens in und zwischen den Nationen der einen Menschheit.

Zu allen diesen Highlights bieten nun die folgenden Analysen der reichhaltigen Daten von sechs Studien mit 12.213 Befragten wertvolle empirische Grundlagen.

Präfation

Es gibt nur wenige religions- und kirchensoziologische Langzeitstudien dieser Art. Schon seit 1970 wird in Österreich die religiöse Dimension der Kultur untersucht. Dabei hat sich die Forschung schrittweise methodisch erweitert.

Am Beginn stand ein kirchensoziologisches Interesse. Die katholische Kirche Österreichs besaß seit 1952 das Institut für kirchliche Sozialforschung (IKS). Dieses hatte zur Vorbereitung von synodalen Vorgängen nach dem Konzil in Österreich 1970 von der Kirchenleitung den Auftrag erhalten, nicht nur die Katholiken zu befragen, sondern auch eine Priesterstudie durchzuführen. Zusammen mit Hermann Denz von der Universität Linz machten wir uns an die Auswertung der Daten, damals noch mit Lochkarten und riesigen Rechenanlagen am Institut für Soziologie.[3]

Aus der Erhebung im Jahre 1970 ist inzwischen eine Langzeitstudie geworden. Ich selbst war mittlerweile an der Universität in Passau und ab 1984 an der Universität in Wien tätig. Dank öffentlicher Mittel des für Wissenschaft verantwortlichen Ministeriums der Republik Österreich sowie kleinerer Beiträge der Evangelischen Kirche und einzelner Diözesen konnte im Zehnjahresabstand die Studie wiederholt werden. Der Fokus erweiterte sich schrittweise. 1980 wurde aus der Katholikenstudie eine Umfrage, welche für die Gesamtbevölkerung repräsentativ war. Ab 2000 kam es zu einer Zusammenarbeit mit der evangelischen Kirchenleitung, die Zahl der Interviews mit Protestanten wurde (zumal nach besonderen Gebieten) aufgestockt.[4] 2010 wurde die Anzahl der Interviews für die inzwischen gewachsene Zahl der Moslems erhöht. In der vorliegenden Studie des Jahres 2020 schließlich wurde der Fokus zusätzlich zu den Protestanten und Muslimen auf die aus Südeuropa zahlreichen immigrierten orthodoxen Christen gerichtet.[5] Alle diese Anhebungen der Zahl der Interviews dient speziellen Analysen in diesen besonderen Gruppen. Ihre Zahl wäre im normalen repräsentativen Sample zu klein, will man die Daten nach Alter, Geschlecht und anderen Merkmalen in statistisch verantwortlicher Weise aufschlüsseln.[6]

---

3 Zulehner, Paul M.: Kirche und Priester zwischen den Erwartungen der Menschen und dem Auftrag der Kirche. Ergebnisse der Umfrage des Instituts für kirchliche Sozialforschung in Wien über „Religion und Kirche in Österreich" und „Priester in Österreich", Wien 1974. – In dieser Zeit hatte auch die Deutsche Bischofskonferenz mit dem Institut in Allensbach große Studien unter den Katholiken und den Priestern in Auftrag gegeben. Solche Studien, die in vielen europäischen Ländern durchgeführt wurden, dienten als Situationserhebungen für die postvatikanischen Reformsynoden: Schmidtchen, Gerhard: Protestanten und Katholiken, Zürich 1982. – Ders.: Priester in Deutschland, 1973.

4 Zulehner, Paul M./Hager, Isa/Polak, Regina: Kehrt die Religion wieder. Religion im Leben der Menschen 1970–2000, Ostfildern 2001. – Zulehner, Paul M.: Verbuntung. Kirchen im weltanschaulichen Pluralismus. Religion im Leben der Menschen 1970–2010, Ostfildern ^{3}2012.

5 Die Studien wurden von verschiedenen Forschungseinrichtungen durchgeführt: 1970 vom IKS, 1980–2010 von der GfK Austria, 2020 von der IPSOS, in welche inzwischen die GfK integriert wurde. Die Finanzierung erfolgte primär durch das Österreichische Wissenschaftsministerium. Die Evangelische Kirche in Österreich hat sich – dank Bischof Michael Bünker – an der Finanzierung der Aufstockungen unter den Protestanten und im Jahre 2020 mit Superintendent Matthias Geist – an der Erstellung des Fragebogens sowie an der Auswertung der einschlägigen Ergebnisse beteiligt.

6 Die Freikirchen sind in der vorliegenden Studie mit 1,8 % vertreten. Das ist eine relativ niedrige Zahl. Die Deutung der Ergebnisse für sie ist daher vorsichtig vorzunehmen. Um daran zu erinnern, wird die Kategorie Freikirche in den Tabellen mit einem Stern (Freikirche*) versehen.

Ein halbes Jahrhundert

Die vorliegende Studie gibt einen differenzierten Einblick in die bewegte Entwicklung der sozioreligiösen Dimension einer modernen europäischen Kultur über ein halbes Jahrhundert hinweg. Österreichs Kultur dient dabei als Anschauungsbeispiel. Wie die Entwicklung in anderen westeuropäischen[7] Ländern zeigt, bildet Österreich keinen Ausnahmefall.[8]

Der europäische Kontext

Die neuzeitliche Entwicklung Europas ist von einem dreifachen Ringen geprägt. Gerungen wird seit 1689, der Bill of Rights in England, um die Ausweitung gesellschaftlicher Freiheiten. Gleichzeitig musste der erkämpften Freiheit immer Gerechtigkeit für die „Modernisierungsverlierer" abgerungen werden, so der französische Sozialdenker Jean B. Lacordaire am Beginn der Industrialisierung. In lang andauerndem und heftigem Ringen gelang es, eine Balance zwischen Freiheit und Gerechtigkeit zu erkämpfen. Das Ergebnis ist der demokratische Sozialstaat, der inzwischen ein Markenzeichen Europas geworden ist.

Allerdings ist das Ergebnis keineswegs für immer gesichert. So gab es totalitäre Unterbrechungen in der Freiheitsgeschichte Europas durch Faschismus und Kommunismus. Zudem nimmt, was sich in unseren Daten widerspiegelt, seit Jahren gerade in Freiheitskulturen die Zahl jener Menschen zu, welche die lästig werdende Last der Freiheit wieder loswerden wollen. Auch taucht – wie am Beginn der Industrialisierung – durch zunehmende Informatisierung und Roboterisierung eine neue Soziale Frage auf. Neuerlich steht das Ringen um mehr Gerechtigkeit auf der Tagesordnung der europäischen Kulturen. Das wird sich in den Jahren vor uns verstärken. Dazu kommen neue Herausforderungen durch die weltweite Migration, die durch Kriege und Verfolgung, hoffnungslose Armut sowie immer mehr

---

7 Die Entwicklung in den jungen Reformdemokratien Ost(Mittel)Europas verdient besondere Aufmerksamkeit. Diese Kulturen waren vierzig Jahre von einem Regime geprägt, das weltanschauliche Uniformität anstrebte. Das setzte Religionen und Kirchen unter massiven Druck, den diese Kulturen je nach konfessioneller Prägung anders überstanden haben. Auch diese Länder stehen, inzwischen freigeworden, in einem kulturellen Transformationsprozess, der auch die religiöse Dimension ihrer Kultur betrifft. Als Begleitforschung wurde 1997 und 2007 auf Initiative des Pastoralen Forums in Wien (www.pastorales-forum.net) unter Federführung des ungarischen Topreligionssoziologen Miklós Tomka initiiert: Tomka, Miklós/Zulehner, Paul M.: Religion in den Reformländern Ost(Mittel)Europas, 1999. – Dies.: Religion im gesellschaftlichen Kontext Ost(Mittel)Europas, 2000. – Zulehner, Paul M./Tomka, Miklós/Naletova, Inna: Religionen und Kirchen in Ost(Mittel)Europa, 2008. – Tomka, Miklós: Expanding religion. Religious revival in post-communist Central and Eastern Europe, 2011.

8 Über die Entwicklung in den Ländern Europas gibt die Europäische Wertestudie Auskunft. An diese habe ich mich – damals noch unter Jan Kerkhofs aus Leuven – bereits 1982 angeschlossen (Zulehner, Paul M./Denz, Hermann: Wie Europa lebt und glaubt, Wien 1993. – Zulehner, Paul M.: Religiosität und Kirchlichkeit in Europa, 2008.) Die Verantwortung für diese Studie ist inzwischen auf Christian Friesl und Regina Polak übergegangen (Quo vadis, Österreich? Wertewandel zwischen 1990 und 2018, hg. von Julian Aichholzer, Christian Friesl, Sanja Hajdinjak, Sylvia Kritzinger, Wien 2019).

auch durch Naturkatastrophen ausgelöst werden. Der unaufhaltsame, natürlich zu einem beträchtlichen Teil menschengemachte und daher abmilderbare Klimawandel fordert die Weltgemeinschaft zusätzlich massiv heraus.

Dieses Ringen um Freiheit und Gerechtigkeit war und ist aber immer eingebettet in ein Ringen um die Wahrheit: über den Menschen, seine Individualität sowie seine Bezogenheit, seine Sehnsucht nach Anerkennung, Gestaltungsmacht sowie Beheimatung. Im Spiel ist also immer die Deutung der Welt und des Menschen in ihr. Es geht um die großen Fragen der Menschheit: wo wir herkommen, wo wir hingehen und welchen Sinn das Ganze hat. Solche Fragen wurden und werden in der Philosophie, in den Wissenschaften vom Menschen und nicht zuletzt in den Religionen abgehandelt. Die skeptische Frage des Pilatus „Was ist Wahrheit?" ist immer unter- und hintergründig in der soziokulturellen Entwicklung Europas im Spiel. Das Ringen um Freiheit und Gerechtigkeit ereignet sich daher immer auch als Ringen um die „Wahrheit".[9]

Bezüglich aller drei großen „Werte" können Europas Kulturen große Errungenschaften vorweisen. Diese sind aber nie gesicherter Besitz, sondern sind auch ständig zu erhalten, zu verteidigen. Und wenn sich geistige und technische Entwicklungen einstellen und zu einem tiefgreifenden sozialen Umbau führen, gilt es, diese Werte auch stets neu zu erringen. Eben das findet derzeit in Europa vor unseren Augen statt. Die liberale Demokratie soll in manchen Ländern Osteuropas in eine „illiberale" umgebaut werden. Die Menschenrechte des Individuums werden dem Recht der Nation und der Volksgemeinschaft nachgeordnet. Die neoliberal designte und immer mehr virtuell agierende Finanzwirtschaft destabilisiert zusammen mit den Möglichkeiten der Informatisierung und Roboterisierung die errungene Gerechtigkeit.

Wandlung in der religiösen Dimension der europäischen Kultur

Und inmitten all dieser turbulenten soziokulturellen Entwicklungen ereignet sich eine tiefgreifende Transformation („Wandlung") der religiösen Dimension der europäischen Kulturen. Diese wird von der Forschung schon lange beobachtet. Auf eine unterschiedliche Entwicklung in den verschiedenen Kontinenten wird hingewiesen. Während beispielsweise das Christentum in seinen vielfältigen Gestalten in Asien und vor allem in Afrika und Lateinamerika boomt, stagniert dieses in Europa. Die Kirchen erleben einen Umbau ihrer gewohnten Sozialgestalt.

Europa sei in dieser Hinsicht, so die religionssoziologische Forschung, ein Ausnahmefall. Und das habe mit seiner Geschichte zu tun. Die moderne Freiheitskultur musste gegen den erbitterten Widerstand zumal der katholischen Kirche errungen werden. Zudem war es in der Zeit nach der Reformation im blutigen

9 Zulehner, Paul M.: Europa beseelen. Das Evangelium im Ringen um Freiheit, Gerechtigkeit und Wahrheit, Ostfildern 2019.

Dreißigjährigen Krieg zu einem dramatischen Vertrauensverlust in die Konfessionen gekommen. Diese hatten sich mit den jeweils Mächtigen verbündet. Die Zugehörigkeit zu einer Konfession wurde dank der Friedensschlüsse von 1555 in Augsburg und 1648 in Westfalen politisch erzwungen. Es war die Zeit, in der Religion für die Menschen zum unentrinnbaren „Schicksal" wurde. Die Verbindung zwischen dem Gott der Konfessionen mit Krieg, Gewalt und politischem Zwang führte zum Wunsch nach einer friedlichen konfessionsfreien Religion der Aufklärer, aber letztlich auch zum Entwurf eines europäischen Atheismus. Das Ringen um Freiheit war für aufgeklärte Kreise der Gesellschaft daher immer auch ein Ringen um religiöse Freiheit, und dies jenseits der jeweils herrschenden Konfession.

Diese „Religionsfreiheit" wurde nach und nach errungen, und dies eben unter heftigem Widerstand zumal der katholischen Kirche. Eine andere Position bezogen die Kirchen der Reformation, die sich – wenigstens grundsätzlich – als „Kirchen der Freiheit" verstanden. Doch auch sie begaben sich schon am Beginn der Reformation in eine enge Abhängigkeit von den politisch Mächtigen, denen sie lange Zeit Anteil an der Leitung der Kirche einräumten. Genau diese enge Verflechtung von Konfession und Staat und damit Religion und Kultur (in all ihren Bereichen) ging im Ringen um Freiheiten in Europa nach und nach zu Ende. Das meinte wohl Papst Franziskus, wenn er den italienischen Bischöfen sagte: „Wir leben nicht in einer Ära des Wandels, sondern erleben einen Wandel der Ära." Zu Ende geht jene Ära, die mit Kaiser Konstantin begann und die seinen Namen trägt. Diese war in der nachreformatorischen Zeit noch einmal konfessionell modifiziert worden. Der austroamerikanische Religionssoziologe Peter L. Berger brachte den Wandel der Ära auf die Formel „from fate to choice" (vom Schicksal zur Wahl). Der Mensch von heute könne alles wählen, nur nicht, ob er wählen wolle.[10]

Verbuntung statt Säkularisierung

Religionssoziologen versuchten, diese Entwicklung theoretisch zu deuten. Dies geschah in den 70er-Jahren mit der Deutungskategorie der „Säkularisierung". Eine Verbindung wurde hergestellt zwischen dem Aufkommen der modernen Freiheitsgesellschaften und dem Verschwinden des Einflusses der Kirchen, aber auch der Religion. *Je moderner, desto säkularisierter*, so die unwidersprochene Annahme damals. Ich habe mich mit diesen in den Siebzigerjahren des vergangenen Jahrhunderts vorgeschlagenen Deutungstheorien intensiv befasst.[11] Mit Blick auf die damals soeben fertiggestellte Studie über die Religion im Leben der Österreicher (1970) kamen mir aber Zweifel, ob diese Theorie nicht zu viele Fakten ignoriere und

10 Berger bezeichnete dieses „Wählenmüssen" als „Zwang zur Häresie": Berger, Peter L.: Der Zwang zur Häresie, Frankfurt 1980.

11 Zulehner, Paul M.: Säkularisierung von Gesellschaft, Person und Religion, Wien, Freiburg, Basel 1973.

unerklärt lasse. Schon damals formulierte ich die Hypothese der „Religion nach Wahl" oder des „Auswahlchristen"[12]. Bergers später geprägte Axiom „from fate to choice" klang bereits an. In einem Seminar zur Säkularisierung in Boston legte ich viele Forschungsdaten vor, welche der Säkularisierungsannahme widersprachen.

Kurz danach widerrief Peter L. Berger seine Aussagen zur Säkularisierung. Diese Theorie nehme die moderne Freiheit und das Wählenkönnen der Menschen nicht hinreichend ernst. Säkularisierung könne einer Kultur nur totalitär aufgezwungen werden: Das habe aber selbst der Totalitarismus auch in vielen kommunistisch beherrschten Ländern Osteuropas, einschließlich Russlands, nicht geschafft. Zwar gibt es in den Kulturen Europas heute einige wenige „atheisierende" Inseln. Dazu zählen Estland, Tschechien und Ostdeutschland. Alle drei Kulturen sind protestantisch geprägt. Einer der besten Deuter der weltanschaulichen Lage Tschechiens, Tomàš Halík, hält von der Bezeichnung „atheistisch" oder „atheisierend" für sein Land wenig. Er bevorzugt die Deutungskategorie „apatheistisch" und spricht von einem weltanschaulichen „Etwasismus" – etwas Höheres werde von vielen Atheisten durchaus „geglaubt".[13]

Wo sich aber wirkliche Freiheitsgesellschaften etabliert haben, komme es nicht zu einer weltanschaulichen Uniformierung der Kultur, sondern zu deren Pluralisierung. Die Moderne kenne also „viele Altäre", so Peter L. Berger im Buchtitel seines letzten Werks.[14] Ich bezeichnete vor ihm im Jahre 2010 diese Pluralisierung bereits als „Verbuntung". Am Beispiel Österreichs: Aus dem „katholischen Sportrasen" wurde in einer bewegten Transformation eine „weltanschauliche Blumenwiese". Diese weltanschauliche Vielfalt zeigte sich bereits in den Daten des Jahres 2010. Dabei konnten neben stark kirchlich engagierten Gläubigen privatreligiöse Menschen, Skeptiker wie auch Atheisierende ausgemacht werden.

Kernfragen der Studie 2020 werden daher sein: Hat sich diese Entwicklung fortgesetzt? In welche Richtung läuft die Pluralisierung? Hat sich die typologische Vielfalt verändert, quantitativ wie qualitativ? Haben sich die Anteile in den unterschiedlichen Typen verändert? Vor allem aber: Gibt es Entwicklungen in den einzelnen Alterskategorien über die Jahre hinweg? Lässt sich also erkennen und vorhersagen, wohin die Entwicklung in den nächsten Jahren führen könnte?

Zudem ist hilfreich, religionssoziologisch auszuloten, welche „profanen" Einstellungen die einzelnen weltanschaulichen Typen aufweisen. Diesbezüglich stellen sich brisante Fragen: Sympathisieren die zu „Typen" zusammengefassten Menschen mit bestimmten politischen Parteien? Wie sehen sie die Aufgaben der Kirchen in der Politik? Wie stehen sie zum Wandel der Geschlechterrollen? Wie positionieren sie sich hinsichtlich der Herausforderung der Migration und damit zum Islam? Welche Persönlichkeitsmerkmale sind den unterschiedlichen sozioreligiösen Typen

12 Zulehner, Paul M.: Religion nach Wahl. Grundlegung einer Auswahlchristenpastoral, Freiburg-Wien 1974.

13 Halík, Tomáš: Verbreiteter »Etwasismus« ist Anfrage an die Theologie, in: KP vom 6.2.2017.

14 Berger, Peter L.: The Many Altars of Modernity. Toward a Paradigm for Religion in a Pluralist Age, Boston 2014 [Altäre der Moderne, Frankfurt am Main 2015].

der Bevölkerung eigen? Stichworte sind Autoritarismus, Solidarität, Individualismus, Einstellungen zur Ehe, zum Sterben, zum Tod. Setzen sie in ihrem Leben jeweils andere Prioritäten, haben sie unterschiedliche „Wichtigkeiten"?

Und bei all diesen grundsätzlichen Fragen: Unterscheiden sich die Katholiken in dieser Hinsicht von den Protestanten, den Orthodoxen und vor allem den Moslems – und bei diesen je nachdem wie lange sie schon im Land leben?[15] Und nicht zuletzt: Wie fällt der Vergleich zwischen Nichtmitgliedern, Ausgetretenen und Mitgliedern von Religionsgemeinschaften aus, und das in allen genannten Belangen? Dabei kündigt sich in solchen Fragen bereits an, ob die künftigen weltanschaulichen Trennlinien nicht zwischen den Religionsgemeinschaften, auch nicht zwischen dem Christentum und dem Islam liegen, sondern zwischen den Gottesanhängern und den Gottesleugnern. Oder handfest politisch gefragt: Ist das christliche Abendland vom Islam oder vom Atheismus bedroht?

Übersicht über die Analysen

Der hier vorgelegten Langzeitstudie liegen enorme Datenmengen zu Grunde. Es sind die Erhebungen seit 1970 mit einer großen Zahl von Befragten (N=12.213). Die in allen „Wellen" gleichen Items wurden in einem einzigen Datenfile zusammengefasst. Sie erlauben einen gründlichen Ein- und Überblick über wichtige religiöse, kirchliche wie kulturelle Entwicklungen in einem halben Jahrhundert. Die Daten für 1970 stammen aus Erhebungen des IKS in den drei Bundesländern Kärnten, Tirol und Oberösterreich, wobei Oberösterreich deshalb von großem Wert ist, weil die Daten für dieses Bundesland, so zeigen die späteren repräsentativen Studien für das ganze Land, den Durchschnittswerten für Österreich sehr ähnlich sind. Die Daten von 1980 sind repräsentativ für die Katholiken in Österreich. Von da an sind die Daten für die Gesamtbevölkerung repräsentativ.

Ein zweiter Datenpool umfasst die Erhebungen von 2000, 2010 und 2020 (N=5.612). Die für Protestanten, Muslime sowie Orthodoxe zusätzlich gemachten Interviews sind gewichtet in den Gesamtdatensatz integriert. Dadurch ist eine verlässliche Auswertung auch dieser relativ kleinen Gruppen in der österreichischen Bevölkerung gewährleistet.[16]

Dem *ersten Hauptteil* der vorliegenden Publikation liegt die Erhebung für 2020 zugrunde. Im Wesentlichen folge ich in diesem Teil der religionsforscherischen Logik, die sich schon in der Auswertung des Jahres 2010 als zielführend erwiesen hat. Auf dem Hintergrund der für freiheitliche Verhältnisse charakteristischen Differenz von Institution und Person wird mit der Darlegung der (subjektiven) *Religio-*

15 Zulehner, Paul M./Kurz, Sebastian: Muslimas und Muslime in Österreich im Migrationsstress, 2016.

16 Die Datensätze der Langzeitstudie sind im SPSS-Format auf www. https://aussda.at/ (The Austrian Social Science Data Archive) oder auf www.zulehner.org (Umfragen) dokumentiert. Sie sind öffentlich zugänglich und für Sekundäranalysen verwendbar.

sität der Person begonnen. Religiosität gilt hier eher als eine Emotion, als Grundgefühl in einer Person. Davon wird ihre (objektive) „*Religion*" unterschieden. Diese wird konkret dargestellt durch Antworten auf die Frage: Was „glauben" die Menschen im Land? Die Angaben über die (objektiven) Glaubenswelten werden sodann abschließend mit der (subjektiven) Religiosität korreliert: Was glauben also die sehr religiösen Menschen, die weniger religiösen, die religiös „Unmusikalischen" (Max Weber), jene, die sich als überzeugt areligiös verstehen? Schließlich wird das Verhältnis der verschiedenen Typen der Religiosität und des „Glaubens" zu einer religiösen Institution/Kirche/Glaubensgemeinschaft (Islam) ausgeleuchtet. Hier ist die Rede von „*Commitment*" („Kirchlichkeit"), aber auch von den unterschiedlichen Rollen, welche eine Religionsgemeinschaft für ihre Mitglieder spielen kann. Erforscht wird auch der – für eine durch Religionsfreiheit eröffnete – „normale" Vorgang der „religiös-kirchlichen Mobilität", also von Kirchenaus- und -eintritten. Aus diesen drei Aspekten (Religiosität, Glaubenskosmen, Kirchlichkeit) soll eine verdichtete sozioreligiöse „Grundtypologie" gebildet werden. Dabei dienen Typologien grundsätzlich einer gut fundierten Reduktion von unüberschaubaren Datenmengen.

Nunmehr ist es schließlich möglich, Auswirkungen der Zugehörigkeit zu einem dieser sozioreligiösen „Grundtypen" auf profane Lebensfelder zu studieren. Es wird sich dabei zeigen, dass sich der in den Säkularisierungsannahmen prognostizierte Bedeutungsverlust sowohl von Religionen wie von Religionsgemeinschaften nicht einfachhin einstellt: Er betrifft lediglich einen der verschiedenen Grundtypen. Denn die Analysen zeigen, dass die Bedeutung in einzelnen Bevölkerungsgruppen unterschiedlich stark, aber deshalb für die Lebensgestaltung wie für das gesellschaftliche Leben nicht irrelevant ist. Zudem stabilisieren, ja steigern die zugewanderten Muslime wie auch die Orthodoxen Verbreitung wie Bedeutung der Religion im gesellschaftlichen Leben. Dass mit dem „Islam" bzw. mit der „Islamisierung" derart erfolgreich Wahlkämpfe bestritten werden können, ist eine Lesehilfe für diese wachsende Bedeutung der Religion im öffentlichen Bereich. Religion wurde trotz Jahrhunderte dauernder kulturpolitischer Anstrengungen nicht entgesellschaftlicht und privatisiert, sondern ist auf der gesellschaftlichen Bühne präsenter denn je.

Im *zweiten Hauptteil* werden die den sechs Wellen gemeinsamen Daten ausgewertet. Entwicklungen werden vorgestellt, wobei auch hier wieder eine Vielfalt von Entwicklungen in unterschiedlichen Kategorien der Bevölkerung ans Licht kommt. Die im Titel dieses Buches plakativ angekündigte Position gilt es zu überprüfen: Geht wirklich eine Ära zu Ende? Erlebt die religiöse Dimension der Kultur eine tiefgreifende Transformation und mit ihr die Religionsgemeinschaften, und dies in je eigener Weise? Wie hat sich die weltanschauliche Landschaft der Kultur in einem bewegten halben Jahrhundert verändert? Lassen sich künftige Entwicklungen erkennen? Wandlung ist also das Thema des zweiten Hauptteils, und dies mit vielfältigen Variationen.

Erster Hauptteil: Zur Lage von Religionen und Religionsgemeinschaften heute

Religiosität

Mit Religion beschäftigen sich mehrere Wissenschaftszweige wie die Religionswissenschaft, die Theologie, die Kulturanthropologie, die Philosophie. Fachliche Definitionen gibt es viele. Im Rahmen dieser Religionsstudie spielen aber theoretische Überlegungen, bei all ihrem Wert und ihrer Tiefe, zunächst keine Rolle. Gesucht wird vielmehr eine „empirische Definition" von Religion bzw. Religiosität. Herausgearbeitet wird, ob sich Menschen religiös verstehen und was sie selbst damit (inhaltlich) verbinden.

Der Großteil der Befragten hatte offenbar in allen vorliegenden Erhebungen keine Schwierigkeiten, die Frage „Wie würden Sie ihre Religiosität einstufen?" zu beantworten. Lediglich 1 % hat sich nicht zugeordnet, gab keine Antwort. In unserer Kultur und unserer Alltagssprache scheinen die Menschen eine, wenngleich überaus persönliche Vorstellung von Religiosität zu haben. Genauer: Religiosität ist zunächst mehr ein Gefühl, eine Grundstimmung. Deshalb war es wohl den Befragten möglich, die „Stärke" ihres „religiösen" Gefühls zu bestimmen und sich auf der vorgelegten Skala zu positionieren.

So sieht das Ergebnis der religiösen Selbsteinschätzung aus: Im Jahre 2020 fühlen sich 10 % sehr religiös sowie weitere 42 % religiös. Das ergibt in Summe etwas mehr als die Hälfte (52 %). Auf der anderen Seite stehen jene, die sich als eher nicht religiös (15 %) oder als nicht religiös einstufen (16 %). Dazwischen liegen 15 %, die sich für „gleichgültig" entschieden haben.

Dank einer reichen Anzahl von einschlägigen „Aussagen" zur „Religion" lässt sich nunmehr bestimmen, was die Befragten inhaltlich mit diesem Gefühl ihrer subjektiven Religiosität verbinden. Dabei sollen in den folgenden Analysen die beiden Randpositionen gegenübergestellt werden, die RELIGIÖSEN (Skalenwert 1=sehr religiös) sowie die NICHTRELIGIÖSEN (Skalenwert 5=nicht religiös).

Die Religiösen und Nichtreligiösen

Bei den RELIGIÖSEN ist mit ihrer Religiosität die Vorstellung von Religion als „Trost in den Nöten des Lebens" ganz eng verwoben (90 %[17]). Genauso wichtig ist dieser Kategorie das Wissen um eine „Heimat, die man überall hin mitnehmen kann" (90 %). Sodann wird die Religion als Hoffnungsressource erlebt: denn „Ohne Religion verliert man die Hoffnung" (81 %). Entgegen der verbreiteten Meinung, dass Religion den Menschen unfrei und unterwürfig mache, sind nahezu drei Viertel der RELIGIÖSEN überzeugt: „Erst die Religion macht den Menschen frei und selbstbewusst" (71 %). Überzeugt ist ein Großteil dieser Teilgruppe auch davon, dass sich „schwierige Situationen ohne Religion nicht bewältigen lassen" (69 %).

17 Zustimmung: Skalenwerte 1=stimme voll zu, 2=stimme zu. Fünfteilige Skala.

Die von den RELIGIÖSEN erlebten „Funktionen“ der Religion erscheinen allesamt als sehr positiv. Religiösen Menschen wurde zumal in der Aufklärung vorgeworfen, dass sie lediglich aus Angst vor dem Tod religiös seien. Nun werden wir noch darlegen, welche Rolle Tod und Endlichkeit im Glaubenskosmos heutiger Menschen spielen. Aber dass sich die Religion der „Angst vor dem Tod“ verdanke, sehen nur 38 % der RELIGIÖSEN so.

Theoretisch noch tiefer zu bedenken sein wird die Zustimmung von 52 % der RELIGIÖSEN zur Aussage, dass „Religion für das Berufsleben belanglos“ sei. Dies eröffnet die weitreichende Frage, mit welcher „Bewusstseinsstrategie“ von modernen Menschen eine religiöse Weltdeutung mit einem profanen Lebensbereich (wie das Berufsleben) verbunden wird – oder anders formuliert: wie die „religiöse Logik“ mit einer „profanen Logik“ zusammengeht. Die Hälfte der RELIGIÖSEN trennt offenbar diese beiden Bereiche. Sie haben in ihrem Bewusstsein verschiedene Areale[18], sind also in sich selbst pluralistisch. Geschieht dies, um Konflikte zwischen diesen beiden „Logiken“ zu vermeiden? Wie ist es aber bei den anderen aus der Teilgruppe der RELIGIÖSEN, die sagen, dass Religion für ihr Berufsleben durchaus von Belang sei? Gibt es also vielfältige „Bewusstseinsstrategien“ in pluralistischen Zeiten? Spiegelt sich der gesellschaftliche Pluralismus im Bewusstsein und in den Lebensstrategien heutiger Menschen wider? Bei einem beachtlichen Teil der RELIGIÖSEN findet nämlich eine Trennung der Bereiche offenbar nicht statt. Sie nehmen an, dass ihre Religion auch in profane Lebensbereiche wie jenen der Berufswelt diffundiert und dort Wirkungen zeitigt. Wie aber kommen diese „Nichttrenner“ des religiösen und profanen Bereichs mit den Unterschieden der „Logiken“ zurecht?

18 Berger erinnert daran, dass es offenbar modernen Menschen möglich ist, unterschiedliche Relevanzsysteme problemlos nebeneinander stehen zu lassen. Berger, Peter L.: The Many Altars of Modernity, 2014.

ABBILDUNG 2: Vom „Segen der Religion" – für NICHTRELIGIÖSE und für RELIGIÖSE

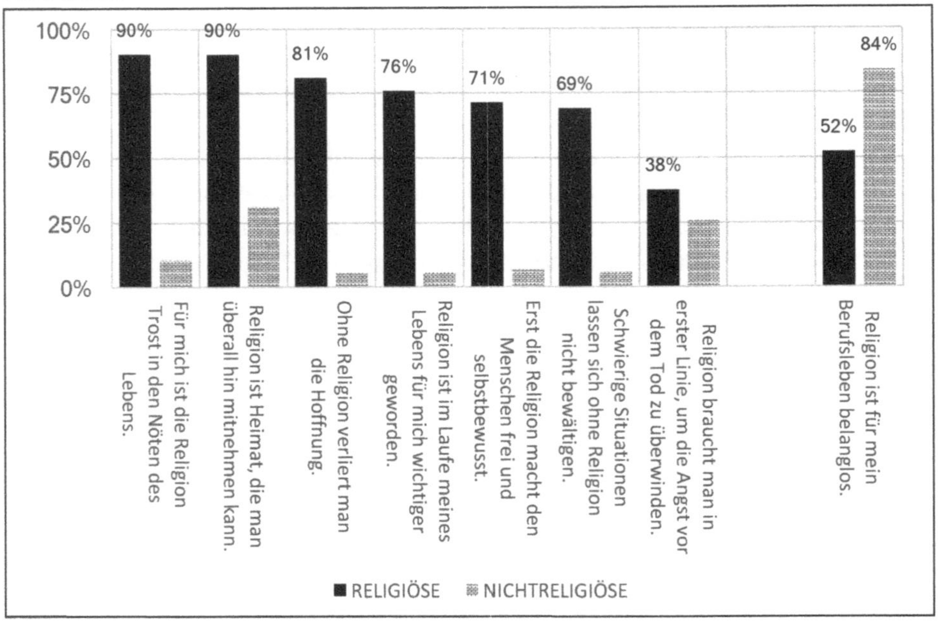

Zustimmung 1+2/5

Erwartungsgemäß haben die NICHTRELIGIÖSEN bei den Aussagen zur Religion andere Antworten gegeben. Zwar verbindet immerhin ein Drittel (31 %) Religion mit „mitnehmbarer Heimat". Religion scheint also für eine Subgruppe von ihnen ein Teil ihrer Identität zu sein, die sie auch im Falle von Migration oder anderer Formen der Veränderung des Lebensortes mit sich nehmen oder sie an ihre Familiengeschichte bindet. 26 % nehmen an, dass Religion mit der „Angst vor dem Tod" zusammenhängt – es kann hier freilich nicht geklärt werden, ob diese Gruppe der NICHTRELIGIÖSEN diese Funktion der Religion kritisiert oder einfach analytisch für zutreffend ansieht. Ansonsten liegen die Aussagen zur Religion bei den NICHTRELIGIÖSEN allesamt marginal niedrig. Offenbar können die NICHTRELIGIÖSEN (was ja zu erwarten war) der „Religion" (für ihr Leben) nicht viel abgewinnen. Dass sich „schwierige Situationen ohne Religion nicht bewältigen lassen" akzeptieren lediglich 6 %.

Wie groß die Differenz zwischen den RELIGIÖSEN und NICHTRELIGIÖSEN ist, kann an den Summenwerten für die einschlägigen sechs Items (ohne das Item zum Berufsleben) ersehen werden. Beträgt dieser Wert für die RELIGIÖSEN 515, liegt er bei den NICHTRELIGIÖSEN bei 91.

Es stellt sich angesichts allein dieser ersten Unterschiede die weltanschauungspolitische Frage, wie Menschen mit derart grundverschiedenen Ansichten über Religion im Gemeinwesen miteinander auskommen. Schätzen sie weltanschauliche Vielfalt? Erleben sie diese Buntheit als eine kulturelle Bereicherung? Oder sehen sie in ihr eine Bedrohung? Machen die NICHTRELIGIÖSEN den RELIGIÖSEN Angst, oder auch umgekehrt? Lernen sie voneinander oder stehen sie einander eher kritisch und ablehnend gegenüber?

Solches Fragen wird dann brisant, wenn mit der Positionierung auf der Skala der religiösen Selbsteinschätzung auch andere Positionen eng verwoben sind, die durchaus gesellschafts- wie kulturpolitischen Sprengstoff in sich tragen. An einem Beispiel kann das schon an dieser Stelle der Analysen angedeutet werden – weitere Analysen folgen im Kapitel über die Auswirkungen der religiös-kirchlichen Ausstattung einer Person. Hier soll der Frage nachgegangen werden: Wie stehen die RELIGIÖSEN und NICHTRELIGIÖSEN zu religiösen Symbolen in der Öffentlichkeit?

Religiöse Symbole in der Öffentlichkeit

Den Befragten waren einige Symbole vorgelegt worden. Sie sollen darüber Auskunft geben, wie sie zu religiösen Symbolen in öffentlichen Räumen stehen. So lautete die Frage: „Empfinden Sie die folgenden Symbole im öffentlichen Raum (also z. B. auf den Straßen, in den Schulen, in Ämtern, in Unternehmen usw.) eher als positiv, eher negativ oder ist Ihnen das egal?“

Für mehr als drei Viertel der Befragten (72 %) sind offensichtlich Christbäume mit hoher Selbstverständlichkeit ein herzerwärmender Teil unserer Kultur. Auch der Nikolaus als religiöse Symbolgestalt mit schrumpfendem Einsatz in der Erziehung und wachsender Präsenz im Handel kommt ganz gut weg (60 % eher positiv); weniger Akzeptanz findet der Krampus, sein polternder und Kinder verschreckender Gefährte (39 %).

Eine starke Hälfte der Befragten befürwortet Kreuze in der Öffentlichkeit (56 %). Marien- und Heiligenstatuen sind einem Teil der Bevölkerung (44 %) willkommen, ebenso vielen (42 %) sind sie aber egal. Ähnlich steht es mit den Symbolen der Orthodoxie, den Ikonen (35 %).

TABELLE 3: Wie religiöse Symbole in der Öffentlichkeit empfunden werden

	Christbäume	Nikolaus	Kreuze	Statuen	Krampus	Ikonen	Kopftuch
eher positiv	72 %	60 %	56 %	44 %	39 %	35 %	12 %
egal	23 %	34 %	34 %	42 %	43 %	49 %	45 %
eher negativ	3 %	4 %	7 %	11 %	16 %	11 %	39 %
k.A.	2 %	2 %	2 %	3 %	3 %	5 %	4 %

Erwartungsgemäß sehen NICHTRELIGIÖSE generell religiöse Symbole nicht (so) gern in der Öffentlichkeit. Eine Ausnahme bilden Christbäume (52 %), der Nikolaus (40 %) und etwas abgeschlagen der Krampus (26 %). Die Befürwortung dieser drei Symbole durch die NICHTRELIGIÖSEN erfolgt vermutlich weniger aus religiösen, denn aus folkloristischen Motiven. Wenn man in der Advents- und Weihnachtszeit in die Schaufester blickt, scheint zuzutreffen: „Religion sells." Das würde auch verständlich machen, dass sich der Handel kaum noch an die Zeiten des Kirchenjahres hält. Vielmehr stehen schon am Anfang des Monats Dezember Weihnachtsbäume und fliegen Engel längst vor Weihnachten. Kreuze, Ikonen oder Heiligenstatuen sind dem Großteil der NICHTRELIGIÖSEN freilich unerwünscht.

ABBILDUNG 3: Religiöse Symbole in der Öffentlichkeit – RELIGIÖSE UND NICHTRELIGIÖSE – Anteil „eher positiv"

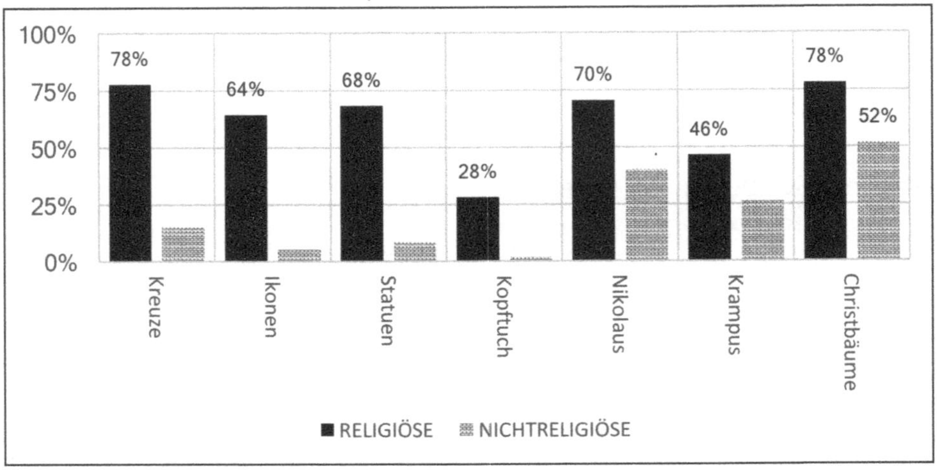

Völlig aus der Reihe fällt bei der Bewertung von vorgelegten Symbolen das Kopftuch. Bei der Deutung des Ergebnisses ist zu berücksichtigen, dass die Antwortmöglichkeit personalisiert war: Gefragt wurde (mit Blick auf den Kopftuchstreit in der aktuellen Kulturpolitik) nicht nur nach dem Kopftuch als solchem, sondern nach „Frauen, die aus religiösen Gründen das Kopftuch tragen". Zudem war im Fragebogen das Kopftuch ausdrücklich als religiöses Symbol definiert.

Dieses Ergebnis zeigt, dass die religiöse Symbolwelt im Land christlich geprägt ist, wobei eine christliche Folklore (Christbaum, Nikolaus) die Substanz des christlichen Glaubens (Kreuze, Ikonen, Heiligenstatuen) deutlich übertrifft. Das unübersehbare religiöse Symbol des Islam – das Kopftuch der Frauen – irritiert hingegen. Nur 12 % sehen es positiv, 39 % eher negativ. Nicht ganz der Hälfte ist das Kopftuchtragen freilich egal.

Nun könnte man meinen, dass RELIGIÖSE sich mit den muslimischen Glaubensschwestern solidarisieren und daher das Kopftuch unterstützen, zumal dieses in der Umfrage als „religiöses Symbol" deklariert wurde. RELIGIÖSE haben im Allgemeinen eine hohe Sympathie für religiöse Symbole: sowohl in deren folkloristischen wie in ihrer substantiellen Ausprägung. Lediglich der Krampus fällt etwas aus der Reihe.

TABELLE 4: Frauen, die aus religiösen Gründen das Kopftuch tragen

	eher positiv	egal	eher negativ
sehr religiös [RELIGIÖSE]	28 %	35 %	37 %
religiös	16 %	43 %	41 %
gleichgültig	7 %	50 %	42 %
eher nicht religiös	7 %	52 %	41 %
nicht religiös [NICHTRELIGIÖSE]	2 %	55 %	43 %
alle	12 %	45 %	39 %

Die Annahme, dass RELIGIÖSE den Glaubensschwestern der islamischen Religion Unterstützung zukommen lassen, trifft nur für eine Minderheit von 28 % zu. Einem starken Drittel ist die Kopftuchfrage egal (35 %), ebenso viele (37 %) lehnen es ab. Es kann dabei durchaus sein, dass die Ablehnung des Kopftuchs selbst durch RELIGIÖSE aus „religiösen Motiven" erfolgt. So könnte es RELIGIÖSEN um die Reinheit „der christlichen Kultur" gehen. Aber es könnten sich auch Fremde abweisende Motive einmengen.

Schon hier ist jedenfalls festzuhalten, dass die weltanschaulichen Unterschiede nicht nur zwischen Mitgliedern von Religionsgemeinschaften auftauchen, sondern auch innerhalb dieser. So geht es heute nicht mehr nur um das Auskommen zwischen Christen und Muslimen, sondern auch zwischen RELIGIÖSEN und NICHTRELIGIÖSEN. Im Lauf der folgenden Analysen werden noch weitere Verschiedenheiten ans Licht gehoben werden, etwa zwischen Gottesanhängern und Gottesleugnern, zwischen „Theisten und Atheisten", dazu zwischen engagierten Kirchenmitgliedern und kämpferischen Gegnern jeglicher Präsenz und Einmischung von Religionsgemeinschaften in das öffentliche Leben.

Beten

Gebetet wird in Gottesdiensten der Kirchen und Religionsgemeinschaften. Doch beten auch Menschen, die keiner Kirche angehören oder in keine gottesdienstliche Feier gehen. Offenbar sucht sich die subjektive Religiosität einer Person einen „Ausdruck", und das in rituellen Gesten oder in Worten. Das Beten enthält beides, Wort und Ritual. Religionsgeschichtlich erweist sich das Beten als zentral für den Vollzug von Religiosität.

In der Studie wurde das Thema des Betens direkt angegangen: „Wie oft beten Sie?", so die allen vorgelegte Frage. Zunächst interessiert die Gebetshäufigkeit. Weiter unten soll dann erkundet werden, in welchen (nicht kirchlich gestalteten) Situationen Menschen an Gott denken und zu ihm beten.

19 % der Menschen im Land beten täglich, dazu 13 % oft. Dann dünnt sich die Frequenz aus: 18 % beten gelegentlich, 12 % selten, 13 % fast nicht. Ganz ohne Gebet lebt ein Viertel der Bevölkerung (25 %).

Die subjektive Religiosität spielt hinsichtlich der Gebetshäufigkeit eine entscheidende Rolle. Je religiöser sich ein Mensch einstuft, desto häufiger betet diese Person. Die RELIGIÖSEN beten zu 90 % zumindest oft. Unter den NICHTRELIGIÖSEN sind es 3 %. Religiosität und Beten sind somit eng verwoben.[19]

TABELLE 5: Religiosität und Gebetshäufigkeit

	täglich	oft	gelegentlich	selten	fast nie	nie
sehr religiös [RELIGIÖSE]	70%	20%	6%	0%	1%	2%
religiös	26%	24%	29%	13%	5%	4%
gleichgültig	2%	2%	21%	29%	28%	18%
eher nicht religiös	0%	2%	13%	13%	35%	36%
nicht religiös [NICHTRELIGIÖSE]	2%	1%	2%	1%	10%	83%
alle	19%	13%	18%	12%	14%	24%

Religiöse Gespräche

Die subjektive Religiosität drückt sich aber nicht nur im persönlichen Gebet aus. Sie begünstigt auch religiöse Gespräche. Solche finden am ehesten in Ehen statt (35 %). Dann folgt der Freundeskreis (28 %). 6 % führen religiöse Gespräche mit den Eltern, 5 % mit den Kindern.

Die RELIGIÖSEN sind weit häufiger in religiöse Gespräche verwickelt als die NICHTRELIGIÖSEN. Diese werden von ihnen vorab mit den Kindern (75 %), den Ehepartnerinnen (58 %) sowie im Freundeskreis (65 %) geführt. Eltern (33 %) sowie Arbeitskollegen (20 %) sind deutlich nachgereiht. Unter den NICHTRELIGIÖSEN kommen religiöse Gespräche nur bei einer Minderheit zwischen 6–14 % vor. Am ehesten finden dann solche Gespräche im Freundeskreis statt, gefolgt von der Ehepartnerin, dem Ehepartner.

Der Unterschied in der Gesprächshäufigkeit zwischen diesen beiden Randpositionen wird am Summenwert ersichtlich. Er liegt bei den RELIGIÖSEN nahezu sechsmal höher als bei den NICHTRELIGIÖSEN. NICHTRELIGIÖSE fühlen sich also nicht nur nichtreligiös, sie sind auch religiös verstummt.

19 Der Korrelationskoeffizient beträgt c=.75.

TABELLE 6: Geben Sie mir bitte an, wie häufig mit den folgenden Personen das Gespräch auf religiöse Fragen kommt, ich meine, wie häufig in der letzten Zeit? – Nach Religiosität.

	Ehe-partner	Kinder	Eltern	Freun-deskreis	Arbeits-kollegen	Summe
sehr religiös [RELIGIÖSE]	58%	75%	33%	65%	20%	251
religiös	49%	41%	24%	35%	10%	159
gleichgültig	23%	22%	14%	16%	6%	80
eher nicht religiös	22%	14%	10%	15%	6%	66
nicht religiös [NICHTRELIGIÖSE]	9%	6%	7%	14%	6%	43
alle	35%	31%	18%	28%	9%	122

Um Segen bitten

Eine der verbreiteten Ausdrucksformen der Religiosität ist das Erbitten oder Erteilen eines Segens. Segnen bedeutet im religiösen Raum etwas „Gutes zusprechen", lateinisch „bene dicere". In der Umfrage wurden die Befragten gebeten mitzuteilen, ob sie schon einmal einen Segen erhalten wollten. So lautete die Frage: „Haben Sie schon je einen Priester/Pfarrer oder einen Mönch innerhalb oder außerhalb eines Gottesdienstes um einen Segen gebeten? Wie oft war das der Fall?"

Bei NICHTRELIGIÖSEN geschah das so gut wie nie (95%). Anders bei den RELIGIÖSEN. 8% taten dies sehr oft, weitere 35% oft. Lediglich 19% der RELIGIÖSEN baten nie um einen Segen.

Religiosität sucht offenbar danach, durch sinnenhafte Worte oder Rituale mit einer sinnenhaft nicht zugänglichen „guten Wirklichkeit" in Beziehung zu treten. Bei der Erfüllung dieses Wunsches kommen Repräsentanten dieser „guten", „heilen" und „heiligen Wirklichkeit" ins Spiel. Diese sollen den guten Zuspruch hörbar und sehbar, also sinnlich erfahrbar machen.

TABELLE 7: Haben Sie schon je einen Priester/Pfarrer oder einen Mönch innerhalb oder außerhalb eines Gottesdienstes um einen Segen gebeten? Wie oft war das der Fall?

	sehr oft	oft	selten	nie
sehr religiös [RELIGIÖSE]	8%	35%	38%	19%
religiös	4%	11%	28%	57%
gleichgültig	1%	7%	20%	71%
eher nicht religiös	1%	1%	12%	85%
nicht religiös [NICHTRELIGIÖSE]	1%	0%	3%	95%
alle	3%	9%	21%	67%

Fasten

Natürlich kann man auch aus gesundheitlichen Gründen fasten. Fasten kann aber auch ein Ausdruck von Religiosität sein. In manchen Religionen sind feste Fastenzeiten vorgesehen. Daher die Frage: Fasten die Menschen im Land aus religiösen Gründen? Und zu welchen Zeiten?

46 % aller Befragten üben kein religiöses Fasten. Je stärker allerdings die persönliche Religiosität ist, desto wahrscheinlicher ist es, dass jemand aus religiösen Gründen Fastenzeiten einhält. Unter den RELIGIÖSEN tun dies lediglich 13 % nicht; 37 % von ihnen fasten zu allen, 27 % zu manchen der vorgesehenen Zeiten. 23 % manchmal, aber nicht regelmäßig. Aber auch unter den NICHTRELIGIÖSEN finden sich vereinzelt Gelegenheitsfaster (9 %).

TABELLE 8: Manche Menschen pflegen aus religiösen Gründen zu fasten. Fasten Sie in den (in der Religion) vorgesehenen Fastenzeiten oder nur an manchen oder gar nicht?

	Ja. ich versuche in allen (in der Religion) vorgesehenen Fastenzeiten zu fasten (z. B. Freitag).	Ich faste in manchen Fastenzeiten (z. B. in der Karwoche).	Ich faste manchmal, aber nicht regelmäßig.	Ich faste nicht.
sehr religiös [RELIGIÖSE]	37 %	27 %	23 %	13 %
religiös	13 %	26 %	32 %	29 %
gleichgültig	3 %	11 %	36 %	50 %
eher nicht religiös	1 %	10 %	24 %	66 %
nicht religiös [NICHTRELIGIÖSE]	0 %	1 %	9 %	90 %
alle	10 %	17 %	27 %	46 %

Religiöse Gegenstände

Die subjektive Religiosität „drückt sich aus“: in Worten, in Handlungen, aber auch in religiösen Gegenständen, die jemand in seinem unmittelbaren privaten Lebensumfeld besitzt oder die sich zumindest in der Wohnung befinden, auch wenn sie einem nicht gehören. Am meisten verbreitet ist das Kreuz, unmittelbar gefolgt von einem Glücksbringer. Gebetbuch und Weihwasser stehen am Ende der Liste. Eine Bibel ist bei etwas mehr als der Hälfte der Haushalte vorhanden.

Neuerlich ist die Stärke der eigenen Religiosität der Maßstab dafür, ob jemand religiöse Gegenstände in der Wohnung hat und wie viele. Allerdings nennen ähnlich viele RELIGIÖSE (63 %) wie NICHTRELIGIÖSE (46 %) einen Glücksbringer ihr Eigen. Ein Viertel der NICHTRELIGIÖSEN besitzt eine Bibel oder hat eine solche in seiner Wohnung. Mit dem Weihwasser können sichtlich NICHTRELIGIÖSE so gut wie nichts anfangen (2 %). Aber auch bei den RELIGIÖSEN steht das Weihwasser an der letzten Stelle, wenngleich immer noch mit 55 %.

TABELLE 9: Besitzen Sie selbst einen religiösen Gegenstand oder es ist einer in der Wohnung…

	Kreuz	Glücksbringer	Bibel	gesegnete Gegenstände (z. B. gesegnete Kerze, Medaille, Andenken an heilige Orte)	Rosenkranz	Heiligenbild – Ikone	Gebetbuch oder ein kirchliches Gesangbuch	Weihwasser	Summe
sehr religiös [RELIGIÖSE]	90 %	63 %	91 %	72 %	65 %	82 %	78 %	55 %	595
religiös	86 %	70 %	72 %	70 %	67 %	64 %	53 %	40 %	521
gleichgültig	64 %	67 %	45 %	45 %	40 %	35 %	32 %	20 %	348
eher nicht religiös	55 %	62 %	39 %	34 %	29 %	21 %	20 %	10 %	265
nicht religiös [NICHTRELIGIÖSE]	28 %	46 %	25 %	13 %	13 %	12 %	11 %	2 %	150
alle	*68 %*	*63 %*	*56 %*	*51 %*	*47 %*	*45 %*	*39 %*	*27 %*	*396*

Das spirituelle Feld

Im „christentümlichen Europa“ war die Religiosität der Menschen Jahrhunderte lang von den christlichen Kirchen geprägt worden. Religiöse Wünsche wurden durch diese erfüllt. In Österreich lag dies seit den nachreformatorischen Zeiten vorab in den Händen der katholischen Kirche; erst durch das Toleranzpatent Josephs II. sind Kirchen der Reformation nach langem Wirken im Untergrund offiziell dazugekommen. Heute steht eine Vielfalt von Religionsgemeinschaften für die Erfüllung religiöser Wünsche bereit.

Nun haben sich in der neuzeitlichen Kultur Person und Religion auseinanderentwickelt, ohne freilich gänzlich beziehungslos zu werden (wie später gezeigt werden wird). Die Freiheit zur Wahl erstreckt sich auch auf die Frage, wie heutige Menschen ihre subjektive Religiosität gestalten. Jedenfalls hat sich neben dem „kirchlichen Feld“ ein weites „spirituelles Feld“ aufgetan. Viele Menschen haben und nehmen sich heute die Freiheit, bei der Gestaltung ihrer persönlichen Religiosität nicht nur die traditionellen Kirchen in Anspruch zu nehmen. Sie suchen Unterstützung auf einem „spirituellen Markt“. Wie groß ist dieser aber?

Wir wollten daher in Erfahrung bringen, wie groß der Anteil der Menschen in unserer Bevölkerung ist, die eingestreut in ihr profanes Leben „spirituelle Praktiken“ üben und von welchen Personen und Einrichtungen sie sich dabei unterstützen lassen. Diese Erhebung von spirituellen Praktiken geht von der Annahme aus, dass es auch im Leben heutiger Menschen „spiritualitätsproduktive“ Erfahrungen gibt.

Was sich heute auf diesem „spirituellen Feld“ unserer Gesellschaft tut, wurde in mehreren Schritten zu eruieren versucht:

- Zunächst wurde eine Liste von *„berührenden Erfahrungen“* vorgelegt. Die Befragten sollten jene drei heraussuchen, die sie am meisten berührt haben.
- Zu diesen berührenden Erfahrungen wurde zusätzlich gefragt: „Falls Sie sich in irgendeiner Weise als gläubig verstehen: Haben Sie bei den genannten Ereignissen an Gott bzw. an ein höheres Wesen *gedacht, bzw. zu ihm gebetet?*“
- Zu einem späteren Zeitpunkt des Interviews wurde sodann eine Liste mit *„außeralltäglichen Erfahrungen“* vorgelegt. Das war die Einleitungsfrage dazu: „Manchmal wird über sehr persönliche Erfahrungen gesprochen, die mit einer nicht alltäglichen Wahrnehmung, einer Entscheidung oder einer Macht zu tun haben. Hier stehen einige von diesen Dingen. Ist Ihnen *irgendetwas davon je passiert?*“
- Nachgeschoben wurde die Deutungsfrage: „Und würden Sie bitte jetzt noch für die Erfahrung, die Sie gemacht haben, angeben, ob Sie diese *als religiös beschreiben* würden?“

Die Antworten auf diese Fragen sollten Einblick in eine spirituelle Dynamik bieten, die in der heutigen, dem Anschein nach säkularen Kultur, jenseits der Kirchen und Religionsgemeinschaften vermutet wird. Auf dem Hintergrund dieser Einsichten wurde schließlich eine Frage nach *„spirituellen Praktiken“* gestellt: „Welche folgenden Praktiken bzw. Behandlungsmethoden üben Sie aus bzw. haben Sie schon ausprobiert?“

Berührende Erfahrungen

Es gibt Erfahrungen im menschlichen Leben, die aus der Routine des Alltags herausragen. Diese können große Freude oder tiefen Schmerz auslösen. Es sind berührende Erfahrungen, die „außeralltäglich“ sind. Die Befragten nennen an erster Stelle die Geburt eines Kindes (49 %) und den Tod eines Menschen (48 %), mit Abstand gefolgt vom Anfang (27 %) bzw. dem Ende einer Liebe (13 %) oder eine Hochzeit (18 %). Die übrigen vorgelegten möglichen Erfahrungen wurden deutlich weniger ausgewählt.

TABELLE 10: Berührende Erfahrungen

	sehr religiös [RELIGIÖSE]	religiös	gleichgültig	eher nicht religiös	nicht religiös [NICHTRELIGIÖSE]	alle
die Geburt eines Kindes	60 %	57 %	51 %	39 %	30 %	49 %
der Tod eines Menschen	50 %	53 %	51 %	41 %	39 %	48 %
der Anfang einer Liebe	25 %	28 %	24 %	23 %	29 %	27 %
eine Enttäuschung durch einen nahen Menschen	13 %	18 %	20 %	27 %	27 %	21 %
eine Hochzeit	40 %	22 %	14 %	7 %	10 %	18 %
das Ende einer Liebe	7 %	9 %	16 %	17 %	21 %	13 %
ein unerwartetes Glück	7 %	10 %	9 %	9 %	10 %	9 %
ein Unfall	5 %	9 %	10 %	10 %	10 %	9 %
eine Prüfung	5 %	5 %	10 %	11 %	7 %	7 %
schwere Probleme mit Kindern/Eltern	3 %	6 %	5 %	8 %	9 %	7 %
der Verlust der Arbeitsstelle	1 %	3 %	6 %	6 %	9 %	5 %
eine Gotteserfahrung	25 %	3 %	1 %	1 %	1 %	4 %
ein politisches Ereignis	4 %	4 %	3 %	4 %	7 %	4 %
eine Naturkatastrophe	3 %	5 %	4 %	2 %	3 %	4 %
keine	1 %	1 %	2 %	5 %	3 %	2 %
SUMME	248	233	224	205	213	226

RELIGIÖSE haben zwar häufiger solche Erfahrungen gemacht (Summenwert 248); doch stehen NICHTRELIGIÖSE keineswegs weit nach (Summe 213). Es handelt sich also bei einigen dieser außeralltäglichen Geschehnisse um allgemein menschliche Erfahrungen, die jedem Menschen gleich zugänglich sind. RELIGIÖSE haben dafür allerdings eine größere Offenheit. Sie zeigen sich berührbarer als NICHTRELIGIÖSE.

Bei solchen berührenden Erfahrungen denken 42 % an einen Gott oder an ein höheres Wesen. Es bewegt sie, bei diesem Anlass ein Gebet zu formulieren. Dies ist vorab bei den RELIGIÖSEN der Fall (86 %). Unter den NICHTRELIGIÖSEN geschieht dies bei schmalen 9 %. Bei dieser Kategorie wird das Berührende nicht religiös gedeutet. Zumindest erscheint es nicht verbal formulierbar.

TABELLE 11: Bei berührenden Erfahrungen an Gott gedacht bzw. gebetet

	ja	nein	teils-teils	keine Angabe
sehr religiös [RELIGIÖSE]	86 %	3 %	11 %	0 %
religiös	59 %	15 %	25 %	1 %
gleichgültig	23 %	32 %	41 %	3 %
eher nicht religiös	17 %	50 %	32 %	1 %
nicht religiös [NICHTRELIGIÖSE]	9 %	77 %	11 %	3 %
alle	42 %	32 %	25 %	1 %

Übergangsrituale

Deutlich verbreiteter als reflektierte religiöse Deutungen sind religiöse Rituale. Solche haben sich rund um die großen Übergänge des Lebens, Geburt, Tod und Heirat ausgebildet. Im Französischen heißen sie „rites de passage"[20], Übergangsrituale.

Diese Rituale gehören, so Alfred Lorenzer in seinem Werk zu den Ritualen, nicht den Kirchen, sondern der Menschheit. Den Kirchen wurden sie lediglich zur „Verwaltung" anvertraut.[21] Das erklärt, warum diese Übergangsrituale auch von Menschen geschätzt werden, die keiner Religionsgemeinschaft angehören oder eine solche verlassen haben. Immerhin ein Drittel der NICHTRELIGIÖSEN (33% Durchschnitt) sieht es für (sehr) wichtig an, dass die Kirchen solche Rituale bereitstellen. Unter den RELIGIÖSEN wünschen im Schnitt 89% Übergangsriten. In allen Gruppen ist der Wunsch nach einem religiösen Beerdigungsritual am weitesten verbreitet. Es folgen sodann gleichauf die Hochzeit und die Geburt.

TABELLE 12: Wunsch nach Übergangsritualen

	Kinder taufen	Trauungen durchführen	Begräbnisse abhalten	*Schnitt*
sehr religiös [RELIGIÖSE]	85%	89%	93%	*89%*
religiös	87%	84%	91%	*88%*
gleichgültig	71%	69%	76%	*72%*
eher nicht religiös	55%	55%	76%	*62%*
nicht religiös [NICHTRELIGIÖSE]	24%	28%	49%	*33%*
alle	68%	68%	79%	*72%*

Skalenwert 1=sehr wichtig und 2=wichtig auf fünfteiliger Skala

Bei der Beerdigung wurde noch weiter gefragt, ob man für sich selbst „eine Beerdigung durch die Kirche bzw. durch Ihre Religionsgemeinschaft" wünscht.

20 Van Gennep, Arnold: Les rites de passage, 1994.

21 Lorenzer spricht sich als Atheist vehement gegen die „Pädagogisierung der Rituale" durch die Kirchen aus. Diese würden den Wunsch nach Ritualen nur erfüllen, wenn sich die Leute zuvor weltanschaulich indoktrinieren lassen. Die Rituale würden als „missionarische Chance" missbraucht. Lorenzer, Alfred: Das Konzil der Buchhalter. Eine Ritentheorie, Frankfurt 1981.

TABELLE 13: Wünschen Sie sich eine Beerdigung durch die Kirche bzw. durch Ihre Religionsgemeinschaft?

	ja	nein	ist mir gleichgültig	weiß ich nicht	trifft nicht zu	Zeile
sehr religiös [RELIGIÖSE]	85 %	5 %	6 %	2 %	2 %	10 %
religiös	80 %	5 %	10 %	4 %	0 %	43 %
gleichgültig	48 %	12 %	28 %	12 %	0 %	16 %
eher nicht religiös	29 %	17 %	41 %	11 %	1 %	16 %
nicht religiös [NICHTRELIGIÖSE]	7 %	48 %	32 %	10 %	2 %	16 %
alle	56 %	15 %	21 %	7 %	1 %	

Nun kann es allerdings sein, dass der Wunsch nach Übergangsritualen bei den NICHTRELIGIÖSEN nicht religiös ist, sondern eher therapeutisch. Die Übergänge des Lebens versetzen ja die Betroffenen (Eltern, Angehörige, Liebende) in eine ambivalente Gefühlslage zwischen großen Hoffnungen und tiefen Ängsten. Die Rituale scheinen aus der Sicht der Menschen dazu einen Beitrag zu leisten, dass in einem gemeinschaftlichen Geschehen in erfahrbarer Weise Hoffnungen gestärkt und Ängste gezähmt werden. Dies kann (so etwa für die RELIGIÖSEN) mit ausdrücklich „religiöser Logik" geschehen. Die Stärkung der Hoffnung und Zähmung der Angst werden dann dadurch erfahrbar, dass das ambivalente Leben in einen heiligen Kosmos, eine „Welt Gottes" eingeordnet und so „in Ordnung" gebracht wird. Die Rituale sind in diesem Kontext wie „Fahrzeuge" hinein in diesen bergenden, sinnenhaft freilich nicht zugänglichen Kosmos. Sie machen diesen heilsamen Vorgang sinnenhaft erfahrbar. Rituale sind für die RELIGIÖSEN „heilige" Vorgänge. Die christlichen Kirchen nennen sie Sakramente.

NICHTRELIGIÖSE erfahren die Wirkung der religiösen Rituale aus der (psychogenen) Kraft der Rituale[22] selber, auch wenn ihnen deren religiöse Tiefendimension unzugänglich erscheint. Oder haben auch sie eine unreflektierte Ahnung davon, dass außeralltägliche Erfahrungen wie die Geburt eines Kindes, das hochzeitliche Fest der Liebenden und der Verlust eines geliebten Menschen die alltägliche, profane Welt sprengen, übersteigen („transzendieren"), ohne zu wissen, wohin sie die innere Reise führt? Immerhin scheint auch für einen Teil der NICHTRELIGIÖSEN die Erfahrung der altehrwürdigen Rituale einer Taufe, einer Trauung oder einer Beerdigung heilsam zu sein. In der Umfrage stimmen sie zumindest zu, dass solche Rituale von den Kirchen gefeiert werden sollen. Offenbar machen auch für die NICHTRELIGIÖSEN diese Rituale für die Bewältigung von außeralltäglichen Erfahrungen einen Sinn.

22 Brück, Axel: Die Kraft der Rituale, 2008. – Fischedick, Heribert: Die Kraft der Rituale, Stuttgart 2004. – Grützner, Felix: Trauer und Rituale, Göttingen [u. a.]. 2013. – Herriger, Catherine: Die Kraft der Rituale, 2014. – Kaiser, Martina: Rituale – Quellen der Kraft, 2005.

Außeralltägliche Vorfälle

„Manchmal wird über sehr persönliche Erfahrungen gesprochen, die mit einer nicht alltäglichen Wahrnehmung, einer Entscheidung oder einer Macht zu tun haben. Hier stehen einige von diesen Dingen. Ist Ihnen *irgendetwas davon je passiert?*"

Acht „außeralltägliche" Erfahrungen waren vorgelegt worden. Wie die Durchleuchtung der Antworten zeigt, handelt es sich um drei „Pakete":

- Zwei Erfahrungen sind ausdrücklich *religiös*, beziehen sich auf Gottes Gegenwart und die Erfüllung eines Gebetes durch Gott: „Ein Gefühl der Gegenwart von Gott." – „Das Bewusstsein, durch Gebete Hilfe zu bekommen."
- Zwei weitere Erfahrungen haben eine parapsychologische Färbung. Gemeinsam ist in beiden Statements das schicksalshafte Wort *„passieren"*: „Man wusste vorher schon, dass etwas passieren wird, das heißt, Sie hatten eine Vorahnung." – „Eine Kette von Ereignissen in Ihrem Leben, die Sie überzeugt hat, dass sie auf irgendeine Weise so passieren."
- Die übrigen fünf Erfahrungen haben mit *Wirklichkeitsdeutung* zu tun. Von gutem Geist und böser Macht ist die Rede, von einer heiligen Macht und von einer letzten Einheit der Dinge, aber auch vom Kontakt mit Verstorbenen: „Das Gefühl, dass ein guter Geist auf Sie aufpasst oder Sie führt." – „Das Gefühl, dass es eine böse Macht gibt." – „Das Empfinden einer heiligen Macht in der Natur." – „Auf eine seltsame Art erfahren, dass alle Dinge eins (eine Einheit) sind." – „Das Gefühl, dass jemand, der gestorben ist, anwesend ist."

Die ausdrücklich religiösen Erfahrungen (Gegenwart Gottes, Gebetserhörung) werden naheliegenderweise vor allem von RELIGIÖSEN gemacht. NICHTRELIGIÖSE teilen mit den RELIGIÖSEN aber die Erfahrung, dass etwas „passiert", was nicht alltäglich ist – eine Vorahnung, eine Kette schicksalhafter Ereignisse. Dass hinter allem ein guter Geist steht und sich in der Natur eine heilige Macht verbirgt, ist RELIGIÖSEN plausibler als NICHTRELIGIÖSEN.

Außeralltägliche Erfahrungen gehören also auch in vermeintlich „entzauberten Zeiten" (Max Weber) bei einem beachtlichen Teil der Bevölkerung zum normalen Leben.

TABELLE 14: Manchmal wird über sehr persönliche Erfahrungen gesprochen, die mit einer nicht alltäglichen Wahrnehmung, einer Entscheidung oder einer Macht zu tun haben. Hier stehen einige von diesen Dingen. Ist Ihnen *irgendetwas davon je passiert?*

a=Man wusste vorher schon, dass etwas passieren wird, das heißt, Sie hatten eine Vorahnung.
b=Eine Kette von Ereignissen in Ihrem Leben, die Sie überzeugt hat, dass sie auf irgendeine Weise so passieren mussten.
c=Das Gefühl, dass ein guter Geist auf Sie aufpasst oder Sie führt.
d=Das Empfinden einer heiligen Macht in der Natur.
e=Ein Gefühl der Gegenwart von Gott.
f=Das Bewusstsein, durch Gebete Hilfe zu bekommen.
g=Auf eine seltsame Art erfahren, dass alle Dinge eins (eine Einheit) sind.
h=Das Gefühl, dass jemand, der gestorben ist, anwesend ist.
i=Das Gefühl, dass es eine böse Macht gibt.

	A passiert	C guter Geist	D heilige Macht	H gestorben	B passieren	F Gebete	E Gegenwart Gottes	G Dinge eins	I böse Macht	Summe
sehr religiös [RELIGIÖSE]	41 %	58 %	38 %	35 %	25 %	55 %	58 %	17 %	15 %	343
religiös	42 %	51 %	35 %	32 %	29 %	39 %	31 %	17 %	12 %	288
gleichgültig	41 %	27 %	26 %	23 %	28 %	12 %	9 %	12 %	9 %	188
eher nicht religiös	42 %	27 %	17 %	25 %	23 %	8 %	5 %	9 %	11 %	167
nicht religiös [NICHTRELIGIÖSE]	41 %	17 %	13 %	17 %	25 %	4 %	4 %	9 %	9 %	140
alle	42 %	39 %	28 %	28 %	27 %	26 %	22 %	14 %	11 %	235

Religiös gedeutet?

Gefragt wurde nun nicht nur, ob die Menschen solche außeralltäglichen Erfahrungen gemacht haben, sondern auch wie sie diese deuten: „Und würden Sie bitte jetzt noch für die Erfahrung, die Sie gemacht haben, angeben, ob Sie diese *als religiös beschreiben* würden?"

TABELLE 15: Und würden Sie bitte jetzt noch für die Erfahrung, die Sie gemacht haben, angeben, ob Sie diese *als religiös beschreiben* würden?

a=Man wusste vorher schon, dass etwas passieren wird, das heißt, Sie hatten eine Vorahnung.
b=Eine Kette von Ereignissen in Ihrem Leben, die Sie überzeugt hat, dass sie auf irgendeine Weise so passieren mussten.
c=Das Gefühl, dass ein guter Geist auf Sie aufpasst oder Sie führt.
d=Das Empfinden einer heiligen Macht in der Natur.
e=Ein Gefühl der Gegenwart von Gott.
f=Das Bewusstsein, durch Gebete Hilfe zu bekommen.
g=Auf eine seltsame Art erfahren, dass alle Dinge eins (eine Einheit) sind.
h=Das Gefühl, dass jemand, der gestorben ist, anwesend ist.
i=Das Gefühl, dass es eine böse Macht gibt.

	F Gebete	E Gegenwart Gottes	C guter Geist	D heilige Macht	H gestorben	G Dinge eins	I böse Macht	B passieren	A passiert	Summe
sehr religiös [RELIGIÖSE]	99%	99%	94%	95%	92%	87%	73%	85%	76%	801
religiös	92%	90%	85%	69%	66%	59%	55%	57%	47%	621
gleichgültig	71%	71%	69%	51%	52%	38%	41%	29%	26%	450
eher nicht religiös	74%	59%	38%	49%	41%	20%	31%	20%	22%	355
nicht religiös [NICHT-RELIGIÖSE]	46%	50%	18%	29%	10%	8%	13%	8%	7%	190
alle	90%	89%	75%	66%	58%	50%	47%	43%	37%	554

Für die RELIGIÖSEN sind „außeralltäglich“ und „religiös“ so gut wie deckungsgleich. Aber auch die Hälfte der NICHTRELIGIÖSEN sieht das so. Die Erhörung von Gebeten und das Gefühl einer Gottesgegenwart deutet dieser Teil der NICHTRELIGIÖSEN als religiös. Für ein starkes Viertel der NICHTRELIGIÖSEN trifft dies auch auf das Empfinden einer heiligen Macht in der Natur zu. Die übrigen außeralltäglichen Erfahrungen werden aber von den NICHTRELIGIÖSEN nicht als religiöse gedeutet. Das betrifft auch Vorgänge, die einfach „passieren“. Diese haben für NICHTRELIGIÖSE keine tiefere Bedeutung; für die RELIGIÖSEN können sie aber durchaus Verweise auf eine „andere Welt“ sein.

In religiösen Lehren wie jener des Buddhismus, aber auch in den Philosophien, wird eine tiefe Einheit allen Seins angenommen. Es gebe eine „Kette des Seins“ (chain of being), so von Aristoteles bis Ken Wilber. Was ist, könne der Mensch auch fühlen, wahrnehmen und aus dem Sein Folgerungen für das Handeln ableiten. Zu diesem alten religiösen Wissen konnten die Umfrageteilnehmenden Stellung beziehen. Gefragt wurde, wie oft jemand dieses Gefühl habe, „mit allem eins zu sein“.

Nun ist in unserer europäischen Kultur dieses Gefühl eher selten. 15% erleben es (sehr) oft, ein Drittel (33%) gelegentlich. Es sind aber in der Gesamtbevölkerung lediglich 15%, die ein solches Gefühl nie hatten. Dieser Anteil sinkt bei den RELI-

GIÖSEN auf 5 % und steigt bei den NICHTRELIGIÖSEN auf 32 %. Zumindest selten fühlen also NICHTRELIGIÖSE „religiös".

TABELLE 16: Wie oft erleben Sie Situationen, in denen Sie das Gefühl haben, mit allem eins zu sein?

	nie	selten	gelegentlich	oft	sehr oft	weiß es nicht
sehr religiös [RELIGIÖSE]	5%	17%	38%	23%	13%	4%
religiös	9%	25%	40%	14%	2%	10%
gleichgültig	17%	29%	30%	6%	3%	15%
eher nicht religiös	19%	27%	30%	10%	1%	14%
nicht religiös [NICHTRELIGIÖSE]	32%	23%	20%	10%	1%	14%
alle	15%	25%	33%	12%	3%	11%

Spirituelle Erfahrungen

In einem letzten Schritt bei der Erkundung des „spirituellen Feldes" in unserer Kultur wurde nach „spirituellen Praktiken" gefragt.

TABELLE 17: Welche der folgenden Praktiken bzw. Behandlungsmethoden üben Sie aus bzw. haben Sie schon ausprobiert?

	(Zeitungs-)Horoskop lesen	Alternative Heilmethoden wie z. B. Homöopathie, Bachblüten	auf Mondphasen achten	Meditation	Psychotherapie	Fernöstliche Körperübungen wie z. B. Yoga, Tai-Chi	Massagetechniken wie z. B. Shiatsu, Kundalini	Träume deuten	Akupunktur	Geburtshoroskop deuten (lassen)	Wahrsager/in aufsuchen	Tarot, I Ging, Runen	eine/n Wunderheiler/in aufsuchen	Trancereisen, Schamanismus	Summe
sehr religiös [RELIGIÖSE]	34%	44%	32%	21%	13%	18%	14%	16%	13%	10%	9%	7%	10%	5%	247
religiös	51%	45%	30%	18%	15%	16%	13%	14%	13%	6%	7%	5%	5%	3%	241
gleichgültig	50%	35%	18%	13%	14%	15%	10%	12%	12%	8%	4%	4%	3%	3%	200
eher nicht religiös	51%	35%	14%	14%	19%	14%	12%	10%	9%	7%	3%	3%	4%	2%	196
nicht religiös [NICHTRELIGIÖSE]	38%	28%	11%	15%	16%	14%	16%	10%	9%	6%	3%	3%	2%	3%	173
alle	47%	39%	23%	16%	16%	15%	13%	12%	12%	7%	6%	5%	4%	3%	217

Diese spirituellen Praktiken lassen sich durch eine statistische Analyse auf drei Körbe verteilen.

- In einem ersten Korb finden sich „Meditation, Fernöstliche Körperübungen wie z. B. Yoga, Tai-Chi, Akupunktur, alternative Heilmethoden wie z. B. Homöopathie, Bachblüten; Massagetechniken wie z. B. Shiatsu, Kundalini sowie Psychotherapie".
- Der zweite Korb enthält die Praktiken „Wahrsager/in aufsuchen, Geburtshoroskop deuten (lassen), Tarot, I Ging, Runen, Träume deuten, eine/n Wunderheiler/in aufsuchen sowie Trancereisen, Schamanismus".
- Im dritten Korb sind „auf Mondphasen achten" und „(Zeitungs-)Horoskop lesen" beisammen.

RELIGIÖSE tendieren insgesamt etwas mehr (Summe 247, durchschnittlich 18 %) zu spirituellen Praktiken als NICHTRELIGIÖSE (Summe 173, durchschnittlich 12 %). Favorisiert sind Praktiken aus dem dritten Korb (Mondphasen, Horoskop). 33 % der RELIGIÖSEN und 25 % der NICHTRELIGIÖSEN beachten sie im Schnitt. Etwas weniger verbreitet sind die Praktiken aus dem ersten Korb (RELIGIÖSE im Schnitt 21 %, NICHTRELIGIÖSE 16 %). Die Praktiken aus dem zweiten Korb finden die geringste Beachtung (RELIGIÖSE 9 %, NICHTRELIGIÖSE 4 %).

Für die religionssoziologische Theoriebildung sind solche Fakten nicht unerheblich. Eine Säkularisierung der Institutionen ist in der schon weithin abgewickelten Trennung von staatlichen und kirchlichen Institutionen längst erfolgt. Aber die These von einer Säkularisierung des Bewusstseins von Menschen in modernen Gesellschaften hat kaum empirisch solide Grundlagen. Auch Menschen, die sich in ihrer gewonnenen Wahlfreiheit aus dem Einflussbereich von Religionsgemeinschaften zurückziehen, indem sie etwa austreten, sind deshalb weder mehrheitlich unreligiös noch unspirituell.

Dabei es ist empirisch sinnvoll, die beiden Begriffe *religiös und spirituell* zu unterscheiden, obgleich sie inhaltlich in dieselbe Richtung weisen. Dies zeigt sich in der vorliegenden Studie etwa in der Stellungnahme der Befragten zur Doppelaussage: „Frauen sind religiös interessierter als Männer" und „Frauen sind spirituell interessierter als Männer". 35 % aller Befragten sehen ein stärkeres religiöses, 50 % ein stärkeres spirituelles Interesse bei Frauen. Das bedeutet, dass einerseits „religiös" und „spirituell" Ähnliches bedeuten, aber die semantische Reichweite von spirituell weiter ist als jene von religiös. Die Säkularisierungsannahme argumentierte mit dem Verschwinden nicht nur der Kirchen und ihres Einflusses, sondern auch der Religion. Sie hat dabei offensichtlich übergangen, dass trotz aller theoretischen Annahmen auch heute Menschen sich als religiös bezeichnen, sich aber noch mehr als spirituell definieren. Natürlich, so zeigen bereits die bisherigen Analysen, vollbringt ein Teil der Bevölkerung das alltägliche Leben ohne den „Segen der Religion". Sie scheinen säkulare Menschen zu sein. Aber daneben gibt es durchaus im traditionellen Sinn religiöse Bevölkerungsanteile. Und zu diesen gesellen sich Gruppen, die ihre „religiöse Energie" in ein diffuses „spirituelles Feld" tragen. Was stattfindet, ist also nicht ein Verschwinden der Religion, sondern deren Wandlung. Religiosität hat vielfältige Gestalten angenommen.

Typologie Religiosität

Die Stärke dieser Religionsstudie liegt in ihrem Facettenreichtum. Diese Vielfalt hat eine Kehrseite: Die Fülle der Informationen kann unübersichtlich werden. Um die Komplexität zu reduzieren, lassen sich plastische Typologien errechnen.[23] Diese tragen alle Informationen in sich, ermöglichen aber nicht nur einen soliden Überblick, sondern bilden einen guten Ausgangspunkt für die soziologische Frage, ob bestimmte Kategorien in der Bevölkerung (nach Geschlecht, Alter, Lebensstand, Kinderzahl, Bildung, politischer Präferenz etc.) sich im genannten Aspekt – hier der Religiosität – unterscheiden.

So soll, dieses erste Kapitel über die Religiosität zusammenfassend und abschließend, eine Typologie RELIGIOSITÄT vorgestellt werden. Dazu wird mit einer Reihe von bereits präsentierten Items zur Religiosität eine Clusteranalyse gemacht. Wie sehr diese errechneten Typen in unterschiedlichen Bevölkerungskategorien verteilt sind, wird in einem zweiten Schritt präsentiert.

Zur Bildung der Typologie RELIGIOSITÄT werden die Daten über die religiöse Selbsteinschätzung, die Gebetshäufigkeit, der Wunsch nach einem Segen, das Fasten sowie eine Reihe von Aussagen über „Funktionen" der Religion einbezogen.[24]

Vier Cluster wurden errechnet. Dabei wurde jene Anzahl von Clustern gewählt, welche einerseits eine übersichtliche Typologie ergibt, deren Typen sich andererseits anschaulich unterscheiden. Das Ergebnis wird graphisch dargestellt (Abb. 4). Dargestellt sind die Mittelwerte auf die einzelnen Items. Sie bilden ja die Grundlage für die Zuordnung einer befragten Person zu einem der vier Cluster.

Gestützt auf dieses Ergebnis werden auch die Namen für die vier Cluster vergeben. Diese sind aber bereits eine Art Erstinterpretation.

---

23 „Das Ziel der Analyse ist es, das Material so zu reduzieren, dass die wesentlichen Inhalte erhalten bleiben, durch Abstraktion einen überschaubaren Corpus zu schaffen, der immer noch Abbild des Grundmaterials ist." Mayring, Philipp: Qualitative Inhaltsanalyse: Grundlagen und Techniken, Weinheim-Basel 2015, 67.

24 Das sind die zur Clusterbildung RELIGIOSITÄT herangezogenen Items: Wie würden Sie Ihre Religiosität einstufen? – Wie häufig beten Sie? – Haben Sie schon je einen Priester/Pfarrer oder einen Mönch innerhalb oder außerhalb eines Gottesdienstes um einen Segen gebeten? Wie oft war das der Fall? – Fasten Sie in den (in der Religion) vorgesehenen Fastenzeiten oder nur an manchen oder gar nicht? – Erst die Religion macht den Menschen frei und selbstbewusst. – Von Herzen beten kann man nur, wenn man in einer Notlage ist. – Religion ist im Laufe meines Lebens für mich wichtiger geworden. – Für mich ist die Religion Trost in den Nöten des Lebens. – Ohne Religion verliert man die Hoffnung. – Religion ist für mein Berufsleben belanglos [invertiert wegen der negativen Aussage]. – Religion braucht man in erster Linie, um die Angst vor dem Tod zu überwinden. – Religion ist Heimat, die man überall hin mitnehmen kann.

ABBILDUNG 4: Typologie RELIGIOSITÄT

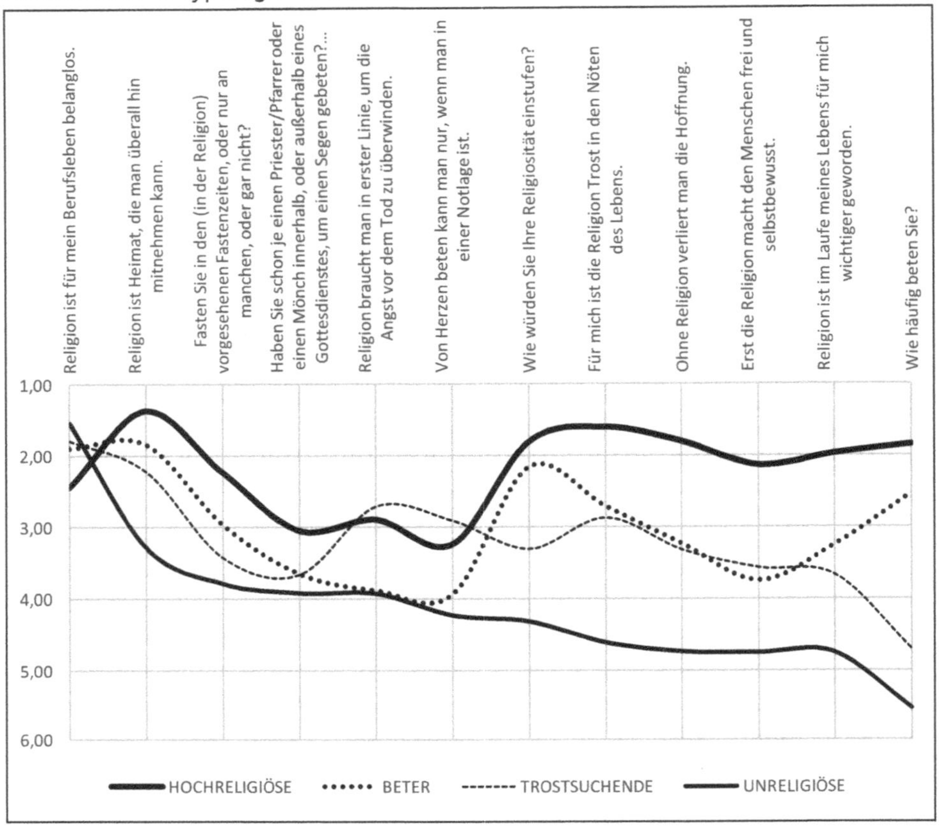

Im ersten Cluster sind die HOCHRELIGIÖSEN versammelt. Sie haben (mit Ausnahme der Frage nach der Rolle der Religion im Berufsleben) hohe Mittelwerte. Besonders stark prägen die Items „Religion ist mitnehmbare Heimat" sowie die tröstlichen Funktionen der Religion diesen Typ. Die ihm Zugerechneten halten sich für sehr religiös und beten oft.

Der „Gegentyp" umfasst Personen, die nie beten, sich als nicht religiös einstufen und der Religion keine hilfreichen Funktionen zuschreiben. Die meisten können sich auch keinen Einfluss der Religion auf das Berufsleben vorstellen – dies steht wohl exemplarisch für andere gesellschaftliche Bereiche wie Kultur oder Politik. Dieser Typ soll den Namen die UNRELIGIÖSEN tragen.

Zwischen diesen beiden Polen liegen zwei einander eher ähnliche Typen, die aber doch in jeweils einer Hinsicht ein klares Profil haben. So ist der dritte Typ durch eine relativ hohe Gebetshäufigkeit gekennzeichnet. Wir geben ihm die Bezeichnung BETER. Auch wird die eigene Religiosität als sehr hoch eingestuft.

Der vierte Typ wiederum hat im Vergleich zum dritten Typ höhere Werte bei den tröstlichen Funktionen der Religion. Er trägt darob die Bezeichnung TROSTSUCHENDE.

Verteilungen

Die Verteilung aller Befragten auf diese vier Typen ist im Schnitt der Bevölkerung ziemlich ausgewogen: 29 % sind HOCHRELIGIÖSE, 25 % sind BETER, 24 % TROSTSUCHENDE und 22 % UNRELIGIÖSE. Aber in einzelnen Gruppen der Gesellschaft kommt es zu deutlichen Unterschieden in der Verteilung:

Die typische HOCHRELIGIÖSE ist eine Frau, über 80, verwitwet oder verheiratet, mit Volksschulabschluss, vielen Kindern, in einer Freikirche, islamisch oder orthodox.

Die Anzahl der UNRELIGIÖSEN ist in allen hier geprüften Kategorien geringer als jene der HOCHRELIGIÖSEN. Bemerkenswert ist, dass unter den Ausgetretenen und jenen, die seit Geburt bei keiner Kirche sind, so gut wie keine HOCHRELIGIÖSEN vorhanden sind, aber auch die Anzahl der UNRELIGIÖSEN überraschend niedrig ist. Das macht auf die Analyse der Kirchenaustritte neugierig, wofür sehr viel Material in der Studie vorhanden ist. Darüber mehr im dritten Kapitel über die Kirchlichkeit.

ABBILDUNG 5: Verteilung der HOCHRELIGIÖSEN und der UNRELIGIÖSEN

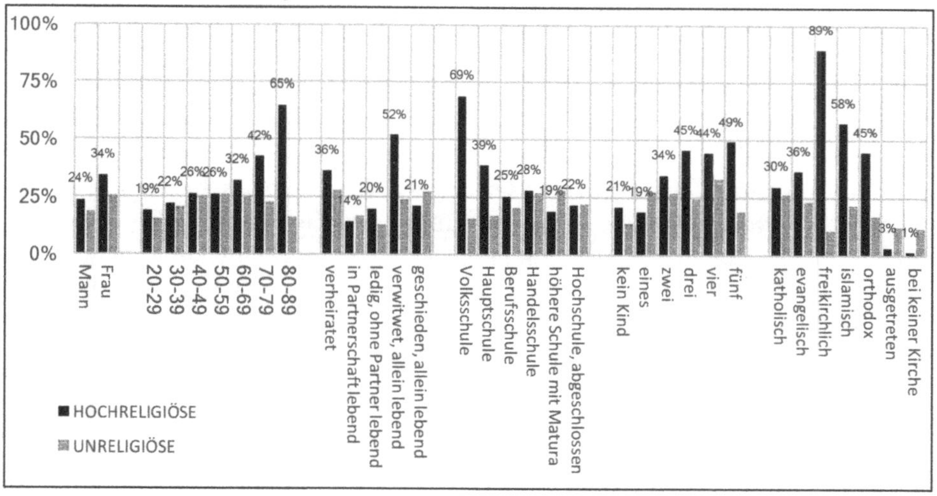

In den letzten Jahren hat sich eine Verschiebung zwischen den Typen der Religiosität ereignet: Die HOCHRELIGIÖSEN sind weniger, die UNRELIGIÖSEN hingegen mehr geworden.

ABBILDUNG 6: Entwicklung der Religionstypen 2000–2020

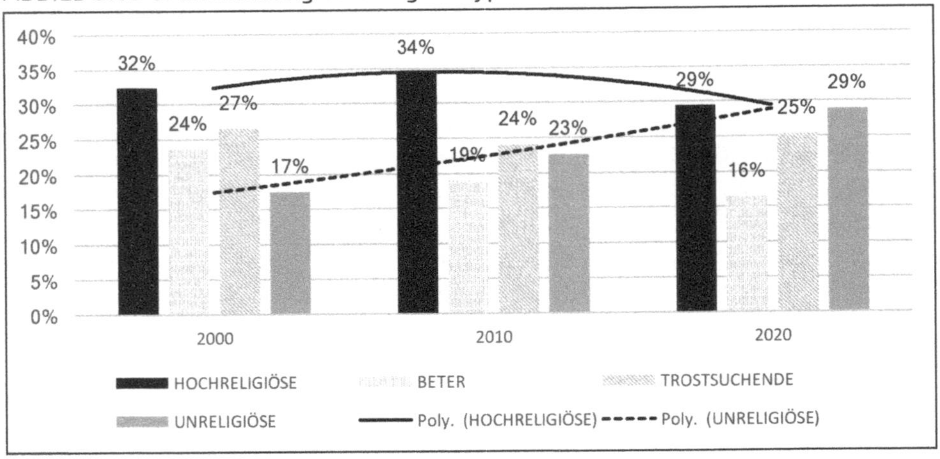

Religion – Glaubenshaus

Religiosität, wie sie bisher analysiert wurde, zeigt sich eher als ein Gefühl, eine Energie, eine Grundstimmung. Religiosität wird hier verstanden als die subjektive Seite der (objektiven) „Religion". Diese religiöse Gestimmtheit kann unterschiedlich stark ausgeprägt sein. Die Analysen zeigen, dass es neben sehr religiösen Menschen auch nichtreligiöse gibt, mit Abstufungen zwischen diesen Polen. Dieser Befund ist freilich nur eine Momentannahme. Denn dieses Gefühl kann im Laufe des Lebens wachsen oder auch verdunsten. So sagen 29 % aller Befragten, „Religion ist im Laufe meines Lebens für mich wichtiger geworden". Bei den sehr religiösen Menschen (sie wurden als HOCHRELIGIÖSE betitelt) haben 75 % diese Erfahrung gemacht, unter den gar nicht religiösen (den UNRELIGIÖSEN) lediglich 4 %.

Menschen mit religiöser Grundstimmung verbinden mit „Religion" mehrere positive „Funktionen": Sie spendet Trost, schenkt Hoffnung, lässt schwierige Situationen bestehen. Auch drückt Religion das innere Gefühl aus, es „äußert sich" religiös: in Gebeten, im Wunsch nach einem Segen, im Besitz religiöser Gegenstände, in religiösen Gesprächen.

Der Glaubenskosmos der Leute

Religion erfüllt aber nicht nur subjektive Funktionen, sondern besitzt auch Inhalte. Diese haben mit den großen Fragen der Menschheit zu tun: Wo komme ich her, wo gehe ich hin, welchen Sinn hat das Ganze? Religion ist immer Weltdeutung und Weltanschauung und bildet als solche eine Grundlage für die Lebensführung. In diesem zweiten Kapitel stellt sich somit die Frage, wie diese Weltdeutungen der

Menschen heute inhaltlich aussehen. Oder in einem anderen Bild: Wie sehen die „Glaubenshäuser" heutiger Menschen aus?

Bald am Beginn der Befragung wurde eine Reihe von „Glaubenspositionen" vorgelegt. Die Datenanalyse zeigt, dass es drei „Körbe" von Glaubenssätzen sind, in welche sich die gegebenen Antworten legen lassen:

- Im ersten Korb sind *zentrale Wahrheiten* beisammen: der Glaube an einen Gott, an „seinen" Himmel, dass der Mensch eine Seele hat, der Mensch werde aus dem Tod auferstehen. In diesem Leben könne Hilfe durch das Gebet zu Heiligen erbeten werden.
- Im zweiten Korb finden sich zwei *dunkle Glaubensthemen*: der Teufel und die Hölle. Bemerkenswert ist, dass der „Glaube an die Wissenschaft" auf Grund der gegebenen Antworten diesem Korb zuzuordnen ist, allerdings mit negativem Vorzeichen: Wer an die Wissenschaft glaubt, glaubt eher nicht an die Hölle oder an den Teufel.
- Im dritten Korb liegen Aussagen, die etwas „*Wunderbares*" in sich tragen: die Voraussage der Zukunft, dass Wunder geschehen (sind), dass das Weihwasser eine heilende Kraft besitzt und dass Heilung durch Handauflegung möglich ist.

Das also glaubt heute der Durchschnitt der Bevölkerung:

- Ganz oben rangiert die Wissenschaft (85 %), gefolgt vom Glauben an eine „Seele" (78 %). Erst an dritter Stelle folgt der Glaube an Gott (67 %). 46 % vertrauen auf die Erhörung von Gebeten zum Himmel mit seinen Heiligen (46 %).
- Die Hälfte im Land glaubt an einen Himmel (52 %), hingegen lediglich 23 % an eine Hölle mit einem Teufel (22 %). Dass es eine Auferstehung aus dem Tod gibt, glaubt ein Drittel (30 %). Hier ist zu bedenken, dass man nur eine Ja-Nein-Antwort geben konnte. Die in der Bevölkerung vorhandenen Bilder von Tod und Sterben werden gleich noch differenzierter beleuchtet werden. Dasselbe gilt für das Gottesbild.
- Und der dritte Korb: Die Hälfte der Bevölkerung glaubt an Wunder (52 %) und an „Wunderbares": an die Heilung durch Handauflegung (47 %) oder die heilende Kraft des Weihwassers (23 %). 23 % nehmen an, dass die Zukunft vorausgesagt werden kann.

Werden alle zwölf Prozentwerte addiert, erhält man den Summenwert von 548. Bei sehr religiösen Menschen (den RELIGIÖSEN) erreicht dieser Wert 853 Punkte, bei den nicht religiösen Personen (den NICHTRELIGIÖSEN) fällt er auf 233.[25]

Fast alle aus der Kategorie der NICHTRELIGIÖSEN glauben an die Wissenschaft (84 %), ein Wert, den beachtlicherweise die RELIGIÖSEN sogar noch hauchdünn überbieten (86 %). Das bedeutet, dass Glaubenszustimmung keinesfalls mit fundamentalistischer Wissenschaftsfeindlichkeit einhergehen muss. Ein Teil der NICHTRELIGIÖSEN glaubt an eine Seele (45 %). Ansonsten sind die NICHTRELIGIÖSEN in ihrer Ablehnung von Glaubenspositionen konsequent.

---

25 Das Summen-Ergebnis für die vier Religionstypen weist in die gleiche Richtung: HOCHFRELIGIÖSE erreichen in Summe 838, BETER 697, TROSTSUCHENDE 490 und UNRELIGIÖSE 278 Punkte.

ABBILDUNG 7: Der Glaubenskosmos von RELIGIÖSEN und UNRELIGIÖSEN

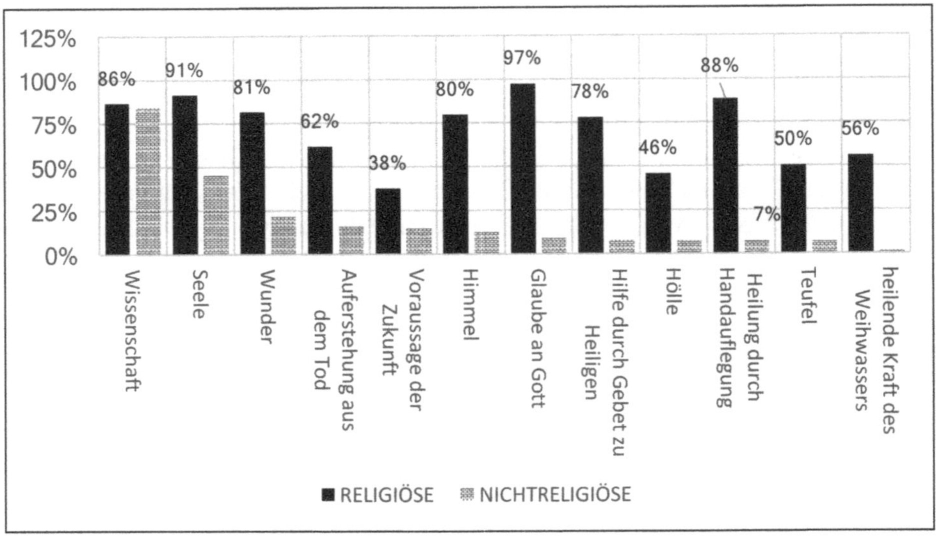

Gott

Nach dem Glauben an Gott wurde nicht nur im Rahmen dieser Ja-Nein-Liste von Glaubenspositionen gefragt. Vielmehr wurde im Verlauf der Befragung hinsichtlich des „Gottesglaubens“ tiefer gegraben. Folgende Frage diente als Einstieg in die Ausleuchtung der in der Kultur vorhandenen Gottesbilder: „Glauben Sie an einen Gott bzw. an höhere Wesen und Mächte?“ 74 % haben mit „ja” geantwortet, 19 % mit „nein”. 7 % gaben keine Antwort. Es fällt auf, dass bei dieser Einzelfrage nach Gott um sieben Prozent mehr an diesen glauben als bei der Gottesfrage im Rahmen der soeben vorgelegten Liste der Glaubenspositionen.

Aufschlussreich für die weitere Erkundung des Gottesbildes der heutigen Menschen erweist sich die Frage: „Welche von den Aussagen kommt Ihnen am nächsten?“ Die vier vorgelegten Antwortmöglichkeiten („Positionen“) haben in der Geschichte des Gottesverständnisses eine herausragende Rolle gespielt:

- die *theistische* Position: diese nimmt an, dass es einen persönlichen Gott gibt;
- die *deistische* Position: hier ist Gott nicht Person, sondern „irgendein höheres Wesen oder eine geistige Macht“;
- die *agnostische* Position: wer sie vertritt, sagt damit, er „wisse nicht richtig, was er glauben soll“;
- die *atheistische* Position: Diese leugnet alle drei bisher genannten Positionen und lehnt es ab zu glauben, „dass es einen Gott, irgendein höheres Wesen oder eine geistige Macht gibt“.

Nur ganz wenige Befragte haben sich der Antwortmöglichkeit „weiß ich nicht“ zugeordnet; zusätzliche Analysen zeigen, dass diese Kategorie faktisch die Form eines diskreten Agnostizismus ist. Ganz wenige machten überhaupt „keine Angabe".

Diese Differenzierungen im Gottesbild haben in Europa Geschichte gemacht. War das Gottesbild in der europäischen Kultur über Jahrhunderte unbestrittener Maßen christlich, also theistisch geprägt, entwickelte sich in der Aufklärung – durchaus auf dem Boden der Religion – ein „deistisch" gefärbtes Gottesbild. Die Freimaurer waren dessen Promotoren, Mozart oder Joseph II. gehörten ihnen an. Gott wurde als Weltbaumeister gesehen, der nach getanem Schöpfungswerk die Welt in ihre „autonome" Eigenverantwortung überlassen habe. In einem weiteren Entwicklungsschritt kam in Frankreich schließlich die atheistische Position auf, die zunächst in Gelehrtenstuben vertreten wurde, dann aber über die Philosophie von Marx und Engels sowie die aufkommende Religionskritik etwa in der Freudschen Psychoanalyse Verbreitung fand.

Alle diese Positionen, die historisch hintereinander entstanden sind, finden sich heute in unserer Bevölkerung nebeneinander. Die Studie zeigt auch deren Verteilung: die größte Gruppe bilden mit 42 % die Deisten. 29 % können als Theisten gelten. 12 % sind Agnostiker, zählt man die „weiß nicht" hinzu, wächst ihr Anteil auf 15 %. 12 % sind erklärte Atheisten.

Allerdings zieht sich ein Hauch von Ungewissheit quer durch alle Positionen. Der Aussage „Es ist möglich, dass es Gott gibt, aber man kann nichts Genaues darüber wissen" haben auch 27 % der Theisten zugestimmt, der Anteil steigt dann über die Deisten (55 %) deutlich an und erreicht bei den Agnostikern mit 61 % den logischen Höhepunkt. Aber auch unter den Atheisten sind 29 % unsicher.

Offensichtlich herrscht in der Frage des Gottesglaubens heute bei vielen keine Erkenntnissicherheit. Theologisch besehen würde auf den ersten Blick eine solche Zurückhaltung hinsichtlich des Gottesbildes durchaus Sinn machen. Die Tradition einer „negativen Theologie" betont, dass wir überhaupt nicht in der Lage sind, uns ein gesichertes Bild von Gott zu machen. Ein Gott, den wir begreifen, ist nicht Gott, so lehrt die Theologie überzeugend. Die große jüdische Tradition hat sich deshalb geweigert, den Namen Gottes auch nur auszusprechen, um zu verhindern, dass sich über die Sprache unbemerkt falsche (heidnische) Gottesbilder einschleichen und festsetzen.

Bedenkt man diese Erkenntnisunsicherheit aber tiefer, dann kann nicht übersehen werden, dass die negative Theologie auf dem Boden einer christlichen Gottesgewissheit gewachsen ist. Heute betrifft diese Ungewissheit aber nicht nur die Frage, wie Gott ist, sondern hat sich in der viel grundsätzlicheren Frage festgesetzt, ob es überhaupt eine Wirklichkeit gibt, die mit dem Wort Gott besetzt werden kann. Es herrscht heute eher eine verbreitete *Gottesverunsicherung.*

ABBILDUNG 8: Variationen des Gottesglaubens

theistisch: Es gibt einen persönlichen Gott.
deistisch: Es gibt irgendein höheres Wesen oder eine geistige Macht.
agnostisch: Ich weiß nicht richtig, was ich glauben soll.
atheistisch: Ich glaube nicht, dass es einen Gott, irgendein höheres Wesen oder eine geistige Macht gibt.
weiß ich nicht: weiß ich nicht.
missing: keine Angabe

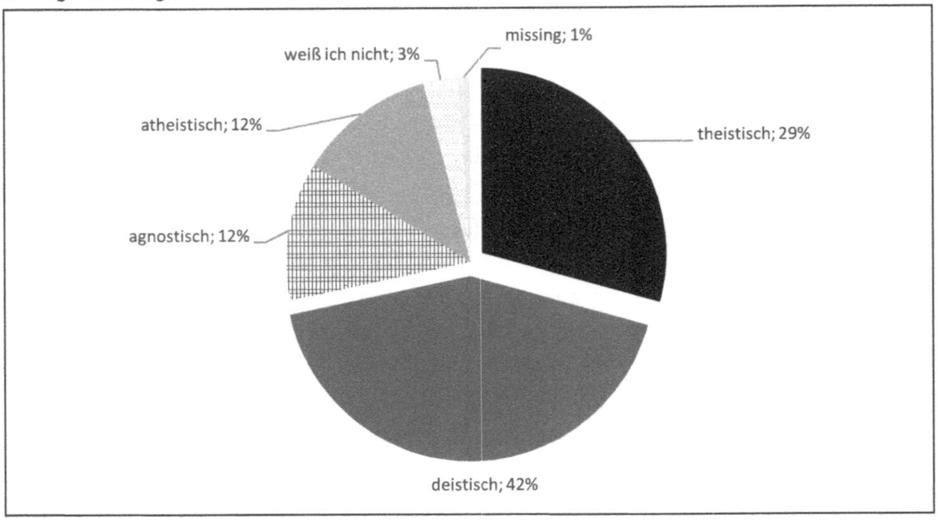

In Zeiten einer Gottesverunsicherung gewinnen „gute Gottesgründe" wachsende Bedeutung. Solchen wurde in der Studie nachgegangen. Einige der Gründe stammen aus dem großen Bemühen der Christenheit, in der Rechtfertigung der Existenz Gottes gegenüber dem aufblühenden Atheismus Gott zu „beweisen". Die heutige Theologie traut freilich diesen vorwiegend mit der Philosophie ihrer Zeit argumentierenden „zwingenden" Gottesbeweisen nicht mehr so sehr wie in früheren Zeiten. Deshalb wird in dieser Studie nicht das Wort „Gottesbeweise" verwendet, sondern die Rede soll von „guten Gottesgründen" sein. Welche guten Gründe hat jemand inmitten der Buntheit und Ungewissheit an möglichen Gottesvorstellungen, an Gott zu glauben? Oder wie rechtfertigen Deisten oder auch Atheisten ihre Positionen und gestalten diese im Zuge der Rechtfertigung denkerisch aus?

Für die theistisch Glaubenden werden drei „gute Gründe" angeführt, nämlich „Ich glaube, dass es einen Gott gibt, denn irgendjemand muss die Welt erschaffen haben" (86 %). „Es muss Gott geben, weil es ein Gewissen gibt" (81 %) und schließlich „Gott leitet das Leben jedes einzelnen Menschen" (81 %). Dass Gott hilft, das Leid zu ertragen, meinen 47 % („Nur ein Mensch, der an Gott glaubt, kann Opfer auf sich nehmen"). Lediglich 6 % der Theisten ist Gott gleichgültig.

Die Deisten haben in Summe (162) deutlich weniger „gute Gründe". Ihr Glaube scheint also weniger fundiert zu sein. An der Spitze steht bei dieser Kategorie das deistische Grundmotiv, dass Gott der Weltbaumeister ist (49 %). Auch das Vorhandensein eines Gewissens spricht bei einem Teil der Deisten für Gott (44 %).

Ganz wenige gute Gründe haben die Agnostiker (Summe 66) und fast keine die Atheisten (Summe 17). Drei Viertel der Atheisten (73 %) ist es folgerichtig „gleichgültig, ob es einen Gott gibt".

TABELLE 18: Gute Gottesgründe

	Es muss Gott geben, weil es ein Gewissen gibt.	Gott leitet das Leben jedes einzelnen Menschen.	Ich glaube, dass es einen Gott gibt, denn irgendjemand muss die Welt erschaffen haben.	Wenn es mir nicht gelingt, Gott zu erkennen und ihn zu lieben, ist mein Leben sinnlos.	Nur ein Mensch, der an Gott glaubt, kann Opfer auf sich nehmen.	*GUTE GRÜNDE PRO*	Es ist mir gleichgültig, ob es Gott gibt.
theistisch	**81** %	**81** %	**86** %	38 %	47 %	*333*	6 %
deistisch	*44* %	*36* %	*49* %	14 %	19 %	*162*	14 %
agnostisch	14 %	12 %	19 %	11 %	11 %	*66*	35 %
atheistisch	4 %	3 %	3 %	3 %	4 %	*17*	**73** %
weiß ich nicht	16 %	19 %	17 %	9 %	11 %	*71*	39 %
alle	46 %	42 %	50 %	19 %	24 %	*180*	22 %

Gestufter Atheismus

So wie die Religiosität gestuft ist, ist auch der Atheismus unterschiedlich stark ausgeformt. Dies zu belegen wird dadurch ermöglicht, dass die Antwortmöglichkeit „ich glaube nicht an Gott"[26] an drei verschiedenen Stellen auftaucht. Man könnte nun meinen, dass ein Befragter alle diese drei Aussagen konform beantwortet hat. Das ist aber keineswegs der Fall. Lediglich 11 % aller Befragten haben sich bei diesen drei Fragen konsistent positioniert. 7 % gaben nur bei zwei und 8 % nur bei einer Frage ihre Zustimmung. So wie die Gottesanhänger Gott in unterschiedlicher Stärke „herglauben", glauben Gottesverneiner Gott mit gestufter Energie „weg".

Wer keiner der drei Aussagen zugestimmt hat, kann als „gottgläubig" (einschließlich des Glaubens an ein höheres Wesen oder eine geistige Macht) gelten. Wer nur einmal zustimmt, „atheisiert". Bei zwei Zustimmungen kann von „atheistischen" Personen gesprochen werden. Personen mit drei Zustimmungen sollen als „vollatheistisch" gelten.

Relativ konsistent haben die Theisten (97 % keinmal) wie die Atheisten (88 % dreimal) geantwortet. In der Kategorie der Deisten sind wenige Atheisierende. In

26 Diese drei Items sind: Glaube an „Gott" in der Liste der Glaubenssätze; die Frage „Glauben Sie an einen Gott bzw. an ein höheres Wesen?" sowie die Antwortkategorie „ich glaube nicht, dass es einen Gott, irgendein höheres Wesen oder eine geistige Macht gibt". Die Antwortwerte dieser drei Fragen wurden umkodiert und sodann addiert. Dies ergab einen Summenwert zwischen 0 und 3.

der Kategorie der Agnostischen zeigt sich eine starke Streuung; lediglich „Vollatheisten" gibt es unter ihnen keine. Ähnlich ist es bei der Gruppe „weiß ich nicht", was neuerlich bestätigt, dass diese Position der agnostischen ähnlich ist.

TABELLE 19: Häufung der Zustimmungen zu drei „Atheismusfragen"

	keinmal	einmal	zweimal	dreimal	missing	Zeile
theistisch	97 %	2 %	0 %	0 %	1 %	29 %
deistisch	77 %	11 %	4 %	0 %	7 %	42 %
agnostisch	28 %	19 %	29 %	0 %	24 %	12 %
atheistisch	0 %	2 %	7 %	88 %	4 %	12 %
weiß ich nicht	35 %	11 %	27 %	0 %	27 %	3 %
alle	65 %	8 %	7 %	11 %	9 %	

Diese Ausdifferenzierung der atheistischen Position wirkt sich auf die Antworten bei wichtigen Fragen aus. Das ist beim dringend nötigen Dialog mit „den" Atheisten zu bedenken, dass es diese als eine einheitliche Kategorie gar nicht gibt.

Christlichkeit der Gottesbilder

Dass das Christentum bei der Prägung des Gottesbildes eine Rolle spielt, liegt theoretisch auf dem Hintergrund einer zweitausendjährigen Geschichte des Christentums in Europa nahe. Dieses hat den Theismus immer in seiner christlichen Ausprägung verkündigt und wird von den christlichen Kirchen bis heute gepredigt. Zentral ist dabei die Verbindung der Rede von einem in sich (trinitarischen) und nach „außen" schöpferisch liebenden Gott mit dem Ereignis Jesu, dem Messias, das heißt Christus, dem Gesandten.

Wie christlich das Gottesbild der Menschen geprägt ist, kann mit Hilfe einer Reihe von Fragen aus jener Fragebatterie beantwortet werden, die Carsten Wippermann gebaut und getestet hat, um die weltanschauliche Grundausrichtung heutiger Menschen zu erforschen. Drei weltanschauliche Entwürfe lassen sich mit seinen Fragen abgrenzen:

- Ein „*christlicher*" Entwurf: Dieser drückt sich aus in Sätzen wie „Die Zukunft liegt im von Jesus Christus verkündeten Reich Gottes." – „Die Auferstehung von Jesus Christus gibt meinem Tod einen Sinn." – „Es gibt einen Gott, der sich in Jesus zu erkennen gegeben hat." – „Es gibt einen Gott, der Gott für uns sein will." – „Es gibt einen Gott, der den Lauf der Welt beeinflusst." – „Es gibt einen Gott, der sich mit jedem Menschen persönlich befasst." – „Das Leben hat einen Sinn, weil es nach dem Tode noch etwas gibt. " – „Der Tod ist ein Übergang zu einer anderen Existenz." – „Es gibt so etwas wie eine höhere Macht (ein höheres Wesen)."
- Ein „*naturalistischer*" Entwurf: Dieser ist gefüllt mit Aussagen wie „Das Leben hat nur dann einen Sinn, wenn man ihm selber einen Sinn gibt." – „Das Leben wird letztlich bestimmt durch die Gesetze der Natur." – „Für mich trägt das Leben seinen Sinn in sich selbst." – „Das Leben ist nur ein Teil der Entwicklung

in der Natur." – „Die höhere Macht: Das ist der ewige Kreislauf zwischen Mensch, Natur und Kosmos (der ganzen Welt)."

- Ein *„diesseitiger"* Entwurf: „Meiner Meinung nach dient das Leben zu gar nichts." – „Nach dem Tod ist alles endgültig aus." – „Es gibt keinen Gott." – „Wenn es einen Gott gibt, dann spürt man jedenfalls wenig davon." – „Auf die Frage, ob es außerhalb dieser Welt etwas gibt, bekommt man doch keine Antwort."

75 % der Theisten können (gestützt auf dieses Frageinstrument) als „christliche Theisten" gelten.[27] 15 % Theisten sind unter jenen mit einem naturalistischen Weltentwurf und 7 % beim diesseitigen zu finden. Die Deisten haben einen hohen Anteil von „Naturalisten" (51 %), die Atheisten von Diesseitigen (65 %).

TABELLE 20: Weltanschauliche Entwürfe (nach Carsten Wippermann)

	christlich	MW	naturalis-tisch	MW	diesseitig	MW
theistisch	**75** %	1,47	15 %	2,20	7 %	3,63
deistisch	23 %	2,35	**51** %	1,65	18 %	3,17
agnostisch	2 %	3,07	13 %	1,73	9 %	2,48
atheistisch	0 %	3,84	19 %	1,54	**65** %	1,76
weiß ich nicht	0 %	3,03	2 %	2,01	1 %	2,74
alle	28 %	2,34	41 %	1,82	9 %	3,06

Skalenwert 1=sehr stark auf vierteiliger Skala – Mittelwerte (MW)

Wie christlich gefärbt die unterschiedlichen Gottesbilder sind, sei am Beispiel der Auferstehung Jesu Christi illustriert („Die Auferstehung von Jesus Christus gibt meinem Tod einen Sinn."). 43 % der Theisten erleben durch die Auferstehung Jesu sehr klar eine Sinnstiftung für ihr eigenes Leben, dazu kommen weitere 28 % mit einfacher Zustimmung, sind zusammen 71 %. Immerhin 29 % der Theisten bejahen diese Aussage nicht. Umgekehrt ist die Antwortlage bei den Atheisten: So gut wie niemand von ihnen gewinnt Sinn aus der geglaubten Auferstehung Jesu. 99 % lehnen diese Aussage ab. Atheistische Personen beziehen ihren Lebenssinn aus „diesseitigen" oder „naturalistischen" Erfahrungen. Agnostische tendieren in Richtung der Atheisten, ihre Ablehnung der Auferstehung Jesu als Sinnquelle fällt aber moderater aus.

Für die christlichen Kirchen ist es von Belang, dass im Schnitt lediglich ein starkes Drittel der Bevölkerung (36 %) aus der Kernbotschaft des Evangeliums (dem Kerygma der Osterbotschaft) persönlich einen Gewinn zieht. Es scheint nach wie vor viele Katholiken (58 %) im Land zu geben, von denen aber ist lediglich ein Teil „christlich", gemessen an der Akzeptanz der Kernbotschaft von der Auferstehung Jesu.

27 Skalenwert 1=sehr christlich auf einer vierteiligen Skala.

TABELLE 21: Die Auferstehung von Jesus Christus gibt meinem Tod einen Sinn.

	stimme sehr zu	stimme zu	stimme nicht zu	stimme gar nicht zu	*Gesamt Zeile*
theistisch	43 %	28 %	17 %	12 %	*30 %*
deistisch	9 %	22 %	27 %	42 %	*43 %*
agnostisch	2 %	12 %	24 %	61 %	*12 %*
atheistisch	1 %	0 %	9 %	90 %	*13 %*
weiß ich nicht	2 %	19 %	22 %	57 %	*2 %*
alle	*17 %*	*19 %*	*21 %*	*42 %*	

Wie wenig gefestigt die jeweiligen Gottesbilder sind, zeigt auch die Zustimmung zur Aussage, dass letztlich „alle Religionen gleich wahr und gut sind". Vielleicht wünschen die Befürworter dieser Aussagen Frieden zwischen den Religionen. Der Streit zwischen den Religionen und Konfessionen war in der europäischen Geschichte zu oft blutig ausgetragen worden. Nicht die Kraft der Argumente zählte, sondern die Gewalt der Heere. Aber hinter dieser Aussage kann sich auch ein Glaubens-„Relativismus" verbergen. Ein Gefühl von Unsicherheit kann zum Ausdruck kommen. Irgendwie haben ja doch alle Recht, und „nichts Gewisses weiß man nicht", so viele Leute heute. Jene, die ein theistisch-christliches Gottesbild vertreten, sind hinsichtlich dieser Aussage polarisiert: 41 % Zustimmenden stehen 37 % Ablehnende gegenüber. Atheisten verneinen diese religionspolitische Position am ehesten, wohl deshalb, weil sie Religion generell verwerflich finden. Unter den Menschen, die ein deistisches Gottesbild haben, ist die Zustimmung mit 48 % am höchsten. Der Schritt vom theistischen zum deistischen Gottesbild scheint das Ergebnis von wachsender „Gottesverunsicherung" zu sein.

TABELLE 22: Alle Religionen sind gleich wahr und gut – nach Gottesbildern

	stimme voll und ganz zu	2	3	4	stimme überhaupt nicht zu	
theistisch	23 %	18 %	22 %	17 %	20 %	31 %
deistisch	26 %	22 %	29 %	13 %	10 %	44 %
agnostisch	10 %	25 %	36 %	16 %	14 %	12 %
atheistisch	11 %	18 %	21 %	10 %	40 %	11 %
weiß ich nicht	16 %	21 %	24 %	14 %	24 %	2 %
alle	21 %	20 %	27 %	14 %	17 %	

Gottgefühle

Das Gottesbild der befragten Menschen ist mit unterschiedlichen, ja widersprüchlichen Emotionen verbunden. Gefühle gegenüber Gott bestimmen Nähe und Distanz zu ihm, drücken diese aus, haben aber auch Auswirkungen auf die Gestaltung des religiösen Lebens und der religiös gestützten Lebensführung, wie noch aufzudecken sein wird.

Gestützt auf ein Umfragemodul können solche Farben und Gefühle in Bezug auf Gott beschrieben werden. Ein Set von polaren Aussagen war den Befragten vorgelegt worden. Sie konnten sich selbst auf einer sechsteiligen Skala positionieren.

Die Analyse lässt klar zwei „Gesichter" Gottes erkennen: ein dunkles und ein helles.

- Dem *dunklen* Gesicht sind die polaren Begriffspaare ängstigend – beruhigend, streng – liebevoll, einengend – befreiend, sexfeindlich – sexfreundlich zugeordnet[28],
- während die *helle* Seite die Eigenschaftspaare väterlich – mütterlich, für die Armen da – für die Reichen da, allmächtig – ohnmächtig, tröstend-nah – unbeteiligt-fern, gütig-vergebend – rächend beschreiben.

Die Daten zeigen, dass einem freundlichen Gott alle mehr oder minder zustimmen können, von den Theisten (98 %) bin hin zu den Atheisten (die 71 % überraschen!). Dieser helle Gott hat die Eigenschaften tröstend, allmächtig, väterlich, gütig und ist für die Armen da.

Anders sieht es bei der dunklen Seite aus. Für 67 % von jenen, die an keinen Gott glauben, trägt Gott verwerflich finstere Züge. Dieser Gott, den es ihrer Ansicht nach gar nicht gibt, wird als ängstigend, streng, einengend, sexualfeindlich und strafend gesehen. Nur ganz wenige Theisten (13 %) weisen Gott diese dunklen Eigenschaften zu.

TABELLE 23: Das dunkle und das helle Gesicht Gottes

	dunkel	hell
theistisch	13 %	98 %
deistisch	20 %	94 %
agnostisch	39 %	89 %
atheistisch	67 %	71 %
weiß ich nicht	56 %	100 %
alle	19 %	95 %

Skalenwerte 1=sehr ausgeprägt und 2=ausgeprägt, auf vierteiliger Indexskala.

28 Das ist das Ergebnis einer Faktorenanalyse. Gestützt auf diese wurde für die zwei Faktoren jeweils ein vierteiliger Index errechnet.

Tod und Sterben

Die Endlichkeit ist eine der größten Herausforderungen jedes Menschen. Im Vergleich zu Tieren ist der Mensch nicht nur sterblich, sondern weiß auch darum. Er kann sich sicher sein, dass ein in die Wand geschlagener Nagel länger währt als sein Leben. Daher klagt der alttestamentliche Dichter: „Die Zeit unseres Lebens währt siebzig Jahre, wenn es hochkommt, achtzig. Das Beste daran ist nur Mühsal und Verhängnis, schnell geht es vorbei, wir fliegen dahin." (Psalm 90,10)

Eine der großen Leistungen aller Religionen ist die Deutung des Todes und die Beantwortung der bewegenden und folgenschweren Frage, ob mit dem Tod „alles aus" ist. Lebt ein Mensch rein diesseitig? Oder ist dieses Leben, wie alte Martyrologien der christlichen Kirchen geradezu hymnisch besangen, der Tod „lediglich" die dritte Geburt des Menschen hinein in ein schlechthin sinnvolles, weil ewiges Leben? Und dass, so die evangelische Dichterin und Theologin Dorothee Sölle, dann „der Tod hinter uns ist, weil vor uns nur noch die Liebe ist"?

Wie stehen die Menschen bei uns im Herzen Europas heute zu Tod, Endlichkeit und Sterben? Zur Beantwortung dieser Frage steht eine beachtliche Zahl von Aussagen in der Studie zur Verfügung. Unterschiedliche Todesbilder und Sterbebilder werden erkennbar.

Todesbilder

Die Todesbilder lassen sich auf einer polaren Skala anordnen. Auf der einen Seite steht eine rein diesseitige Deutung des Lebens. Diese verdichtet sich in der lapidaren Aussage: „Mit dem Tod ist alles aus." Die andere Seite der Skala wird von Sätzen definiert, die im Tod kein Ende sehen, sondern einen neuen Anfang, ja eine Neuschöpfung annehmen. Im christlichen Glaubensgefüge verdichtet sich diese Zuversicht in die Aussage: „Die Menschen werden mit Leib und Seele von den Toten auferstehen." Diesem zentralen Glaubenssatz des christlichen Bekenntnisses nahe sind Positionen wie „Ich hoffe, dass es ein Weiterleben nach dem Tod gibt" oder „Der Tod ist ein Übergang zu einer anderen Existenz."

Die folgenden sechs Aussagen erweisen sich faktorenanalytisch als eindimensional, sie entspringen also derselben Grundhaltung. Auf der Grundlage der einbezogenen Aussagen kann diese Grundhaltung als JENSEITIG etikettiert werden. In positiver Form zeigt sich diese in drei Aussagen: „Ich hoffe, dass es ein Weiterleben nach dem Tod gibt." – „Der Tod ist ein Übergang zu einer anderen Existenz." – „Die Menschen werden mit Leib und Seele von den Toten auferstehen." Andere Aussagen enthalten dieselbe Grundhaltung in negativem Modus: „Ob es ein Weiterleben nach dem Tod gibt, ist für mein Leben ohne Bedeutung." – „Nach dem Tod ist alles endgültig aus." – „Mit dem Tod ist alles aus." Die Grundstimmung soll als DIESSEITIG definiert sein.

Sodann stehen die Antworten auf Aussagen bereit, die mit der Todesfrage gleichfalls zu tun haben, aber eigene Aspekte zum Vorschein bringen. Dazu zählen die Items: „Ein Weiterleben nach dem Tod gibt es nur ohne Körper." Es gibt auch eine Frage für Todesbilder-Agnostiker: „Es ist unmöglich, eine klare Vorstellung über ein Weiterleben nach dem Tod zu haben." Eine Aussage spielt das Gewicht der Todesfrage herunter: „Ob es ein Weiterleben nach dem Tod gibt, ist für mein Leben ohne Bedeutung." Schließlich könnte es sein, dass manche der Frage einfach ausweichen, um vom Gedanken an den Tod nicht gestört und beunruhigt zu werden: „Mit der Frage eines Lebens nach dem Tod habe ich mich noch nicht beschäftigt."

Zwei Aussagen geben schließlich den fernöstlichen Reinkarnationsglauben wieder: „Es gibt eine Reinkarnation (Wiedergeburt) der Seele in einem anderen Leben" und „Ich glaube, dass Ereignisse aus einem vorherigen Leben mein jetziges Leben beeinflussen."

Vielfältige Facetten im Todesbild

Es spricht nicht gerade für Klarheit und Gewissheit, dass ganz oben in der Liste der Variablen zum Thema Tod steht, dass es „es unmöglich ist, eine klare Vorstellung über ein Weiterleben nach dem Tod zu haben" (57 %). Dementsprechend gering ist die Zustimmung zum Kernsatz des christlichen Glaubens, dass „die Menschen mit Leib und Seele von den Toten auferstehen werden" (22 %). Aber das Gegenteil findet mit 28 % auch nur geringe Zustimmung, dass nämlich „mit dem Tod alles (endgültig) aus" sei. Die zweimal gestellte Frage wurde stets in der gleichen Weise beantwortet. Der Großteil zwischen diesen beiden Randpositionen hat offenbar Probleme, sich den Tod „vorzustellen" oder „auszumalen".

In diesem Mittelfeld finden „weichere" Aussagen eher Zustimmung. Dazu zählt etwa die Position, dass der „Tod der Übergang in eine andere Existenz" ist (56 %) oder die Hoffnung, dass es „ein Weiterleben mach dem Tod gibt". Eine „Auferstehung des Leibes" kann sich aber fast die Hälfte der Befragten nicht vorstellen (43 %).

Rund ein Drittel der Befragten (34 %) liebäugelt mit der fernöstlichen Reinkarnationslehre. Diese Personen mit einem Wiedergeburtsglauben halten es auch für möglich, dass „Ereignisse aus einem vorherigen Leben das jetzige Leben beeinflussen" (31 %).

ABBILDUNG 9: Aussagen zum Tod

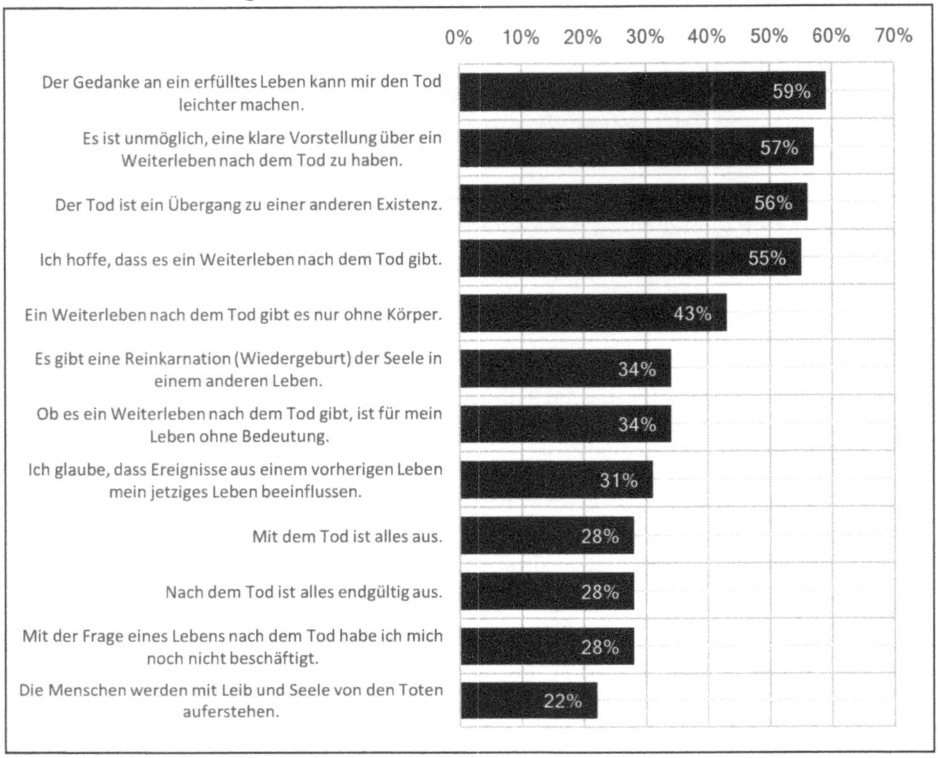

Diesseitige und Jenseitige, Sterbliche und Unsterbliche

Unsere heutige Kultur kennt also ein Schwanken zwischen Jenseitshoffnung und Diesseitsgebundenheit. Das kommt in der Datenanalyse deutlich zum Vorschein: 67 % aller Befragten verstehen sich als (sehr) jenseitig bzw. jenseitsoffen, 34 % als (sehr) diesseitig bzw. diesseitsverhaftet. Die Diesseitsverhafteten sollen als die STERBLICHEN, die Jenseitsoffenen als die UNSTERBLICHEN bezeichnet werden.

Die Jenseitsoffenheit ist nur bei ganz wenigen atheistischen Menschen gegeben (13 %), bei theistischen Personen hingegen bei den meisten (92 %). Gottesbild und Todesbild korrelieren daher in höchstem Maße. Gottglaube und Todesbewältigung stehen in engem Zusammenhang. Das ist eine tiefere Aussage, als im von vielen nicht akzeptierten Satz zum Ausdruck kommt, dass die Religion nur der Bewältigung der Angst vor dem Tod diene, also eine Art psychischer Trick des letztlich doch sterblichen Menschen ist, dem keine neue Geburt in ein ewiges, also schlechthin sinnvolles Leben offensteht.

Könnte es sein, dass das jeweilige Todesbild eines Menschen nachhaltigen Einfluss auf seine Lebensführung gewinnt? Jedenfalls leben die Menschen in unserer von vielfältigen Todesbildern geprägten Kultur in „Welten“ (Wirklichkeiten) mit einer enorm verschiedenen Reichweite. Die „Lebenswirklichkeit“ der Menschen mit einer festen Jenseitshoffnung (der UNSTERBLICHEN) hat jedenfalls eine enorm größere „Reichweite" als jene, für die mit dem Tod alles (definitiv) aus ist (die STERBLICHEN). Welche Folgen es zeitigt, wenn das Leben „die letzte Gelegenheit" für unsere Glücksuche ist, hat die Soziologin Marianne Gronemeyer bedacht. Sie beobachtet, dass eine (ausschließlich) diesseitsorientierte Kultur es dem Menschen verunmöglicht, ungestillte Anteile seiner maßlosen Sehnsucht nach Leben, Glück, Liebe in ein Jenseits auszulagern (outzusourcen) und daher mit den Fragmenten des Glücks in einer Lebenszeit von 80 oder 90 Jahren zu-frieden zu sein. Der Mensch ohne Jenseitshoffnung habe nur die Möglichkeit, mit einer nur mäßigen Erfüllung seiner maßlosen Sehnsucht das Auslangen zu finden oder diese zu ermäßigen (wozu ein popularisierter Buddhismus rät, um leidfrei zu werden), oder in großer Hast einer Erfüllung der maßlosen Sehnsucht in mäßiger Zeit nachzujagen. Das führe, so Gronemeyer, zu einem hastigen, anfordernden und überfordernden Leben, das geprägt ist von der Angst, zu kurz zu kommen. Diese Angst wiederum entsolidarisiere die Menschen voneinander und mache sie zu gnadenlosen Glücksrivalen. Diesseitigkeit ist somit durch Zeitknappheit geprägt.

Die folgenreiche Frage, die im Lauf des Buches später aufgegriffen werden wird, lautet: Wie wirkt sich die unterschiedliche „Reichweite" in der „geglaubten Lebenswelt" (jenseitsoffen oder diesseitsverhaftet) auf die Lebensführung aus, auf die persönliche Lebensgestaltung ebenso wie auf das Zusammenleben der Menschen? Leben STERBLICHE und UNSTERBLICHE anders? Studien in osteuropäischen Ländern belegen, dass es im einst christentümlichen Europa drei atheisierende und ausschließlich diesseitsverhaftete Kulturen gibt, nämlich Ostdeutschland, Tschechien und Estland. Da stellt sich die Frage, ob dies Auswirkungen auf die Formung der Menschen in ethischer Hinsicht und auf deren politische Präferenzen hat. Wie solidarisch können beispielsweise Menschen sein, die ihr persönliches Glück lediglich in einer knappen Lebenszeit erreichen können?

Mit diesen Fragen wird nicht behauptet, dass diesseitsverhaftete Menschen von Haus aus unglückliche Menschen sind. Philosophische Schulen, wie jene der Stoiker, haben gelehrt, auch angesichts des Todes als definitivem Ende ein würdiges und befriedigendes Leben zu führen. Vielen ist das im Lauf der Geschichte auch gelungen. Diesen Menschen ist es wichtig, ein erfülltes Leben geführt zu haben; dann würde ihnen den Tod leichter fallen. 61 %[29] aller Menschen im Land haben sich in dieser Aussage wiedergefunden. Je nach Gottesbild unterscheiden sich die Menschen aber in dieser Frage beträchtlich. Während ein erfülltes Leben (das natürlich auch mit einer Jenseitshoffnung als legitimes Ziel verbunden werden kann) 49 % der Theisten leichter sterben lässt, sind es unter den Atheisten 71 % und unter den Agnostikern 75 %. Allein auf das diesseitige Leben angewiesen, kann sich eine Art Glücksstress einstellen, der nicht in jedem Fall eine günstige Grundlage für belastbare Solidarität ist, die auf ein Teilen des knappen Glücks angewiesen ist.

29 Ohne die 7 % Missing gerechnet; in der Abbildung sind die Missing mitgerechnet, daher nur 59 % bei „alle".

ABBILDUNG 10: Gottesvorstellungen und Index TOD

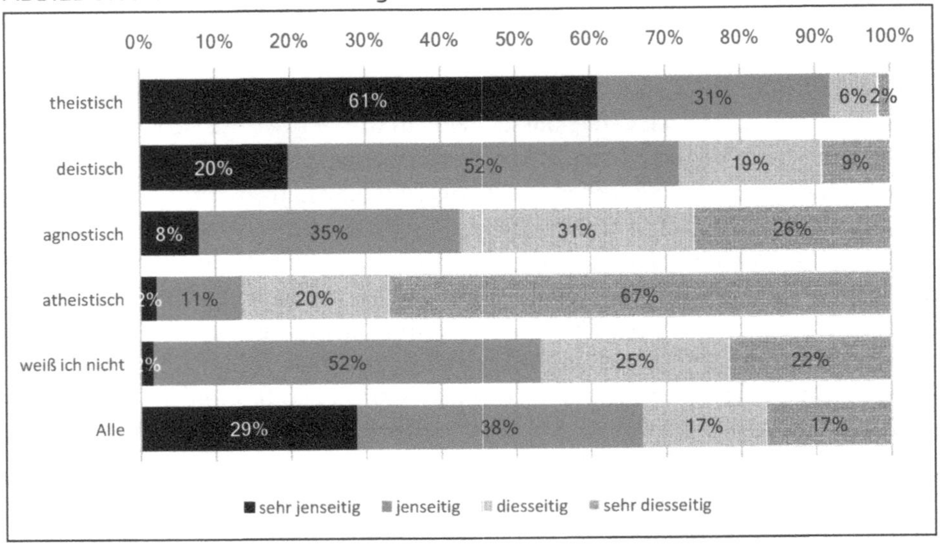

Sterbebilder

Fachleute der Begleitung von Menschen am Ende des Lebens[30] berichten, dass nicht der Tod für viele Menschen die lebenspraktische Herausforderung sei, sondern der Weg in diesen hinein, also das Sterben. Daher untersuchte die vorliegende Studie neben den Todesbildern auch Sterbebilder. Welche Wünsche haben die Menschen im Land mit Blick auf ihr eigenes Sterben?

Orte des Sterbens

Eine erste dazu gestellte Frage erkundigt sich, wo Menschen gepflegt werden und sterben wollen. Die Antworten auf diese Frage sind sowohl für die Angehörigen, aber auch die Politik von hohem Belang.

30 So etwa Renz, Monika: Hinübergehen. Was beim Sterben geschieht. Annäherungen an letzte Wahrheiten unseres Lebens, 2018.

ABBILDUNG 11: Wenn Sie unheilbar krank wären: Wo möchten Sie gepflegt werden und sterben?

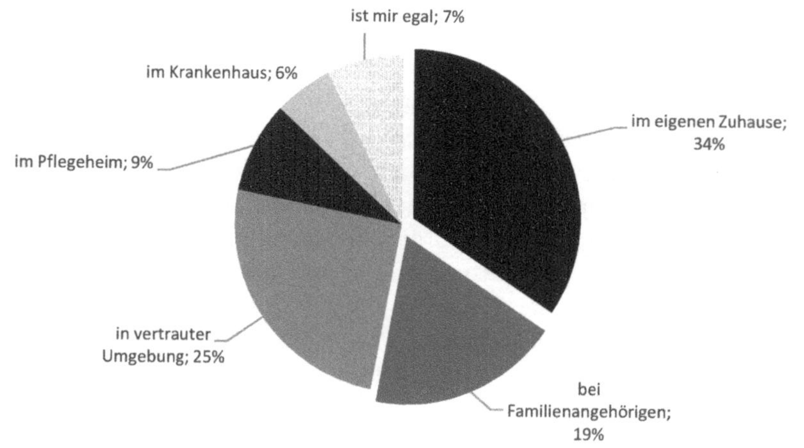

Die Antworten zeigen eine Grundtendenz auf. Diese lässt sich mit dem Begriff „daheim" einfangen. Das Daheim kann unterschiedlich aussehen. Für 34 % meint es buchstäblich in den eigenen vier Wänden, in denen man sein Leben verbracht hat. Andere sehen das Daheim sozial: 19 % bei Familienangehörigen, 25 % in vertrauter Umgebung. Pflegeheim (9 %) und Krankenhaus (6 %) werden nur von wenigen gewählt. 7 % ist es egal.

Dieser Wunsch nach Pflege und Sterben „daheim" hat sich in den letzten zwanzig Jahren kaum verändert. In allen drei Studien liegt der Wert zwischen 78 % und 83 %.

TABELLE 24: Wenn Sie unheilbar krank wären: Wo möchten Sie gepflegt werden und sterben? – 2000–2020

	im eigenen Zuhause	bei Familienangehörigen	in vertrauter Umgebung	DAHEIM	im Pflegeheim	im Krankenhaus	ist mir egal
2000	44 %	15 %	23 %	82 %	5 %	6 %	8 %
2010	41 %	13 %	29 %	83 %	6 %	5 %	6 %
2020	33 %	18 %	27 %	78 %	9 %	5 %	8 %

Dieses Ergebnis wird unterstützt durch die Zustimmung zum Satz „Ich habe den dringlichen Wunsch, einmal im Kreise meiner Angehörigen sterben zu können." Dieser Wunsch ist bei 24 % sehr stark, bei weiteren 33 % stark; das ergibt zusammen 57 %. Lediglich 10 % haben diesen Wunsch überhaupt nicht und bei weiteren 10 % ist er eher schwach. 22 % liegen im Mittelfeld.

Vollbringen oder auslagern

Drei Fragen wurden zur „Qualität" des Sterbens gestellt. Wird doch heute viel diskutiert, was „humanes Sterben" ist. So wird in vielen Ländern auch darüber beraten, ob eine aktive Beendigung des Lebens möglich sein soll – bisher steht die Beihilfe dazu zumeist unter Strafe.

Zunächst zeigen sich zwei Wünsche zu „gutem Sterben": der eine bezieht sich auf das Vermeiden von Schmerzen, der andere auf das bewusste Erleben des Sterbevorgangs. 84 % stimmen der Aussage zu: „Mein größter Wunsch ist es, einmal sterben zu können, ohne Schmerzen erleiden zu müssen." Die Sterbebegleitung hat darauf schon reagiert. Palliative care – also die Linderung physischer und psychischer Schmerzen – ist weithin zur Selbstverständlichkeit geworden.

Deutlich anders haben die Menschen die zweite Frage nach dem „bewussten Sterben" beantwortet. Ein Drittel möchte das Sterben bewusst erleben und damit als Teil des Lebens „vollbringen". 42 % hingegen neigen dazu, das Sterben gleichsam aus dem Leben „auszulagern" und nichts davon bewusst mitzubekommen.

TABELLE 25: Sterbewünsche

	stimme voll zu	stimme zu	teils-teils	stimme nicht zu	stimme gar nicht zu
Mein größter Wunsch ist es, einmal sterben zu können, ohne Schmerzen erleiden zu müssen.	56 %	28 %	10 %	4 %	2 %
Wenn ich einmal sterben muss, möchte ich mein Sterben bewusst erleben, weil es ein Teil meines Lebens ist.	11 %	20 %	28 %	15 %	27 %

Ob jemand das Sterben vollbringen oder auslagern will, hängt auch mit dem erwünschten Ort von Pflege und Sterben zusammen. Wer nicht „daheim" (zuhause, bei Familienangehörigen, in vertrauter Umgebung) sterben will, möchte auch weit eher das Sterben „auslagern", also nicht bewusst als Teil des Lebens vollbringen. Bei jenen, die „daheim" sterben wollen, will nur ein Drittel (36 %) das Sterben „auslagern".

TABELLE 26: Wenn ich einmal sterben muss, möchte ich mein Sterben bewusst erleben, weil es ein Teil meines Lebens ist.

		stimme voll zu	stimme zu	teils-teils	stimme nicht zu	stimme gar nicht zu	ZUSTIMMUNG	ABLEHNUNG
im eigenen Zuhause	DAHEIM	15%	19%	32%	11%	24%	32%	36%
bei Familienangehörigen		12%	17%	40%	13%	18%		
in vertrauter Umgebung		9%	24%	26%	17%	25%		
im Pflegeheim	NICHT DAHEIM	9%	20%	14%	23%	33%	23%	63%
im Krankenhaus		8%	12%	10%	19%	51%		
ist mir egal		13%	7%	19%	17%	44%		
alle		12%	19%	28%	15%	27%		

Nicht einfach zu deuten ist der Zusammenhang zwischen dem Wunsch nach dem Vollbringen und dem Auslagern und den Todesbildern der Menschen. Personen, die jenseitsoffen (UNSTERBLICHE) sind, wollen zu 39% das Sterben als Teil des Lebens vollbringen. Unter den rein Diesseitigen (den STERBLICHEN) hingegen sind es nur halb so viele (20%). Es scheint also doch für das eigene Sterben einen Unterschied zu machen, ob das Sterben die Geburt in ein schlechthin sinnvolles Leben ist oder ob es ein definitives Ende bedeutet. Das eine Mal will die „Geburt" erlebt werden, das andere Mal das definitive Ende vorgezogen und das Sterben ausgeblendet werden.

Aus diesem Ergebnis folgen wichtige Konsequenzen. Einerseits sind die Familienangehörigen zu befähigen, Sterbende daheim kompetent zu begleiten. Andererseits ist für eine gute mobile palliative Versorgung der daheim Sterbenden zu sorgen.

Aktive Sterbehilfe

Eine gesellschaftspolitisch brisante Frage ist jene nach der Straffreiheit aktiver Sterbehilfe. Für diese werden in (eigenen) Studien[31] mehrere Gründe angegeben: die Schmerzen, die Kosten des Sterbens, den Angehörigen zu Last zu fallen.

In dieser Studie wurde nicht nach Begründungen gefragt, sondern lediglich nach der straffreien Möglichkeit. Vorgelegt wurde die Aussage: „Es sollte möglich sein, das Leben von Menschen in der letzten Lebensphase aktiv zu beenden (z.B. durch eine Spritze/Sterbehilfe anzuwenden)." Diese Aussage steht für die Forderung der Straffreiheit der „Euthanasie". Dieses Wort ist historisch belastet, weil es in der nationalsozialistischen Unzeit für die „Entsorgung lebensunwerten Lebens" stand. Das griechische Wort bedeutet allerdings nicht mehr oder nicht weniger als „guter Tod". Insofern ist die Forderung nach Euthanasie ein zutiefst menschlicher Wunsch. Die biblische Tradition erzählt etwa vom greisen Simeon, der als Hochbe-

31 So etwa in Zulehner, Paul M.: Jedem seinen eigenen Tod, Ostfildern 2001.

tagter des erhofften Messias ansichtig wurde und daraufhin ausrief: „Nun lässt du, Herr, deinen Knecht, wie du gesagt hast, in Frieden scheiden" (Lk 2,9). „Leben und Sterben in Frieden" zählt zu den großen Hoffnungen der Menschheit. Dieser Wunsch hat auch mit der Aussage zu tun, dass den Befragten nach einem erfüllten Leben das Sterben leichter fällt.

Im gesellschaftspolitischen Diskurs liegt der Akzent aber nicht auf dem erhofften guten Tod nach einem erfüllten Leben. Vielmehr steht im Mittelpunkt das aktiv unterstützte und damit beschleunigte Sterben. Jenen Menschen, die wiederholt darum bitten, sollte ein Arzt die entsprechenden Mittel straffrei verabreichen dürfen. Offen ist im Diskurs, welche Gründe dafür vorgebracht werden und wie der Vorgang vor Missbrauch abgesichert werden kann. Manche fordern ein Recht der Menschen auf solche aktive Sterbehilfe. Für diesen Personenkreis ist es der Ausdruck konsequent zu Ende gedachter Freiheit des Menschen. Andere befürchten, dass im Mantel der gesicherten individuellen Freiheit, Art und Zeitpunkte des Sterbens selbst zu wählen, sich gesellschaftlicher Missbrauch einschleichen kann (Entlastung von Angehörigen, früheres Erben, Entlastung der Krankenversicherungen beim teuer gewordenen Sterben).

Wie umstritten aktive Sterbehilfe ist, zeigen die Daten der Studien. In den letzten drei Wellen war die Frage nach der Euthanasie ausdrücklich gestellt worden:

TABELLE 27: Es sollte möglich sein, das Leben von Menschen in der letzten Lebensphase aktiv zu beenden (z. B. durch eine Spritze/Sterbehilfe anzuwenden).

	ich bin grundsätzlich dafür	ich bin unter bestimmten Umständen dafür	ich bin eher dagegen	ich bin grundsätzlich dagegen
2000	12%	66%	13%	9%
2010	18%	47%	15%	20%
2020	22%	49%	16%	12%

Die uneingeschränkte Zustimmung liegt 2020 bei 22%; dieser Wert ist seit 2000 schrittweise leicht angestiegen, und zwar von 12% (2000) auf 18% (2010) und nunmehr 22% (2020). Die ebenso grundsätzliche Ablehnung ist zwischen 2010 und 2020 von 20% auf 12% gesunken. Insgesamt scheint es also in der Kultur eine leicht „euthanasierende" Entwicklung zu geben. Dabei nimmt die Hälfte eine bedingte Position ein. Eine aktive Sterbehilfe solle unter bestimmten Umständen möglich sein. Der gesellschaftliche Diskurs dreht sich daher weniger um das ob, sondern um die Umstände.

Die Zustimmung zur Euthanasie steht in engster Verbindung mit den Todesbildern. Unter den Jenseitsoffenen sind 9% grundsätzlich dafür und 44% unter Umständen; 28% zeigen sich als grundsätzlich dagegen. Solche entschlossene Ablehnung findet sich nur bei 6% der STERBLICHEN, während 42% grundsätzlich und weitere 46% unter Umständen dafür sind: das sind zusammen 88%. Ganz anders sehen das die UNSTERBLICHEN.

TABELLE 28: Einstellung zur Euthanasie der Jenseitsoffenen und der Diesseitigen

	ich bin grundsätzlich dafür	ich bin unter bestimmten Umständen dafür	ich bin eher dagegen	ich bin grundsätzlich dagegen
jenseitsoffen [UNSTERBLICHE]	9%	44%	19%	28%
diesseitig [STERBLICHE]	42%	46%	6%	6%

Abschied nehmen

In der Studie 2020 wurde in die Umfrage ein neuer Frageblock zu den Vorstellungen der Bevölkerung hinsichtlich der eigenen Beerdigung oder jener von Angehörigen eingebaut.[32] Wer soll die Beerdigungsfeier leiten? Was soll mit den sterblichen Überresten geschehen? Welche Gedanken und Gefühle tauchen beim Abschied von einem angehörigen Menschen auf? Die gewonnenen Erkenntnisse können bei einer einfühlsamen Gestaltung von Beerdigungen hilfreich sein.

1. Die Vertreter der anerkannten Religionsgemeinschaften stehen in der Wunschliste für die Leitung einer Beerdigung bei 44% der Befragten an der Spitze. Es folgen Angehörige der Gemeinschaft/Familie (18%) und dann die freiberuflichen Beerdigungsredner (7%). 4% wünschen keine der vorgelegten Möglichkeiten. 21% haben sich darüber noch keine Gedanken gemacht.
   Vertreter der Religionsgemeinschaften werden von jenseitig gestimmten Personen (UNSTERBLICHEN) bevorzugt (69%). Diese Kategorie hat sich damit auch bereits am meisten Gedanken gemacht – oder es kommt für sie eben traditionellerweise nichts anderes in Frage. Anders bei den Diesseitigen (STERBLICHEN). 30% haben diese Frage noch nicht erwogen und entschieden. Nur 14% wünschen jemand von einer Religionsgemeinschaft. Am ehesten soll jemand aus der Familie (22%), niemand (13%) oder ein Freiberuflicher (12%) das Wort ergreifen.

TABELLE 29: Im Falle Ihres Ablebens, welchen Wunsch hätten Sie bei Ihrer Beerdigung/Verabschiedung? Wollen Sie da...?

	...einen Vertreter (m)einer anerkannten Religionsgemeinschaft	...einen freiberuflichen Beerdigungsredner	...jemand aus unserer Gemeinschaft/Familie soll sprechen	die Beisetzung soll ohne Reden abgehalten werden	ich habe mir darüber noch keine Gedanken gemacht	nichts davon	Zeilen
jenseitig	69%	3%	8%	2%	14%	4%	29%
2	48%	5%	20%	4%	20%	3%	38%
3	25%	11%	23%	8%	27%	5%	17%
diesseitig	14%	12%	22%	13%	30%	10%	17%
alle	44%	7%	18%	6%	21%	5%	

32 Dies geschah auf Anregung des Forschungspartners aus der evangelischen Kirche, dem Superintendenten Matthias Geist (Wien). Die evangelische Kirchenleitung hat eine Aufstockung der Protestanten mitfinanziert. Diese zusätzlichen Interviews machen eine detaillierte Auswertung für die Mitglieder der Kirchen der Reformation möglich.

2. Fast die Hälfte der Menschen im Land (46 %) möchte eine Bestattung herkömmlicher Art, mit einem Sarg, der im Familiengrab begraben wird. Ein Drittel hat sich für eine Urnenbestattung entschieden (32 % insgesamt): in einem Urnenfriedhof (13 %), im Familiengrab (16 %) oder die Urne soll daheim aufbewahrt werden – eine Möglichkeit, die lediglich 3 % konveniert. 7 % wollen, dass von den sterblichen Überresten nichts bleibt. Das ist ein Vorgehen, das in Städten der vergangenen DDR üblich war – allerdings bei nicht wenigen Angehörigen auf Dauer eher Unbehagen erzeugt hat, vielleicht gerade deshalb, weil es keinen ersichtlichen Ort für die fällige Trauerarbeit gab. So hat die katholische Kirche etwa in Erfurt mit Erinnerungsfeiern für Personen begonnen, deren Überreste von der Stadtverwaltung anonym entsorgt worden waren. Und das mit beachtlichem Zuspruch durch Betroffene.
Diese Entsorgungspraxis von sterblichen Überresten konnte sich offenbar im durchatheisierten Land zunächst leicht durchsetzen. Das ist nicht unlogisch. Denn wenn nach dem Tod alles aus ist, wozu soll dann Geld in eine Gedenkstätte für die ohnedies vergänglichen Überreste investiert werden? Die Ideologie obsiegte also zunächst über die Erkenntnisse der Trauerpsychologie. Dass eine solche Praxis in einer diesseitig gestimmten Kultur eher naheliegt als in einer religiös geprägten, zeigen auch unsere Daten. Denn unter den Jenseitigen der Studie (den UNSTERBLICHEN) ist kaum jemand, der eine erinnerungslose Entsorgung akzeptiert. Unter den Jenseitigen (den STERBLICHEN) hingegen sind es überdurchschnittliche 20 %.
Hier zeigt sich, wie sehr die pluralistische Gesellschaft in sensiblen Lebens- und Sterbensfragen offenbar vielfältige Optionen zeitigt. Die STERBLICHEN neigen zu anderen Lösungen als die UNSTERBLICHEN. Nur beim Umgang mit sterblichen Überresten? Oder reichen die Auswirkungen der „Reichweite der Wirklichkeit" weiter? Diese Frage wird in die weiteren Analysen mitgenommen. Es wird sich zeigen, dass die Aufsplittung der Bevölkerung in STERBLICHE und UNSTERBLICHE eine der tiefsten kulturellen Spaltungen darstellt.

TABELLE 30: Was soll mit Ihren sterblichen Überresten geschehen?

	Sarg	Urne			nichts	
	bestatten in einem Familiengrab	die Urne in einem Urnenfriedhof beisetzen	die Urne in einem Familiengrab beisetzen	die Urne soll daheim aufbewahrt werden	es braucht überhaupt keinen Erinnerungsort (nichts soll übrigbleiben)	keine Angabe
diesseitig	63 %	8 %	15 %	1 %	3 %	10 %
2	47 %	16 %	17 %	3 %	4 %	14 %
3	34 %	16 %	16 %	4 %	12 %	17 %
jenseitig	29 %	13 %	16 %	5 %	19 %	18 %
alle	46 %	13 %	16 %	3 %	7 %	14 %

3. Gefragt wurde schließlich nach den Abschiedsgefühlen, die beim Tod eines nahestehenden Menschen aufkommen. Eine Reihe von getesteten Möglichkeiten war vorgelegt worden.
   Ganz wichtig ist fast allen Befragten, dass „wenigstens die Erinnerung bleiben soll" (88 %). Sehr viele (84 %) empfinden Verlustschmerz, aber auch Dankbarkeit für das Leben des/der Toten (83 %). Auf dem Kontoblatt subjektiver Empfindungen steht die Aufgabe, „die verstorbene Person jetzt loszulassen" (78 %). Die Hoffnung auf ein Wiedersehen bewegt zwei Drittel (69 %).
   Fachleute der Todeswissenschaft nehmen an, dass man sich des eigenen Todes am ehesten im Spiegel des Todes naher Angehöriger bewusst wird. 42 % sehen das so, sie denken beim Abschied eines Angehörigen an den eigenen Tod, auch fragen sie nach dem Sinn des Lebens im Allgemeinen (46 %).
   Zwei Wünsche gehen in Richtung der verstorbenen Person. Zwei Drittel nehmen an, dass es dieser jetzt besser gehe (65 %). Ebenso viele wünschen der Toten/dem Toten ein „neues Leben".
   Es ist konsequent, dass Diesseitige andere Gedanken und Gefühle hegen als Jenseitsoffene. Nur 21 % der Diesseitigen wünschen etwa der verstorbenen Person ein „neues Leben". Unter den Jenseitsoffenen sind es hingegen nahezu alle (90 %). Ebenso wenige Diesseitige haben eine Hoffnung auf ein Wiedersehen. 20 % sind erstaunlich viele für jene, die sagen, mit dem Tod sei definitiv alles aus. 96 % der Jenseitsoffenen wünschen sich ein Wiedersehen mit der verstorbenen Person. 43 % der Diesseitigen nehmen an, dass es der gestorbenen Person nunmehr besser ergehe – vermutlich, weil ihre Leiden definitiv zu Ende gegangen sind. Unter den Jenseitsoffenen sind es 80 %.
   Wie den Jenseitigen ist es aber auch den Diesseitigen wichtig, dankbar zu sein, gemeinsam fühlen sie den Schmerz des Verlustes, beide stehen vor der Aufgabe, den nahen Menschen loszulassen. Einig sind sie sich, dass die Erinnerung bleiben soll.

ABBILDUNG 12: Gedanken und Gefühle beim Abschied – alle, Jenseitige, Diesseitige

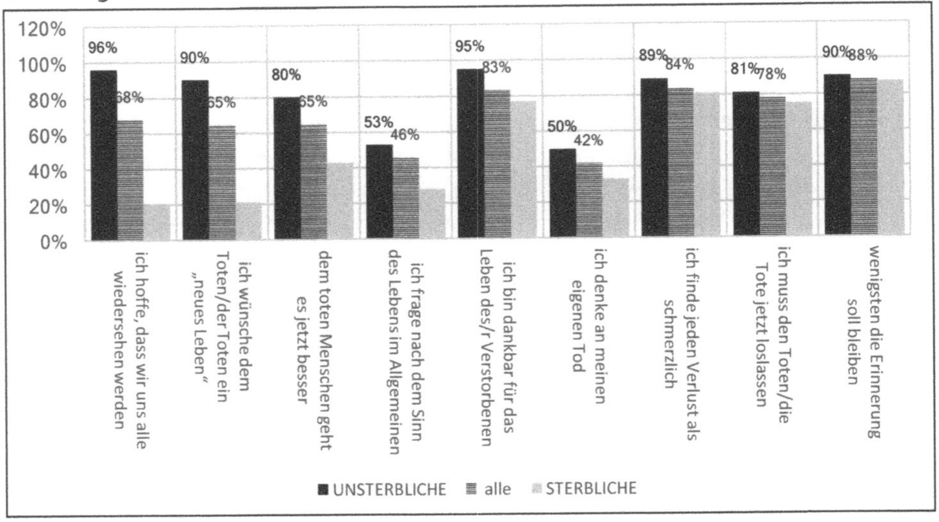

Typologie Glaubenskosmos

Wie schon beim Kapitel über die Religiosität soll auch beim Kapitel über den Glaubenskosmos der Menschen im Land eine zusammenfassende Typologie errechnet werden. Dazu werden in einem ersten Schritt jene Items herausgearbeitet, die faktorenanalytisch „eindimensional" sind. Mit diesen wird dann mit Hilfe einer Clusteranalyse eine vierteilige Typologie errechnet.

Das Ergebnis ist eindrucksvoll:

- Ein erster Glaubenstyp ist vollgläubig. Er stimmt den meisten vorgelegten Glaubenspositionen zu und lehnt die beiden Items der Gottleugnung strikt ab; bei der Frage nach den Gottesbildern nehmen sie mehrheitlich die theistische Position ein; ihr Gottesbild ist christlich gefärbt; dieser Typ glaubt an einen dem Menschen nahen Gott; alle diese Merkmale rechtfertigen die Benennung des Typs als „*Christgläubige*".
- Ein zweiter Typ hat im Vergleich zu den „Christgläubigen" abgeschwächte Mittelwerte; bei der Frage nach den Gottesbildern liegt er beim Mittelwert 2, also auf der deistischen Position. Aus diesem Grund sollen sie „*Gottgläubige*" heißen.
- Dem dritten Typ ist bereits ziemlich gleichgültig, ob es einen Gott gibt. Beim Gottesbild liegt der Mittelwert nahe der „agnostischen Position"; Personen aus diesem Typ zeigen also eine große Zurückhaltung beim Gottesglauben. Sie glauben eher nicht an Gott, schon gar nicht in seiner christlichen Prägung; der Gott dieses Typs wird als fern erlebt; in ihrer Nichtkenntnis steckt eine atheisierende Tendenz; sie erhalten die Bezeichnung „*Gottbezweifelnde*".

- Der vierte Typ schließlich ist der Gegentyp zu den „Christgläubigen". Sie leugnen mehr oder minder eindeutig alle Aussagen nicht nur zu Gott oder Jesus Christus, sondern auch zu einem Himmel und zu einer Auferstehung des Menschen. Es sind die diesseitsgebundenen Atheisten in unserer Kultur. Ihre Bezeichnung soll „*Gottleugnende*" sein.

ABBILDUNG 13: Typologie des Gottesglaubens (einschließlich der Jenseitshoffnung)

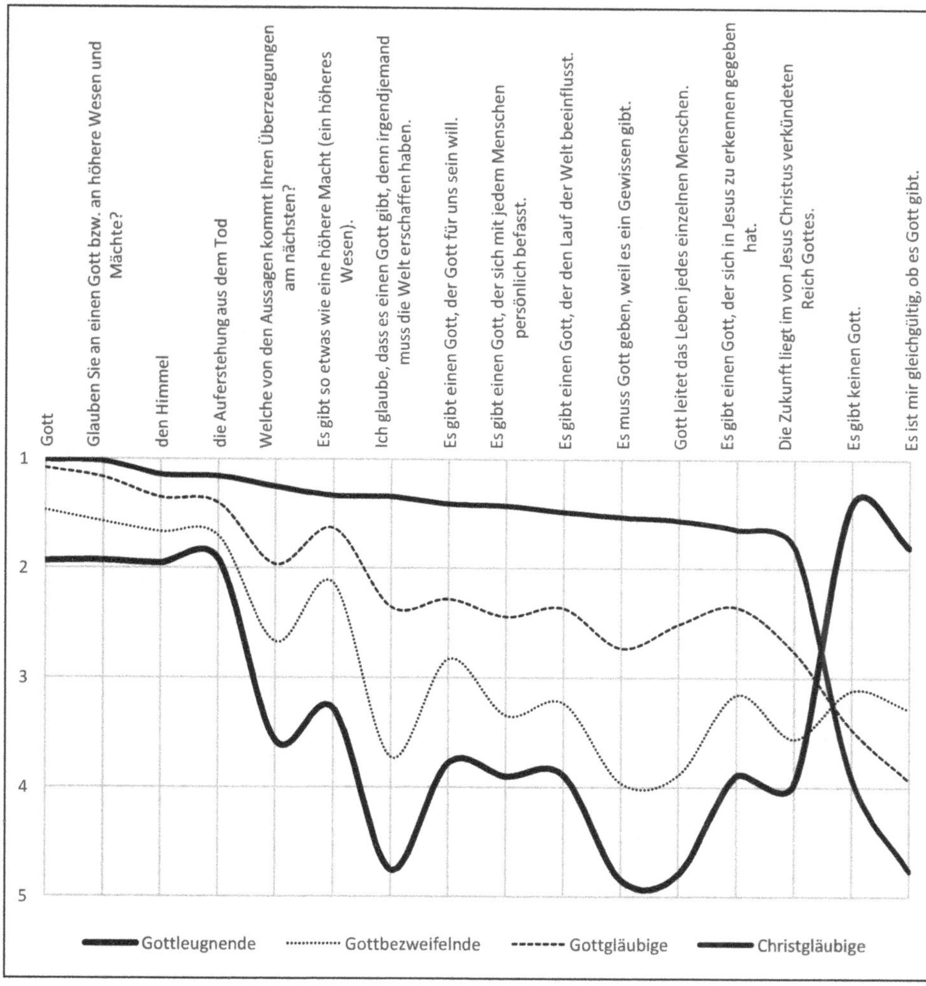

Die Bezeichnung der vier Typen kann veranschaulicht werden, indem diese mit den Gottesbildern korreliert werden:

TABELLE 31: Korrelation der vier Typen des Gottesglaubens mit den Gottesbildern

	theistisch	deistisch	agnostisch	atheistisch	weiß nicht	
Gottleugnende	0%	15%	17%	**64**%	4%	15%
Gottbezweifelnde	3%	**52**%	**28**%	9%	8%	23%
Gottgläubige	19%	**68**%	10%	1%	2%	33%
Christgläubige	**78**%	22%	0%	0%	0%	29%
alle	30%	43%	12%	12%	3%	

Der typische Gottleugnende ist (statistisch besehen) ein Mann unter 40, aus der Kirche ausgetreten, lebt ledig, unverheiratet in einer Partnerschaft oder getrennt. Der typische Gottbezweifelnde unterscheidet sich im Profil wenig von den Gottleugnenden, dazu kommt lediglich, dass er von Haus aus keiner Kirche angehört. Der typische Gottgläubige ist evangelisch oder katholisch, verheiratet, zwischen 40 und 70; es ist der am meisten verbreitete Typ im Land. Die Christgläubigen sind vor allem in Freikirchen anzutreffen, orthodox, (islamisch – hinsichtlich ihrer Glaubensstärke), über 70, verwitwet oder verheiratet, und sind eher weiblich.

Und so verteilen sich die polaren Typen der Christgläubigen und Gottleugnenden nach wichtigen Sozialmerkmalen:

ABBILDUNG 14: Verteilung der Christgläubigen und Gottleugnenden

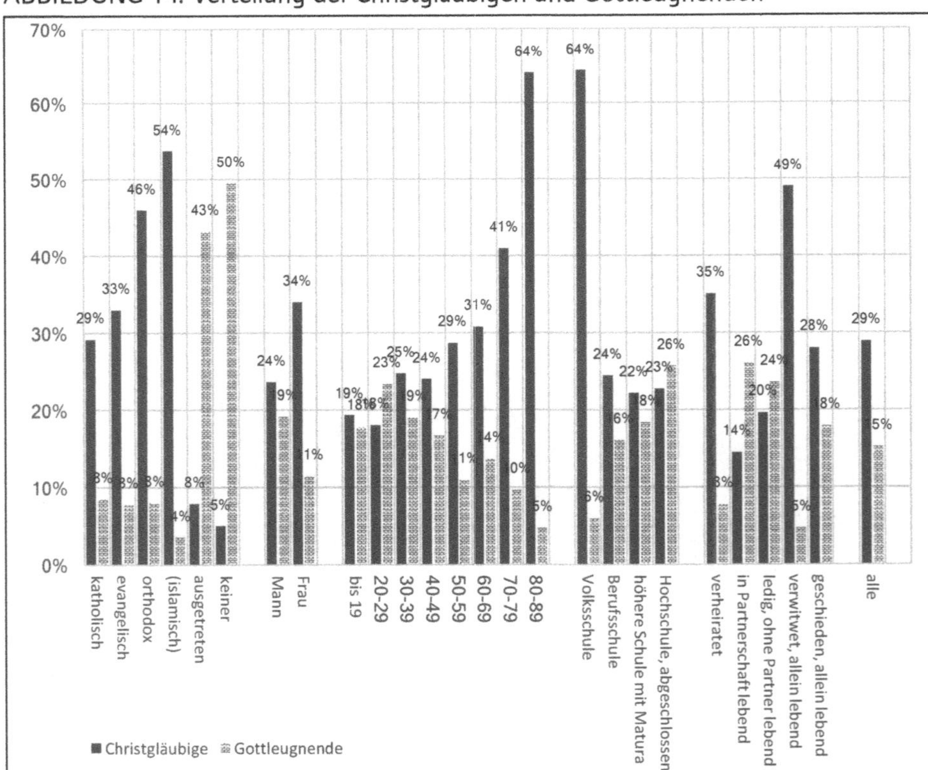

Die beiden Typologien über die Religiosität und den Glaubenskosmos der Menschen korrelieren eng miteinander. Unreligiöse leugnen (55 %) oder bezweifeln (36 %) Gott, Hochreligiöse sind gott- (24 %) bzw. christgläubig (76 %). Die Beter sind mehrheitlich gottgläubig (56 %), die in der Religion besonders Trost suchen, sind verunsichert oder gottgläubig.

Die subjektive wie die objektive Seite der „Religion" sind zwar nicht ganz deckungsgleich, aber stützen einander. Es könnte sein, dass der subjektiven Seite eine gewisse Priorität zukommt und Religion zunächst ein Gefühl, dann erst ein inhaltlich ausgeformter Glaube ist. Möglicherweise ist die Religion (wie der Wiener Religionswissenschaftler Karl R. Wernhart[33] lehrte) eine anthropologische Konstante, während das jeweils bewohnte „Glaubenshaus" kulturell vermittelt wird.

TABELLE 32: Typen der Religiosität und des Gottesglaubens

	Gottleugnende	Gottbezweifelnde	Gottgläubige	Christgläubige	alle (Zeile)
Unreligiöse	55 %	36 %	8 %	1 %	25 %
Trostsuchende	5 %	41 %	49 %	6 %	24 %
Beter	2 %	18 %	56 %	25 %	22 %
Hochreligiöse	0 %	1 %	24 %	76 %	29 %
alle (Spalte)	15 %	23 %	33 %	29 %	100 %

Kirchlichkeit – Commitment

Vorüberlegungen

Religiosität ist eine zutiefst persönliche Angelegenheit. In diesem Sinn ist sie immer „privat", also richtig verstanden gilt: „Religion ist Privatsache." Eine urpersönliche Angelegenheit. Das teilt die Religiosität mit anderen großen Gefühlen des Menschen, etwa der Liebe oder ihrer Gegenspielerin, der Angst.

Aber alles Menschliche ist zugleich, so die Wissenschaften vom Menschen, allen voran heute die Neurowissenschaften, „Resonanz"[34], Bezogenheit. Menschwerdung geht immer nur im „vis-à-vis", wenn etwa eine „visage" (ein Gesicht) über dem Neugeborenen leuchtet. Diese Erfahrung ist derart fundamental, dass sie in die religiöse Erfahrung Eingang gefunden hat. Religiöse Menschen bitten Gott, „er möge

33 Wernhart, Karl R.: Ethnische Religionen. Universale Elemente des Religiösen, Kevelaer 2004.

34 Bauer, Joachim: Kraft der Beziehung, Bindung, Freundschaft, Resonanz; [Tagungsband; dieser Band enthält Vorträge der „26. Goldegger Dialoge", die vom 6. bis 9. Juni 2007 im Schloss Goldegg vom Kulturverein Schloss Goldegg, der Ärztekammer für Salzburg, dem ORF-Landesstudio Salzburg und der Gemeinde Goldegg veranstaltet wurden], 2007.

sein Angesicht über uns leuchten lassen". Der große Martin Buber konnte deshalb lapidar formulieren: „Alles wirkliche Leben entstammt der Begegnung."

Der Mensch (wie auch alles Sein) ist also von Haus aus ein Beziehungswesen, oder er ist kein Mensch. Deshalb sagen spirituelle Meister, dass die Grundbestimmung des Menschen letztlich und einzig darin bestehe, eine Liebende, ein Liebender zu werden. Das mache für religiöse Personen den Menschen zum Ebenbild Gottes, der zumal in der christlichen Gotteslehre selbst als ein Wesen erahnt wird, das in sich lautere Beziehung ist.[35]

Diese prinzipielle Bezogenheit gilt somit auch und gerade für den religiösen Bereich. Sie führt dazu, dass die Ausübung der Religion einerseits zu einer Gottesbezogenheit („connectedness") führt. Das meint ja eine der Bedeutungen des lateinischen Wortes „religio": Nach diesem Wortsinn ist der religiöse Mensch ein „Rückgebundener", er erlebt sich als ein Gottbezogener.

In dieser Wirkung der Religion steckt im Übrigen ihre größte Gefährlichkeit. Denn die Bezogenheit auf einen Gott entzieht den wahrhaft Religiösen allen „Zugriffen" totalitärer Systeme, die es in vielfältigen Ausformungen gibt, in der Politik, im Konsum, in der Verwaltung. Das Innerste der Religion, die Anbetung Gottes, ist somit höchst „politisch". Das ist vermutlich auch der Grund, warum die wahrhaft religiösen, auf Gott rückgebundenen Menschen, immer die widerstandsfähigsten Gegner totalitärer Systeme waren und lieber als Märtyrer ihr Leben preisgaben, als sich Unrechtssystemen zu unterwerfen.

Wandel im Verhältnis von Person und Gesellschaft

Religiöse Menschen sind aber andererseits nicht nur auf ihren Ursprung und ihr Ziel „rückgebunden", sondern sind auch im religiösen Vollzug untereinander vielfältig verwoben. Eine völlig individualistische Religiosität ist deshalb höchst unwahrscheinlich. Religiöse Menschen sind in religiöse Gemeinschaften eingebunden, bilden Kirchen, feiern und handeln im Verbund. Natürlich sind diese Kommunitäten für Religiöse nicht der einzige Ort, an dem sie ihre subjektive Religiosität pflegen. Aber sie sind traditionellerweise stets einer der wichtigsten Orte gewesen. Das war insbesondere in Zeiten der Fall, in denen das moderne Auseinanderrücken von Person und Gesellschaft/Institution noch nicht im heutigen Ausmaß gegeben war. In „modernen" Gesellschaften, die das Individuum und seine Menschenrechte hoch bewerten, ist aber diese Auseinanderentwicklung von Person und Gesellschaft weithin geschehen. Das bedeutet, dass sich auch heute Religion im Spannungsfeld von Institution/Organisation/Gemeinschaft auf der einen und den mehr oder minder religiösen Personen auf der anderen Seite abspielt und vielfältige Gestalten annehmen kann.

Bei der Bestimmung dieses gegenwärtigen Verhältnisses zwischen Person und Gesellschaft im Bereich der Religion spielt die historische Entwicklung der religiös-kirchlichen Dimension eine gewichtige Rolle. Diese kennt vielfältige Ausformun-

---

35 Rohr, Richard: The Divine Dance, London 2016.

gen. So war beispielsweise der Katholizismus immer mehr gemeinschaftsorientiert, die Kirchen der Reformation aber stets eher personorientiert. Das Individuum, seine Freiheit und sein Gewissen, waren im Katholizismus mit subtilen theologischen Begründungen von der Kirchenleitung kontrolliert und dem Lehramt unterstellt. Der herausragende Engländer Henry Newman, Kardinal der katholischen Kirche, der sich gegen diese Unterordnung des Gewissens unter den Papst aussprach, kommt erst heute zu kirchlichen Ehren. Auch Papst Franziskus ließ aufhorchen, als er in seinem Apostolischen Schreiben über die Freude der Liebe (Amoris laetitia) schrieb: „Wir sind berufen, die Gewissen zu bilden, nicht aber dazu, den Anspruch zu erheben, sie zu ersetzen."[36] Die Freiheit des Gewissens war eine jahrzehntelange Forderung herausragender katholischer Moraltheologen, die für eine „autonome Moral" (Alfons Auer, Günter Virt) kämpften, aber dafür heftigen Widerstand bei den Glaubenswächtern in Rom auslösten.

Heute herrscht im Land verbriefte Religionsfreiheit, die vom Katholizismus lange Zeit verworfen worden war, auf dem Zweiten Vatikanischen Konzil 1965 aber volle Rehabilitation erfuhr. Die Verfolgung der Christen in totalitären Systemen hat dazu nicht wenig beigetragen. Die katholische Kirche respektiert heute die freie Wahl der Religion, zu der auch gehört, sich aus dem kirchlich systematisierten und im Bekenntnis festgeschriebenen Glaubenskosmos manche Inhalte auszuwählen und andere auf sich beruhen zu lassen oder kämpferisch abzulehnen. Diese Freiheit zur Wahl auch im Bereich des Glaubens wurde bereits im letzten Kapitel in aller Deutlichkeit sichtbar.

Die Religionsfreiheit hat freilich nicht nur eine personale Gestalt, sondern auch eine gemeinschaftliche. Denn sie verbürgt den Mitgliedern einer Religionsgemeinschaft, dass sie ihren Glauben frei und in aller Öffentlichkeit gemeinsam ausüben können. Dieses Recht ist formal jeder anerkannten Religionsgemeinschaft rechtlich zugesichert. Leider wird sie dann und wann ökonomischen Interessen geopfert, wie die Diskussion in Österreich um den Karfreitag als gemeinsamen Feiertag für Protestanten jüngst gezeigt hat.

Zumal die katholische Kirche hat also im letzten Jahrhundert hinsichtlich der Religionsfreiheit einen tiefgreifenden Wandel durchgemacht. Konnten in der nachreformatorischen Zeit die Menschen noch genötigt werden, einer bestimmten Konfession anzugehören, deren Glaubenssätze anzunehmen und sich im vorgeschriebenen Maße am Leben der Kirche zu beteiligen, so ist aus dieser schicksalsschwangeren und zeitweise lebensbedrohlichen Stilisierung[37] der Kirchlichkeit inzwischen auch für Katholiken eine frei wählbare geworden.

---

36 Franziskus: Amoris laetitia, Rom 2014, 37.

37 In der nachreformatorischen Zeit wurden Personen, welche sich nicht an die Lehren und Gebote der katholischen Kirche hielten, entrechtet und bei hartnäckigem Verbleiben in ihrem Zustand hingerichtet oder des Landes verwiesen.

Fragen zur Kirchlichkeit der Leute
Solche Überlegungen bilden den historischen und theoretischen Ausgangspunkt für jene Analysen, die im dritten Hauptkapitel des ersten Teils dieser Studie vorgelegt werden. Fragen werden sein: Wie gestalten heute die Menschen faktisch das Verhältnis zwischen ihrer subjektiven „Religiosität" (einschließlich der Grundhaltung der Nichtreligiösität) und religiösen Institutionen? Wie stehen sie zu ihrer bzw. zu einer Religionsgemeinschaft? In welcher Weise sind sie ihr verbunden? Welche Erwartungen haben sie an die Kirchen, für das persönliche Leben wie das gesellschaftliche Zusammenleben? Beanspruchen sie die Dienste ihrer Religionsgemeinschaft? Tragen sie das Leben der Gemeinschaft durch aktive Beteiligung, oder noch besser mit einem englischen Begriff ausgedrückt, und Commitment mit?

Ein aktueller Bereich, der zumal den traditionellen Großkirchen nach Jahrhunderten kulturell wie staatlich geschützter und damit selbstverständlicher stabiler Kirchlichkeit im Land zu schaffen macht, ist die aufgrund der Freiheit zur Wahl sozial ungestraft mögliche „religiöse Mobilität". Die Kirchenmitglieder sind nicht nur im Auswählen aus dem Glaubenskosmos ihrer Kirche „mobil", sie nähern sich ihrer Glaubensgemeinschaft an und entfernen sich von ihr. Die „religiöse Mobilität" erfasst auch die Kirchenmitgliedschaft: Mitglieder verlassen ihre Kirche, aber es gibt auch solche, die sich einer Kirche anschließen. Was bewegt religiös mobile Menschen zu solchen Schritten? Warum treten die einen aus? Was veranlasst andererseits Menschen, heute in eine Kirche einzutreten? Und vor allem: Welche Kräfte und Motive „bewegen" jemanden zum Austritt oder zum (Wieder-)Eintritt oder schlicht dazu, sich für das Bleiben zu entscheiden?

Religionspluralismus

Die „Verbuntung", so das plakative Hauptergebnis der vorliegenden Langzeitstudie bereits nach der Studie des Jahres 2010, betrifft nicht nur die Personen, sondern auch die Religionsgemeinschaften. Nicht nur das, was die Menschen im Land glauben, sondern auch die organisierte weltanschauliche Landschaft wird immer bunter. Von der prognostizierten und von manchen Vereinigungen, die sich im Kirchenkampfmodus des 19. Jahrhunderts für die radikale Trennung von Staat-Kirche-Gesellschaft auf die Fahnen geschrieben haben, erwünschten sterilen Säkularität und Konfessionslosigkeit der ganzen (Zivil-)Gesellschaft ist das Land derzeit weiter entfernt denn je. Neben sechzehn gesetzlich anerkannten Religionsgemeinschaften, denen u. a. das Recht auf einen Religionsunterricht in den Schulen zugesichert ist, gibt es nach heutiger Rechtslage in Österreich als eine Art „Anerkennung light" „eingetragene Bekenntnisgemeinschaften" sowie „religiöse Vereine".

Diese vielen Religionsorganisationen haben eine unterschiedlich große Mitgliederzahl. Traditionell sind in Österreich seit der Gegenreformation die Katholiken die dominante Konfession. Doch leben seit den Toleranzpatenten von Joseph II. aus dem Jahre 1781 (Protestanten), 1782 (Juden) und 1785 (Freimaurer) auch Mitglieder anderer Konfessionen, Religionen und Weltanschauungen ihren „Glauben" öffentlich sichtbar und organisiert.

So sieht nunmehr die Verteilung der Religionsgemeinschaften in der Studie aus:

ABBILDUNG 15: Die in der Studie „sichtbaren" Religionsgemeinschaften

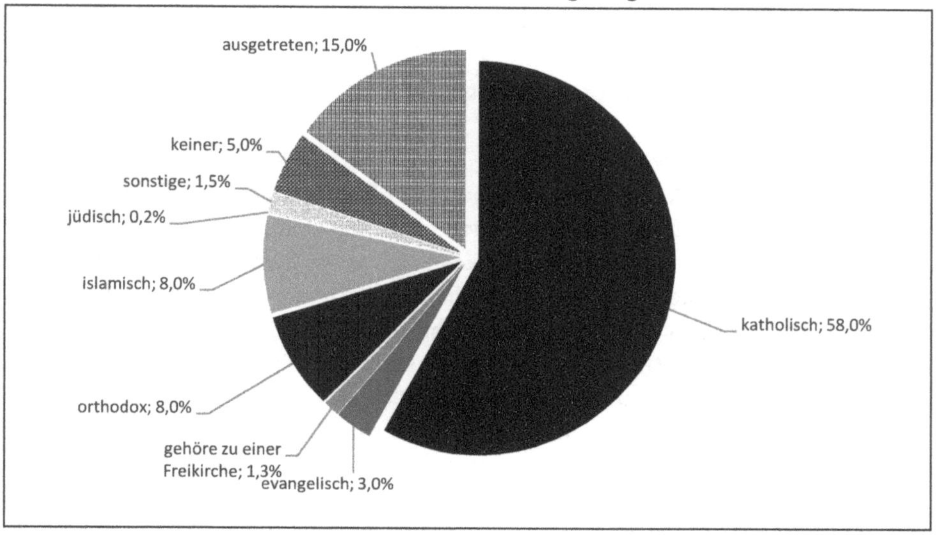

Die folgenden Analysen werden mit dem gesamten repräsentativen Sample gerechnet. Am Ende des ersten Hauptteils werden die drei „aufgestockten" Religionsgemeinschaften (Protestanten, Orthodoxe, Muslime) besonders ins Licht der Analyse gerückt; die Mehrung der Anzahl der Befragten ermöglicht eine differenziertere Auswertung.

Die Buntheit weltanschaulicher/religiöser Gemeinschaften verdient einige Anmerkungen. Mit 58 % ist die stärkste Religionsgemeinschaft die katholische Kirche.

Personen ohne Kirchenmitgliedschaft

An zweiter Stelle stehen die Personen ohne eine Kirchenzugehörigkeit: 15 % sind aus einer Gemeinschaft ausgetreten, 5 % waren von Haus aus bei keiner. Dank dieser 20 % sind Menschen ohne Kirchenzugehörigkeit die zweitgrößte weltanschauliche Gruppe. Meistens nennt man sie Konfessionslose oder auch Konfessionsfreie. Diese Bezeichnungen sind nicht sonderlich glücklich. Sie werden von nicht wenigen, die es betrifft, abgelehnt. Selbst wenn diese Personen eine Kirche verlassen haben, wünschen sie nicht, mithilfe des aufgegebenen Kirchenbezugs negativ definiert zu werden. Allerdings sind positive Benennungen nicht leicht zu finden. Viele derer, die keiner Kirche angehören, organisieren sich aufgrund ihrer weltanschaulich/religiösen Position nicht und müssen daher auch keine Bezeichnung finden. Sie stehen und leben für sich. Ein kleiner Teil jener, die einen historischen oder biographischen Affekt gegen eine Kirche mit sich tragen, organisiert sich auf Vereinsebene und zeigt sich kämpferisch gegen nach wie vor vermutete und ja auch vorhandene Privilegien der alten und neuen Religionsgemeinschaften (etwa den Status als Körperschaften öffentlichen Rechts, das Recht auf Religionsunterricht etc.). Manche bezeichnen die Kategorie der „Konfessionslosen" als eine Art Konfession eigener Art. In Frankreich, welches Kirche und Staat 1803 radikal getrennt hatte, sind sie feurige Verfechter einer negativ definierten laicité des Staates. Aber die Bezeichnung der Konfessionsfreien als „Laizisten" erscheint sprachlich auch nicht besonders attraktiv und ist auch wegen der Vielfalt der Glaubenskosmen jener Personen, die dann dazu gehören, nicht glücklich.

Vielfalt an Protestanten

Die Protestanten, welche es trotz ihrer geringen Zahl gewohnt waren, seit der Reformation faktisch und seit Joseph II. auch öffentlich sichtbar im Ranking der anerkannten Religionsgemeinschaften in Österreich an zweiter Stelle zu stehen, haben diesen Platz inzwischen verloren. Und das nicht nur an die Personen ohne eine Mitgliedschaft in einer Religionsgemeinschaft, sondern an die Anhänger des Islams sowie an die christliche Schwesterkonfession der Orthodoxen. Daran ändert auch nichts, wenn man den überschaubar kleinen Bevölkerungsanteil der Freikirchen den Protestanten wegen ihres gemeinsamen Ursprungs lose zurechnet. An diesem Faktum wird sich in den nächsten Jahren kaum etwas ändern. Denn die Gebundenheit der protestantischen Mitglieder an die evangelische Kirche erscheint labiler zu sein als bei anderen Religionsgemeinschaften, die im Ranking in Reichweite vor ihr liegen.

Wie sehr die Subgruppen der Moslems sowie der Orthodoxen durch Migration der letzten Jahrzehnte gewachsen sind, lässt sich daran ablesen, dass 34 % der befragten Moslems und 36 % der Orthodoxen (noch) nicht österreichische Staatsbürger sind. 66 % der Moslems und 73 % der Orthodoxen sind nicht in Österreich geboren.

Informelle Vernetzungen der Mitglieder

An diesem Ort der Präsentation von Umfragedaten mag vermerkt werden, dass die Befragten über ihren vertrauten religiösen Bezugsraum hinaus auch mit Menschen anderer Religionen bzw. Konfessionen vernetzt sind. Diese sind ihre Freundinnen oder auch gute Bekannte.

Die Daten zeigen starke Unterschiede im Vernetzungsgrad. Als Faustregel scheint zu gelten: Mitglieder von kleineren Gemeinschaften (evangelisch, Freikirchen, orthodox) sind (vielleicht notgedrungen) mit Angehörigen anderer Religionsgemeinschaften stärker vernetzt (es kennen mehrere: evangelisch 74 %, Freikirchen 85 %, orthodox 74 %) als Mitglieder der katholischen Mehrheitskirche (mehrere 21 %). Die Subgruppe derer, die keine andersreligiösen Freunde hat, ist unter den Katholiken mit 27 % am größten. Das ist bemerkenswert, aber auch naheliegend: Auch Nichtmitglieder und Ausgetretene haben guten Kontakt mit Kirchenmitgliedern und nennen solche Personen ihre Freunde.

TABELLE 33: Vernetzungen zwischen den Konfessionen und Religionen

	mehrere	einige wenige	keiner/r	weiß nicht
katholisch	21 %	42 %	27 %	10 %
evangelisch	74 %	19 %	3 %	4 %
Freikirche*	85 %	15 %	0 %	0 %
orthodox	74 %	22 %	3 %	1 %
islamisch	58 %	34 %	5 %	2 %
keine	49 %	26 %	6 %	18 %
ausgetreten	43 %	36 %	10 %	11 %
alle	36 %	37 %	18 %	9 %

**Die Kategorie „Freikirche" wird in Tabellen mit einem Stern versehen. Das erinnert daran, dass diese mit 1,8 % im Sample relativ schwach besetzt ist. Die Zahlen weisen in die richtige Richtung, sind aber bei der Interpretation mit Zurückhaltung zu verwenden.*

Kirchenmitgliedschaft

Ein höchst aktuelles Teilthema der Studie betrifft die Kirchenmitgliedschaft. Hier geht es um Fragen wie: Welches sind die Motive, Mitglied zu sein und zu bleiben? Warum verlassen Mitglieder ihre Kirche? Und mit dem Interesse der betroffenen Kirchen gefragt: Was kann Mitglieder zum Bleiben und Mitmachen bewegen, oder gar zur Rückkehr in die Gemeinschaft? Nicht zuletzt: Gibt es diesbezüglich Ähnlichkeiten bzw. Unterschiede zwischen den Religionsgemeinschaften und Konfessionen?

Austrittsbereitschaft

Evangelische wie katholische Kirchenmitglieder wurden gefragt: „Haben Sie schon mal überlegt, aus der Kirche auszutreten?" Unter den Katholiken machten dies 2020 36 %, unter den Protestanten waren es 21 %. 2010 waren es unter den Katholiken 33 %, unter den Protestanten 28 %. Also hat die Austrittsüberlegung bei Katholiken zu, bei Protestanten abgenommen. Vermutlich haben Skandale in der katholischen Kirche (wie Missbrauch, Vorgänge um kirchenleitende Personen) zu dieser beachtlich hohen Zahl geführt.

Bei jenen, die an einen Austritt dachten, wurde die Frage nachgeschoben: „Darf ich noch einmal genauer fragen: sind Sie fest dazu entschlossen, aus der Kirche auszutreten, oder haben Sie sich entschlossen zu bleiben oder haben Sie bis jetzt noch keine feste Entscheidung gefällt?" Von jenen Katholiken, die an einen Austritt dachten[38], haben sich 21 % entschlossen, wirklich auszutreten, 34 % hingegen zu bleiben. 46 % haben noch keine Entscheidung getroffen. Bei den Protestanten sind nahezu gleich viele im „Austrittsstandby" (43 %, 2010: 45 %), während von den Üb-

38 Diese bilden für die folgenden Prozentwerte die Grundgesamtheit von 100 %.

rigen sich deutlich mehr zum Bleiben entschlossen haben (46 %, 2010: 28 %) als zum Gehen (12 %; 2010: 14 %).

TABELLE 34: Ob wirklich zum Austritt entschlossen…

	entschlossen, auszutreten	entschlossen, zu bleiben	noch keine Entscheidung
katholisch	21 % (2010: 12 %)	34 % (2010: 43 %)	46 % (2010: 45 %)
evangelisch	12 % (2010: 15 %)	46 % (2010: 28 %)	43 % (2010: 57 %)

Austrittsgründe

Die Studie gibt Auskunft darüber, warum Mitglieder aus ihrer Kirche ausgetreten sind. Dazu wurden den Ausgetretenen zwei inhaltlich ähnliche Fragen gestellt. Die eine Frage lautete: „Was hat bei Ihrem Kirchenaustritt eine Rolle gespielt?". Die andere Frage: „Weshalb sind Sie aus Ihrer Kirche/Religionsgemeinschaft ausgetreten?"

„Ärger über bestimmte Personen" war bei zwei Drittel der Austrittsgrund. Noch mehr Gewicht hatten „Probleme mit bestimmten Auffassungen der Kirche". Das war bei fast allen Katholiken der Fall (95 %), aber auch bei 83 % der ausgetretenen Protestanten.

TABELLE 35: Austrittsgründe

	Ich habe mich über bestimmte Personen in der Kirche geärgert	Ich habe Probleme mit bestimmten Auffassungen der Kirche
aus der katholischen Kirche Ausgetretene	64 %	95 %
aus der evangelischen Kirche Ausgetretene	68 %	83 %

Bei der anderen Frage waren mehrere mögliche Austrittsgründe vorgelegt worden. So sehen die Antworten aus: Ganz oben in der Ergebnisliste steht der Kirchenbeitrag (bei den ausgetretenen Katholiken 67 %, 68 % bei den ausgetretenen Protestanten).

Bei den katholischen Ausgetretenen folgen knapp beisammen an nächster Stelle bekannte „Irritationen": der (unmoderne) Kurs der Kirche (45 %), der sexuelle Missbrauch in kirchlichen Einrichtungen (42 %), die Sexualmoral der Kirche (38 %) sowie innerkirchliche Skandale (34 %).

Bei den protestantischen Ausgetretenen rangiert an zweiter Stelle „Streit mit kirchlichem Personal" (23 %), dann mit Abstand persönliche Glaubenskrisen (17 %) sowie auch in der evangelischen Kirche der Ärger über Missbrauchsfälle in der/den Kirchen (17 %).

Dass der Austritt mit der Angleichung der Konfessionszugehörigkeit von Partnern zu tun hat, vermerken deutlich mehr Protestanten (9 %) als Katholiken (1 %). Darin spiegelt sich vermutlich wider, dass die evangelische Kirche eine Minderheitskirche ist. Es haben allerdings auch mehr protestantische Eltern (6 %) die befragte ausgetretene Person abgemeldet als katholische (1 %).

TABELLE 36: Vielfältige Austrittsgründe

	katholisch	evangelisch
Kirchenbeitrag	67 %	68 %
Kurs der Kirche	45 %	15 %
Sexueller Missbrauch in kirchlichen Einrichtungen	42 %	17 %
Sexualmoral der Kirche	39 %	7 %
innerkirchliche Skandale	34 %	11 %
Haltung der Kirche gegenüber den Frauen	20 %	0 %
die Kirche ist undemokratisch	17 %	8 %
persönliche Glaubenskrise	15 %	17 %
politische Situation zur NS-Zeit	4 %	0 %
Streit mit kirchlichem Personal	4 %	28 %
Einfluss von Sekten	3 %	0 %
Partner hat andere Religion	1 %	9 %
von Eltern abgemeldet	1 %	6 %
SUMME	310	209

Was Ausgetretene über Glauben und Kirche denken

Jenen, die aus der Kirche ausgetreten sind, wurden mit der einleitenden Frage „Bitte beurteilen Sie bei jeder Aussage, wie weit Sie dieser zustimmen können…“ mehrere Positionen zur Kirche und zum Glauben vorgelegt. Das Ziel war zu erkunden, ob durch den Austritt „lediglich“ mit der kirchlichen Gemeinschaft gebrochen wurde oder ob dieser Schritt auch eine Auskunft über einen Abschied von persönlicher Gläubigkeit/Religiosität gibt.

Die Antworten zeigen, dass in erster Linie die jeweilige Kirche gemeint ist, die man durch den Austritt verlassen hat. Stichworte sind: Bestimmte Lehren sind überholt (88 %), man könne auch ohne Kirche an Gott glauben (82 %). Die Kirche habe für das Leben keine Bedeutung (78 %), der Kirchenbeitrag sei zu hoch gewesen (77 %). Neuerlich wird von zwei Drittel (68 %) der Ärger über Vertreter der Kirche genannt. Lediglich 11 % sagen, dass sie nach wie vor an der Kirche interessiert seien.

TABELLE 37: Ausgetretene zur Kirche

	aus der katholischen Kirche Ausgetretene	aus der evangelischen Kirche Ausgetretene	alle Ausgetretenen
Bestimmte Lehren der Kirche halte ich für überholt.	88 %	89 %	88 %
Ich kann auch ohne Kirche an Gott glauben.	81 %	89 %	82 %
Die Kirche hat für mein Leben keine Bedeutung.	79 %	66 %	78 %
Der Kirchenbeitrag war mir zu hoch.	77 %	79 %	77 %
Ich habe mich über Vertreter der Kirche geärgert.	68 %	69 %	68 %
Ich bin nach wie vor an der Kirche interessiert.	11 %	10 %	11 %

Weniger Zustimmung fanden die Aussagen zum Glauben und zur Religiosität. Die Hälfte der Ausgetretenen kann mit der Botschaft Jesu Christi und der Bibel nichts anfangen (50 %). Dann folgen in der Liste mit nach wie vor beachtlichen Zustimmungswerten positive Aussagen über die Gläubigkeit. 44 % halten sich für religiös, aber die Kirche unterstütze sie dabei nicht. 43 % wähnen sich als gläubige Menschen. 39 % beanspruchen für sich, weiterhin Christin oder Christ zu sein. Ein Drittel glaubt an Gott. Es ist eine Frage der Perspektive, ob man solche Daten für hoch oder für niedrig einschätzt. Es sieht aber insgesamt danach aus, dass „Gläubige wie Ungläubige" ihre Kirche verlassen.

TABELLE 38: Zur Glaubenslage von Ausgetretenen

	aus der katholischen Kirche Ausgetretene	aus der evangelischen Kirche Ausgetretene	alle Ausgetretenen
Die Botschaft Jesu Christi und die Bibel sagen mir nichts.	50 %	52 %	50 %
Ich bin religiös, aber die Kirche hilft mir dabei nicht.	43 %	51 %	44 %
Ich betrachte mich nach wie vor als gläubiger Mensch.	42 %	53 %	43 %
Ich halte mich nach wie vor für einen Christen, eine Christin.	38 %	46 %	39 %
Ich glaube, dass es einen Gott gibt.	30 %	50 %	31 %

Das Gottesbild, das bei Ausgetretenen anzutreffen ist, bestätigt diesen Befund. Im Vergleich zur Gesamtbevölkerung finden sich unter den Ausgetretenen deutlich weniger „Theisten" (8 % gegenüber 33 % in der Gesamtbevölkerung), dafür erheblich mehr „Atheisten" (33 % gegenüber 13 %); dazu kommen etwas mehr „Agnostiker" (17 %, 10 % bei allen). Die Verteilung der Ausgetretenen erweist sich also im Vergleich zu „allen" als in Richtung des „atheistischen" Pols verschoben.

TABELLE 39: Gottesbilder der Ausgetretenen

	theistisch	deistisch	agnostisch	atheistisch	weiß ich nicht
aus der katholischen Kirche Ausgetretene	8%	38%	17%	34%	3%
aus der evangelischen Kirche Ausgetretene	0%	46%	25%	23%	5%
alle Ausgetretenen	8%	38%	17%	33%	4%
alle Befragten	33%	43%	10%	13%	2%

56% der Katholiken betonen mit Blick auf die Lehre: „Ich trete erst dann aus der Kirche aus, wenn ich mit ihrer Lehre nicht mehr übereinstimme." Noch deutlicher ist die Zustimmung zum Satz: „Wenn mir die Kirche nichts mehr sage, trete ich aus" (66%).

Mitgliedschaftsmotive

Die Kehrseite zum Kirchenaustritt ist die Kirchenbindung. So wurden die Leute befragt: „Warum bleiben Sie bzw. sind Sie Mitglied der Kirche bzw. warum sind Sie (derzeit noch) in der Kirche?"

Eine Faktorenanalyse der Verbreitung der in die Umfrage einbezogenen (möglichen) Gründe zeigt, dass diese in drei Richtungen weisen:

- Ein erstes Bündel von Mitgliedschaftsgründen enthält befürchtete „*Nachteile*": Man hätte Nachteile im Beruf, müsse auf Verwandte und Freunde Rücksicht nehmen, die Kinder hätten Schwierigkeiten in der Schule. In diesem Bündel ist auch die Aussage: „Mir bringt die Mitgliedschaft eigentlich gar nichts".
- Ein zweites Bündel umfasst *traditionelle Gründe*. Hier ist das Dazugehören eine Art soziokultureller Selbstverständlichkeit. Das kommt in Sätzen zum Ausdruck wie „weil ich sonst kein kirchliches Begräbnis erhalte", „weil meine Eltern mich taufen ließen", „weil es nicht sicher ist, dass es nicht doch ein Leben nach dem Tod gibt" und „weil ich von Kind an hineingewachsen bin". Und schließlich: „weil jeder Mensch einfach zu einer Kirche gehören muss."
- Im dritten Bündel sind „*Wohltaten*" enthalten, die mit der Kirche in Verbindung gebracht werden. Stichworte sind: Lebenssinn, orientierende Maßstäbe, Ansprechpartner, Hilfe im Leben, beeindruckende Menschen, Glaubensgemeinschaft, Ruhe-Nachdenken-Meditieren, Jesus Christus und das Neue Testament, die Lehre der Kirche ist richtig, Caritas und Diakonie machen sich für die Armen stark.

TABELLE 40: Faktorenanalyse der Mitgliedschaftsgründe

	Lebenshilfe	Tradition	Nachteile
weil mir Antworten auf die Frage nach dem Sinn des Lebens gegeben werden	**0,88**	-0,03	0,04
weil mir Maßstäbe geboten werden, an denen ich mich orientieren kann	**0,88**	-0,04	0,04
weil ich hier AnsprechpartnerInnen finde, mit denen ich reden kann	**0,87**	-0,04	0,09
weil mir die Kirche im Leben eine Hilfe ist	**0,86**	0,07	-0,04
weil ich dort Menschen begegne, die Vorbilder sind, die mich beeindrucken	**0,85**	-0,13	0,13
weil mir die Gemeinschaft im Glauben wichtig ist	**0,82**	0,15	-0,06
weil ich hier Ruhe, Gelegenheit zum Nachdenken und Meditieren finde	**0,82**	-0,05	0,03
wegen Jesus Christus und des Neuen Testaments	**0,80**	0,07	-0,03
weil ich die Lehre der Kirche für richtig halte	**0,79**	0,21	-0,08
weil sich die Kirche mit Ihrer Caritas/Diakonie für Arme stark macht	**0,69**	-0,03	0,06
weil jeder Mensch einfach zu einer Kirche gehören muss	*0,53*	***0,47***	*0,19*
weil ich sonst kein kirchliches Begräbnis erhalte	*0,39*	***0,70***	*0,08*
weil meine Eltern mich taufen ließen	*0,32*	***0,58***	*-0,11*
weil es nicht sicher ist, dass es nicht doch ein Leben nach dem Tod gibt	*0,45*	***0,41***	*0,28*
weil ich von Kind an hineingewachsen bin	*0,56*	***0,39***	*-0,20*
weil ich sonst im Beruf Nachteile hätte	0,19	0,07	**0,79**
weil ich auf Verwandte und Freunde Rücksicht nehmen muss	0,15	0,14	**0,69**
mir bringt die Mitgliedschaft eigentlich gar nichts	-0,48	-0,11	**0,52**
weil sonst die Kinder in der Schule Schwierigkeiten hätten	-0,02	0,60	**0,45**

Diese vielfältigen Mitgliedschaftsgründe wurden zu drei jeweils vierteiligen Indizes komprimiert. Der erste Index umfasst die Gründe, die mit der *Tradition* zu tun haben. Im zweiten sind die Gründe versammelt, die *Lebenshilfe* signalisieren und auch religiöse wie kirchliche Gründe umfassen. Es sind sehr positive Gründe für die Mitgliedschaft; man könnte sie in der Forschungstradition zum Kirchenaustritt auch als „Gratifikationen" bezeichnen, also was man gewinnt, wenn man dabei ist. Im dritten Index sind die negativ besetzten Gründe beisammen, *Nachteile* der Kinder in der Schule oder Nachteile im Beruf.

Am stärksten ausgeprägt sind im Durchschnitt der drei großen Konfessionen (katholisch, evangelisch, orthodox) die Gründe aus der Tradition (70 %), das Bündel Lebenshilfe ist bei 52 % (sehr) stark ausgeformt, die Nachteile haben wenig Gewicht (15 %).

Zwischen den Konfessionen sind die Unterschiede gering. Die stärkste Ausstattung an positiven Mitgliedschaftsgründen haben die Orthodoxen, gefolgt von den Protestanten und den Katholiken an dritter und letzter Stelle.

Aufschlussreich ist die Ausstattung jener Personengruppe mit Mitgliedschaftsgründen, welche in der letzten Zeit schon einmal daran gedacht hat, aus ihrer Kirche auszutreten. Diese Gruppe der Überlegenden wurde dann, wie schon berichtet, mit der weiteren Frage gesplittet, in solche, die tatsächlich ausgetreten sind, in jene, die sich entschieden haben zu bleiben, und schließlich jene im „Austrittsstandby". Die Analyse wurde mit den aus der katholischen Kirche Ausgetretenen gemacht; die Fallzahl für die aus der evangelischen Kirche Ausgetretenen ist für diese Analyse zu gering.

Deutlich zeigt sich, dass die Summe verfügbarer Mitgliedschaftsgründe bei denen, die nach einer Überlegung auch tatsächlich ausgetreten sind, mit 51 Punkten sehr niedrig ist. Jene, die noch keine Entscheidung getroffen haben, kommen auf 77 Punkte. Fast doppelt so viele Punkte (137) erreichen die Personen, welche sich entschlossen haben zu bleiben.

Die faktisch Ausgetretenen haben am ehesten noch traditionelle Mitgliedschaftsgründe, fürchten kaum Nachteile und sehen in der Kirche und in allem, was sie offeriert, keine Hilfe. Ganz anders jene, die nach einer Austrittsüberlegung geblieben sind. Diese haben starke Traditionsgründe (62 %), dann aber viermal so viele Gründe (52 %), welche für ihr Leben Religion und Kirche als hilfreich erscheinen lassen. Die Sorge um soziale Nachteile ist bei dieser Gruppe doppelt so stark (23 %) wie bei den faktisch Ausgetretenen. Tradition und Gratifikation zählen offenbar, wenn jemand auf Grund von Störungen (Irritationen) daran denkt, die Mitgliedschaft aufzukündigen, dann aber dennoch bleibt. Die Bindungskräfte von Tradition und Gratifikation erweisen sich als stärker denn die Trennungskräfte von Kirchensteuer, Ärger und Missständen.

TABELLE 41: Bündel von Mitgliedschaftsgründen nach Konfessionen

		Tradition	Lebenshilfe	Nachteile	SUMME
Katholiken, die an einen Kirchenaustritt gedacht haben	entschlossen, auszutreten	27 %	13 %	11 %	51
	noch keine Entscheidung	47 %	15 %	15 %	77
	entschlossen, zu bleiben	62 %	52 %	23 %	137
	alle Ausgetretenen	48 %	28 %	17 %	93
alle Katholiken		70 %	51 %	15 %	136
alle Protestanten		64 %	58 %	18 %	140
alle Orthodoxen		71 %	65 %	19 %	155
alle Ausgetretenen		48 %	29 %	17 %	94
Gesamtbevölkerung		70 %	53 %	15 %	138

Man kann davon ausgehen, dass die traditionellen Mitgliedschaftsgründe in den nächsten Jahren weiter geschwächt werden. Dasselbe lässt sich von der sozialen Kontrolle vermuten, die sich in der Furcht vor Nachteilen ausdrückt. Dann aber kommt es letztlich darauf an, ob es den Kirchen gelingt, ihren Mitgliedern starke attraktive Gratifikationen zu offerieren und anschaulich vorzuleben. Noch einmal Stichworte zu den Gratifikationen: Lebenssinn, orientierende Maßstäbe, Ansprechpartner, Hilfe im Leben, beeindruckende Menschen, Glaubensgemeinschaft, Ruhe-Nachdenken-Meditieren, Jesus Christus und das Neue Testament, „Lehre der Kirche ist richtig", Caritas und Diakonie machen sich für die Armen stark.

Wiedereintritt

6 % der aus einer Kirche Ausgetretenen haben die Frage „Haben Sie schon einmal überlegt, wieder in die Kirche/Religionsgemeinschaft einzutreten?" mit einem Ja beantwortet. Diese überschaubar kleine Gruppe wurde sodann mit der Frage konfrontiert: „Welche der hier aufgezählten Gründe könnten Sie bewegen, nach einem Kirchenaustritt/Austritt aus der Religionsgemeinschaft oder als Nichtmitglied in eine christliche Kirche/Religionsgemeinschaft einzutreten?" Die vorgelegten möglichen Gründe konnten bewertet werden. Dazu stand eine fünfteilige Skala bereit: 1= würde mich überhaupt nicht bewegen, 5= würde mich sehr bewegen; dazwischen konnten die Probanden fein abstufen.

Unter den Gründen, die einen Wiedereintritt attraktiv machen könnten, steht an erster Stelle eine wiedergewonnene Glaubwürdigkeit der Kirche (bei 24 %). Diese sei aus der Sicht der Ausgetretenen weithin verloren gegangen. Skandale, Ärger mit Personen, Missbrauch haben sie in den letzten Jahren stark beschädigt. Der zweitgenannte Grund ist, dass die Kirche nicht hinter der Zeit zurückhinkt (23 %). Das betrifft zumal moralische Positionen der Kirche (20 %).

An der nächsten Stelle in der längeren Liste folgen mögliche Wiedereintritts-Gründe, die sich auf das „Kerngeschäft" der Kirche beziehen, nämlich auf Spiritualität und Solidarität. Wäre die Kirche spirituell anziehender, würde immerhin einer von fünf Personen (21 %) einen Wiedereintritt erwägen. Ebenso viele nennen die unbeugsame Kritik an Ungerechtigkeit (20 %) als möglichen Grund. Hierher gehört auch der kirchliche Einsatz für Frieden, Gerechtigkeit und Bewahrung der Schöpfung (18 %) oder der Einsatz der Caritas für Notleidende (18 %).

Beschädigt ist vor allem das Vertrauen in die Kirche in Bezug auf die Kinder, die man ihr anvertrauen möchte. Würde dieses wiederhergestellt werden, wäre das für manche Eltern, die zwischen Familie und Beruf aufgerieben werden, ein erfreulicher Eintrittsgrund. Vertreter der Kirche sollten in diesem Rahmen für die Kinder Vorbild sein bzw. wieder werden (19 %).

Brücken auf dem Weg zurück in eine Kirche können Rituale zu den Lebenswenden sein. Diese haben in der Kultur nach wie vor einen beachtlichen Stellenwert. Das hat damit zu tun, dass diese Rituale seit jeher zur Kultivierung des Lebens gehören und die Kirche dazu bewährte Feiern bereithält. Die Geburt und Taufe eines Kindes (19 %), dessen Erstkommunion (16 %), eine rauschende Hochzeit, eine berührend gefeierte Beerdigung (15 %). Für wichtig werden bei diesen Begebenheiten Rituale gehalten, weniger die Vermittlung von Glaubenswissen im Religionsunterricht. Dieser steht mit 12 % bei den Ausgetretenen an letzter Stelle – und dies, wie noch zu zeigen sein wird, bei durchaus beträchtlicher Wertschätzung in der Gesamtbevölkerung.

Die Rede von einem liebenden und nicht strafenden Gott (16 %), eine barmherzige Pastoral im Umkreis von Scheidung und Wiederheirat (15 %) rangieren weit unten in der Liste. 13 % könnte auch bewegen, wenn sie jemand zur Mitarbeit an einem Projekt einlüde.

Diese Prozentwerte mögen alle sehr niedrig erscheinen. Sie liegen zwischen 12 % und 25 %. Bedenkt man aber, dass wir es mit repräsentativen Daten zu tun haben, stehen die 293 diese Analyse tragenden Ausgetretenen für eine gar nicht so kleine Zahl an konkreten ausgetretenen Menschen.

TABELLE 42: Gründe, die zu einem Wiedereintritt bewegen könnten

	(eher) nicht	(eher) schon
Wenn die Vertreter der Kirche glaubwürdiger sind.	56 %	24 %
Wenn sich die Kirche mehr mit der modernen Welt anfreundet.	53 %	23 %
Wenn ich in der Kirche meine spirituelle Sehnsucht gut aufgehoben fühle.	64 %	21 %
Wenn die Kirche eine Moral verkündigt, welche nicht Menschen einengt, sondern sie vor unnötigem Leid schützt.	61 %	20 %
Wenn die Kirche unbeugsam Ungerechtigkeit kritisiert.	63 %	20 %
Wenn die Vertreter der Kirche für mein(e) Kind(er) ein gutes Vorbild sind.	64 %	19 %
Die Geburt und die Taufe eines meiner Kinder.	66 %	19 %
Wenn die Caritas/Diakonie der Kirche sich für Notleidende einsetzt.	62 %	18 %
Wenn die Kirche für den Frieden, die Gerechtigkeit und die Bewahrung der Schöpfung kämpft.	65 %	18 %
Die Erstkommunion eines meiner Kinder.	70 %	16 %
Wenn die Kirche von einem liebenden und nicht von einem strafenden Gott redet.	70 %	16 %
Wenn ein Pfarrer einen Angehörigen/eine Angehörige von mir würdig beerdigt hat.	74 %	15 %
Wenn die Kirche barmherzig ist mit jenen, die sich mit dem Gelingen der Ehe nicht leicht tun.	71 %	15 %
Wenn mich jemand von der Kirche zur Mitarbeit an einem Projekt einlädt.	79 %	13 %
Dass mein Kind einen Religionsunterricht erhält.	76 %	12 %

N=293 Ausgetretene

Gefragt, welcher Kirche sich Personen, die sich zu einem Wiedereintritt entscheiden würden, wieder beitreten würden, nennen 23 % der Ausgetretenen die katholische, 7 % die evangelische, nur wenige die orthodoxe Kirche. 15 % würden sich einer anderen Religion anschließen. Als Beispiel war in der Umfrage der Islam genannt worden. Tatsächlich gibt es, auch über Eheschließungen, derzeit Eintritte von Ehepartnerinnen in die islamische Glaubensgemeinschaft.

Aufgaben der Kirchen

Breit wurde erforscht, welche Aufgaben die Menschen von der Kirche erwarten. Der Blick richtete sich sowohl auf die Ebene der Person wie auf jene der Gesellschaft.

Wichtigkeiten

So wurde auf der personbezogenen, eher seelsorglichen Ebene eruiert, welche Aufgaben der Kirche die Befragten für (sehr) wichtig ansehen. In der Liste der vorgelegten Aufgaben landet der Einsatz für die Armen im Bevölkerungsdurchschnitt an erster Stelle (87 %). Danach folgen die Rituale zu den drei großen Lebensübergängen, und das in der Reihenfolge Tod (79 %) – Geburt (68 %) – Hochzeit (68 %). An vierter Stelle kommt „Gottesdienste feiern" (63 %). Dass die Kirchen „Religionsunterricht erteilen", wird von (62 %) als wichtig angesehen. 57 % schätzen die kirchliche Bildungsarbeit. Dann folgen am Ende der Liste mit schwächeren Wichtigkeiten „Weihen und Segnungen", Predigten, der Bau schöner Kirchen und ganz am Ende „Beichtgespräche führen".

TABELLE 43: Welche der folgenden kirchlichen Aufgaben sind Ihrer Ansicht nach sehr wichtig, bzw. überhaupt nicht wichtig?

	sich für die Armen einsetzen	Begräbnisse abhalten	Kinder taufen	Trauungen durchführen	Gottesdienst feiern	Religionsunterricht erteilen	kirchliche Bildungsarbeit	Weihungen und Segnungen vornehmen	Predigten halten	schöne Kirchen bauen und erhalten	Beichtgespräche führen	Summe
orthodox	95 %	84 %	85 %	84 %	84 %	77 %	76 %	73 %	73 %	67 %	59 %	856
katholisch	88 %	87 %	81 %	78 %	71 %	72 %	64 %	61 %	56 %	53 %	47 %	758
evangelisch	93 %	87 %	76 %	75 %	73 %	68 %	64 %	47 %	62 %	49 %	39 %	734
alle	87 %	79 %	68 %	68 %	63 %	62 %	57 %	52 %	51 %	46 %	42 %	673
ausgetreten	80 %	52 %	28 %	28 %	28 %	24 %	28 %	20 %	22 %	21 %	20 %	350
keine	71 %	47 %	25 %	31 %	26 %	28 %	25 %	19 %	24 %	13 %	22 %	331

An den Summenwerten lässt sich mit einem Blick erkennen, wie weit gestreut die Wichtigkeit kirchlicher Aufgaben in Teilen der Bevölkerung nach Religionszugehörigkeit ist. Innerhalb der christlichen Konfessionen lautet die Reihung orthodox

(856) – katholisch (758) – evangelisch (734). Was überraschen mag ist, dass auch Ausgetretene und solche Personen, die zu keiner Religionsgemeinschaft gehören, dennoch Aufgaben der Kirche wertschätzen, allen voran den Einsatz der Kirchen für die Armen (ausgetreten 80 %, keine 71 %). Aber auch die Riten zu den Lebensübergängen finden bei einem Teil von ihnen Akzeptanz, allen voran kirchliche Beerdigungen (ausgetreten 52 %, keine 47 %). Bei den übrigen Aufgaben liegen die Wichtigkeiten erwartungsgemäß niedrig.

Wenn es keine Kirchen mehr gäbe

In eine ähnliche Richtung sondierte die Frage: „Welche Folgen hätte es, wenn es keine Kirchen mehr gäbe? Bitte beurteilen Sie die voraussichtlichen Folgen danach, ob sie Ihrer Meinung nach sicher eintreffen, bzw. sicher nicht eintreffen würden." Diese Frage nähert sich von einer negativen Position an die Frage an: Was bedeutete es für die Menschen, gäbe es die Kirchen im Land nicht mehr? „Wenn es keine Kirchen mehr gäbe, würde bald niemand mehr ..." – was würde dann eintreffen? Das Antwortset setzte die Akzente etwas anders. Es ging mehr um gesellschaftliche Dienste der Kirchen – aber auch um deren selbst so definiertes „Kerngeschäft", nämlich sich Gedanken über Gott zu machen oder etwas allgemeiner formuliert die Frage nach dem Sinn des Lebens zu stellen.

TABELLE 44: Wenn es keine Kirchen mehr gäbe, würde bald niemand mehr ...

	... sich Gedanken über Gott machen	... sich um Traurige und Verzweifelte kümmern	... die Frage nach dem Sinn des Lebens stellen	... Beratung und Begleitung anbieten	... sich um die Armen kümmern	... sich um alte Menschen kümmern	... bei der Erziehung der Jugend helfen	... Kranke pflegen	... zu sexuellen Fragen Stellung beziehen	Summe
orthodox	67 %	54 %	46 %	46 %	49 %	45 %	44 %	41 %	26 %	418
islamisch	52 %	38 %	40 %	40 %	35 %	34 %	36 %	30 %	24 %	329
evangelisch	48 %	47 %	39 %	40 %	35 %	27 %	31 %	22 %	19 %	307
katholisch	50 %	43 %	37 %	36 %	34 %	28 %	30 %	25 %	15 %	297
alle	*46 %*	*38 %*	*32 %*	*32 %*	*31 %*	*25 %*	*25 %*	*23 %*	*14 %*	*265*
keiner	30 %	18 %	14 %	14 %	16 %	13 %	9 %	11 %	5 %	129
ausgetreten	23 %	15 %	9 %	12 %	13 %	9 %	4 %	8 %	4 %	97

Wie die Kirchen selbst ihr „Kerngeschäft" in der Gottesverkündigung und einer Gestaltung des persönlichen Lebens und des gesellschaftlichen Zusammenlebens unter einem „offenen Himmel" sehen, so auch die Befragten im Schnitt der Bevölkerung. Ohne die Kirchen, so fast die Hälfte (47 %), würde sich bald niemand mehr „Gedanken über Gott machen". Unter den Orthodoxen sehen dies 67 % so, die Evangelischen (48 %) liegen ebenso wie die Katholiken (50 %) nahe beim Durchschnitt. Aufmerksamkeit verdient, dass die andere Hälfte der Bevölkerung kein Gottesmonopol der Kirchen sieht. Diese Frage ressortiert heute ebenso in die Kultur und kann an allen Orten gestellt werden. Die Frage nach Gott ist letztlich eine Frage jeder einzelnen Person. Die Kirchen halten diese Frage bei Gottvergessenen in Erinnerung und unterstützen bei der Suche nach einer tragfähigen Antwort. Immerhin meinen 30 % der Menschen ohne jegliche Kirchenzugehörigkeit und 23 % der Ausgetretenen, dass die Kirchen eine solche Erinnerungsarbeit leisten sollen.

Ein Drittel der Befragten hält die Kirchen alleinzuständig für die Sinnfrage (32 %). Kirchenmitglieder haben diesbezüglich leicht höhere, Nichtmitglieder (keine, ausgetreten) deutlich niedrigere Zustimmungswerte.

Wichtiger als die theoretische scheint die praktische Sinnfrage zu sein, die sich vermutlich Menschen in Verzweiflung oder in Armut stellt. Ein Drittel der Bevölkerung fürchtet, dass es ohne Kirchen diese Bevölkerungsteile nicht mehr so gut hätten: Niemand würde sich um Traurige und Verzweifelte (38 %), um die Armen (32 %) oder um die Alten (25 %) kümmern; auch die kirchliche „Beratung und Begleitung" wird indirekt durch die Antwort von 32 % wertgeschätzt. Die Kirchen werden also neben den vielfältigen gesellschaftlichen Einrichtungen, die Beratung leisten und in sozialer wie psychischer Notlage unterstützen, von einem Teil der Bevölkerung als sozialer Player in der Gesellschaft geschätzt: aber ein Monopol wird den Kirchen noch weniger als in der Gottesfrage zugedacht.

Die Angehörigen der islamischen Religionsgemeinschaft binden ähnlich wie die Orthodoxen mehr Aufgaben an die Existenz ihrer Gemeinschaft. Im pflegerischen und im pädagogischen Bereich liegen ihre Werte leicht über dem Bevölkerungsdurchschnitt.

Rat bei einem Amtsträger, einer Amtsträgerin

Den Kirchen als Einrichtungen (seelsorgerlicher) von Beratung und Begleitung wurde weiter nachgegangen. Gefragt wurde: „In welchen der folgenden Situationen würden Sie einen Pfarrer/eine Pfarrerin, einen Imam, einen Rabbi oder eine Rabbinerin um Rat bitten?"

TABELLE 45: In welchen der folgenden Situationen würden Sie einen Pfarrer/eine Pfarrerin, einen Imam, einen Rabbi oder eine Rabbinerin um Rat bitten?

	keines von diesen	in persönlicher Verzweiflung	religiöse Probleme	Gewissensnot	Eheprobleme	Kindererziehung	finanzielle Probleme	Sorgen im Beruf	politische Fragen	keine Antwort	Summe
islamisch	27%	43%	47%	33%	23%	13%	6%	4%	3%	1%	196
orthodox	23%	50%	34%	39%	18%	10%	5%	10%	2%	4%	190
evangelisch	34%	37%	38%	38%	11%	7%	9%	4%	1%	2%	179
katholisch	30%	42%	39%	33%	10%	5%	6%	4%	2%	5%	170
alle	38%	38%	35%	29%	10%	6%	5%	4%	2%	4%	164
keine	69%	15%	16%	12%	3%	1%	4%	1%	3%	5%	120
ausgetreten	73%	14%	15%	10%	1%	0%	2%	1%	1%	2%	117

Die Befragten wurden gebeten, aus der vorgelegten Liste die drei wichtigsten Situationen auszuwählen, in denen sie gegebenenfalls bei einer Amtsträgerin, einem Amtsträger einer Glaubensgemeinschaft Rat suchen würden. Auch Nichtmitglieder (ausgetreten, keine) wurden darum gebeten. Der Summenwert (ohne „keines von diesen" und ohne „keine Antwort") macht deutlich, dass das Verhältnis der Ausgetretenen zu einer Religionsgemeinschaft noch etwas schwächer ist (73 % keines von diesen) als bei jenen, die von Geburt an bei keiner solchen sind (69 %). Am ehesten suchen Rat die Muslime (196 Prozentpunkte in Summe) und die Orthodoxen (190), sodann Mitglieder der evangelischen Kirche (179) und schließlich jene der katholischen Kirche (170).

Von den möglichen Beratungs-Situationen steht persönliche Verzweiflung ganz oben (im Bevölkerungsschnitt 38 %), gefolgt von religiösen Problemen (35 %) und Gewissensnot (29 %). Gefragt ist also im besten Sinn dieses Wortes „Seelsorge". Das ist angesichts des Mangels insbesondere an Seelsorgspriestern und deren Überbelastung mit administrativen Aufgaben in mehreren katholischen Gemeinden eine pastoral prekäre Situation. Dann folgt ein Paket von Situationen mit Beratungsbedarf rund um Ehe, Familie. So gut wie keine Beratungskompetenz wird den Kirchen bei finanziellen Problemen sowie beruflichen Sorgen (4 %) und politischen Fragen (2 %) zugewiesen.

Hier kann vermerkt werden, dass das Ansehen der Priester, die in den Augen der Bevölkerung die primären Seelsorger sind, in den letzten Jahren wieder leicht gestiegen ist. Hatten inmitten des Missbrauchsskandals im Jahre 2010 24 % die Aussage abgelehnt: „Ich meine, dass die Priester/Pfarrer heutzutage viel Ansehen genießen", stieg dieser negative Prozentsatz 2020 auf 38 %. Der positive Wert wuchs in diesen zehn Jahren von 24% auf 32%. Dass dies Nichtmitglieder (17 %) oder Ausgetretene (16 %) ganz anders fühlen, liegt nahe. Umgekehrt ist bei den Angehörigen des Islam die Wertschätzung der ordinierten Seelsorger der christlichen Kirchen mit 47 % überdurchschnittlich.

Gesellschaftspolitischer Einsatz
Die Bevölkerung hegt beachtlich große Erwartungen an die Kirchen hinsichtlich eines gesellschaftspolitischen Einsatzes. Nur ganz wenige Befragte (16 % unter denen, die zu keiner Religionsgemeinschaft gehören) sind der Auffassung, dass sich die Kirchen in keinem der vorgelegten Bereiche einsetzen sollten. Ob darin die Wertschätzung kirchlichen Handelns zum Ausdruck kommt oder doch eher die Wichtigkeit des jeweiligen Themas für die Befragten selbst, mag offenbleiben. Wahrscheinlich sind es Anliegen der Menschen, an denen alle Einrichtungen und Personen guten Willens mitwirken sollen – also auch die Kirchen.

An erster Stelle steht der Einsatz für den Weltfrieden (79 %), gefolgt vom Engagement für Gerechtigkeit für die Armgehaltenen der Welt (74 %). Hinsichtlich der Zukunft der Menschheit haben 55 % Erwartungen an die Religionsgemeinschaften. Diese sollen sich auch gegen die Benachteiligung von Frauen einsetzen – der Wert in der islamischen Glaubensgemeinschaft liegt genau im Durchschnitt. Deren Mitglieder wünschen auch etwas mehr als die Angehörigen anderer Religionsgemeinschaften einen Einsatz gegen Fremdenfeindlichkeit und für die Aufnahme von Asylanten – weil sie oftmals selbst davon betroffen sind?

Der Leiter des Milleniuminstituts Gerald O. Barney umriss mit Blick auf eine bewegte Zukunft die Erwartungen an die Religionen im Jahre 1993 so:

„Christianity is not alone in coming under criticism. In one forum or another, virtually every faith tradition is being criticized today for not having a thoughtful, informed, penetrating analysis of the issues facing Earth and Earth's human community in the 21st century.

We, the people of Earth, need the help and involvement of our spiritual leaders. It is from our respective faiths that we derive our sense of origins, of self, of purpose, of possibility. You are our source of inspiration for what we humans and Earth can become. Your dreams are our visions—and our destiny. We depend on you.

So we come to you both with our perplexed sense that something is terribly wrong on Earth and with our question: What shall we do?“[39]

Wir werden im Kapitel über die Auswirkungen der Religionszugehörigkeit auf die Politik noch auf die Einstellungen zu den öffentlichen Aufgaben der Kirchen/Religionsgemeinschaften zurückkommen. Bereits hier aber zeigt sich eine enorme Buntheit in der Befürwortung eines kirchlichen Einsatzes für gesellschaftspolitische Belange. Unumstritten ist lediglich der Einsatz für Frieden und Gerechtigkeit, zurückhaltend erweisen sich die Befragten hinsichtlich eines Einsatzes für die Umwelt. In der Frage Ausländer und Asylanten ist die Bevölkerung offensichtlich generell gespalten, auch bezüglich des Engagements der Kirchen in dieser Herausforderung.

39 https://www.bibliotecapleyades.net/sociopolitica/esp_sociopol_depopul4a.htm

TABELLE 46: Für welche der folgenden Bereiche sollen sich die Kirchen Ihrer Meinung nach verstärkt einsetzen?

	für den Frieden in der Welt	gegen die Armut	für die Zukunft der gesamten Menschheit	für die Erhaltung der Umwelt	gegen die Benachteiligung der Frauen	gegen Ausländerfeindlichkeit	für die Aufnahme von Asylanten	für Veränderungen in der Arbeitswelt	keines davon	Summe (ohne „keines davon")
orthodox	87%	83%	63%	51%	32%	44%	24%	21%	2%	406
islamisch	85%	67%	61%	44%	39%	57%	32%	14%	2%	399
evangelisch	85%	69%	57%	50%	37%	32%	21%	15%	2%	365
katholisch	82%	75%	58%	43%	39%	34%	20%	13%	2%	364
alle	79%	74%	55%	44%	39%	36%	21%	15%	4%	363
keine	66%	66%	40%	37%	45%	35%	24%	20%	16%	333
ausgetreten	66%	68%	41%	41%	34%	32%	18%	13%	8%	313

Kirchenimage

Das Image bei den Menschen ist für eine Organisation von großer Bedeutung. Ein gutes Image zieht an, ein schlechtes stößt ab. Das Image von Organisationen hat so gut wie immer helle und dunkle Seiten. Das ist auch bei den Kirchen der Fall. Die guten Seiten des Kirchenimages werden durch starke Erwartungen getragen. Von solchen war soeben die Rede. Es gibt aber auch dunkle Seiten im Kirchenimage.

Ein traditioneller Vorwurf an christliche Kirchen war und ist sichtlich auch heute der über lange Zeit nicht deklarierte Reichtum „der" Kirche. Deutlich mehr als die Hälfte der Befragten (59%) stimmt der Aussage zu, man gewinne oft den „Eindruck, dass die Kirche ein Geschäft" sei. Fast ebenso (56%) viele beanstanden, dass die Kirche „ihr eigenes Vermögen hütet, anstatt sich um die Notleidenden zu kümmern".

Bei einer weiteren einschlägigen Frage zum Reichtum der Kirche wurden die Befragten gebeten, sich auf einer Skala zwischen zwei gegensätzlichen Polen zu positionieren. So lautete die Frage: „Die folgende Aussage bezieht sich auf die christlichen Großkirchen. Geben Sie bitte an, welche Aussage eher auf Sie persönlich zutrifft." Sodann wurden zwei gegensätzlich Antwortmöglichkeiten vorgelegt: „1= Die Kirche ist vor allem an irdischer Macht interessiert." und „5= Die Kirche ist vor allem am jenseitigen Heil interessiert."

Die Meinungslage tendiert im Schnitt in Richtung irdischer Macht. 45% haben sich auf der Position vier oder fünf einbuchen lassen. 19% sehen das Ziel der christlichen Großkirchen vor allem im Jenseits. Ein Drittel (35%) hält die Mittelposition zwischen himmlischem Heil und irdischer Macht. Besonders machtaffin sind die christlichen Großkirchen für die Nichtmitglieder (74%) und noch etwas mehr für die Ausgetretenen (78%).

ABBILDUNG 16: Die folgende Aussage bezieht sich auf die christlichen Großkirchen. Geben Sie bitte an, welche Aussage eher auf Sie persönlich zutrifft.

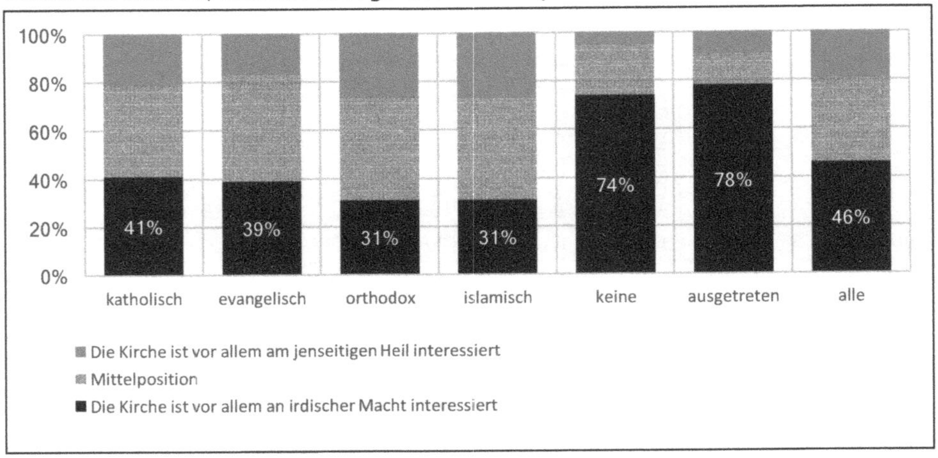

Einen Kontrapunkt zu dieser negativen Einschätzung der Kirchen als machtaffin bildet die positive Aussage, dass „ohne die christlichen Kirchen unser Land sozial ärmer wäre". Die Hälfte (48 %) stimmt dieser wertschätzenden Aussage zu. Unter den Katholiken (55 %) und noch mehr unter den Protestanten (61 %) ist dieses positive Image bei nahezu zwei Drittel anzutreffen. Am meisten teilen diese Ansicht die Orthodoxen (67 %). Jedoch nur wenige der Nichtmitglieder (19 %) sowie der Ausgetretenen sehen das so (17 %).

Große Zustimmung finden Eigenschaften der Kirchen, die der derzeitige Papst Franziskus in der katholischen Kirche nachhaltig zu fördern versucht. Er wünscht sich, dass „seine" Kirche an die Ränder der Gesellschaft geht, also „explodiert" und nicht „implodiert", was sie seiner Ansicht nach „krank macht". 63 % können einer solch visionären Sicht einer christlichen Kirche etwas abgewinnen, 68 % der Katholiken und mit 74 % noch deutlich mehr Protestanten. Aber auch Ausgetretene (65 %) und Nichtmitglieder (63 %) wünschen sich eine Kirche an der Seite der Menschen an den Rändern des Lebens und der Gesellschaft. Die Frage ist freilich, ob die Nichtmitglieder mit ihrer hohen Zustimmung kritisch zum Ausdruck bringen wollen, dass sie dort die Kirchen eben nicht antreffen. Auffällt die vergleichsweise niedrige Zustimmung bei Angehörigen der islamischen Glaubensgemeinschaft (20 %).

Fast durchgehend (80 %) begrüßen die Befragten aller weltanschaulichen Couleur die Aussage: „Die Kirche soll nicht strafen, sondern heilen." Auch das ist eine zentrale Position der Pastoralkultur des derzeitigen Papstes Franziskus.[40]

40 Zulehner, Paul M.: Ich träume von einer Kirche als Mutter und Hirtin. Zur Pastoralkultur von Papst Franziskus, Ostfildern 2018.

TABELLE 47: Facetten des Kirchenimages nach Religionszugehörigkeit

	Man gewinnt oft den Eindruck, dass die Kirche ein Geschäft ist.	Die Kirche hütet ihr eigenes Vermögen, anstatt sich um Notleidende zu kümmern.	So wie die Kirche heute ausschaut, ist sie keine Hilfe für mein Leben.	Ohne die christlichen Kirchen wäre unser Land sozial ärmer.	Die Kirche muss mehr an die Ränder der Gesellschaft gehen.	Die Kirche soll nicht strafen, sondern heilen.
katholisch	55%	51%	31%	55%	68%	81%
evangelisch	58%	56%	33%	61%	74%	71%
orthodox	49%	43%	26%	67%	68%	80%
islamisch	47%	52%	33%	37%	20%	83%
keine	86%	70%	71%	19%	66%	76%
ausgetreten	82%	78%	84%	17%	65%	79%
alle	59%	56%	41%	48%	63%	80%

Zeitgerechte Kirche

Diese Überlegungen sollen abgerundet werden mit einem Hinweis auf die Zeitgerechtheit der Kirchen. Zumal die Kirchenmitglieder wünschen sich eine solche. Denn sie haben die Herausforderung zu bestehen, inmitten der heutigen Kultur die gläubige Tradition ihrer Kirche/Religionsgemeinschaft zu leben.

Nun ist davon auszugehen, dass es wegen der prophetischen Kraft der christlichen Botschaft immer eine Spannung zwischen Kultur und kirchlichen Positionen gibt. In „christentümlichen Zeiten", in denen die Kirchen die Kultur nachhaltig prägen konnten, war diese Spannung eher klein. Inmitten weltanschaulicher Verbuntung hingegen und dem Anspruch breiter Bereiche des gesellschaftlichen Lebens, sich von einem monopolartigen Einfluss einer einzigen Konfession loszulösen, ist die Wahrscheinlichkeit von Spannungen zwischen den Annahmen der Kultur und den Annahmen des Evangeliums vorhersehbar größer.

Nicht jede Spannung zwischen der kirchlichen Lehre und der modernen Zeit muss aber unerbittlich durchgehalten werden. Denn es gibt durchaus Entwicklungen in den Lehren der Kirchen. Diese sind stets in der Durchdringung der Tradition auf die Philosophie ihrer Zeit angewiesen und müssen in der Verkündigung auch lernen, die Sprache der heutigen Menschen zu sprechen, wollen sie verstanden werden. Daher war es gerade auf dem Zweiten Vatikanischen Konzil ein Kernanliegen der katholischen Kirche, die Kluft zwischen moderner Kultur und dem Evangelium dort zu verkleinern, wo dies ohne Aufgabe des Kerns der Tradition möglich ist. Der Konzilspapst Johannes XXIII. nannte diesen Vorgang „aggiornamento",

„auf den heutigen Tag bringen". Das bedeutet nicht An- oder Einpassung der Tradition in die Kultur, sondern die Traditionen so weiterzuentwickeln, dass die Kirche im Bezeugen der Tradition auch verstanden werden kann. Die Tradition soll nicht verraten, sondern „upgedatet" werden, auf den Stand der heutigen Zeit gebracht werden. Eines der Hauptdokumente der großen Kirchenversammlung des Zweiten Vatikanums lautet daher „Kirche in der Welt von heute".

Nun besteht zwischen dem Programm des Konzils und seiner Einlösung nach wie vor eine beträchtliche Kluft. Manche kündigen ihretwegen die Kirchenmitgliedschaft auf, wie wir schon weiter oben darlegen konnten. Das Ringen um die Verheutigung der Tradition, des Evangeliums, ist voll im Gang. Darauf weist das gewaltige Ringen um Positionen in der katholischen, aber auch in anderen Kirchen hin, die in modernen Gesellschaften wirken. Auch der Islam steht in Europa unter einem enormen Modernisierungsstress. In der katholischen Kirche ist die Neupositionierung der Frauen eine der herausragenden Herausforderungen, aber sie ist keinesfalls die einzige. Auch das Umdenken und Umsprechen einer Theologie, welche von der vom Hellenismus inspirierten mittelalterlichen Schultheologie geprägt ist, in das heutige Denken und Weltgefühl fordert die christlichen Kirchen massiv heraus.[41]

Wie zeitgerecht aber erleben die Befragten des Jahres 2020 ihre Kirche? Dazu war in der Umfrage eine zehnteilige Skala vorgelegt worden. Die Pole waren definiert mit 0=die Kirchen passen überhaupt nicht in die Zeit und 10=die Kirchen passen sehr gut in die Zeit.

Das Ergebnis wird an Hand der Randpositionen illustriert. Zusammengezogen werden auf der einen Seite die Skalenwerte 0–2 (die Kirchen passen/der Islam passt nicht) und 8–10 (passen sehr gut) in die Zeit.

Das Ergebnis beeindruckt. Muslime fühlen eine hohe Zeitgerechtheit bei ihrer Glaubensgemeinschaft, gefolgt von den Orthodoxen. Gar nicht in die Zeit passend werden hingegen die Religionsgemeinschaften von den Nichtmitgliedern und den Ausgetretenen gesehen.

41 Siehe dazu die Beiträge von Theologinnen und Theologen aus aller Welt zum Pontifikat von Papst Franziskus in Zulehner, Paul M./Halík, Tomáš: Wir teilen diesen Traum. Theologinnen und Theologen aus aller Welt argumentieren ProPopeFrancis, Ostfildern 2018, ebook.

ABBILDUNG 17: Kirchen/Islam – passen (nicht) in die Zeit

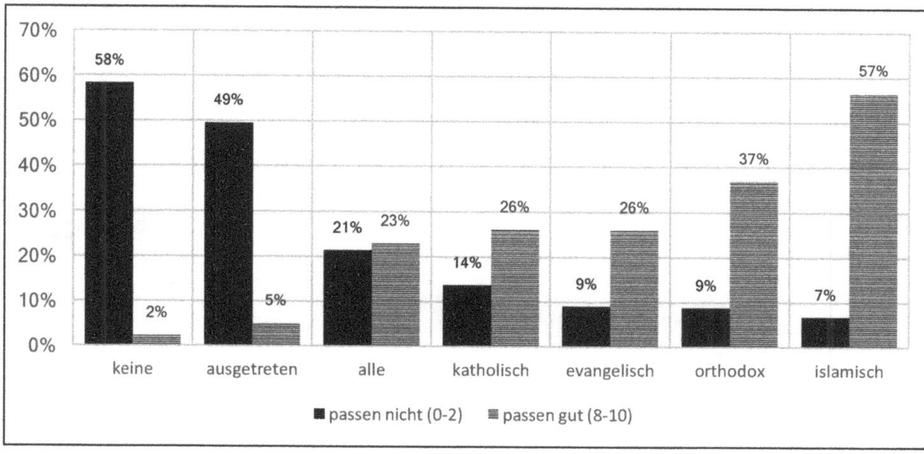

Dieses Ergebnis hat weitreichende Bedeutung. Der deutsche Sozialpsychologe Gerhard Schmidtchen hatte in den späten Siebzigerjahren des vergangenen Jahrhunderts in den großen Umfragen über Katholiken und dann auch über Protestanten in Deutschland herausgefunden, dass die „kognitive Dissonanz zwischen Kirche und Welt“ auf das Kirchenverhältnis der Menschen nachhaltigen Einfluss habe.[42] Je größer der in der „kognitiven Dissonanz“ ans Licht kommende Modernitätsstress der eigenen Kirchenmitgliedschaft ist, umso schwerer fällt Kirchenmitgliedern die Beteiligung am kirchlichen Leben und auch die Orientierung an den Lehren der eigenen Kirche. Nach dieser Annahme ist die „kognitive Dissonanz“ bei Ausgetretenen derart groß, dass sie sich aus der Kirche abgesetzt haben. Nicht von ungefähr nannten Ausgetretene die Zeitfremdheit ihrer Kirche als einen der Austrittsgründe: Sie halten bestimmte Lehren der Kirche für überholt. Und die Kirche sei keinerlei Hilfe für ihr Leben unter den heutigen Bedingungen.

42 Schmidtchen, Gerhard: Zwischen Kirche und Gesellschaft, Freiburg 1972. – Ders.: Gottesdienst in einer rationalen Welt, Stuttgart 1973.

ABBILDUNG 18: Zeitgerechtheit und Kirchenaustritt/Zugehörigkeit
0 = passen nicht, 10 = passen gut in die Zeit

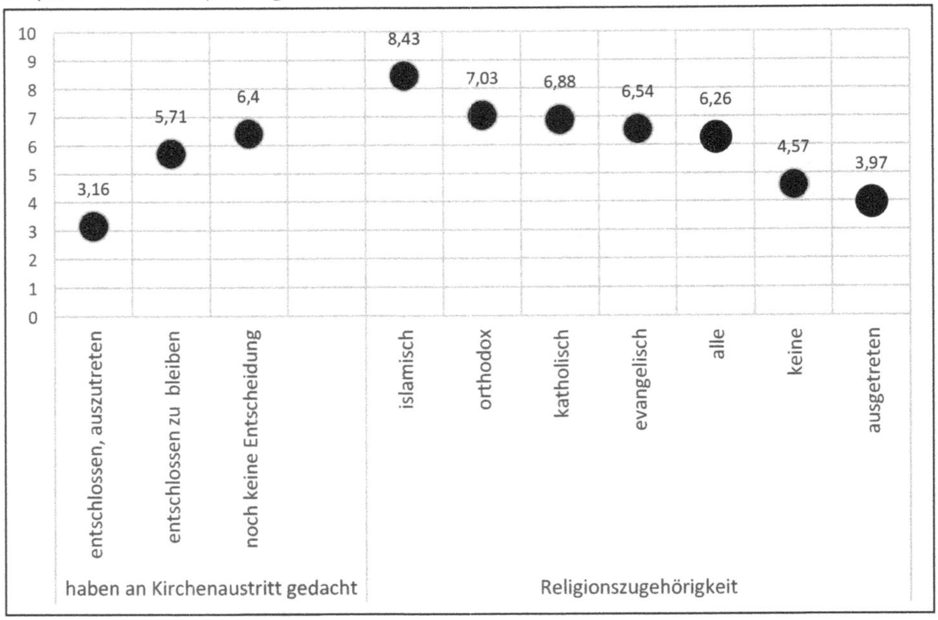

Kirchenpraxis

Einstellungen zur Kirche, Erwartungen an sie sind das eine. Das andere aber ist die Frage, ob mit diesen Haltungen auch eine kirchliche Praxis einhergeht. Wie aber steht es um diese Praxis? An Hand der Taufe eines eigenen Kindes, an der kirchlichen Trauung sowie am Kirchgang an Sonn- und Feiertagen soll dieser Frage nunmehr nachgegangen werden.

Taufe eines Kindes

Das Geburtsritual der Taufe genießt hohes Ansehen in unserer heutigen Kultur. Dieser hohe Stellenwert der Taufe führt auch bei einem Großteil der Katholiken zur kirchlichen Feier. Unter den Katholiken ist dies bei 70 % der Fall – bei 3 % nicht; 28 % haben keine Kinder. Ähnlich sind die Zahlen für die Protestanten sowie für die Orthodoxen. Lediglich bei den Ausgetretenen führt ihre Kirchendistanz dazu, ihre Kinder nicht taufen zu lassen. In dieser Gruppe hat zudem der größte Anteil (45 %) keine Kinder.

TABELLE 48: Sind Ihre Kinder (ist Ihr Kind) getauft bzw. sollen sie (soll es) noch getauft werden?

	keine Kinder	sind getauft	sind nicht getauft
katholisch	28%	70%	3%
evangelisch	32%	66%	2%
ausgetreten	45%	39%	16%
orthodox	33%	65%	3%
alle	31%	64%	5%

Es wurde dann nachgefragt: „Wenn Sie Kinder hätten, würden Sie diese taufen lassen oder nicht?" Das Ergebnis bringt keine neuen Informationen. Die Mitglieder aller drei christlichen Kirchen sind mit großer Mehrheit (zwischen 85 und 96%) dafür. Hingegen wären unter den Ausgetreten lediglich 27% dazu bereit.

TABELLE 49: Wenn Sie Kinder hätten, würden Sie diese taufen lassen oder nicht?

	Ja, würde sie taufen lassen	Nein, würde sie nicht taufen lassen
katholisch	86%	14%
evangelisch	85%	15%
orthodox	85%	15%
ausgetreten	27%	73%
alle	73%	27%

Kirchgang

Die gottesdienstliche Versammlung hat in allen Religionen einen hohen Stellenwert. Angehörige der islamischen Glaubensgemeinschaft gehen am Freitag in die Moschee. Christinnen und Christen versammeln sich seit Anfang des „christlichen Weges" am ersten Tag der Woche – und das in der Frühzeit unter Todesgefahr in den römischen Katakomben. Die katholische Tradition verpflichtet mit einem Kirchengebot die Mitglieder zum sonntäglichen Kirchgang. In der evangelischen „Kirche der Freiheit" wird dies stärker der Entscheidung ihrer Angehörigen überlassen. Aber in einer Ära, in der Religion nicht mehr „fate, but choice" ist, praktizieren längst auch die Katholiken eine solche Entscheidungsfreiheit. So stellt sich die Frage nach der Kirchgangspraxis unter den Angehörigen der christlichen Religionsgemeinschaften. Die Praxis im Islam wird im Islam-Modul gesondert behandelt, obgleich Vergleichszahlen auch schon in diesem Abschnitt der Studie dokumentiert werden.

So also steht es um den Kirchgang von Christinnen und Christen im Jahre 2020. Dazu war die Frage gestellt worden: „Wie häufig besuchen Sie etwa den Gottesdienst?"

TABELLE 50: Wie häufig besuchen Sie etwa den Gottesdienst?

	mehrmals pro Woche	jede Woche	mindestens 1x im Monat	mehrmals im Jahr (an den Festtagen)	(fast) nie
Freikirche*	11%	69%	8%	11%	0%
orthodox	4%	15%	30%	33%	18%
katholisch	2%	10%	17%	40%	30%
evangelisch	1%	12%	24%	35%	29%
keine	0%	1%	1%	14%	84%
ausgetreten	0%	0%	1%	4%	95%
alle	2%	10%	15%	31%	42%
islamisch*	2%	26%	2%	42%	17%

Für die Frequenz des Moscheegangs („Wie oft besuchen Sie die Moschee?") in der Islamischen Religionsgemeinschaft waren analog die Kategorien „mehrmals am Tag, einmal in der Woche, einmal im Monat, selten, nur im Ramadan, nie" vorgegeben.

Jede Woche, also jeden Sonntag gehen im Jahre 2020 12 % der Katholiken und 13 % der Protestanten zu einer gottesdienstlichen Versammlung zur Kirche. Mit 19 % ist dieser Anteil der Sonntagskirchgänger bei den Orthodoxen etwas höher. Herausragend ist die sonntägliche Gottesdienstpraxis bei den Angehörigen einer Freikirche. In diesen sind es 80 %, die sich sonntags zum „Lobpreis Gottes" versammeln. An dieser hohen Frequenz wird ersichtlich, dass die Freikirchen – freilich kleine – „Entscheidungskirchen" mit einer starken Kohäsion und Anziehungskraft sind. Aber selbst zwei Drittel der Mitglieder der Freikirchen trennen die Christlichkeit einer Person von ihrer Beteiligung am Gottesdienst: Für 67 % steht fest: „Man kann auch ohne Sonntagsmesse ein guter Christ sein." Dieser Prozentsatz steigt bei den Orthodoxen auf 73 %, bei den Katholiken auf 86 % und erreicht bei den Protestanten mit 90 % den höchsten Wert. Dieser liegt sogar über den Werten der Nichtmitglieder (85 %) und der Ausgetretenen (88 %).

Auch Nichtmitglieder und Ausgetretene gehen, wenngleich nur höchst selten, zu einem Gottesdienst in einer Kirche. Unter jenen, die von Geburt an Nichtmitglieder sind, kommen mit 14 % deutlich mehr an den Festtagen in einen Gottesdienst; unter den Ausgetretenen sind es 4 %. Die meisten Ausgetretenen haben sichtlich einen scharfen Schnitt gemacht; 95 % von ihnen tauchen in keinem Gottesdienst auf. Vergleichsweise sind es unter den Nichtmitgliedern 84 %.

In Zeiten verbrieft freier Religionsausübung, wo niemand soziale Nachteile zu erwarten hat, wenn er sich an kirchliche Weisungen nicht hält, wird die Kirchgangspraxis zu einer verlässlichen Lesehilfe dafür, ob sich jemand religiös versteht und was sie glaubt. Die beiden Tabellen machen unübersehbar klar: Je öfter jemand zur Kirche geht, desto stärker ist die persönliche Religiosität ausgeprägt und umso wahrscheinlicher ist das Gottesbild theistisch, also christlich geprägt. Religiosität, Religion/Glaube und religiöse Praxis erweisen sich als untereinander eng verwoben.

TABELLE 51: Kirchgangsfrequenz und persönliche Religiosität

	sehr religiös	religiös	gleichgültig	eher nicht religiös	nicht religiös	Zeile
mehrmals pro Woche	71 %	20 %	2 %	0 %	7 %	2 %
jede Woche	40 %	55 %	3 %	1 %	2 %	10 %
mindestens 1x im Monat	12 %	80 %	6 %	1 %	1 %	15 %
mehrmals im Jahr (an den Festtagen)	2 %	55 %	23 %	17 %	3 %	31 %
(fast) nie	2 %	17 %	18 %	26 %	38 %	42 %
alle	9 %	42 %	16 %	16 %	17 %	

TABELLE 52: Kirchgangsfrequenz und Gottesbild

	theistisch	deistisch	agnostisch	atheistisch	weiß ich nicht	Gesamt
mehrmals pro Woche	**74** %	26 %	0 %	0 %	0 %	2 %
jede Woche	**73** %	23 %	3 %	0 %	1 %	10 %
mindestens 1x im Monat	**50** %	**41** %	6 %	1 %	2 %	15 %
mehrmals im Jahr (an den Festtagen)	23 %	**60** %	10 %	4 %	3 %	31 %
(fast) nie	7 %	**41** %	**20** %	**27** %	4 %	42 %
alle	26 %	45 %	13 %	13 %	3 %	

Aktivitäten in einer Gemeinde

Beteiligung am Leben der eigenen Religionsgemeinschaft geschieht prioritär in den Gottesdiensten. Das Commitment kann sich aber auch in der Beteiligung an Aktivitäten in einer Gemeinde verdichten. Auch darüber wurde um Auskunft gebeten. Vier mögliche Formen aktiver Beteiligung wurden erhoben:

Die stärkste aktive Beteiligung an Vorgängen einer Gemeinde zeigen die Mitglieder von Freikirchen (302 Summenpunkte). Es folgen die Orthodoxen (108) und die Protestanten. Die Katholiken rangieren an vierter Stelle (84).

Hervorsticht, dass vereinzelt auch Nichtmitglieder (Summe 17 Punkte, 9 % arbeiten in Projekten der Caritas/Diakonie mit) und auch Ausgetretene (13 Punkte, 4 % Caritas/Diakonie) aktiv mitwirken.

TABELLE 53: Beteiligen Sie sich aktiv an…

	Aktionen der Kirchengemeinde	geistlichen Gemeinschaften	Gebetsgruppen	Initiativen der Caritas/Diakonie	SUMME
Freikirche*	89 %	83 %	81 %	50 %	302
orthodox	37 %	26 %	28 %	16 %	108
evangelisch	39 %	22 %	21 %	18 %	100
katholisch	34 %	17 %	15 %	17 %	84
keine	4 %	2 %	2 %	9 %	17
ausgetreten	4 %	3 %	2 %	4 %	13
alle	29 %	16 %	15 %	15 %	75

Die aktive Beteiligung der Mitglieder christlicher Kirchen (bei Freikirchen auf sehr hohem Niveau) erfolgt abgestuft. An erster Stelle rangieren nicht näher bestimmte Aktionen der Kirchengemeinde (in etwa ein Drittel). Auf der nächsten Stufe stehen spirituelle Vorgänge wie Mitgliedschaft in geistlichen Gemeinschaften oder Gebetsgruppen. Das aktive Mittun bei diakonalen Projekten steht auf der dritten Stufe.

Sehr eng ist der Zusammenhang zwischen aktiver Beteiligung und Kirchgangsfrequenz. Nichtkirchgänger sind am ehesten noch in diakonalen Projekte anzutreffen (6 %). Kirchenmitglieder mit hoher Gottesdienstbeteiligung trifft man als aktiv Mitwirkende in Aktionen der Kirchengemeinde (mehr als drei Viertel, Sonntagskirchgänger 79 %), in Gebetsgruppen (60 %), geistlichen Gemeinschaften (50 %) sowie in diakonalen Projekten (44 %).

Bei jenen, die monatlich einmal zur Kirche in den Gottesdienst gehen, halbiert sich die Beteiligung, die bei Sonntagskirchgängern anzutreffen ist. Dasselbe geschieht in Richtung der Personen, die an hohen Festtagen eine Messe mitfeiern.

Kurzum: Wer sich im Sonntagskirchgang „commited", tut dies eher auch bei anderen kirchlichen Aktivitäten. Wer dem sonntäglichen Gottesdienst fernbleibt, engagiert sich kaum in kirchlichen Aktivitäten. Die regelmäßigen Sonntagskirchgänger sichern das gemeindliche Leben und Wirken. Daraus lässt sich erschließen: Wenn die Kirchgänger immer älter und weniger werden, wie im nächsten Abschnitt dargelegt werden wird, werden der von Ehrenamtlichen getragenen Vitalität der Gemeinden große Probleme erwachsen.

TABELLE 54: Aktive Beteiligung und Kirchgangsfrequenz

	Aktionen der Kirchengemeinde	geistliche Gemeinschaften	Gebetsgruppen	Initiativen der Caritas/Diakonie	Summe
mehrmals pro Woche	81 %	76 %	75 %	48 %	280
jede Woche	79 %	50 %	60 %	44 %	233
mindestens 1x im Monat	58 %	31 %	29 %	21 %	139
mehrmals im Jahr (an den Festtagen)	29 %	12 %	8 %	13 %	61
(fast) nie	5 %	3 %	2 %	6 %	16
alle	29 %	16 %	15 %	15 %	75

Religiöse Erziehung

Mit der Aufnahme eines Kindes in die Kirche versprechen die Eltern und Paten, das Kind „im Glauben" zu erziehen. Wir haben uns daher nach der faktischen religiösen Erziehung erkundigt. Eruiert wurde nicht nur, ob es eine solche gab, sondern wie religiös geprägt sie verlief. So lautete die Frage: „Sind Sie im Elternhaus religiös erzogen worden? 1 bedeutet sehr religiös, 5 bedeutet überhaupt nicht religiös, dazwischen können Sie fein abstufen."

Die Hälfte der Befragten erinnerte sich an eine (sehr) religiöse Erziehung im Elternhaus. Diese zeitigte lebenslange Auswirkungen. (Sehr) Religiös Erzogene halten sich selbst für religiöser: Von den sehr religiös Erzogenen empfinden sich 85 % (sehr) religiös, von den überhaupt nicht religiös Erzogenen hingegen lediglich 15 %.

Religiös Erzogene haben eher ein christliches geprägtes, theistisches Gottesbild.

TABELLE 55: Gottesbilder nach religiöser Erziehung

	theistisch	deistisch	agnostisch	atheistisch	weiß ich nicht	
sehr religiös erzogen	54 %	36 %	5 %	3 %	2 %	18 %
2	39 %	46 %	10 %	4 %	2 %	32 %
3	19 %	51 %	13 %	13 %	4 %	29 %
4	12 %	35 %	24 %	26 %	3 %	13 %
überhaupt nicht religiös	10 %	30 %	17 %	40 %	4 %	9 %
alle	30 %	43 %	12 %	12 %	3 %	

Nicht zuletzt beteiligen sich religiös Erzogene mehr am Leben einer Kirchengemeinschaft: 57 % der sehr religiös Erzogenen gehen wenigstens monatlich zur Messe, von den überhaupt nicht religiös Erzogenen sind es 5 %.

Religiöse Erziehung korreliert mit der Kinderzahl (c=-,23). Aus Mehrkinderfamilien (mit wenigstens drei Kindern) entstammen weniger Atheisierende und mehr Kirchliche.

TABELLE 56: Je mehr Kinder, desto eher Formung zu Kirchlichen

Kinderzahl	ATHEISIERENDE	ETWASISTEN	SYMPATHISANTEN	KIRCHLICHE	Zeile
keines	34%	25%	20%	22%	37%
eines	21%	29%	27%	23%	17%
zwei	15%	18%	31%	37%	28%
drei	9%	12%	29%	51%	13%
vier	9%	13%	29%	50%	3%
fünf	5%	21%	18%	56%	2%
alle	22%	22%	26%	31%	

Alle diese Daten illustrieren, wie grundlegend die religiöse Erziehung für das Gefühl, ein religiöser Mensch zu sein, für die christliche Prägung dieser Religiosität sowie für den gottesdienstlichen Austausch mit einer Kirchengemeinde ist. Grundlegend bedeutet aber nicht, dass die religiöse Erziehung heute der einzige Faktor ist. Es spielen andere soziale Kräfte mit. Und Theologen erinnern beim Unerklärlichen an Gnade.

In der religiösen Erziehung werden eine religiöse Weltdeutung und Lebenspraxis von einer auf die nächste Generation weitergegeben. Nun schätzt unsere Kultur die freie Selbstbestimmung des Menschen, auch in religiöser Hinsicht. Religionsfreiheit bedeutet daher nicht nur die Möglichkeit, die eigene Religion frei auszuüben. Eine Facette der Religionsfreiheit besteht auch darin, die eigene Religion frei wählen zu können. Wie aber sieht diese Freiheit bei Neugeborenen und kleinen Kindern aus? Schon in den Siebzigerjahren, als die Langzeitstudie einsetzte, wurde die Frage diskutiert, ob die Kirche überhaupt Kinder taufen soll.[43] Braucht es nicht viel Lebenserfahrung und Reife, bis eine Person den eigenen Glauben selbstbestimmt wählen kann? Nun wird dagegengehalten, dass jede und jeder heute die Freiheit hat, eine geerbte Religionszugehörigkeit jederzeit ohne Nachteil abzuwählen. Zudem könne man diese Freiheit der Wahl wesentlich kompetenter ausüben, wenn man die Lehren und die ethischen Weisungen der Religionsgemeinschaft einigermaßen kennt, sobald man über die Zugehörigkeit entscheiden will. Wie auch immer, wir haben uns erkundigt,

- ob ein neugeborenes Kind getauft werden und auf diese Weise „noch im Kindesalter einer Religionsgemeinschaft beitreten soll";
- ob unmündige Kinder, ohne durch die Taufe ein Kirchenmitglied zu werden, „in einem bestimmten Glauben unterrichtet werden [sollen], um später selbst ent-

43 Kasper, Walter: Christsein ohne Entscheidung oder Soll die Kirche Kinder taufen? Freiburg 1970.

scheiden zu können, ob sie Mitglieder einer Religionsgemeinschaft werden wollen" oder

- ob diese Kleinkinder „möglichst frei von jedem religiösen Einfluss bleiben [sollen], um sich frei entwickeln zu können".

Jene, die sich für einen Glaubensunterricht ohne Kirchenmitgliedschaft durch Kindertaufe aussprachen, wurden weiter gefragt, wer diesen Unterricht erteilen soll: „das Elternhaus, die Religionsgemeinschaft oder die öffentliche Schule"?

Bei den beiden älteren christlichen Kirchen wünscht sich jeweils die Hälfte der befragten Kirchenmitglieder (jeweils 50 %), dass die Neugeborenen noch im Kindesalter getauft werden sollen. Analog gilt das auch für die Initiation in der islamischen Glaubensgemeinschaft – 57 % der Moslems sprechen sich dafür aus. In den Kirchen der Reformation vertreten die baptistischen Freikirchen die Erwachsenentaufe, sehen aber für die Kinder einen Glaubensunterricht vor (78 %). In der evangelischen Kirche halten sich die beiden Gruppen die Waage: beide wollen eine Glaubenserziehung, die einen mit Taufe des Kindes (41 %), die anderen ohne (43 %). Die Ausgetretenen und Nichtmitglieder bestehen darauf, dass ein Kind im Elternhaus nicht religiös erzogen wird und sich erst im angehenden Erwachsenenalter frei von jeglichem religiösen Einfluss frei entscheiden soll (72 % ausgetreten, 74 % keine). Allerdings wird bei dieser Position einfach übergangen, dass religionspädagogisch besehen man nicht frei von „weltanschaulicher Formung" aufwachsen kann. Eltern können mit ihren Kindern, so frei nach Paul Watzlawick, eben auch in weltanschaulicher Hinsicht „nicht nichtkommunizieren". Was sie leben, ist immer zugleich Beeinflussung. Um die eigenen Kinder religiös nicht zu beeinflussen, hieße für religiöse Eltern, auf ihre eigene Religiosität bzw. Weltanschauung um der religionsfreien Formung des eigenen Kindes gänzlich zu verzichten – was aber eben lebenspraktisch nicht geht, weil Religion sich nicht in frommen Worten erschöpft, sondern im liebenden Tun kulminiert. Manche bringen an dieser Stelle einen harschen Vergleich: Soll man mit einem Kind nicht sprechen, damit es später über seine Sprache frei entscheiden kann? Soll man es genderneutral behandeln (wie soll das funktionieren?), damit es später selbst das eigene Geschlecht wählen kann?

TABELLE 57: Kleinkinder nicht taufen? Aber religiös unterrichten?

	noch im Kindesalter einer Religionsgemeinschaft beitreten.	in einem bestimmten Glauben unterrichtet werden, um später selbst entscheiden zu können, ob sie Mitglieder einer Religionsgemeinschaft werden wollen.	möglichst frei von jedem religiösen Einfluss bleiben, um sich frei entwickeln zu können.	Gesamt
katholisch	50%	31%	19%	57%
evangelisch	41%	43%	15%	3%
Freikirche*	17%	78%	5%	1%
orthodox	50%	31%	19%	8%
islamisch	57%	32%	11%	8%
ausgetreten	8%	20%	72%	15%
keine	6%	21%	74%	5%
alle	41%	30%	29%	

Es liegt nahe, dass gerade religiöse Eltern, für welche die Religiosität einen hohen Wert für die Deutung und Gestaltung ihres Lebens darstellt, überwiegend für beides eintreten: die frühe Taufe der Kinder und zugleich deren religiöse Formung durch kindgerechte Gebete, biblische Erzählungen und kindgerechte gottesdienstliche Feiern.

TABELLE 58: RELIGIÖSE wollen ihre Kinder früh taufen und unterrichten

	noch im Kindesalter einer Religionsgemeinschaft beitreten.	in einem bestimmten Glauben unterrichtet werden, um später selbst entscheiden zu können, ob sie Mitglieder einer Religionsgemeinschaft werden wollen.	möglichst frei von jedem religiösen Einfluss bleiben, um sich frei entwickeln zu können.	Gesamt
sehr religiös [RELIGIÖSE]	71%	24%	5%	10%
religiös	57%	33%	10%	44%
gleichgültig	34%	40%	25%	15%
eher nicht religiös	19%	33%	49%	15%
nicht religiös [NICHTRELIGIÖSE]	6%	16%	78%	16%
alle	41%	30%	29%	

Wenn nun aber ein Kind, ohne getauft zu werden, dennoch religiös unterrichtet werden soll, wer soll dann diesen Unterricht machen? Die folgenden Prozentwerte beziehen sich allein auf jene, die in der Frage zuvor den Standpunkt vertreten haben, dass das Kind „in einem bestimmten Glauben unterrichtet werden [soll], um später selbst entscheiden zu können, ob sie Mitglieder einer Religionsgemeinschaft werden wollen". Die Antworten fallen unterschiedlich aus:

- Die Mitglieder der Freikirchen vertrauen in dieser Angelegenheit den Eltern (80 %), nach Ansicht eines Teils unterstützt durch die Religionsgemeinschaft (58 %) und die öffentliche Schule (47 %).
- Die Mitglieder aller drei christlichen Kirchen setzen auf den schulischen Religionsunterricht. Hier sind es das Elternhaus und die Religionsgemeinschaften, die den schulischen Religionslehrenden Unterstützung geben.
- Auch die Ausgetretenen (72 %) und die Nichtmitglieder (74 %), die für einen frühkindlichen Glaubensunterricht plädieren, bevorzugen den schulischen Religionsunterricht; die Ausgetretenen schenken Religionsgemeinschaften diesbezüglich kein Vertrauen.

TABELLE 59: Wer ungetaufte Kleinkinder religiös unterrichten soll

	Elternhaus	Religionsgemeinschaft	öffentliche Schule	keine Angabe
katholisch	37 %	28 %	76 %	2 %
evangelisch	34 %	30 %	67 %	0 %
Freikirche*	80 %	58 %	47 %	0 %
orthodox	31 %	55 %	65 %	2 %
islamisch	63 %	60 %	56 %	0 %
ausgetreten	34 %	19 %	79 %	3 %
keine	59 %	41 %	63 %	0 %

Religionsunterricht

Religiöse Erziehung erfolgt nach dem Elternhaus und in Kindergärten in öffentlichen und privaten Schulen. Das fachpädagogische Niveau des Unterrichts wird von den staatlichen Schulbehörden gesichert. Für den Inhalt sind die Kirchen und Religionsgemeinschaften verantwortlich. Diese Kooperation von Staat und Kirchen/Religionsgemeinschaften kommt in der Benennung dieses Unterrichts als „konfessioneller Religionsunterricht" zum Ausdruck. 45 % der 2020 Befragten sind mit dieser Kooperation (sehr) einverstanden.

Dieser schulische Religionsunterricht war in „christentümlichen Zeiten" zumal nach der Reformation ein Pflichtfach. Heute ist es möglich, dass Eltern vor dem 14. Lebensjahr von diesem Unterricht abmelden. Nach dem Erreichen des 14. Lebensjahres können die Schülerinnen und Schüler sich selbst ausklinken. Diese Möglichkeit wird regional und je nach Schultyp unterschiedlich in Anspruch genommen. Die Motive für die Abmeldung können vielfältig sein: ideologische oder pragmatische. Man lehnt entweder den Religionsunterricht aus Gründen der persönlichen Überzeugungen ab oder man will eine freie Stunde haben.

Derzeit gibt es hinsichtlich des Religionsunterrichts eine Experimentierphase. Aus den Religionsgemeinschaften kommt das Anliegen, im Religionsunterricht konfessions- und religionenübergreifend zusammenzuarbeiten. Ein gemeinsamer Religionsunterricht könne das friedliche Zusammenleben der verschiedenen Religionsgemeinschaften befördern. Außerdem sei es möglich, dass die einzelnen Religionen ihre jeweiligen Reichtümer mit anderen teilen.

Angereichert wird diese Diskussion dadurch, dass die wachsende Unkenntnis vieler Bürgerinnen und Bürger hinsichtlich Religion sowohl ethisch wie kulturell Fragen aufwirft. Viele Schönheiten der Kultur werden ohne religiöses Grundwissen unzugänglich. Wie soll man der Matthäuspassion eines Johann Sebastian Bach folgen, wenn man keinerlei biblische Kenntnisse mehr besitzt? Ein Minimum an religiösem Wissen sei in einem „christlichen Abendland" wünschenswert. Daher wird von Fachleuten ein „Religionenunterricht" für alle vorgeschlagen. Andere sind um das ethische Grundwasser der Kultur besorgt. Bislang war die ethische Bildung im konfessionellen Religionsunterricht miterfolgt. Wenn sich aber aus diesem immer mehr abmelden, wächst die Zahl der ethischen Analphabeten. Das ist aber für das friedliche Zusammenleben im Land nicht unbedingt von Vorteil. Also werden Vorschläge zu einem neuen Schulfach „Ethikunterricht" gemacht. Entsprechende Schulversuche werden vorgenommen. Schulpolitisch werden zwei Varianten vertreten: entweder ein Ethikunterricht als gemeinsames neues Fach für alle neben dem konfessionellen Religionsunterricht oder als Pflichtfach für jene, die sich vom konfessionellen Religionsunterricht abgemeldet haben. Ein verpflichtender Ethikunterricht für alle bereitet den Verantwortlichen in den Religionsgemeinschaften allerdings Sorge. Sie fürchten eine derart hohe Anzahl von Abmeldungen, dass sich der konfessionelle Religionsunterricht auf Dauer in den öffentlichen Schulen nicht halten könne.

Zum Religionsunterricht gibt es schon seit dem Beginn der Langzeitstudie im Jahre 1970 Fragen. Einige einschlägige Antworten sollen hier vorweggenommen werden. Die durchgehenden Fragestellungen wurden in der Erhebung 2020 durch aktuelle ergänzt. Das sind die Daten zum Religionsunterricht und der Meinung der Befragten zu diesem:

Der Religionsunterricht besitzt ganz allgemein in der Bevölkerung Akzeptanz. Diese hat allerdings in den letzten Jahren abgenommen. Zählten 1970 91 % „Religionsunterricht erteilen" zu den wichtigen kirchlichen Aufgaben, sind es 2020 mit 62 % um ein Drittel weniger. Aber immerhin steht eine beachtliche „Zweidrittelmehrheit" dahinter. Unter den Mitgliedern der christlichen Kirchen liegen die Werte zwischen zwei Drittel und drei Viertel. Ausgetretene lehnen mit der verlassenden Religionsgemeinschaft auch deren Religionsunterricht mehrheitlich ab; 24 % halten ihn jedoch nach wie vor für wichtig. Für 12 % der Ausgetretenen (N=293) wäre es ein Wiedereintrittsgrund, „dass mein Kind einen Religionsunterricht erhält".

Religionsunterricht kommt auch ins Spiel für den Fall, dass ein Neugeborenes nicht im Kindesalter getauft und damit Kirchenmitglied wird. Hier finden sich die hohen Werte der Kirchenmitglieder wieder, die sich beim Religionsunterricht allgemein finden: 76 % der Katholiken würden ein ungetauftes Kind in einer öffentlichen Schule unterrichten lassen, 67 % der Protestanten, aber auch 79 % der Ausgetretenen sind dieser Ansicht.

Es wird im Modul über die islamische Religionsgemeinschaft noch darüber berichtet werden, welche „Noten“ die Befragten dem „islamischen Religionsunterricht“ in den Schulen geben. Jene, die ihn am besten kennen – die Moslems selbst –, geben ihm gute Noten. Ansonsten kommt in der Benotung des Religionsunterrichts eher die eigene Einstellung zum Islam zum Ausdruck. Das wird auch daran ersichtlich, dass die negative Benotung zumeist mit dem Eingeständnis einhergeht, man kenne diesen islamischen Religionsunterricht nicht aus der Nähe.

Zwei Aussagen bilden eine Brücke zur aktuellen Diskussion. Der Religionsunterricht der christlichen Kirchen soll sichern, dass Europa ein „christliches Abendland“ bleibt. Die beiden Positionen „Ich halte es für wichtig, dass die Kinder in Österreich Religionsunterricht erhalten, um christlichen Glauben kennenzulernen“ (63 % pro, 17 % contra) sowie die Aussage: „Ein selbstbewusstes Christentum ist für Europa künftig sehr wichtig“ (59 % pro, 17 % contra) korrelieren sehr hoch miteinander (c=,63). Religionsunterricht wird also nicht nur aus religiösen und konfessionellen, sondern aus kulturellen Gründen gestützt. Dazu kommt als weitere Begründung die Besorgnis um das ethische Grundwasser der Kultur. Das illustriert ein Item aus der Autoritarismusdebatte: 70 % der Befragten stimmen dem Satz zu: „Religionsunterricht ist für Kinder nötig, weil sie lernen müssen, was sich gehört.“

Und dies war nun in der rezenten Erhebung aus dem Jahre 2020 die Frage zu den verschiedenen Formen eines Unterrichts von Religion sowie Ethik:

„Bitte geben Sie an, inwieweit Sie folgenden Aussagen zustimmen.“ Sodann waren folgende Möglichkeiten vorgelegt worden. Man konnte die Zustimmung oder Ablehnung zu jeder einzelnen Variante gestuft vorbringen. Das sind die Antwortmöglichkeiten:

- „1. Es soll in allen Schulen für alle einen verpflichtenden Ethikunterricht (zusätzlich zum Religionsunterricht) geben.
- 2. Der Ethikunterricht soll für jene verpflichtend sein, die nicht in einen Religionsunterricht gehen.
- 3. Es soll ein Unterrichtsfach geben, in dem sowohl die unterschiedlichen Religionen als auch die Ethik unterrichtet wird (Religionen- und Ethikunterricht in einem).
- 4. Es soll bleiben wie bisher: nur Religionsunterricht mit der Möglichkeit der Abmeldung.
- 5. Es soll keinen dieser Unterrichte geben.“

Da es sich um eine Diskussion an der Schnittstelle von Staat und Kirche handelt, sollen die Antworten sowohl nach Religionszugehörigkeit als auch nach parteipolitischer Präferenz aufgeschlüsselt werden.

Ein Ergebnis sticht heraus: Quer durch alle Subgruppen hindurch ist „kein Unterricht“ keine Option. Alle unterstützen irgendeine der vier vorgelegten Varianten.

Auch ein weiteres Ergebnis hat Gewicht: Eine große Mehrheit spricht sich klar dagegen aus, dass man sich ersatzlos vom konfessionellen Religionsunterricht abmelden kann.

Keine klare Positionierung der Befragten lässt sich hinsichtlich der unterschiedlichen Modelle erkennen. Und das mit einer Ausnahme: Dass nur ein konfessioneller Religionsunterricht mit Abmeldemöglichkeit bleibt, befürwortet lediglich ein Drittel der Befragten. Protestanten aus dem Schwerpunktgebiet sowie Mitglieder in einer Freikirche sind fast hundertprozentig für einen solchen Unterricht.

Die übrigen drei Modelle finden nahezu die gleiche Zustimmung: Der Ethikunterricht für Abmelder wird von 66 % gutgeheißen, ein Ethikunterricht für alle (neben dem konfessionellen Religionsunterricht mit Abmeldemöglichkeit) von 63 %, ein Religionen- und Ethikunterricht von 62 %. Mitglieder der evangelischen Kirche – nach „Gebieten" noch einmal ziemlich verschieden – sind am ehesten für alternative Unterrichtsmodelle, gefolgt von den Katholiken. Am wenigstens treten Nichtmitglieder und Ausgetretene für solche Alternativen zum derzeitigen Religionsunterricht ein, den sie aber auch mehrheitlich ablehnen. Diese beiden Subgruppen wollen offensichtlich, dass die öffentliche Schule „säkular" bleibt und die Religionsgemeinschaften ihre jungen wie erwachsenen Mitglieder in eigenen Einrichtungen und Zusammenkünften (etwa durch die Predigt) religiös bilden.

TABELLE 60: Ethik- und Religionenunterricht – nach Religionszugehörigkeit

	Ethikunterricht für alle	Ethikunterricht für Abmelder	Religionen- und Ethikunterricht	Religionsunterricht mit Abmeldung	keinen Unterricht	Summe Unterricht ja
evangelisch	70 %	73 %	67 %	37 %	8 %	62 %
großstädtisch	*69 %*	*70 %*	*79 %*	*25 %*	*6 %*	*61 %*
Toleranzgebiete	*53 %*	*87 %*	*71 %*	*24 %*	*14 %*	*59 %*
Schwerpunkte	*81 %*	*81 %*	*72 %*	*51 %*	*1 %*	*71 %*
Rest-Österreich	*66 %*	*70 %*	*58 %*	*37 %*	*13 %*	*58 %*
Freikirche*	69 %	85 %	54 %	32 %	0 %	60 %
katholisch	64 %	71 %	65 %	31 %	7 %	58 %
orthodox	68 %	66 %	53 %	35 %	13 %	56 %
alle	**63 %**	**66 %**	**62 %**	**30 %**	**9 %**	**55 %**
islamisch	62 %	63 %	65 %	31 %	8 %	55 %
ausgetreten	59 %	52 %	58 %	23 %	13 %	48 %
keine	52 %	50 %	47 %	27 %	17 %	44 %

Dieses Gesamtbild ändert sich auch nicht, wenn man die Ergebnisse nach Kirchgangsfrequenz aufschlüsselt. Daraus lässt sich schließen, dass es sich beim Thema mehr um einen kulturpolitischen Diskurs handelt und weniger um die Frage, wie Religionsgemeinschaften ihre Mitglieder religiös formen möchten.

TABELLE 61: Religionen- und Ethikunterricht nach Kirchgangshäufigkeit

	Ethikunterricht für alle	Ethikunterricht für Abmelder	Religionen- und Ethikunterricht	Religionsunterricht mit Abmeldung	keinen Unterricht	SUMME Unterricht ja
sonntags	63%	72%	61%	32%	9%	57%
monatlich	71%	76%	64%	34%	5%	61%
an Festen	70%	77%	69%	26%	4%	61%
(fast) nie	54%	54%	57%	30%	14%	49%
alle	63%	66%	62%	30%	9%	55%

Die parteipolitische Präferenz der Befragten hat leichten Einfluss auf den Diskurs. Die Unterschiede sind aber nicht arg groß. Überraschend ist, dass FPÖ-Sympathisanten, die ansonsten sehr für den Erhalt des christlichen Abendlandes und gegen die Islamisierung kämpfen, mit 46% überdurchschnittlich stark für die bestehende Variante eintreten (konfessioneller Religionsunterrichts mit Abmeldemöglichkeit); am ehestens können sie einem „Ersatzethikunterricht" für Abmelder etwas abgewinnen (61%), weniger bereits einem Ethikunterricht für alle (51%) oder gar einen Religionen- und Ethikunterricht (45%). Von den FPÖ-Anhängern unterscheiden sich die KPÖ-Sympathisanten, die weniger den Ersatzethikunterricht wollen, sondern eher einen Religionen- und Ethikunterricht. Von diesen beiden „Lagern" abgesehen finden alle drei Alternativen zum bisherigen konfessionellen Religionsunterricht mit Abmeldemöglichkeit beachtlich hohe Zustimmung.

TABELLE 62: Religionen- und Ethikunterricht – nach Parteipräferenz

	Ethikunterricht für alle	Ethikunterricht für Abmelder	Religionen- und Ethikunterricht	Religionsunterricht mit Abmeldung	keinen Unterricht	SUMME Unterricht ja
ÖVP	70%	77%	72%	29%	7%	62%
NEOS	69%	71%	74%	20%	12%	59%
SPÖ	68%	69%	65%	22%	9%	56%
alle	63%	66%	62%	30%	9%	55%
GRÜNE	66%	63%	69%	20%	8%	54%
FPÖ	51%	61%	45%	46%	16%	51%
KPÖ	43%	37%	64%	8%	10%	38%

Typologie Kirchlichkeit

Der hohe Zusammenhang zwischen Sonntagskirchgang und aktiver Beteiligung an kirchlichen Aktivitäten lässt einerseits vermuten, dass der Kirchgang einer der stärksten Indikatoren für die „Kirchlichkeit" einer Person ist, und das auch dann, wenn viele Befragte der Meinung sind, dass man auch ohne Sonntagsmesse ein guter Christ sein könne. Andererseits scheint diese hohe Korrelation darauf hinzuweisen, dass es so etwas wie eine Grundbereitschaft zur Beteiligung gibt, die entweder stark und wirkmächtig ist oder eben schwach bis wirkungslos. Es scheint daher angebracht zu sein, weniger von Kirchlichkeit zu reden, sondern den englischen Terminus „Commitment" zu gebrauchen.

Da zudem der Kirchgang auch mit anderen Aussagen zur Kirche in hohem Maße korreliert, kann mit all diesen Daten eine Typologie der Commitments der Leute hinsichtlich ihrer Kirche erstellt werden. Dazu wird mit einschlägigen Daten eine Clusteranalyse gemacht. Zu diesen zählen neben dem Kirchgang oder den kirchlichen Aktivitäten die Daten über die Kindertaufe, die Trauung, aber auch die Fragebatterien über die Aufgaben der Kirche (welche sind wichtig; was wäre, gäbe es die Kirchen nicht) sowie den Rat, den ein Mensch bei einer amtlich bestellten Person seiner Religionsgemeinschaft einholt.

Die vier Typen unterscheiden sich am stärksten in ihrer Kirchgangsfrequenz. Herausragend ist der Typ, der sich an verschiedenen Aktivitäten beteiligt, manche in mehreren Formen. Sie werden die „hochcommited" Personen bezeichnet. In Richtung der „nicht commited" nimmt dann die Beteiligung sukzessive ab.

ABBILDUNG 19: Typologie Commitment

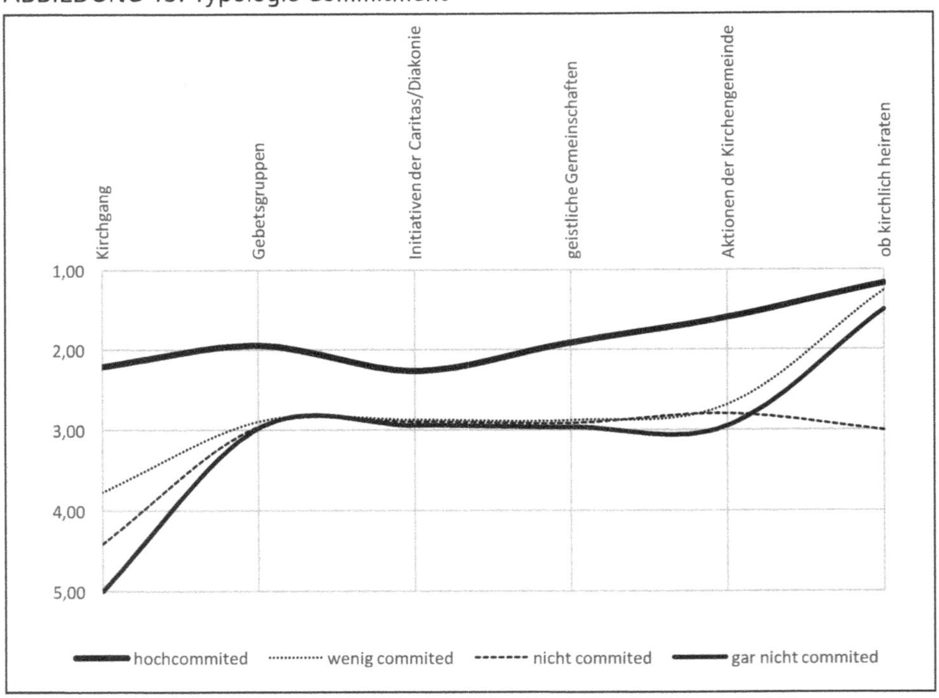

TABELLE 63: Verteilungen der Typen Commitment

	hochcommited	commited	nicht commited	gar nicht commited	Gesamt
katholisch	15%	47%	14%	24%	58%
evangelisch	19%	48%	15%	18%	3%
keine	0%	19%	0%	81%	5%
ausgetreten	1%	7%	0%	92%	15%
orthodox	22%	52%	11%	15%	8%
Freikirche*	85%	15%	0%	0%	1%
alle	13%	44%	9%	34%	

Nach Religionsgemeinschaften aufgeschlüsselt reihen sich diese nach ihrem Anteil an hochcommited Mitgliedern so: freikirchlich (allerdings nur 1,3% im Sample), orthodox, evangelisch, katholisch. Am Ende stehen klarerweise ausgetreten und keine Mitgliedschaft.

Die Aufschlüsselung der Typologie nach Geschlecht und Alter bestätigt die Klage vieler Ortsgemeinden, dass die jungen Mitglieder im kirchlichen Leben fehlen. Dabei fällt auf, dass unter den ganz jungen Männern erstmals das Commitment höher liegt als bei den Frauen. Offenbar quittieren junge Frauen ihre Unzufriedenheit mit ihrer Rolle in einer männerdominierten Kirche durch Fernbleiben. Insgesamt wird das kirchliche Leben mehrheitlich von Frauen geprägt. Dabei überwiegen die Frauen vor allem in den Alterskategorien der Sechzig- und Siebzigjährigen.

ABBILDUNG 20: Hohes Commitment nach Geschlecht und Alter

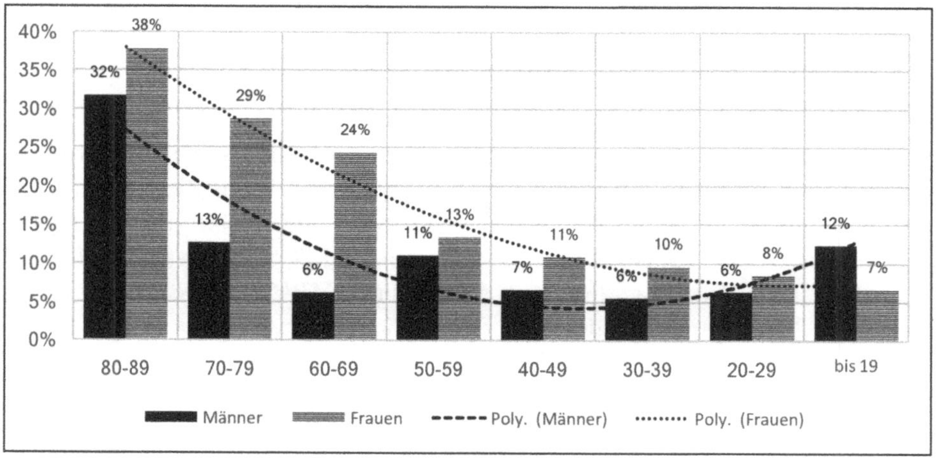

Grundtypologie Sozioreligiös

Nunmehr werden die drei Typologien gebündelt und zu einer ersten sozioreligiösen Grundtypologie zusammengefügt. Dabei ergeben sich die vier Grundtypen, die als ATHEISIERENDE, ETWASISTEN, SYMPATHISANTEN und KIRCHLICHE definiert werden. So sehen die Mittelwerte der vier Grundtypen bei den Typologien Religiosität, Glaubenskosmos und Commitment aus:

ABBILDUNG 21: Sozioreligiöse Grundtypologie

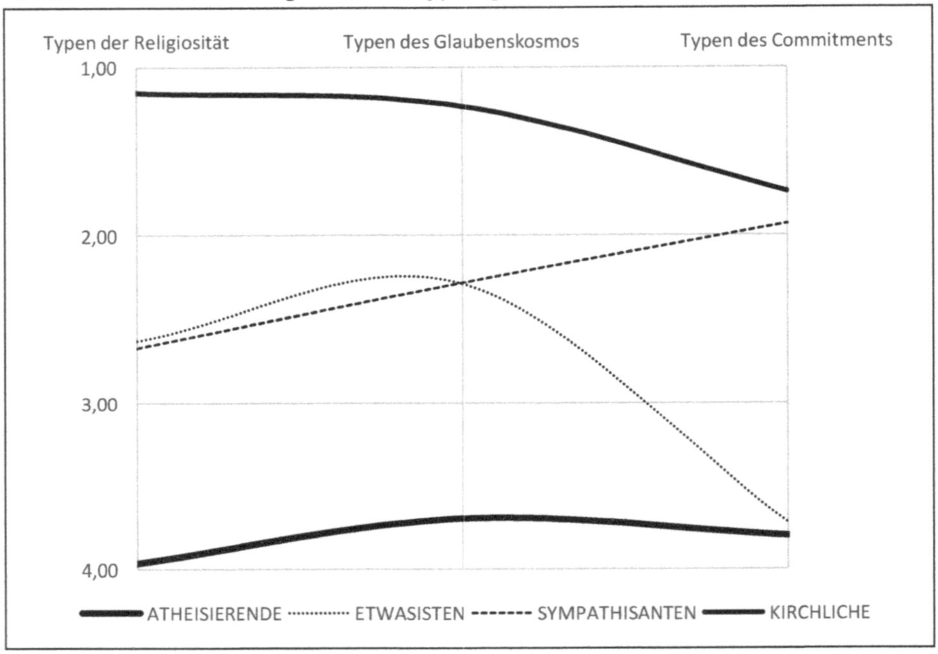

Zur Illustration werden diese vier Typen mit drei zentralen Variablen korreliert: der religiösen Selbsteinschätzung, dem Gottesbild sowie dem Kirchgang. Dabei wird ersichtlich, dass KIRCHLICHE (sehr) religiös sind (95 %) und ein christlich-theistisches Gottesbild haben (71 %); von ihnen sind 74 % wenigstens einmal im Monat in einem Sonntagsgottesdienst. Anders die SYMPATHISANTEN. Sie halten sich deutlich weniger für religiös, zwei Drittel von ihnen haben eine deistische Gottesvorstellung. 77 % gaben an, mehrmals im Jahr, zu den Feiertagen in die Kirche zu gehen. Die Bezeichnung des Typs ETWASISTEN übernehme ich vom tschechischen Wissenschaftler Tomáš Halík. Es sei der in der Kultur Tschechiens weit verbreitete Religionstyp. Irgendein höheres Wesen gebe es wohl, aber so genau könne man das nicht wissen. Die diesem Typ zugehören, sehen sich deutlich weniger als religiös an, sie sind mehrheitlich gleichgültig oder nichtreligiös. Die ATHEISIERENDEN schließlich bezeichnen sich zu 87 % als (eher) nicht religiös. 47 % von ihnen sind atheistisch und weitere 22 % agnostisch.

TABELLE 64: Die religiöse Selbsteinschätzung, die Gottesvorstellung und die Kirchgangsfrequenz der vier religiös-kirchlichen Typen

Wie würden Sie Ihre Religiosität einstufen?

	sehr religiös	religiös	gleichgültig	eher nicht religiös	nicht religiös	Gesamt
KIRCHLICHE	**26%**	**69%**	3%	1%	1%	32%
SYMPATHISANTEN	3%	**54%**	**25%**	15%	4%	25%
ETWASISTEN	4%	**33%**	**27%**	**26%**	10%	21%
ATHEISIERENDE	0%	3%	10%	**28%**	**59%**	22%
alle	10%	43%	16%	15%	16%	

Welche von den Aussagen kommt Ihren Überzeugungen am nächsten?
Es gibt einen persönlichen Gott. (theistisch)
Es gibt irgendein höheres Wesen oder eine geistige Macht. (deistisch)
Ich weiß nicht richtig, was ich glauben soll. (agnostisch)
Ich glaube nicht, dass es einen Gott, irgendein höheres Wesen oder eine geistige Macht gibt. (atheistisch)
Weiß ich nicht

	theistisch	deistisch	agnostisch	atheistisch	weiß ich nicht	Gesamt
KIRCHLICHE	**71%**	27%	2%	0%	0%	32%
SYMPATHISANTEN	16%	**64%**	11%	4%	4%	25%
ETWASISTEN	13%	**57%**	**20%**	5%	5%	21%
ATHEISIERENDE	1%	26%	**22%**	**47%**	4%	22%
alle	30%	43%	12%	12%	3%	

Wie häufig besuchen Sie etwa den Gottesdienst?

	mehrmals pro Woche	jede Woche	mindestens 1x im Monat	mehrmals im Jahr (an den Feiertagen)	(fast) nie	Gesamt
KIRCHLICHE	**7%**	**29%**	**36%**	27%	1%	29%
SYMPATHISANTEN	1%	4%	18%	**77%**	0%	24%
ETWASISTEN	0%	0%	1%	13%	**85%**	24%
ATHEISIERENDE	0%	0%	0%	6%	**94%**	23%
alle	2%	10%	15%	31%	42%	

Privatisierungsgrad

Diese vier sozioreligiösen Grundtypen werden noch plastischer, wenn sie mit Aussagen zur „Privatisierung der Religion" korreliert werden.

„Religion ist Privatsache." Das kann bedeuten, dass sie eine höchst persönliche Angelegenheit ist. Der Mensch habe das Recht, frei über seine Religion zu bestimmen und sie mit anderen auszuüben. Neben dieser politischen Seite der Religionsfreiheit gibt es allerdings eine persönliche Version der „Privatisierung" der Religion. Diese findet sich bei Menschen, die sich persönlich durchaus als religiös verstehen, aber für die Ausübung ihrer Religion keine Gemeinschaft und keine Kirche brauchen.

Diese Form der Privatisierung der Religion wurde in der Studie ausdrücklich thematisiert. Den Studienteilnehmenden wurde dazu eine Reihe von Aussagen vorgelegt. Die Antworten zu diesen Fragen wurden (faktorenanalytisch) durchleuchtet. Dabei zeigt sich, dass die sieben einschlägigen Aussagen in zwei Richtungen weisen:

- Die einen wünschen für sich eine *gemeinsame* Religionsausübung. Sie betonen, sie könnten ohne Kirche „gar nicht wirklich religiös sein". Sie brauchten dazu andere Menschen. Und wenn schon nicht strikt notwendig, so sei eine Religionsgemeinschaft immerhin nützlich. Der Satz: „Religion ist meine Privatsache. Eine Kirche/Religionsgemeinschaft brauche ich überhaupt nicht dazu", steht in kantigem Gegensatz zu diesen Aussagen.
- Die übrigen drei Positionen relativieren die Bedeutung einer Religionsgemeinschaft für die eigene Religiosität. Man praktiziere sie *allein* und brauche dazu nicht unbedingt eine Kirche. Man wäre auch ohne eine Kirche religiös. Das sei auch ohne andere Menschen möglich.

TABELLE 65: Die vier Grundtypen und Aussagen zur Privatisierung der Religion

	gemeinsam					allein			
	Religion ist meine Privatsache. Eine Kirche/Religionsgemeinschaft finde ich trotzdem ganz nützlich.	Ohne Kirche/Religionsgemeinschaft kann ich gar nicht wirklich religiös sein.	Ich brauche andere Menschen, um religiös sein zu können.	*Religion ist meine Privatsache. Eine Kirche/Religionsgemeinschaft brauche ich überhaupt nicht dazu.*	*Summe „gemeinsam"*	Ich kann auch ohne andere Menschen religiös sein.	Ohne Kirche/Religionsgemeinschaft wäre ich trotzdem religiös.	Ich übe meine Religiosität in einer Kirche/Religionsgemeinschaft aus, brauche sie aber nicht unbedingt.	*Summe „allein"*
KIRCHLICHE	84%	39%	23%	*20%*	*126*	80%	69%	56%	*205*
SYMPATHISANTEN	64%	18%	10%	*48%*	*44*	76%	62%	42%	*180*
ETWASISTEN	46%	12%	11%	*66%*	*3*	74%	61%	39%	*174*
ATHEISIERENDE	18%	4%	3%	*86%*	*-61*	67%	36%	20%	*123*
alle	56%	20%	13%	*51%*	*38*	75%	59%	41%	*175*

KIRCHLICHE Menschen leben ihre Religiosität in Gemeinschaft. Das halten sie zwar nicht für zwingend notwendig – sie könnten auch ohne Kirche (39 %) oder ohne andere Menschen (23 %) religiös sein. Dennoch sehen sie mit überwiegender Mehrheit eine Religionsgemeinschaft für nützlich an (84 %). Diese Zustimmung zur gemeinsamen Religionsausübung sinkt dann von Typ zu Typ ab, wie die Summenwerte auf einen Blick zeigen. Der Wert fällt hin zu den SYMPATHISANTEN um das Dreifache, erreicht fast den Wert Null bei den ETWASISTEN, um bei den ATHEISIERENDEN ins Minus zu rutschen. Dies deshalb, weil die diesem Typ Zugeordneten zu 84 % der Ansicht sind: „Religion ist meine Privatsache. Eine Kirche/ Religionsgemeinschaft brauche ich überhaupt nicht dazu."

Die drei Aussagen zur Religionsausübung, die eine wohlwollende Sympathie für eine allein praktizierte Religiosität enthalten, finden bei allen vier Typen eine ähnliche, wenngleich gestufte Zustimmung. Wiederum zeigen die Summenwerte, dass die meiste Zustimmung bei den KIRCHLICHEN, die geringste bei den ATHEISIERENDEN anzutreffen ist.

Verteilungen

Der Nutzen komprimierter Typologien besteht darin, dass die enorme Datenmenge mit dem Ziel einer übersichtlichen Präsentation komprimiert wird. Einerseits bestätigt diese Typologie, dass subjektive Religiosität, Religion als Glaubenssystem und kirchliches Commitment in hohem Maße miteinander korrelieren. Andererseits ist es nunmehr möglich, in überschaubarer Weise zu zeigen, in welcher Stärke diese vier unterschiedlichen Grundtypen in den verschiedenen Kategorien unserer Gesellschaft anzutreffen sind: nach Geschlecht, Alter, Bildung, Lebensstand oder Ortsgröße. Die diesbezüglichen Erkenntnisse werden nunmehr vorgestellt. Wer sind die typischen Repräsentanten dieser vier Grundtypen?

ABBILDUNG 22: Verteilung der KIRCHLICHEN und der ATHEISIERENDEN

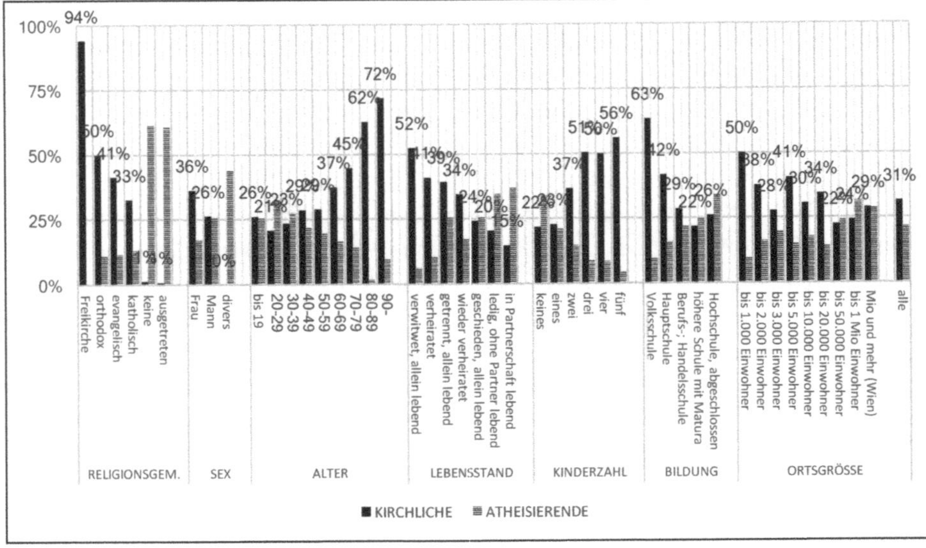

KIRCHLICHE Personen finden sich am meisten in den Freikirchen (94 %), gefolgt von den Orthodoxen (50 %). Dann kommen die Protestanten (41 %), und dies deutlich vor den Katholiken (33 %). Der Minderheitskirche gelingt es vermutlich besser, die Mitglieder zur aktiven Teilnahme zu mobilisieren denn der Großkirche. Es gibt in dieser Kategorie mehr Frauen als Männer, mehr Ältere denn Jüngere. Sie leben verwitwet oder verheiratet, haben überdurchschnittlich viele Kinder. Der niedrigste Anteil nach Bildung ist in der Kategorie der Maturanten, der höchste bei Personen mit Volksschulabschluss. Die KIRCHLICHEN leben eher in Dörfern denn in Kleinstädten. In der Großstadt finden sich mehr als in den Kleinstädten.

Die ATHEISIERENDEN hingegen sind bei keiner Religionsgemeinschaft oder aus einer solchen ausgetreten. Sie sind eher jünger, 20 bis 40 Jahre alt, sind unverheiratet und leben allein oder in einer Partnerschaft, haben vor allem weniger Kinder. Mit steigender Schulbildung nimmt auch ihr Anteil zu. Es gibt von ihnen wenige in den Dörfern, mehr schon in der Großstadt Wien, die meisten in den Kleinstädten.

Bezieht man die verwendeten Sozialmerkmale gemeinsam in eine Analyse ein (Regressionsanalyse), um Überschneidungen im Einfluss zu beheben, kann man den unabhängigen Einfluss der einzelnen Merkmale gut erkennen. Der stärkste Einflussfaktor ist die Kinderzahl (beta=,17), gefolgt vom Lebensstand (beta=-,10) und dem Alter (beta=,09). KIRCHLICHE sind also ältere, verheiratete Personen mit mehreren Kindern. Die (Nicht-)Zugehörigkeit zu einer Religionsgemeinschaft spielt gleichfalls eine Rolle (beta=-,08). Der Einfluss des Geschlechts ist zwar noch signifikant (,01), aber von nachrangigem Gewicht (beta=,06).

TABELLE 66: Einflussströme (Regressionsanalyse)

	Beta	Signifikanz
Kinderzahl	0,17	0,00
Lebensstand	-0,10	0,00
Alter	0,09	0,00
Religionsgemeinschaft	-0,08	0,00
Geschlecht	0,06	0,01
Schulbildung	-0,03	0,15
Ortsgröße	-0,01	0,78

Auswirkungen auf das Leben

Alle Religionen der Welt deuten das Leben der Menschen, das sich zwischen Freude und Hoffnung, Trauer und Angst, eingespannt in eine endliche Lebenszeit ereignet. Aber Religionen haben auch die erklärte Absicht, das vergängliche Leben dieser Deutung entsprechend zu gestalten: und zwar sowohl das gesellschaftliche Zusammenleben wie das private Leben. So halten sie ihre Anhänger an, sich die in Mythen und Lehren erzählte und zumeist in heiligen Büchern niedergeschriebene Deutung der Welt anzueignen und ihr gemäß zu leben.

Analog gilt das auch für jene Bevölkerungsteile, die von Geburt an keiner Religion angehören oder aus einer Religionsgemeinschaft ausgetreten sind. Auch sie deuten ihre Welt, ringen dem Leben einen Sinn ab und kultivieren in dessen Horizont ihr Leben und Sterben. Selbst auf jene trifft das zu, die sich als „Atheisten" definieren. Auch sie haben eine Welt-Anschauung und leben eine Art „säkularer Religion". Und auch sie ziehen aus ihrer Weltsicht Konsequenzen für die Stilisierung ihres Lebens sowie des gesellschaftlichen Zusammenlebens.

So stellt sich die religionssoziologische, aber auch für die persönliche Lebensführung, die Politik und das praktische Handeln von Religionsgemeinschaften relevante Frage, in welchem Kontext sich das „Sozioreligiöse" ereignet und welche Auswirkungen es auf das persönliche und gesellschaftliche Leben hat. Dabei umfasst das „Sozioreligiöse" alle drei Dimensionen: die subjektive Religiosität, die objektivierten Glaubenssysteme („Glaubenshäuser") sowie das Commitment in einer Religionsgemeinschaft („Kirchlichkeit").

Zum Kontext des „Sozioreligiösen"" gehören markante „Persönlichkeitsmerkmale". Sie prägen dieses und werden ihrerseits geprägt. Es scheint eine unaufhebbare Dialektik zwischen dem Sozioreligiösen und Persönlichkeitsmerkmalen zu bestehen.

Die Persönlichkeitsmerkmale, die in der (Langzeit-)Studie beleuchtet wurden, haben mit zwei großen „Werten" der europäischen Kultur zu tun, um welche Jahrhunderte hindurch weltanschaulich wie politisch hart gerungen wurde. Im Mittelpunkt steht die Ausstattung der Menschen mit Vorstellungen von Freiheit und Gehorsam sowie Bildern von Solidarität und Selbstbezogenheit. Die großen politischen Bewegungen in der neueren Geschichte Europas haben sowohl um den Ausbau und die Sicherung von Freiheiten (individueller Freiheitsgrade) sowie um die Ausweitung von Gerechtigkeit vor allem für die Verlierer der industriellen Revolution gerungen: hier der Liberalismus, dort die sozialistisch-marxistischen Bewegungen, und dazwischen die christlich-soziale Option, die eine Balance zwischen Freiheit und Gerechtigkeit sucht(e).[44]

Nun geht es in dieser Studie nicht um das Nachzeichnen dieser dramatischen gesellschaftlichen Entwicklungen. Vielmehr soll der forscherische Blick auf die Menschen gerichtet werden. Eruiert wird, wie es die Befragten mit Freiheit und Autorität sowie mit der für eine gerechtere Gesellschaft unerlässlichen Solidarität halten. Und beide Aspekte umfassend scheint das Ringen um Wahrheit und die Suche nach jenem Sinn zu sein, den Menschen in unserer verbunteten Welt ihrem Leben abringen.

Persönlichkeitsmerkmale

Wie halten es also die Menschen im Land mit ihrer Freiheit und wie solidarisch sind sie? Und welchen Sinn verleihen sie ihrem Leben?

Freiheit

Die europäische Freiheitsgeschichte erlitt zwei totalitäre Unterbrechungen: eine kommunistische sowie eine faschistische. Bald nach dem Ende der faschistischen Diktaturen in Europa ist Theodor W. Adorno forscherisch der Frage nachgegangen, warum so viele Bürgerinnen und Bürger bereit waren, diese unfreiheitlichen Systeme zu ermöglichen, ja in freien Wahlen an die Macht zu bringen. Seine Annahme: Es muss eine Bereitschaft gegeben haben, sich „Führern" zu unterwerfen. Diese Eigenschaft der Person nannte er „Autoritarimus".[45] Die Grundpositionen der Autoritären sind: „Recht hat, wer oben ist." „Führer befiehl, wir folgen dir!". Der Autoritarismus ist also keine Form der Autoritätsausübung, sondern bezeichnet das Verhältnis von Bürgerinnen und Bürgern zur Autorität.

Autoritarismus

Adorno hatte zur empirischen Überprüfung seiner Hypothese ein Instrument entwickelt, mit dessen Hilfe er die Stärke des in einer Person vorhandenen Autoritarismus messen wollte. Dieses Instrument wurde in einer kompakten Fassung über

---

44 Zulehner, Paul M.: Europa beseelen. Das Evangelium im Ringen um Freiheit, Gerechtigkeit und Wahrheit, Ostfildern 2019.

45 Adorno, Theodor W.: The authoritarian personality, 1950.

Jahre hinweg in der vorliegenden Langzeitstudie eingesetzt. An dieser Stelle soll noch nicht dargelegt werden, wie sich dieser Autoritarismus in der Kultur im letzten halben Jahrhundert (1970 bis 2020) entwickelt hat – darüber mehr im zweiten Hauptteil dieses Buches. Hier gilt es vielmehr zunächst die Lage im Jahr 2020 zu präsentieren. Dabei soll auch dargelegt werden, in welchen Teilen der Bevölkerung der Autoritarismus stark ausgeprägt ist und in welchen eher die Freiheitsoption überwiegt.

Das sind die vier in der vorliegenden Studie eingesetzten Testitems:

- „Wo strenge Autorität ist, dort ist auch Gerechtigkeit."
- „Das Wichtigste, was Kinder lernen müssen, ist Gehorsam."
- „Mitreden und mitentscheiden soll man erst, wenn man durch harte Arbeit eine Position erarbeitet hat."
- „Die viele Freiheit, die heute die jungen Menschen haben, ist sicher nicht gut."

Mit diesen vier Positionen wurde der vierteilige Index „Autoritarismus" errechnet. So verteilen sich alle Befragten auf dieser Indexskala: 15 % sind sehr autoritär gestimmt, weitere 33 % autoritär (zusammen 48 %). Auf der anderen Skalenhälfte finden sich die wenig autoritären (33 %) sowie die nicht autoritären Personen (19 %). Die Autoritären sowie die Nichtautoritären halten einander in etwa die Waage.

Die so gemessene autoritäre Grundstimmung drückt sich auch in folgenden beiden, in die Indexbildung nicht einbezogenen Aussagen aus; diese betreffen zwei sensible politische Bereiche, nämlich die Sozialpolitik sowie die Sicherung der liberalen Demokratie.

- „Leute, die nicht ordentlich arbeiten, soll man besser gar nicht unterstützen" (c=,39): Diese sozialpolitisch harte Ansage unterstützen 53 % der sehr Autoritären, aber nur 12 % der nicht Autoritären.
- „Von Zeit zu Zeit würde ich mir in Österreich eine Diktatur wünschen, dann gäbe es nicht so viele Missstände" (c=,28). 22 % der sehr Autoritären stimmen der Aussage zu; unter den nicht Autoritären sind es 3 %.

Wie sehr Autoritarismus mit der Freiheit zu tun hat, zeigt die Korrelation dieses Persönlichkeitsmerkmals mit der Ansicht: „Sicherheit und Wohlstand sind wichtiger als Freiheit." Während 50 % der sehr autoritären Befragten der Aussage (sehr) zustimmen und 19 % sie (ganz) ablehnen, findet sich unter den wenig und nicht autoritären Persönlichkeiten 3 % Zustimmung und 84 % Ablehnung. Autoritarismus ist somit auch Ausdruck eines hohen Sicherheitsbedürfnisses; dabei wird diese Lebenssicherung nicht der eigenen Bemühung zugetraut, sondern von „starken Führern" erwartet. Autoritäre, in ihrer Identitätsfindung in Zeiten der „neuen Unübersichtlichkeit" (Jürgen Habermas) und der „riskanten Freiheiten" (Ulrich Beck) verunsichert, machen bei Gruppen und deren Führern eine Art „Identitätsanleihe". Das ist insofern ideengeschichtlich beachtlich, weil die Achtundsechziger Kulturrevolution um die radikale Ausweitung von Freiheitsgraden gekämpft hat, nunmehr es aber offenbar Menschen in unserer Freiheitsgesellschaft gibt, die vor der lästig gewordenen Last der Freiheit unter das Dach von Führern flüchten, die Identität, höheren Selbstwert und Sicherheit versprechen.

Nun zur sozialen Verteilung des Autoritarismus in der Gesellschaft: Männer sind (52 % [sehr] autoritär) etwas autoritärer als Frauen, die unter 60-Jährigen deutlich weniger autoritär als die Personen über 70 aufwärts. Die Autoritären leben überdurchschnittlich oft in Orten zwischen 2000 und 3000 Einwohnern. Autoritäre haben mehr Kinder.

Starke Verteilungsunterschiede gibt es nach Schulbildung und parteipolitischer Präferenz. Personen, welche die Schule nach der Volksschule verlassen haben, sind zu 74 % (sehr) autoritär, Hochschulabsolventinnen zu 26 %. Krasse Unterschiede finden sich zwischen den Anhängern der verschiedenen politischen Parteien. Die Skala reicht von 27 % bei den potenziellen Grünwählenden hin zu 62 % bei den FPÖ-nahen Befragten. Die Frage zur politischen Präferenz lautete: „Wenn morgen Nationalratswahl wäre, welche Partei würden Sie dann wählen?"

ABBILDUNG 23: Verteilung der (sehr) Autoritären nach Sozialmerkmalen

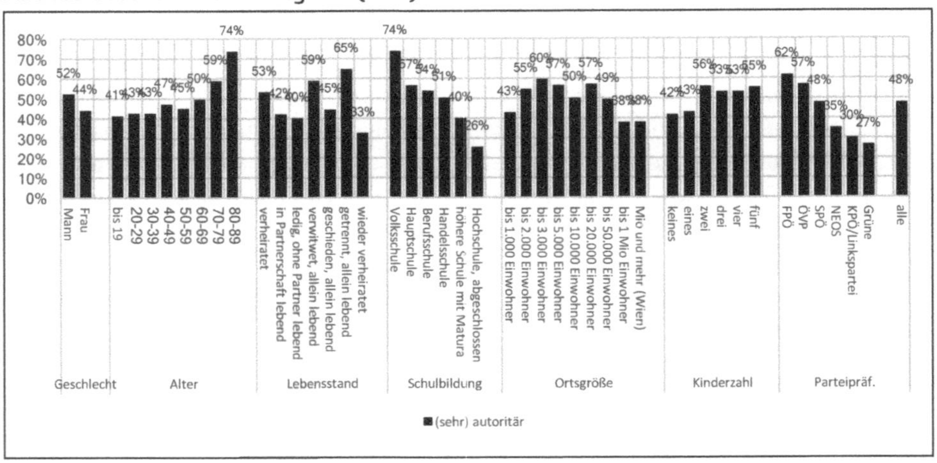

Die Einflussströme der einzelnen Sozialmerkmale in Richtung Ausstattung mit Autoritarismus können einander überlagern. Mit Hilfe einer multiplen Regressionsanalyse werden diese voneinander entflochten. Dabei zeigt sich die Bildung als herausragender, den Autoritarismus erklärender Faktor: Je höher die schulische Bildung, desto niedriger der Autoritarismus (beta=,25). Auch das Geschlecht sowie das Alter spielen eine nachhaltige, wenngleich deutlich geringere Rolle (Geschlecht: beta=,08; Alter beta=-,08). Dann folgen (immer noch auf einem Signifikanzniveau unter p=,05[46]) die Parteipräferenz (beta=,06) sowie die Ortsgröße (beta=,04).

46 Das Signifikanzniveau gibt an, wie zufallsunabhängig die Zusammenhänge sind. Für gewöhnlich werden Ergebnisse mit einem p-Wert <,05) berücksichtigt.

TABELLE 67: Regressionsanalyse zum Autoritarismus

	b*	p-Wert		b*	p-Wert
Schulbildung	0,25	0,00	Sozioreligiöse Typologie	-0,25	0,00
Geschlecht	0,08	0,00	Religionsgemeinschaft	0,08	0,00
Alter	-0,08	0,00	Kirchgangsfrequenz	0,04	0,26
Parteipräferenz	0,06	0,01	Gottesbild	-0,03	0,28
Ortsgröße	0,04	0,05	Religiosität	0,02	0,63
Lebensstand	*0,02*	*0,28*			
Kinderzahl	*-0,01*	*0,80*			

Politische Auswirkungen des Autoritarismus

Die Ausstattung mit Autoritarismus steht in enger Beziehung zur Parteipräferenz. Das soll an den zwei oben bereits genannten Beispielen illustriert werden: dem demokratiepolitischen und dem sozialpolitischen. „Von Zeit zu Zeit würde ich mir in Österreich eine Diktatur wünschen, dann gäbe es nicht so viele Missstände." „Leute, die nicht ordentlich arbeiten, soll man besser gar nicht unterstützen."

Als klar diktaturresistent erweisen sich die Anhänger der KPÖ, die sich jetzt auch Linkspartei nennt (5 % Zustimmung zum Wunsch nach zeitweiliger Diktatur, wo jemand „durchgreift") sowie die GRÜNEN (5 %). Sie haben auch bei jener sozialpolitischen Position, die an die Arbeitspolitik des Dritten Reiches erinnert, die niedrigsten Werte (KPÖ 14 %, GRÜNE 20 %). Ganz anders am anderen Ende der parteipolitischen Skala die Anhänger der FPÖ. Unter diesen kann sich nahezu ein Drittel (30 %) demokratieunterbrochene Zeiten zur Beseitigung von Missständen vorstellen. Die Hälfte sympathisiert auch mit der „ordentlichen Arbeitspolitik" aus der NS-Zeit (47 %). Dabei stehen ihnen hinsichtlich der nationalsozialistisch angehauchten Arbeitspolitik die Wählerinnen und Wähler der SPÖ (40 %) und der ÖVP (42 %) nicht viel nach. Allerdings ist unter deren Sympathisanten weitaus mehr Verlass hinsichtlich der Demokratie (ÖVP 13 %, SPÖ 8 %) als unter den Anhängern der FPÖ.

TABELLE 68: Autoritarismus begünstigt demokratie- und arbeitspolitische Positionen

	Von Zeit zu Zeit würde ich mir in Österreich eine Diktatur wünschen, dann gäbe es nicht so viele Missstände.	Leute, die nicht ordentlich arbeiten, soll man besser gar nicht unterstützen.
FPÖ	30 %	47 %
ÖVP	13 %	42 %
SPÖ	8 %	40 %
alle	11 %	34 %
NEOS	5 %	29 %
Grüne	5 %	20 %
KPÖ	5 %	14 %

Religion und Autoritarismus

Im Rahmen dieser auf Religion in all ihren Dimensionen fokussierten Studie interessierte natürlich der Zusammenhang zwischen dem Autoritarismus und der sozioreligiösen Ausstattung der Menschen. Eine Reihe von Aussagen über den Glauben und die Kirchen korreliert direkt hoch mit Autoritarismus. Das sind:

- „Die Kirche soll auch in Zukunft möglichst klare Gebote und Verbote für das Leben der Christen aufstellen" (c=,35).
- „Der Glaube sollte etwas ganz Unveränderliches sein, an dem man sich ausrichten kann" (c=,33).
- „Dem Glauben muss man mit Ehrfurcht begegnen und nicht mit Kritik" (c=,35).
- „Ich erwarte mir von einer Kirche Autorität" (c=,44).

Darüber hinaus gibt es eine beachtliche Wechselwirkung zwischen wichtigen religiösen Indikatoren und dem Persönlichkeitsmerkmal des Autoritarismus. Orthodoxe (57 %) sind autoritärer gestimmt als Protestanten (49 %); die Ausgetretenen haben einen noch deutlich niedrigeren Wert (33 %). Eine ähnliche Diskrepanz findet sich zwischen den Menschen mit einem theistischen Gottesbild (61 %) und den Atheisten (35 %). Fast zwei Drittel der Sonntagskirchgänger sind (sehr) autoritär (61 %), von jenen, die (fast) nie gehen, sind es 37 %. Auch bei der sozioreligiösen Gesamttypologie kommt die gleiche Differenz zum Vorschein: Kirchenengagierte Theisten (62 %) sind autoritärer als Atheisierende (27 %).

ABBILDUNG 24: Autoritarismus in den verschiedenen religiös-kirchlichen Kategorien

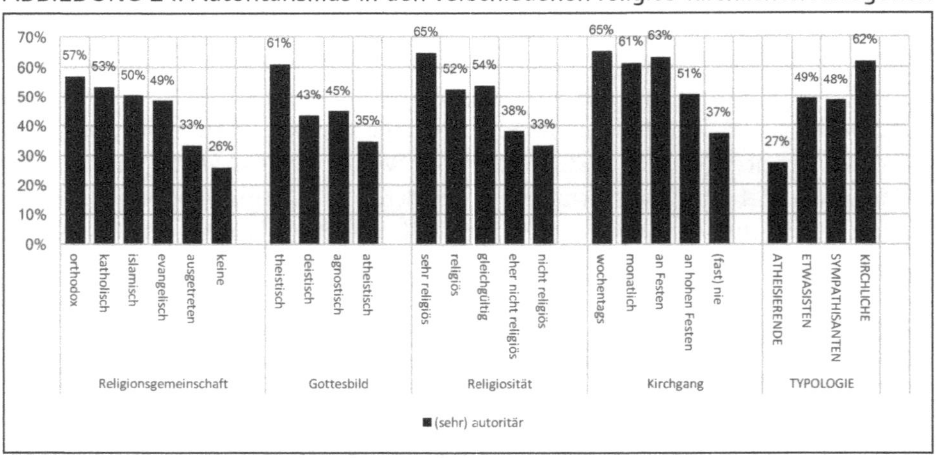

Begünstigen also einander Religion und Autoritarismus? Eine solche Aussage legt sich auf den ersten Blick nahe. Doch sind die Zusammenhänge komplexer. Zwar gibt es beispielsweise unter den KIRCHLICHEN zwei Drittel auf der eher autoritären Seite der Skala. Zugleich tendiert aber ein Drittel dazu, nicht autoritär zu sein. Und das ist in allen weltanschaulichen Gemeinschaften ähnlich. Wie die Gesamtbevölkerung als Ganze, sind auch die weltanschaulichen Gruppen in sich polarisiert. Sie haben gegensätzliche Ansichten hinsichtlich Freiheit und Autorität.

Diese innere spannungsreiche Polarisierung kann graphisch anschaulich gemacht werden. Dazu werden für jede weltanschauliche Kategorie (Religionsgemeinschaften, Nichtmitglieder, Ausgetreten) die Anteile jener Zugehörigen, die (sehr) religiös und (sehr) autoritär sind, jenen gegenübergestellt, die auch (sehr) religiös, aber zugleich wenig bzw. nicht autoritär sind. Es sind gleichsam die „Flügel" der Gemeinschaften, die damit sichtbar werden – jene, die autoritär gestimmt und jene, die freiheitsbedacht sind. Am größten sind die „Flügel" in der islamischen Glaubenskommunität (zusammen 76 %), gefolgt von den Orthodoxen (63 %) und den Protestanten (59 %). An vierter Stelle rangieren die Katholiken (57 %). Auffällt, dass es in den Kategorien der Nichtmitglieder sowie der Ausgetretenen diese Polarisierung kaum gibt – das hat freilich damit zu tun, dass der Anteil der religiösen Personen unter ihnen unterdurchschnittlich ist.

Jedenfalls zeigt sich, dass in den Religionsgemeinschaften eine Polarisierung gegeben ist, und, was für den Diskurs Auswirkungen haben sollte, es bei dieser konfliktträchtigen Polarisierung nicht um religiöse Themen, sondern um die Stellung zur „modernen" Freiheitszumutung geht. Religionsgemeinschaften stehen offenbar (über ihre Mitglieder) alle in einem „Modernisierungsstress".

Die katholische Kirche bietet für die aus der Polarisierung erwachsenden Modernitätskonflikte kirchensoziologisch ein gutes Anschauungsbeispiel. Im Syllabus von Pius IX. (1864) waren alle modernen Freiheiten einschließlich der Demokratie als Irrtum verworfen worden. Diesem folgte die Zeit eines kämpferischen Antimodernismus eines Pius X. Johannes XXIII. wollte sodann mit dem Zweiten Vatikanischen Konzil eine Öffnung der katholischen Kirche zur modernen Welt erreichen. Das Konzil war auf dem Weg der Verminderung der von Konzilspapst Paul VI. beklagten Kluft zwischen der modernen Welt und der katholischen Kirche, zwischen Kultur und Evangelium, ein großer Schritt. Aber immer noch wird um die nachhaltige Implementierung des Konzils in die katholische Kirche, ihre Strukturen und ihre Praxis gerungen. Das zeigt sich an den durchaus heftig-deftigen Flügelkämpfen, die es unter dem Reformpapst[47] Franziskus derzeit in der katholischen Kirche gibt.

Flügel sind Ausdruck für Entwicklung. Zumeist steht der eine Flügel für die Wahrung der Tradition, der andere erweist sich als Anwalt der heutigen „Situation". Tragen beide Flügel zur Entwicklung bei, kann diese gelingen, ohne mit der Tradition zu brechen. Es wird aber zugleich klar, dass auch religiöse Einrichtungen ihre Identität nur im Wandel wahren können.

---

47 Batlogg, Andreas/Zulehner, Paul M.: Der Reformer. Von Papst Franziskus lernen – ein Appell, Würzburg 2019.

ABBILDUNG 25: Polarisierung in den weltanschaulichen Gruppen

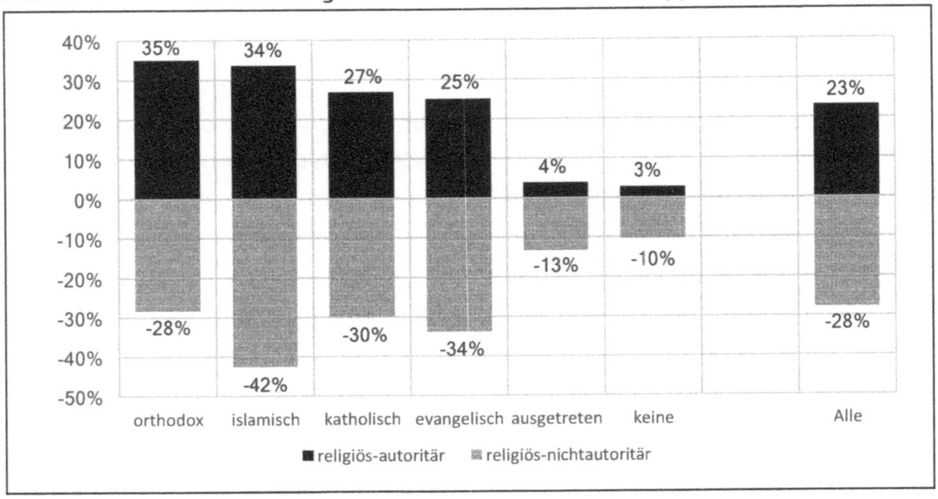

Die spannungsreiche Polarisierung ist aber nicht nur in den Religionsgemeinschaften als Ganze anzutreffen, sondern auch in jenen Gruppen, in denen sich Kirchenmitglieder engagieren. Den stärksten Anteil von religiös-autoritär gestimmten Personen gibt es in Gebetsgruppen und Aktionsgruppen der Kirchengemeinden. Am niedrigsten ist deren Zahl in Initiativgruppen der Caritas/Diakonie. Tendieren religiös-autoritäre Kirchenmitglieder eher zum Frommsein, die religiös-nichtautoritären hingegen zum Einsatz für die Armgehaltenen? Ganz falsch scheint aufgrund der Ergebnisse diese Vermutung nicht zu sein.

ABBILDUNG 26: Polarisierung in aktiven Gruppen

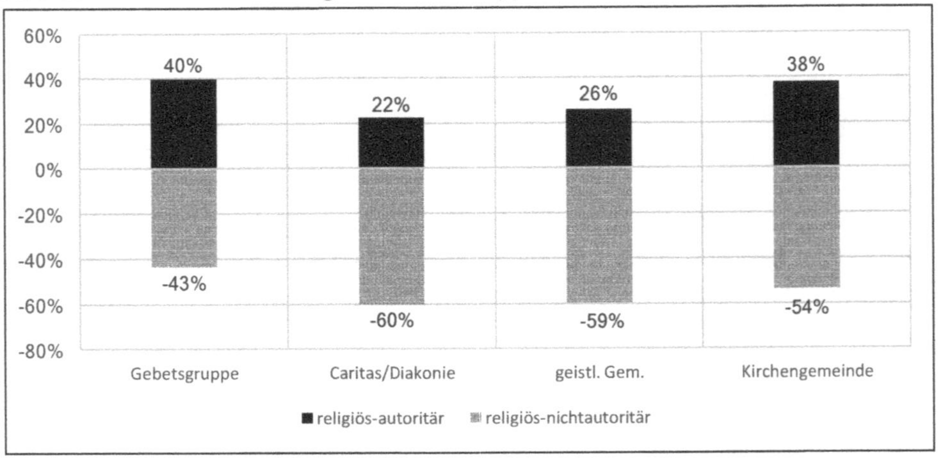

Solidarität – Selbstbezogenheit

Neben dem Ringen um mehr Freiheit prägte die jüngere europäische Geschichte das Ringen um mehr Gerechtigkeit. Angetrieben wurde dieses Ringen um Gerechtigkeit durch die Soziale Frage des 19. Jahrhunderts. Das Ergebnis ist ein ausgebauter demokratischer Sozialstaat, in dem Freiheit und Gerechtigkeit ausbalanciert werden. Dass dieser Ausgleich nötig war, begründete der französische Sozialreformer Jean B. Lacordaire (1802–1865) damit, dass man der Freiheit immer Gerechtigkeit abringen müsse. Die Freiheit der Fabrikherren nützte nämlich zunächst dem Industrieproletariat nicht. Politische Bewegungen haben sich dieser Aufgabe gestellt. Ihr Bewegungskapital war die Solidarität derer, die sich ihnen anschlossen.

Soll mehr Gerechtigkeit auf demokratischem Wege errungen werden, braucht es in einer Bevölkerung ausreichend viele Menschen, welche eine auf mehr Gerechtigkeit ausgerichtete Politik „wählen". Hier geht es nicht um die Frage, welche soziale Bewegung oder politische Partei dafür am besten geeignet ist. Vielmehr wird der analytische Blick auf die Bevölkerung gerichtet. Untersucht wird, wie es um den für eine Politik für mehr Gerechtigkeit erforderlichen Vorrat an (belastbarer) Solidarität bestellt ist.

Um diesen gesellschaftlichen Vorrat an Solidarität zu vermessen, waren den Befragten mehrere einschlägige Aussagen vorgelegt worden. Eine faktorenanalytische Durchleuchtung der gegebenen Antworten zeigt, dass es sich um vier „Gruppen" von Positionen handelt:

- Drei Aussagen befassen sich mit der Bereitschaft zu *teilen*. Die Familie steht dabei im Mittelpunkt. In dieser sollen Kinder das Teilen lernen. Dies sei für ihr Leben das Wichtigste. In der Familie könne man auch Konflikte lösen lernen.
- Drei weitere Aussagen wollen nicht nur teilen, sondern *verteilen*. Nur so könnten ungerechte Einkommensunterschiede überwunden werden. Dazu sei aber der Verzicht aller erforderlich.
- Zwei Aussagen klingen *selbstbezogen*: Jeder müsse seine Probleme selbst lösen. Jeder sei seines eigenen Glückes Schmied.
- Schließen betonen zwei weitere Items die *Zusammengehörigkeit* unter allen Menschen, also eine Art Verwobenheit im Sein und daraus folgend universelle Solidarität. Das Gefühl der Zusammenhörigkeit motiviert offenkundig Personen, die so denken, zur Unterstützung von Menschen in Not.

TABELLE 69: Faktorenanalyse der Items zu Solidarität und Individualismus

	teilen	verteilen	selbstbezogen	zusammen
Teilen lernt man am besten in der Familie.	**0,81**	0,02	0,11	0,18
Ohne Familie kann man nicht lernen, Konflikte zu lösen.	**0,80**	0,05	0,08	-0,19
Das Wichtigste, was Kinder lernen müssen, ist das Teilen.	**0,72**	0,17	0,01	0,24
Man sollte denen, die mehr haben, etwas wegnehmen dürfen, um es an Bedürftige zu verteilen.	0,02	**0,81**	-0,02	-0,18
Wenn wir alle ein bisschen verzichten würden, gäbe es bald keine Armut mehr.	0,23	**0,71**	-0,09	0,11
Einkommensunterschiede sollen verringert werden.	0,05	**0,66**	0,13	0,34
Jede/r muss seine/ihre Probleme selbst lösen.	0,14	-0,08	**0,81**	-0,07
Wichtig ist, dass der Mensch glücklich wird. Wie, das ist seine Sache.	0,06	0,07	**0,79**	0,18
Zusammengehörigkeitsgefühl und Gleichberechtigung unter allen Menschen sind entscheidend für unsere Zukunft.	0,05	0,05	0,18	**0,78**
Ich unterstütze Menschen in Not durch Geld- oder Sachspenden.	0,25	-0,01	-0,15	**0,64**
Erkl.Var	1,96	1,64	1,38	1,34
Ant.Ges.	0,20	0,16	0,14	0,13

Die Bildung von drei Typen komprimiert diese vielfältigen Aussagen:

- Ein erster Typ wirkt „*unsolidarisch*", hat bei allen Fragen niedrige Mittelwerte, engagiert sich weder fürs Teilen noch fürs Verteilen.
- Für einen zweiten, bereits solidarischen Typ steht das *Teilen* im Mittelpunkt.
- Der dritte, gleichfalls solidarisch gefärbte Typ befürwortet über das Teilen hinaus auch das *Verteilen*.

ABBILDUNG 27: Bildung von Typen der (Un-)Solidarität

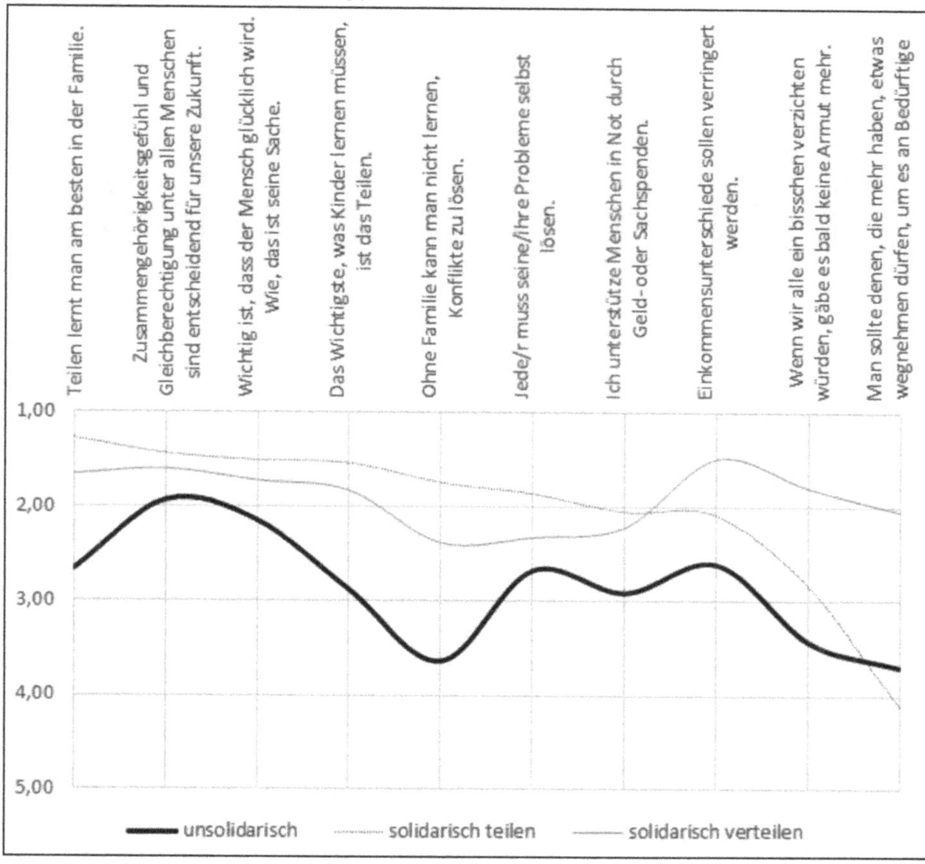

Der typische unsolidarische Mensch ist ein junger Mann, lebt allein, hat eine höhere Bildung, keine Kinder, wohnt eher in einem größeren Wohnort. Die Anhänger der politischen Parteien unterscheiden sich hinsichtlich ihres Anteils an unsolidarischen Sympathisanten beträchtlich. Die meisten Unsolidarischen sympathisieren mit den NEOS. Die SPÖ-Anhänger werden dem Ruf „ihrer Partei'" gerecht: unter ihnen haben die wenigsten eine unsolidarische Haltung.

Die Solidarischen splitten sich in Teiler und Verteiler. Dabei erweist sich das Teilen eher als kleinräumige Solidarität, während Konzepte des Verteilens transfamilial angelegt sind. Die Solidarität des Teilens findet sich bei Älteren, Verheirateten und Verwitweten, Grundschulabsolventen, Bewohnern kleiner Dörfer, bei ÖVP-Anhängern.

ABBILDUNG 28: Verteilung des Solidaritätsvorrates in der Bevölkerung

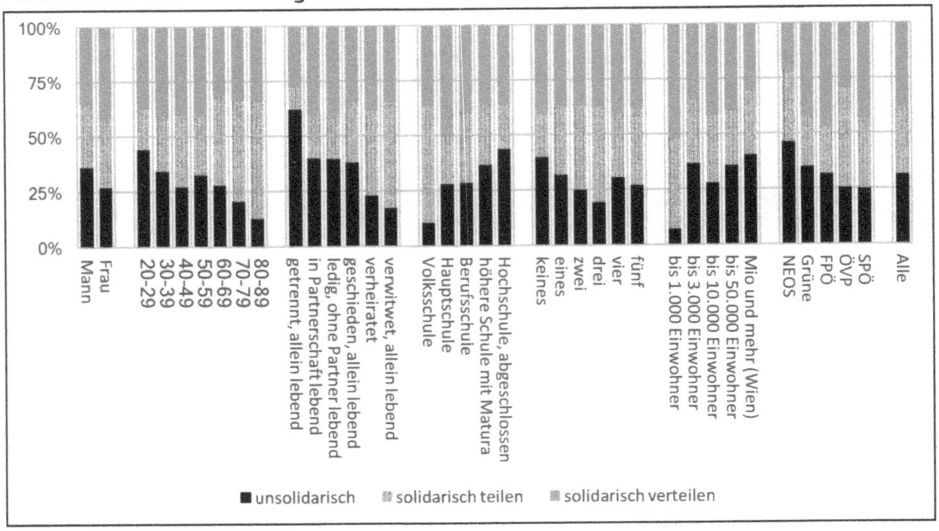

Die sozioreligiöse Ausstattung wirkt sich auf die Solidaritätskompetenz einer befragten Person merklich aus. Überdurchschnittlich (der Durchschnitt liegt bei 31 %) viele UNSOLIDARISCHE finden sich in der Kategorie derer, die von Geburt an zu keiner Religionsgemeinschaft gehören (45 %), bei jenen, die atheistisch einen Gott leugnen (50 %), bei den nichtreligiösen Personen (47 %), bei jenen, die (fast) nie in einen Gottesdienst gehen (42 %). All das zeigt sich auch gebündelt daran, dass der sozioreligiöse Grundtyp der Atheisierenden mit 46 % die meisten UNSOLIDARISCHEN aufweist.

Umgekehrt sind die beiden solidarischen Varianten unter den Personen mit einem theistisch-christlichen Gottesbild, den Sehrreligiösen, bei jenen, die mindestens einmal im Monat in eine Kirche gehen und folglich beim Grundtyp der Kirchlichen anzutreffen. Die religiöse Gestimmtheit sowie die Verbundenheit mit einer religiösen Gemeinschaft fördern sichtlich die Solidarbereitschaft der Menschen.

ABBILDUNG 29: Verteilung des Solidaritätsvorrates in den Religionsgemeinschaften

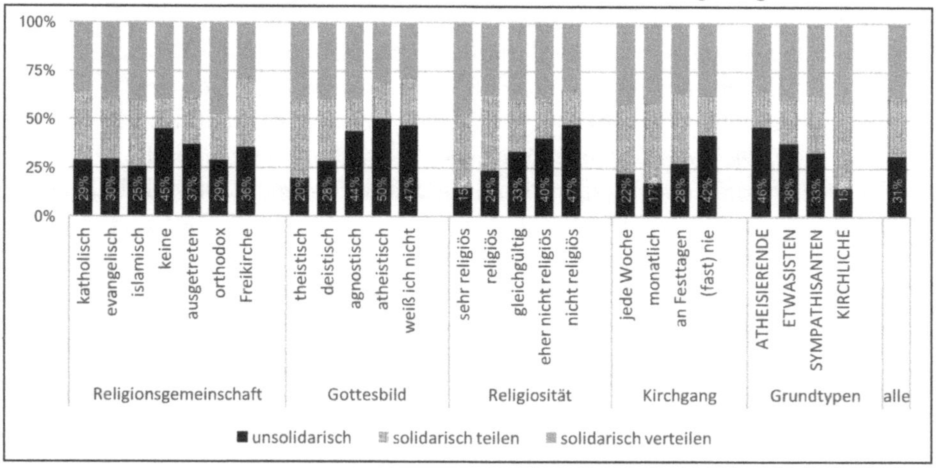

Diese Ausbildung und Stabilisierung von belastbarer Solidarbereitschaft ist ein wichtiger Beitrag der Religionsgemeinschaften zur Zukunftsfähigkeit von modernen, stark auf das Individuelle bedachten Gesellschaften. Entsprechend der Datenlage wäre der Solidarvorrat der Gesellschaft ohne die Religionsgemeinschaften geringer. Schwinden derzeit in der Gesellschaft beide gemeinsam – nämlich die kirchlich kultivierte Religiosität und die Fähigkeit zu belastbarer Solidarität, die weiterreicht als in die kleinen Lebenswelten der Familien? Sind es die Religionen mit ihrer Lehre von der Zusammengehörigkeit allen Seins, welche die Bereitschaft zur Solidarität aus dem Mikrobereich in den Makrobereich ausweiten können? Hat der gläubige Grundsatz gewichtige soziale Auswirkungen, der da heißt: „Wenn nur ein (persönlicher) Gott ist, dann ist jede eine von uns?“ Folgt aus dem christlichen Gottesbild eine im Kern universelle Solidarität, und dies im Prinzip zunächst ohne Obergrenze, die dann freilich durch das kluge politische Handeln in zumutbare praktikable Schritte transformiert werden muss? Das Axiom aus Römischer Zeit „si vis pacem, para bellum“ führt heute mehr denn je nicht mehr zu Frieden in den und zwischen den Völkern. Längst muss dieses Axiom umformuliert werden in „si vis pacem, para iustitiam“. Denn der Weg zum dauerhaften Frieden ist heute allein die Gerechtigkeit. Moderne Waffen sind lediglich in der Lage, den Zustand eines Nichtkrieges zu stabilisieren. Zudem verschlingt deren Produktion enorme Ressourcen, die der Menschheit beim Kampf gegen Analphabetismus, Hunger und Armut fehlen.

Suche nach Sinn

Das dritte Persönlichkeitsmerkmal, das in der Studie Aufmerksamkeit gewinnt, ist die Fähigkeit eines Menschen, dem Leben einen tragfähigen Sinn abzuringen. Nach Sinn sucht jeder Mensch. Diese Suche ist kein Privileg von kirchlichen Bildungseinrichtungen. Die Frage stellt sich aber, wie die Sinnsuche je nach religiöser Prägung und kirchlichem Engagement aussieht.

Der Sinnsuche sind in der Studie einige Fragen gewidmet. In diesen zeigen sich (faktorenanalytisch) vier Sinndimensionen:

- Eine erste Dimension verweist darauf, dass die Natur und das Leben schon den Sinn in sich tragen. Dieser natürliche Sinn müsse lediglich „ausgelebt“ werden, indem man sich das Leben so angenehm wie möglich macht und das Beste dabei herausholt. Die *naturalistische* Dimension ist zugleich hedonistisch.
- Die zweite Dimension bezieht den Sinn aus der *Religion*. Das wird als eigene Entscheidung angesehen – dem Leben wird Sinn verliehen: dies aber im Horizont eines Gottes und eines Lebens nach dem Tod.
- Die dritte Dimension wird in der Forschung als *Anomie* charakterisiert. Leben hat keinen Sinn. Man wisse nicht, wozu der Mensch lebt.
- Die vierte Dimension schließlich kommt „praktisch“, „*bürgerlich*“ daher. Wichtig sind jetzt gesichertes Einkommen, eine angesehene Position sowie Sicherheit und Wohlstand, die wichtiger sind als die Freiheit.

TABELLE 70: Dimensionen der Sinnsuche

Dimensionen	alle	
naturalistisch	81 %	Das Leben wird letztlich bestimmt durch die Gesetze der Natur.
	77 %	Für mich trägt das Leben seinen Sinn in sich selbst.
	63 %	Das Leben ist nur ein Teil der Entwicklung in der Natur.
	64 %	Der Sinn des Lebens ist, dass man versucht, dabei das Beste herauszuholen.
	72 %	Man muss sich das Leben so angenehm wie nur möglich machen.
religiös	50 %	Das Leben hat einen Sinn, weil es nach dem Tode noch etwas gibt.
	27 %	Das Leben hat nur einen Sinn, weil es Gott gibt.
	70 %	Das Leben hat nur dann einen Sinn, wenn man ihm selber einen Sinn gibt.
sinnlos	11 %	Meiner Meinung nach dient das Leben zu gar nichts.
	12 %	Ich weiß nicht, wozu der Mensch lebt.
bürgerlich	70 %	Der Beruf soll in erster Linie dazu da sein, ein gesichertes Einkommen zu garantieren.
	23 %	Der Sinn des Lebens besteht darin, eine angesehene Position zu gewinnen.
	19 %	Sicherheit und Wohlstand sind wichtiger als Freiheit.

Mit all diesen verfügbaren Aussagen wurde eine dreiteilige Typologie gebildet. Dabei wird ein bürgerlich-pragmatischer, ein naturalistisch-fatalistischer und ein christlich/theistischer Sinntyp erkennbar. Der naturalistische Sinntyp ist diesseitig, kommt ohne religiöse Sinngebung aus, der christliche/theistische Sinntyp bezieht die Hoffnung über den Tod hinaus und das Setzen auf Gott in die Sinnsuche ein. Der dritte Typ ist dem zweiten ähnlich: Anders als dieser ist ihm der alltagspraktisch generierte Sinn in Beruf, Karriere und Einkommen wichtig.

ABBILDUNG 30: Sinntypen

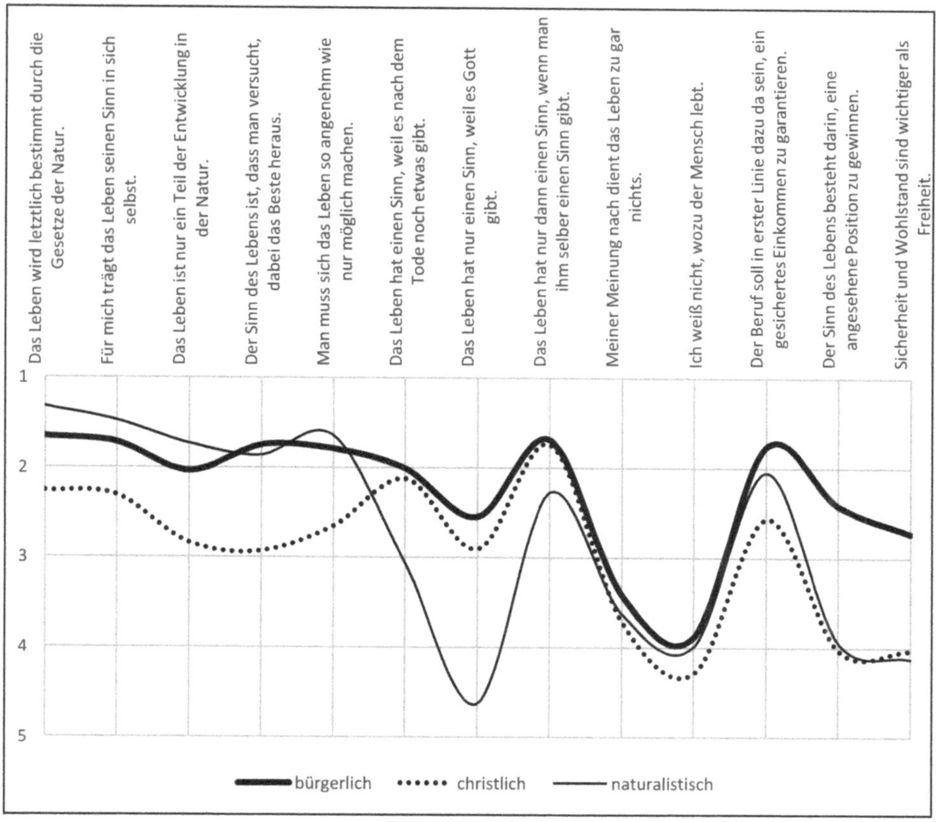

Die Verteilung dieser Sinntypen nach säkularen Merkmalen wie Geschlecht, Alter etc. ist eher unauffällig. Eine Rolle spielen aber, erwartbar, sozioreligiöse Indikatoren. Nichtmitglieder und Ausgetretene gehören dem naturalistisch-hedonistischen Sinntyp an. Das Gottesbild steht mit der Sinnsuche in engem Zusammenhang. Theisten gehen eher einen weltzugewandten („bürgerlich" 44 %) oder aber einen himmelverankerten Weg („christlich" 46 %). Gottesglaube generiert Sinn auf ziemlich verschiedene Weisen. Diese Zusammenhänge bestätigen sich, wenn die Sinntypen nach sozioreligiösen Grundtypen aufgedröselt werden. Atheisierende sind zu 84 % naturalistisch-hedonistisch. What else? Kirchliche hingegen suchen Sinn im Horizont von Gott, verstehen den Tod als letzte Geburt in ein schlechthin sinnvolles, also ewiges Leben. Allerdings unterscheiden sich die Kirchlichen im Umgang mit dem alltagspraktischen Sinn (Beruf, Karriere, Wohlstand und Sicherheit).

In der Gesamtbevölkerung gehört jeweils ein Drittel zu einem der drei Sinntypen. Auch dies belegt die These von der durchgehenden weltanschaulichen Verbuntung der modernen Kulturen.

TABELLE 71: Verteilungen der Sinntypen

	bürgerlich	christlich	naturalistisch
Islamisch (theistisch)	47 %	36 %	17 %
orthodox	43 %	33 %	25 %
katholisch	36 %	30 %	34 %
evangelisch	36 %	29 %	35 %
keine	9 %	18 %	73 %
ausgetreten	19 %	17 %	65 %
theistisch	44 %	46 %	10 %
deistisch	33 %	25 %	42 %
agnostisch	30 %	20 %	50 %
atheistisch	11 %	10 %	79 %
ATHEISIERENDE	8 %	8 %	84 %
ETWASISTEN	39 %	26 %	34 %
SYMPATHISANTEN	29 %	33 %	38 %
KIRCHLICHE	49 %	42 %	9 %
alle	33 %	29 %	38 %

Geschlechterrollen

Schon seit 1992 studiere ich die Rollenbilder von Männern und Frauen im Land. Dabei konnte nicht nur eine bunte Vielfalt von Selbstbildern aufgedeckt werden, die in der Bevölkerung mehr oder minder nebeneinander existieren. Typologisch besehen verstehen sich die einen traditionell, andere sind „pragmatisch", andere unsicher und schließlich weitere „modern", haben ein neues Männer- oder Frauenbild. Zudem wurde an Hand von zwei Wiederholungen der Geschlechterstudie im Abstand von jeweils zehn Jahren (2002, 2012) eine langsame Verschiebung von traditionellen zu „moderneren" Rollenbildern beobachtet, wobei diese Veränderung sich im letzten Jahrzehnt verlangsamt, teilweise auch wieder umgekehrt hat.

Hier soll es um die spezifische Frage aus dem Geschlechterdiskurs gehen, ob und welche Rolle die Religionen in unserer Kultur bei der Ausformung und Legitimation von Rollenbildern spielen. Diese Frage ist auch politisch brisant. In Diskursen um den Islam in Europa wird darauf hingewiesen, dass die schutzsuchenden Menschen nach Österreich traditionelle, ja geradezu „vormoderne" Geschlechterrollenbilder importieren, die eng mit ihrer Religion verwoben sind. Es herrsche eine Überordnung des Mannes über die Frau. Allerdings hat bereits die dritte „Geschlechterstudie" im Jahre 2012[48] mit Blick auf die im Land lebenden Muslime und Muslimas aufgedeckt, dass auch in deren Kommunitäten eine Vielfalt von Rollen-

48 Zulehner, Paul M./Steinmair-Pösel, Petra: Gleichstellung in der Sackgasse?, Wien-Graz 2014.

mustern besteht und sich ein beachtlicher Wandel im Rollenbild zumal der Muslimas beachten lässt – insbesondere bei jenen, die als zweite oder dritte Generation im Land sind.[49]

Rollenbilder

In den Fragebogen der Religionsstudie 2020 war das bewährte Testinstrument für die Rollenselbstbilder aus den Geschlechterstudien übernommen worden. In diesem sind traditionelle wie moderne Rollenelemente enthalten. Die unterschiedlichen Items waren in allen bisherigen Studien (faktorenanalytisch betrachtet) zweidimensional – also entweder traditionell oder modern. In der vorliegenden Studie scheren aber einzelne Items aus: etwa, dass der Mann in seiner Arbeit seinen persönlichen Sinn erfährt; oder auch die Aussagen über die halbtägige Berufsarbeit beider sowie dass die Zeit mit einem Kind für den Mann eine Bereicherung darstellen könne.

Die fünfzehn Items lassen sich dennoch dazu verwenden, um die in mehreren Publikationen bereits vorgelegte vierteilige Typologie zu errechnen. Diese vier Grundtypen von Geschlechterrollen sind:

- die *Traditionellen*: Sie teilen (wie Schiller in seiner „Glocke") den Frauen das Haus und den Männern den Beruf zu, die Geschlechterrollen sind „halbiert"[50];
- den Traditionellen gegenüber sind die *Modernen*: Beide, Männer wie Frauen, sind im beruflichen wie im familiären Feld zugleich angesiedelt. Die traditionelle Halbierung der Geschlechterrollen ist überwunden. Von diesen modernen Geschlechterrollen sagten 2012 73 %, dass sie anfordern, ja überfordern;
- die *Unsicheren*: Diese zeichnen sich durch relativ niedrige Mittelwerte aus. Sie scheinen nicht sicher zu sein, welchem Rollenbild sie zuneigen sollen;
- die *Pragmatischen*: Diese haben bei traditionellen wie modernen Rollenelementen eher höhere Werte. Offenbar ist ihre Rolle von „Nützlichkeit" geleitet. Sie halten für gut, was ihnen dient, und wählen dazu aus den traditionellen wie den modernen Merkmalen Passendes aus. So sehen solche „Rosinenpicker" durchaus einen Vorteil, wenn auch eine Frau berufstätig ist, weil ihnen dann eher das selbstverdiente Einkommen zur eigenen Verfügung bleibt.

---

49 Mehr dazu in: Zulehner, Paul M./Kurz, Sebastian: Muslimas und Muslime im Migrationsstress, Göttingen 2015.

50 Beck-Gernsheim, Elisabeth: Das halbierte Leben. Männerwelt Beruf, Frauenwelt Familie, Frankfurt 1985.

TABELLE 72: Traditionelle und moderne Rollenelemente

	traditi-onell	neu	
Die Frau soll für den Haushalt und die Kinder da sein, der Mann ist für den Beruf und die finanzielle Versorgung zuständig.	**0,78**	-0,25	-0,01
Der Beruf ist gut, aber was die meisten Frauen wirklich wollen, ist ein Heim und Kinder.	**0,76**	-0,23	0,12
Eine Frau muss ein Kind haben, um ein erfülltes Leben zu haben.	**0,70**	-0,02	-0,08
Hausfrau zu sein ist für eine Frau genauso befriedigend wie eine Berufstätigkeit.	**0,67**	-0,18	0,20
Männer können einer Frau ruhig das Gefühl geben, sie würde bestimmen, zuletzt passiert doch das, was die Männer wollen.	**0,66**	0,04	-0,18
Ein Kleinkind wird wahrscheinlich darunter leiden, wenn die Mutter berufstätig ist.	**0,64**	-0,05	0,10
Frauen sind von Natur aus besser dazu geeignet, Kinder aufzuziehen.	**0,58**	0,13	-0,40
Wenn ein Mann und eine Frau sich begegnen, soll der Mann den ersten Schritt tun.	**0,54**	0,17	-0,30
Der Mann erfährt in seiner Arbeit seinen persönlichen Sinn.	*0,45*	*0,49*	*-0,34*
Berufstätigkeit ist der beste Weg für eine Frau, um unabhängig zu sein.	-0,17	**0,78**	0,01
Frauenemanzipation ist eine sehr notwendige und gute Entwicklung.	-0,24	**0,66**	0,14
Beide, Mann und Frau, sollten zum Haushaltseinkommen beitragen.	-0,21	**0,65**	0,17
Eine berufstätige Frau kann ihrem Kind genauso viel Wärme und Sicherheit geben wie eine Mutter, die nicht arbeitet.	-0,22	**0,54**	0,17
Für einen Mann ist es eine Bereicherung, zur Betreuung seines kleinen Kindes in Erziehungsurlaub zu gehen.	-0,16	0,14	**0,75**
Am besten ist es, wenn der Mann und die Frau beide halbtags erwerbstätig sind und sich beide gleich um Haushalt und Kinder kümmern.	0,07	0,11	**0,73**
Erkl.Var	4,02	2,22	1,64
Ant.Ges.	0,27	0,15	0,11

Soziale Verteilung der Geschlechterrollen

Die vier abgegrenzten Geschlechterrollentypen verteilen sich in den sozialen Kategorien unserer Bevölkerung unterschiedlich. Eng ist der Zusammenhang mit dem Alter, der Bildung, der Größe des Wohnorts, der politischen Parteipräferenz. Auch Männer und Frauen unterscheiden sich: Männer sind (auch 2020) etwas traditioneller als Frauen.

ABBILDUNG 31: Soziale Verteilung der Geschlechtertypen

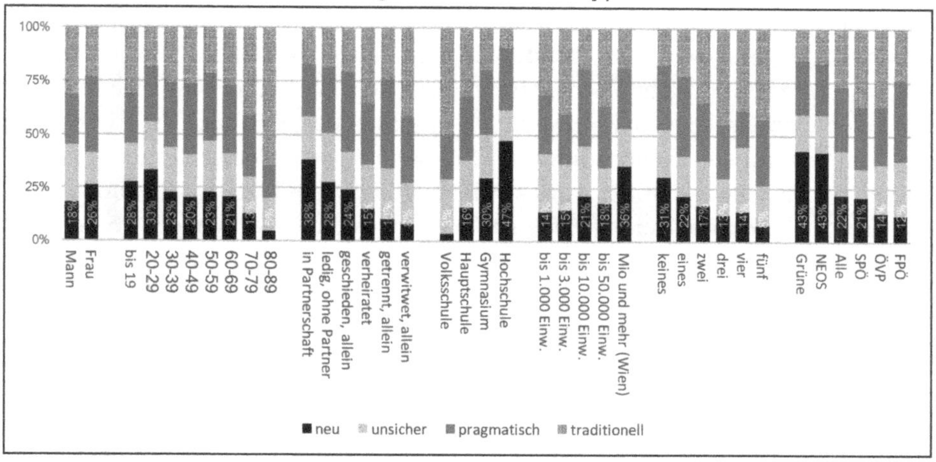

Religiöse Legitimation von Geschlechterrollen

Zumal der katholischen Kirche wird vorgehalten, sie bremse die Entwicklung moderner Geschlechterrollen. Als Kirche, die nur Männer ordiniert, wehre sie sich gegen alle Forderungen von Kirchenfrauen, innerkirchlich eine Gleichstellung der Geschlechter möglich zu machen. Dies sei umso dringlicher, als das Konzil aufgrund der Taufe von einer fundamentalen Gleichheit aller in der Kirche spreche. Von gleicher Würde und Berufung ist die Rede (Lumen gentium 32; CIC 1983, can 208). Auch auf den Brief des Europaapostels Paulus an die Gemeinde in Galatien wird Bezug genommen: In der Kirche gebe es nicht mehr Juden und Griechen, Sklaven und Freie, Männer und Frauen – alle seien eins geworden in Christus (Gal 3,28). Eine rassistische, kapitalistische oder sexistische Diskriminierung dürfe daher in der Kirche keinen Platz haben. Das von traditionell geprägten Kreisen in der katholischen Kirche vorgebrachte Argument, dass es durchaus eine Gleichwertigkeit ohne Zugang von Frauen zur Ordination geben könne, wird von „aufgeschlossenen" Kirchenkreisen nicht akzeptiert. Vor allem herausragende Theologinnen wehren sich vehement gegen solche Versuche und reden von Diskriminierung der Frauen in der Kirche.[51]

Aber nicht nur innerkirchlich sei die katholische Kirche in Fragen der Geschlechteranthropologie restriktiv und beharre, gestützt auf eine entsprechende Auslegung biblischer Texte, auf alten Bildern. Das mache sie besonders mit Blick auf die Ehe. Diese werde im herkömmlichen Sinn als generative Einrichtung verstanden; die „Ehe" lediglich als Partnerschaft zu definieren, in denen auch gleichgeschlechtlich Liebende Kinder nicht nur pflegen, sondern auch adoptieren kön-

51 So Theologinnen aus aller Welt – mehr dazu in Zulehner, Paul M./Halík, Tomáš: Wir teilen diesen Traum. Theologinnen und Theologen aus aller Welt argumentieren ProPopeFrancis, Ostfildern 2018, ebook.

nen, erfahre im katholischen Diskurs bei einem Teil der Kirchenmitglieder Widerspruch. Was nicht zum traditionellen Ehe- und Familienbild der katholischen Kirche passe, werde als „gender-ideology“ disqualifiziert.

Soweit die lehramtliche Ebene, hier insbesondere der katholischen Kirche. Dass die orthodoxe Kirche noch „vormoderner“ argumentiert und auch die Kirchen der Reformation um eine Neupositionierung in den Fragen Geschlechter und Ehedefinition ringen (einschließlich eines kirchlichen Rituals für neue „Ehemodelle“ in der Gesellschaft), sind weitere Facetten im Geschlechterdiskurs in den christlichen Kirchen. Dazu kommen die Optionen der islamischen Religionsgemeinschaft, die der Auffassung der Orthodoxie nähersteht als jenen der LBGTqi-Bewegung.

Die Frage in dieser Studie ist aber nicht, was die Religionsgemeinschaften (amtlich) lehren, sondern welches die Einstellungen in der Bevölkerung zu den Geschlechterrollen sind und ob die sozioreligiöse Ausstattung der Befragten mit diesen zusammenhängen. Um ein wichtiges Ergebnis vorwegzunehmen: die Angehörigen aller Religionsgemeinschaften denken und optieren hinsichtlich der Entwicklung der Geschlechterrollen erheblich weiter und vielfältiger als die für die „Lehre“ verantwortlichen Leitungen.

Die religionssoziologische Kernfrage lautet wiederum, inwieweit religiös-kirchliche Einstellungen die Ansichten in der Geschlechterdebatte mitformen. Eine Erstannäherung bieten die Verteilungen der Befragten entsprechend ihrer Religiosität und ihrem Commitment in ihrer Glaubensgemeinschaft.

Die meisten modernen Geschlechterrollen finden sich bei den Nichtmitgliedern (41 %) und den Ausgetretenen (42 %). Wir erinnern daran, dass die Position der (katholischen) Kirche in Frauenfragen von Ausgetretenen als einer der Austrittsgründe genannt wird. Eng sind die Korrelationen zwischen den Geschlechterrollen und dem Gottesbild, der religiösen Selbsteinschätzung und dem Kirchgang. So haben die meisten Kirchlichen eine traditionelle (49 %) und die meisten Atheisierenden eine moderne, neue Geschlechterrolle (47 %). Lediglich 9 % der Kirchlichen halten Aussagen über ein modernes Rollenbild der Geschlechter für zustimmungswürdig.

ABBILDUNG 32: Verteilung der Geschlechtertypen nach sozioreligiösen Merkmalen

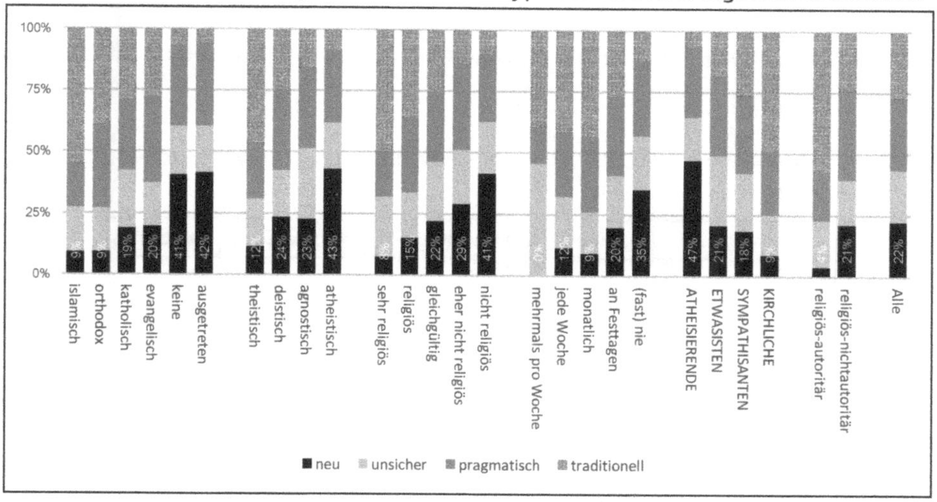

Eine vertiefende multiple Regressionsanalyse sichert das Ergebnis weiter ab. Zu den sozioreligiösen Faktoren wurden noch weitere Persönlichkeitsmerkmale dazugenommen. Die Analyse, in der die einzelnen Einflussströme in ihrer Stärke voneinander getrennt werden, zeigt, dass die Geschlechterrollen am stärksten mit dem Autoritarismus zusammenhängen (beta=-,30). Für sich stehen auch die Bildung (beta=-,14), die Sinnsuche (beta=-,13), aber eben auch das Sozioreligiöse (beta=,15). Signifikant sind zudem die Ergebnisse für die Kinderzahl, das Geschlecht sowie die Ausstattung mit Solidarität. Sowohl „profane" wie „sozioreligiöse" Faktoren sind also bei der Ausformung und Entwicklung von Geschlechterrollen im Spiel.

TABELLE 73: Einflussstärke einzelner Faktoren auf die Rollenbilder

	b*	p-Wert
Autoritarismus	-0,30	0,00
Bildung	-0,14	0,00
Sinnsuche	-0,13	0,00
Sozioreligiöses	0,15	0,00
Kinderzahl	0,07	0,00
Geschlecht	-0,06	0,01
Solidarität	0,05	0,02

	b*	p-Wert
Alter	0,04	0,08
Parteipräferenz	-0,03	0,14
Lebensstand	0,03	0,15
Religiosität	0,07	0,16
Ortsgröße	-0,03	0,26
Kirchgang	-0,03	0,46
Gottesbild	-0,02	0,55
Religionsgemeinschaft	0,00	0,84

Die Darstellung der hohen Korrelation zwischen Autoritarismus und Rollenbildern soll die Ausführungen zu den Geschlechterrollen abrunden. Sie zeigt, wie sehr dieses Persönlichkeitsmerkmal traditionelle Geschlechterrollen begünstigt. Autoritarismus steht somit für Entwicklungswiderstand und Treue zum Überkommenen. Aber auch das Soziorelgiöse trägt dazu bei, wie die Aufschlüsselung anschaulich macht.

TABELLE 74: Autoritäre befürworten eher traditionelle Geschlechterrollen als Nichtautoritäre

	neu	unsicher	pragmatisch	traditionell
sehr autoritär	3%	22%	11%	65%
autoritär	7%	22%	28%	43%
wenig autoritär	21%	22%	36%	21%
nicht autoritär	55%	16%	23%	6%
alle	22%	21%	29%	28%
ATHEISIERENDE	47%	18%	29%	6%
ETWASISTEN	21%	28%	33%	18%
SYMPATHISANTEN	18%	24%	32%	26%
KIRCHLICHE	9%	17%	26%	49%

Frauenfrage

Viele Studien der letzten Zeit haben belegt, dass die Frauenfrage zumal in der katholischen Kirche stark am Kirchenimage „kratzt". Eine Diskriminierung von Frauen wird beklagt. Zumeist wird dies an der Rollenverteilung zwischen den Geschlechtern zumal in der katholischen Kirche festgemacht. Der Nichtzugang von Frauen zu kirchlichen Ämtern wird von sehr vielen als Grund angesehen, dass die katholische Kirche in modernen Gesellschaften massiv an Glaubwürdigkeit verliert.

Die Unruhe im katholischen Kirchenvolk drückt sich etwa darin aus, dass 62% verlangen, mehr Frauen in die Kirchenleitung zu berufen. 68% der Katholikinnen und Katholiken sind der Ansicht, dass es in der katholischen Kirche noch immer kein gleichberechtigtes Miteinander von Männern und Frauen gebe. 69% sind davon überzeugt, dass „die Zulassung von Frauen zu den kirchlichen Ämtern (Diakonat, Priesteramt) die Glaubwürdigkeit der katholischen Kirche stärken würde". Und weil in dieser Frage nach Ansicht vieler Mitglieder der katholischen Kirche nichts weitergehe, vermerken 56%, dass „gerade moderne Frauen sich mit der katholischen Kirche schwertun".

TABELLE 75: Aussagen zu Frauen (in der katholischen Kirche)

	Es braucht mehr Frauen in der Kirchenleitung.	Ein gleichberechtigtes Miteinander von Männern und Frauen ist wichtig für die Lösung der großen gesellschaftlichen Probleme (Gerechtigkeit, Frieden, Ökologie).	Frauenemanzipation ist eine sehr notwendige und gute Entwicklung.	In der katholischen Kirche gibt es noch immer kein gleichberechtigtes Miteinander von Männern und Frauen.	Die Zulassung von Frauen zu den kirchlichen Ämtern (Diakonat, Priesteramt) würde die Glaubwürdigkeit der katholischen Kirche stärken.	Gerade moderne Frauen tun sich mit der katholischen Kirche schwer.
katholisch	62 %	78 %	67 %	68 %	69 %	56 %
evangelisch	67 %	86 %	71 %			
islamisch	40 %	71 %	59 %			
keine	61 %	89 %	72 %			
ausgetreten	62 %	83 %	74 %			
orthodox	43 %	71 %	58 %			
alle	59 %	78 %	67 %			

Und dies alles ereignet sich auf einem gesamtgesellschaftlichen Hintergrund, wo die Gleichstellung der Geschlechter bereits große Fortschritte gemacht hat, ohne auch schon ganz am Ziel zu sein. Von diesen kulturellen Erfolgen in der Geschlechterfrage sind natürlich die Kirchenmitglieder als Bürgerinnen und Bürger voll erfasst. Wie sehr ein Teil der katholischen Kirchenmitglieder von den modernen Geschlechterbildern überzeugt ist, zeigt etwa, dass 67 % die „Frauenemanzipation für eine sehr notwendige und gute Entwicklung" ansehen; sie sind auch davon überzeugt, dass „gleichberechtigtes Miteinander von Männern und Frauen wichtig ist für die Lösung der großen gesellschaftlichen Probleme (Gerechtigkeit, Frieden, Ökologie)". Das gelte – so argumentieren sie – auch für die katholische Kirche. Natürlich ist der Hinweis auf diese Meinungslage noch kein ausreichendes Argument für das Wie der Lösung der Frauenfrage zumal hinsichtlich der kirchlichen Ämter. Aber ohne dessen Berücksichtigung kann die Lösung auch nicht gefunden werden. Theologen werden dies damit begründen, dass in den gewissenhaften Überzeugungen der Kirchenmitglieder Gottes Geist ebenso am Werk ist wie in der Kirchenleitung und ihrer Berufung auf die inspirierten Texte der Bibel.

Für Frauen, die den Diskurs um ein neues Frauenbild innerhalb der (katholischen) Kirche wagen, ist dieser aber nicht nur kulturell, sondern auch religiös gespeist. So sagen 57 % der Katholikinnen und Katholiken: „Die Gleichberechtigung der Frau ist für mich auch ein wichtiges religiöses Thema." Unter den Protestanten meinen dies 66 %.

Aber es gibt auch eine Gegenposition, welche die restriktive Haltung von Kirchenleitungen gegenüber Frauen unterstützt. 41 % aller Katholiken stimmen der

Aussage (sehr) zu: „Es ist Gottes Wille, dass Mann und Frau unterschiedliche Aufgaben im Leben haben." Moslems vertreten diese Position zu 59 %. Ausgetretene (18 %) und Nichtmitglieder (10 %) haben erheblich niedrigere Zustimmungswerte. Wissenssoziologisch handelt es sich bei einer solchen Berufung „auf Gottes Willen" um eine klassische „religiöse Legitimation".

Die Antwort auf diese Frage nach dem „Willen Gottes" hängt natürlich eng mit dem Geschlechterrollenbild zusammen, das eine Befragte, ein Befragter hat. Die Personen mit einem „neuen" Rollenbild von Mann und Frau stimmen lediglich zu 10 %, jene mit einem „traditionellen" zu 68 %. Der Geschlechterstreit spielt sich also nicht nur in der Kultur ab, sondern in den christlichen Kirchen und Religionsgemeinschaften.

Ehe

Die Bilder, welche die Menschen von Liebe, Partnerschaft, Ehe und Familie, aber auch dem Alleinleben haben, war nicht ausdrücklich Thema der Studie. Es finden sich in den Daten aber indirekte Anhaltspunkte über die „Ehebilder" der Befragten.

Es wurde nämlich die Frage gestellt: „Unabhängig davon, ob Sie verheiratet sind: Wenn Sie heute heiraten würden, würden Sie sich dann kirchlich trauen lassen oder nicht?" Sodann wurde die Subfrage nachgeschoben, für welche Form von Beziehung die Kirchen das Ritual der Trauung öffnen sollen.

Die Antwort auf diese Frage ist derzeit in den westlichen christlichen Kirchen umstritten. Diskutiert wird, ob sich die Kirchen der gesellschaftlichen Entwicklung anschließen sollen. Gesellschaftlich wurde in den letzten Jahren die „Ehe" rechtlich für alle „Partnerschaften" geöffnet – und das nicht nur zwischen Mann und Frau, sondern auch gleichgeschlechtlich Liebenden. Auch die Adoption wurde inzwischen für alle „Ehen" ermöglicht. Ich setze „Ehe" hier unter Anführungszeichen, um auf die massiven Verständigungsschwierigkeiten zwischen den Kirchenleitungen und den in der gegenwärtigen Kultur verbreiteten Ansichten der Menschen hinzuweisen. Die Kirche setzt in ihrem Eheverständnis auf die Generativität der Partner (also zumindest die Bereitschaft, eigene Kinder zu zeugen – ohne diese ist eine Ehe kirchenrechtlich ungültig!); für die Gesetzgebung hingegen steht die Ehe inzwischen rechtlich allen „dauerhaften" Liebesbeziehungen offen.

Aber gibt es diese Kluft, die zwischen kirchenamtlicher und staatsrechtlicher Position besteht, auch zwischen den Angehörigen der Kirche und dem gesellschaftspolitisch inzwischen Erreichten? Was denken die Befragten und unter ihnen insbesondere die Kirchenmitglieder über ein kirchliches Ritual „für jede Art von Liebensbeziehungen"? Oder soll das kirchliche Ritual lediglich „für Mann und Frau offenstehen, die Kinder zeugen wollen"?

Manche gehen in der Diskussion allerdings noch einen Schritt weiter: Für sie soll die Liebe überhaupt privat bleiben; sie gehe daher weder die Kirche noch den Staat etwas an.

Der staatliche Gesetzgeber kann sich für seine moderne „Ehegesetzgebung" auf eine Mehrheit in der Bevölkerung stützen. „Jede Art von Liebesbeziehung" soll als „Ehe" akzeptiert und mit einem kirchlichen Ritual gesegnet werden. Frauen sind mehr dafür als Männer, jüngere mehr als ältere Menschen. Ein starkes Zustimmungsgefälle gibt es je nach Schulbildung und Ortsgröße. Auch die Kinderzahl spielt eine Rolle: je mehr Kinder jemand hat, desto traditioneller ist das Ehebild.[52]

TABELLE 76: Optionen für Öffnung des kirchlichen Trauungsrituals

	für jede Art von Liebesbeziehungen	nur für Mann und Frau, die Kinder zeugen wollen	die Liebesbeziehung soll privat bleiben: es braucht nicht den Beistand der Kirche	die Liebesbeziehung soll privat bleiben: es braucht nicht den Beistand des Staates
Mann	**54%**	**40%**	49%	40%
Frau	**62%**	**33%**	43%	31%
bis 19–	**65%**	32%	**38%**	28%
20–29	**65%**	25%	**40%**	31%
30–39	**63%**	38%	**50%**	37%
40–49	**58%**	41%	**50%**	43%
50–59	**58%**	36%	**46%**	36%
60–69	**59%**	39%	**50%**	35%
70–79	**41%**	40%	**45%**	29%
80–89	**35%**	45%	**24%**	24%
90-	**33%**	43%	**29%**	14%
verheiratet	**50%**	47%	42%	35%
in Partnerschaft	**75%**	22%	51%	38%
ledig, ohne Partner	**62%**	29%	46%	36%
verwitwet, allein	**48%**	45%	39%	29%
geschieden, allein	**62%**	28%	57%	36%

52 Hier handelt es sich bereits um die in einer Regressionsanalyse abgeklärten Zusammenhänge:
* *Für jede Art von Liebesbeziehungen:* Alter (beta=0,21), Religionszugehörigkeit (beta=0,17), Autoritarismus (beta=-0,13), Solidarität (beta=-0,09), Geschlecht (beta=-0,09), Kirchgang (beta=-0,10) und Stand (beta=-0,05)
* *nur für Mann und Frau, die Kinder zeugen wollen:* Autoritarismus (beta=0,20), Kinderzahl (beta=-0,10), Religiosität (beta=0,18), Solidarität (beta=0,07), Sozioreligiöses (beta=-0,15), Sinn (beta=0,08), Bildung (beta=0,07), Geschlecht (beta=0,07), Ortsgröße (beta=0,07) und Religionszugehörigkeit (beta=-0,07)
* *die Liebesbeziehung soll privat bleiben: es braucht nicht den Beistand der Kirche:* Kirchgang (beta=-0,26), Religionszugehörigkeit (beta=-0,08), Alter (beta=-0,06) und Gottesbild (beta=-0,08)
* *die Liebesbeziehung soll privat bleiben: es braucht nicht den Beistand des Staates: Kirchgang* (beta=-0,20), Solidarität (beta=0,08), Sinn (beta=0,08), Autoritarismus (beta=0,09), Gottesbild (beta=-0,10) und Alter (beta=-0,06).

	für jede Art von Liebesbeziehungen	nur für Mann und Frau, die Kinder zeugen wollen	die Liebesbeziehung soll privat bleiben: es braucht nicht den Beistand der Kirche	die Liebesbeziehung soll privat bleiben: es braucht nicht den Beistand des Staates
getrennt, allein	**48**%	34%	38%	24%
Volksschule	32%	**52**%	39%	39%
Hauptschule	57%	**40**%	47%	37%
Gymnasium	61%	**35**%	44%	35%
Hochschule	63%	**18**%	44%	29%
bis 1.000 E.	79%	**21**%	29%	8%
bis 3.000 E.	53%	**51**%	43%	41%
bis 10.000 E.	66%	**27**%	44%	27%
bis 50.000 E.	52%	**39**%	47%	38%
1 Mio. u. m.	55%	**27**%	45%	36%
keines	65%	**26**%	48%	35%
eines	63%	**34**%	48%	34%
zwei	50%	**45**%	45%	38%
drei	48%	**50**%	40%	35%
vier	52%	**49**%	36%	20%
ÖVP	52%	46%	44%	39%
FPÖ	56%	40%	45%	35%
SPÖ	62%	37%	45%	36%
Grüne	70%	25%	54%	36%
NEOS	71%	23%	52%	25%

Auch in den einzelnen soziореligiösen Kategorien gibt es deutliche Unterschiede im favorisierten „Ehebild“. Mitglieder der islamischen Gemeinschaft oder der orthodoxen Kirche sind sehr zurückhaltend, etwa gleichgeschlechtlich Liebende in einer rituellen Feier der Gemeinschaft zu trauen. Nahezu zwei Drittel wollen den kirchlichen Segen nur für zeugungsbereite heterosexuelle Paare. Dass diese auch gegen eine Entkirchlichung der Heirat eintreten, liegt nahe. Die Mehrheit der Ausgetretenen und Nichtmitglieder lehnt überhaupt eine Beteiligung der Religionsgemeinschaften ab. Zudem will fast die Hälfte der Nichtmitglieder die Privatheit des Liebens auch gegenüber dem Staat gewahrt wissen, weshalb auch der Staat sich um die Liebe nicht kümmern soll.

Sehr anschaulich wird der Einfluss der religiös-kirchlichen Prägung der Befragten auf das Ehebild bei der Korrelation mit der soziореligiösen Grundtypologie. 54% der Kirchlichen wollen die kirchliche Trauung für zeugungsbereite Männer und Frauen reservieren. Unter den Atheisierenden sind es lediglich 14%.

TABELLE 77: Optionen für Öffnung des kirchlichen Trauungsrituals (Fortsetzung)

	für jede Art von Liebesbeziehungen	nur für Mann und Frau, die Kinder zeugen wollen	die Liebesbeziehung soll privat bleiben: es braucht nicht den Beistand der Kirche	die Liebesbeziehung soll privat bleiben: es braucht nicht den Beistand des Staates
islamisch	28%	**61**%	**30**%	32%
orthodox	28%	**59**%	**36**%	35%
evangelisch	60%	**46**%	**48**%	38%
Freikirche*	31%	**38**%	**23**%	31%
katholisch	64%	**35**%	**39**%	32%
keine	62%	**15**%	**70**%	41%
ausgetreten	75%	**14**%	**70**%	45%
theistisch	39%	50%	**26**%	**28**%
deistisch	66%	36%	**50**%	**37**%
agnostisch	61%	29%	**50**%	**34**%
atheistisch	68%	14%	**70**%	**44**%
sehr religiös	41%	55%	27%	30%
religiös	53%	45%	37%	34%
gleichgültig	59%	42%	44%	36%
eher nicht religiös	68%	22%	56%	33%
nicht religiös	69%	15%	71%	46%
mehrmals pro Woche	**39**%	52%	**14**%	**17**%
jede Woche	**39**%	44%	**17**%	**18**%
monatlich	**49**%	49%	**33**%	**32**%
an hohen Festtagen	**63**%	40%	**43**%	**37**%
(fast) nie	**69**%	22%	**63**%	**40**%
ATHEISIERENDE	**72**%	**14**%	69%	43%
ETWASISTEN	**63**%	**33**%	54%	36%
SYMPATHISANTEN	**60**%	**37**%	40%	33%
KIRCHLICHE	**42**%	**54**%	28%	31%
sehr autoritär	**54**%	**74**%	43%	**47**%
autoritär	**50**%	**48**%	44%	**40**%
wenig autoritär	**57**%	**33**%	44%	**32**%
nicht autoritär	**75**%	**15**%	53%	**32**%

	für jede Art von Liebesbeziehungen	nur für Mann und Frau, die Kinder zeugen wollen	die Liebesbeziehung soll privat bleiben: es braucht nicht den Beistand der Kirche	die Liebesbeziehung soll privat bleiben: es braucht nicht den Beistand des Staates
unsolidarisch	57 %	**30** %	48 %	**34** %
solidarisch teilen	54 %	**45** %	50 %	**43** %
solidarisch verteilen	61 %	**35** %	40 %	**30** %
bürgerlich	53 %	**53** %	42 %	**41** %
christlich	48 %	**37** %	27 %	**23** %
naturalistisch	69 %	**22** %	61 %	**39** %

Pastorale Praxis im Umkreis von Scheidung und Wiederheirat

Eine spezielle Frage ist, wie die Religionsgemeinschaften mit der Auflösbarkeit von ehelichen Beziehungen umgehen sollen. Die Kirchen halten, gestützt auf die biblische Tradition, an der „Unauflöslichkeit" einer geschlossenen und vollzogenen Ehe fest. Vor dem Staat ist hingegen eine Trennung möglich. Dies nehmen immer mehr Kirchenmitglieder für sich in Anspruch. Damit verletzen Katholiken das Recht ihrer Kirche. Die katholische Kirche hatte bisher diesen Bruch des kirchlichen Rechts sanktioniert und die Geschiedenen, zumal wenn sie staatlich wieder geheiratet haben, aus der Kommuniongemeinschaft ausgeschlossen. Auf zwei Weltbischofssynoden in den Jahren 2014/15 hat nun die katholische Kirche diese bisherige Praxis modifiziert. In Einzelfällen kann nunmehr (nach einem seelsorglichen Klärungsprozess aller individuellen Umstände) der Zugang zur Kommunion offenstehen.

Die Studie macht deutlich, dass die Mehrheit der Befragten, auch die Mehrheit der Mitglieder der katholischen Kirche, mit dieser Entwicklung der pastoralen Praxis im Umkreis von Scheidung und Wiederheirat sehr einverstanden ist:

14 % der Katholiken teilen nicht jenes Argument, das oftmals gegen eine Weiterentwicklung der katholischen Scheidungspastoral vorgebracht wird: „Wenn die Kirche mit Geschiedenen versöhnlich umgeht, schwächt sie den Bestand der Ehen." Allerdings steht nur ein Teil der Katholiken hinter der Aussage der katholischen Lehre von der prinzipiellen Unauflöslichkeit. Nur 25 % halten es für „gut, dass die Kirche die Unauflöslichkeit der Ehe verlangt". Unter den Kirchlichen (41 %) und den Sonntagskirchgängern (49 %) sind es allerdings deutlich mehr. 77 % der Katholiken plädieren für eine kirchliche Wiederheirat, wenn jemand schuldlos geschieden ist. Sie sehen auch in der kirchlichen Trauung einen Zugewinn für die Beziehung. Denn: „Wenn man kirchlich heiratet, fühlt man sich mehr aneinander gebunden", so 54 % der befragten Katholiken und 78 % von den Sonntagskirchgängern unter ihnen.

Wenn also Papst Franziskus mit der von ihm vorangebrachten Öffnung der katholischen Pastoral rund um Scheidung und Wiederheirat bei manchen Kardinälen und Bischöfen auf Widerstand stößt: die Mehrheit des Kirchenvolks im Land gibt ihm dafür Rückenwind.[53]

TABELLE 78: Zur Pastoral rund um Scheidung und Wiederheirat

	Wenn die Kirche mit Geschiedenen versöhnlich umgeht, schwächt sie den Bestand der Ehen.	Wenn man kirchlich heiratet, fühlt man sich mehr aneinander gebunden.	Wenn jemand schuldlos geschieden ist, wäre es richtig, ihm die kirchliche Heirat neuerlich zu gestatten.	Ich finde es richtig, dass Geschiedene, die gegen den Willen der Kirche wieder heiraten, nicht zur Kommunion gehen dürfen.	Es ist gut, dass die Kirche die Unauflöslichkeit der Ehe verlangt.
orthodox	16%	57%	67%	21%	21%
katholisch	**14%**	**54%**	**77%**	**15%**	**25%**
evangelisch	13%	48%	87%	12%	20%
islamisch	22%	64%	72%	24%	25%
keine	7%	10%	82%	6%	4%
ausgetreten	5%	8%	77%	5%	6%
ATHEISIERENDE	5%	7%	74%	4%	5%
ETWASISTEN	14%	35%	78%	16%	18%
SYMPATHISANTEN	11%	44%	76%	12%	13%
KIRCHLICHE	**20%**	**79%**	**77%**	**22%**	**41%**
sehr autoritär	**38%**	**57%**	**65%**	**41%**	**47%**
autoritär	21%	43%	71%	18%	28%
wenig autoritär	9%	23%	79%	11%	19%
nicht autoritär	3%	45%	85%	6%	9%
mehrmals pro Woche	30%	82%	74%	41%	65%
jede Woche	**17%**	**78%**	**68%**	**21%**	**49%**
monatlich	17%	75%	76%	19%	34%
an hohen Festtagen	13%	49%	82%	14%	18%
(fast) nie	9%	19%	76%	8%	10%
alle	**13%**	**44%**	**77%**	**14%**	**21%**

53 Zulehner, Paul M./Halík, Tomáš: Rückenwind für den Papst. Warum wir Pro Pope Francis sind, Darmstadt 2018.

Thron und Altar waren in der Konstantinischen Ära eng miteinander verwoben. In der nachreformatorischen Zeit wurden die Bande aus beiderseitigem Überlebensinteresse noch enger geknüpft. Der blutige Dreißigjährige Krieg hat aber gezeigt, dass die Verbindung von Religion und Staat nicht zum ersehnten „Landfrieden" führte. Die Entflechtung von Kirche-Staat-Gesellschaft geschah daher nicht zuletzt aus friedenspolitischen Gründen.

Das Ergebnis dieser Entflechtung fiel in den Ländern Europas unterschiedlich aus. Neben radikaler Trennung (wie in Frankreich) gibt es in anderen Ländern (wie Deutschland oder Österreich) ein Kooperationsmodell. Trennung und zugleich Zusammenarbeit halten einander die Waage. In allen demokratischen Ländern aber sind die Religionsgemeinschaften zumal mit ihren Einrichtungen in Bildung und Sozialem starke Player in der Zivilgesellschaft. In Österreich wird dieses Kooperationsmodell bei der Hälfte der Befragten akzeptiert. Allerdings unterscheiden sich Subgruppen stark voneinander: je nach Zugehörigkeit zu einer Religionsgemeinschaft, nach politischer Präferenz, etwas auch nach Alter und Bildung. Überdurchschnittlich stark befürworten die Kooperation die Kirchgänger/die KIRCHLICHEN.

ABBILDUNG 33: Kirche und Staat arbeiten in Österreich in vielen Fragen eng zusammen (z. B. Religionsunterricht, Caritas/Diakonie). Damit bin ich… (sehr) einverstanden.

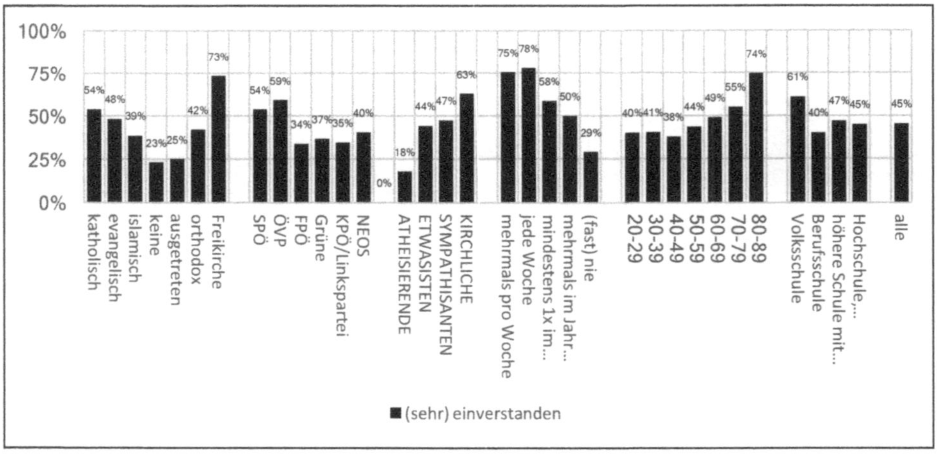

In Österreich ist dieser Prozess der Entflechtung schrittweise verlaufen. Auch nach der Einführung der konstitutionellen Monarchie im 19. Jahrhundert blieb eine enge Verbindung der katholischen Kirche mit dem Hause Habsburg erhalten. Nach dem Ende der Monarchie schrumpfte die „politische Basis" der katholischen Kirche. Es kam zu einer engen Anlehnung der Kirche an die erstarkte christlich-soziale Bewegung. Die Verbundenheit war in der Zeit zwischen den zwei Weltkriegen so eng, dass die Sakristeien faktisch zugleich Parteilokale waren. Das führte zu einem starken antiklerikalen Affekt bei den damaligen Austromarxisten, aber auch den schrumpfenden Liberalen, die trotz sozialpolitischer Gegnerschaft in der Kulturpolitik geeint waren und konzertiert eine Trennung von Staat und Kirche forderten: Sie wollten damit aber nicht nur die Kirche schwächen, sondern zugleich auch den politischen Gegner: die Christlichsozialen.[54] Nach dem Zweiten Weltkrieg setzte die christlich-soziale Bewegung – zur ÖVP mutiert – diese enge Verbundenheit in ihrem Parteiprogramm nicht mehr fort; zugleich überwand die nunmehrige sozialdemokratische Bewegung ihre aggressive Gegnerschaft zur Kirche.

Dies ist eine kompakte Skizze über die Entwicklung auf der organisatorischen Ebene, also zwischen Kirche und Staat sowie Kirche und politischen Parteien. Was aber ist die Position der Menschen im Land? Kirchenmitglieder bestimmen heute frei von sich aus Nähe und Distanz zu ihrer Kirche. So verfahren sie aber mit allen gesellschaftlichen Institutionen. Die Menschen sind grundsätzlich wählerisch geworden und damit sowohl kirchlich wie parteipolitisch mobiler. Wie ist also derzeit das Verhältnis zwischen dem „Sozioreligiösen" und der Präferenz für eine politische Partei? Das „Sozioreligiöse" meint konkret: Religiosität, Gläubigkeit, kirchliches Commitment. Kurzum: Wen würden diese verschiedenen sozioreligiösen Subgruppen wählen, wenn morgen Nationalratswahl wäre? Das ist exakt die in der Studie gestellte Frage.

Das Ergebnis zeigt, dass Religiosität und Kirchlichkeit durchaus in einem freilich nur noch relativ engen Verhältnis zur parteipolitischen Präferenz stehen. Bei der Aufschlüsselung soll nicht übersehen werden, dass sich ein Viertel im Schnitt bei der Befragung keiner Partei zugeordnet hat.[55]

Die Katholiken verteilen sich im Jahre 2020 auf alle Parteien. Die weithin exklusive Verbindung Katholiken und ÖVP ist also Geschichte. Es erinnert nur noch daran, dass immerhin der stärkste Anteil der Katholiken (29 %) mit der ÖVP sympathisiert. Aber daneben sind 16 %, die – wäre am nächsten Sonntag Nationalratswahl – die SPÖ, 14 % die FPÖ, 9 % die GRÜNEN sowie 5 % die NEOS wählen würden. Die Verteilung der Protestanten sieht nicht viel anders aus. Viele der Angehörigen des Islams und der Orthodoxen haben sich nicht zugeordnet. Wenn Moslems wählen, dann zu 36 % die SPÖ. Überdurchschnittlich viele Ausgetretene (16 %) und Nichtzugehörige (20 %) sind der FPÖ zugetan.

Historisch besehen hat sich also die ererbte Nähe zwischen Katholiken und ÖVP weithin aufgelöst. Katholiken wählen bunt, nicht mehr nur schwarz. Allerdings scheint es noch einen Rest von ÖVP-Nähe bei Katholiken zu geben, insofern die relative Mehrheit von ihnen (29 %) „morgen" die ÖVP wählen würde. Zudem sieht es danach aus, dass sich durch die defensive Migrationspolitik der von schwarz in türkis mutierten ÖVP diese ererbte Restnähe verbraucht. Der (geistige) Auszug der

54 Zulehner, Paul M.: Kirche und Austromarxismus. Eine Studie zur Problematik Kirche – Staat – Gesellschaft, Wien 1967.

55 In diesem Paket sind die Antworten „sonstige", „ich würde nicht wählen", „ich würde mich enthalten" sowie „keine Angabe" gebündelt.

Katholiken aus der ÖVP scheint rascher zu erfolgen als jener aus der Kirche. Für diese politologische Vermutung spricht allein die Tatsache, dass immer öfter die Frage gestellt wird, ob die Nachfolgepartei der Christlichsozialen für ihre Politik noch den Ehrentitel „christlichsozial“ erhalten kann.

Sind die Kirchenmitglieder eher links oder rechts? Auch dies wurde erhoben. Vorgelegt wurde die Frage: „In der Politik spricht man von rechts und links. Wie würden Sie ganz allgemein Ihren eigenen politischen Standort beschreiben: wo auf dieser Skala würden Sie sich selbst einstufen?“ Die Daten zeigen, wo auf der Links-Rechts-Skala die Befragten im Schnitt sich selbst sowie die politischen Parteien ansiedeln. Auch Breaks mit Bildung und Alter sind möglich. Die Daten zeigen zunächst, wo sich die Befragten nach ihrer politischen Präferenz positionieren: FPÖ-Sympathisanten stehen am meisten rechts (Mittelwert=6,82), die GRÜN- und noch mehr KPÖ-Anhänger fühlen sich hingegen links. Die ÖVP-Anhänger sind leicht rechts von der virtuellen Mitte, die SPÖ-Sympathisanten hingegen links davon. Auffällig wenig unterscheiden sich die einzelnen Kategorien nach Kirchgangshäufigkeit oder Alter. Jüngere und Personen mit Hochschulbildung (die von Populisten gescholtene „Elite“) tendieren leicht nach links.

ABBILDUNG 34: Positionierung auf einer Links-Rechts-Skala

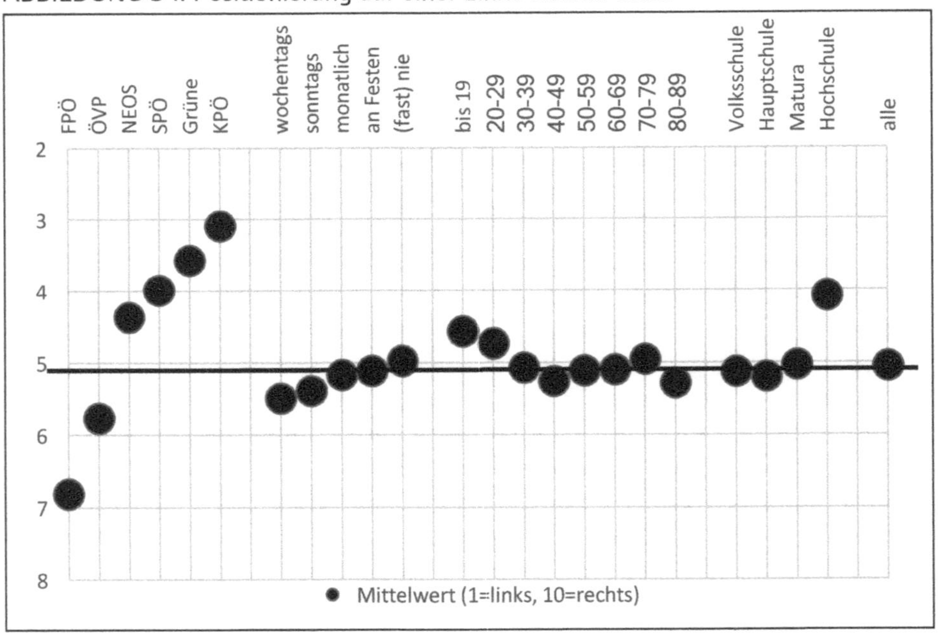

Gefragt wurde auch: „Wenn Sie an die politischen Parteien in Österreich denken. Welche Partei vertritt in ihrer Politik am ehesten die Anliegen Ihrer Kirche/Religionsgemeinschaft?“ Die Antworten sind in den letzten zehn Jahren relativ unverändert geblieben, mit einer Ausnahme: Die ÖVP hat viel von ihrem Ruf eingebüßt, Anwältin der Anliegen der Kirchen zu sein. Der Wert hat sich halbiert und fiel von

61 % auf 33 %. Damit gilt die ÖVP immer noch am ehesten als Lobby für die Kirchen, aber eben in stark abgeschwächter Weise. Ob dies mehr der ÖVP geschadet hat, weil sie treue Wählerinnen und Wähler verloren hat, ob mehr den Kirchen, weil sie keine wie in früheren Zeiten verlässliche politische Lobby zu haben scheinen, soll hier nicht weiterverfolgt werden. Wichtig erscheint aber der Hinweis darauf, dass von dieser durchschnittlichen Meinung aller Befragten die Einschätzung der Sonntagskirchgänger deutlich abweicht. Diese scheinen sich mehrheitlich nach wie vor auf die ÖVP zu verlassen.

TABELLE 79: Wenn Sie an die politischen Parteien in Österreich denken. Welche Partei vertritt in ihrer Politik am ehesten die Anliegen Ihrer Kirche/ Religionsgemeinschaft?

	SPÖ	ÖVP	FPÖ	GRÜNE	NEOS	JETZT
2010	16%	**61%**	6%	5%	0%	0%
2020	14%	**33%**	8%	5%	2%	0%
sonntags	*12%*	*60%*	*4%*	*2%*	*0%*	*0%*
monatlich	*14%*	*40%*	*9%*	*5%*	*0%*	*3%*
an Festen	*13%*	*36%*	*9%*	*5%*	*1%*	*3%*
(fast) nie	*11%*	*23%*	*13%*	*8%*	*2%*	*2%*

Wir verfolgen aber die Zusammenhänge zwischen der Parteipräferenz der Befragten und einer Reihe von sozialen Merkmalen weiter.

TABELLE 80: Parteipolitische Präferenzen und Religionszugehörigkeit

	ÖVP	ohne Zuordnung	SPÖ	FPÖ	GRÜNE	NEOS	KPÖ	Gesamt
katholisch	**29%**	20%	16%	14%	9%	5%	1%	58,3%
evangelisch	**26%**	21%	18%	12%	12%	3%	1%	2,9%
islamisch	6%	**37%**	**36%**	1%	8%	2%	0%	8,0%
orthodox	15%	**37%**	19%	13%	7%	0%	1%	8,1%
ausgetreten	12%	24%	18%	**16%**	**14%**	**7%**	3%	14,9%
keine	12%	29%	11%	**20%**	12%	2%	1%	4,9%
alle	23%	25%	18%	13%	10%	4%	1%	

So zeigt einen bemerkenswerten Aspekt der Entwicklung der Wählerlandschaft in Österreich die Aufschlüsselung nach Geschlecht und Alter auf. Es ist eine Veränderung, die den Parteistrategen mehrerer Parteien zu denken geben wird. Die Anhängerschaft der ÖVP wie die der SPÖ ist überaltert: Diese Altparteien teilen damit das Schicksal des engagierten Kerns der christlichen Kirchen. Jüngere Männer hingegen sympathisieren überdurchschnittlich mit der FPÖ, jüngere Frauen mit den GRÜNEN. Auch die NEOS ziehen eher junge Menschen an, unter diesen etwas mehr die Männer als die Frauen.

TABELLE 81: Parteipräferenz nach Geschlecht und Alter

		ÖVP	SPÖ	FPÖ	GRÜNE	NEOS	KPÖ/links	keine Zuordnung
MÄNNER	**alle**	**24%**	**18%**	**14%**	**9%**	**5%**	**1%**	**29%**
	bis 19	10%	13%	12%	16%	9%	0%	40%
	20–29	17%	12%	13%	18%	9%	3%	28%
	30–39	22%	19%	17%	12%	5%	1%	25%
	40–49	27%	15%	15%	5%	6%	1%	31%
	50–59	26%	15%	16%	5%	6%	0%	30%
	60–69	21%	22%	12%	9%	0%	1%	34%
	70–79	34%	28%	8%	6%	3%	0%	21%
	80–89	29%	41%	8%	0%	0%	0%	22%
FRAUEN	**alle**	**21%**	**18%**	**13%**	**11%**	**3%**	**1%**	**33%**
	bis 19	15%	17%	8%	20%	8%	0%	32%
	20–29	5%	22%	16%	23%	4%	0%	30%
	30–39	12%	14%	21%	14%	7%	2%	31%
	40–49	21%	19%	13%	12%	3%	2%	30%
	50–59	22%	16%	19%	7%	3%	0%	33%
	60–69	22%	25%	6%	6%	1%	3%	37%
	70–79	34%	17%	4%	7%	2%	0%	37%
	80–89	52%	10%	3%	0%	0%	0%	35%
ALLE		**23%**	**18%**	**13%**	**10%**	**4%**	**1%**	**31%**

Politische Präsenz der Religionsgemeinschaften

Die Kirchen sind keine politischen Parteien, aber sie sind politisch parteilich. Die religiöse Weltdeutung, damit die Wahrheit über den Menschen und die Welt, zeitigt durchaus Auswirkungen nicht nur auf die persönliche Lebensführung, sondern auch auf die Gestaltung des Zusammenlebens der Menschen. Die großen Themen Europas, wie Freiheit, Gerechtigkeit und Wahrheit, berühren auch die Lehren der Religionsgemeinschaften.

Wie die bisherigen Analysen bereits gezeigt haben und hier noch folgende Analysen belegen werden, hat die sozioreligiöse Ausstattung eines Menschen nachhaltige Auswirkungen auf die private wie gesellschaftliche Lebenspraxis. Die Leitbilder für die Kultivierung der Liebe, die Bewertung aktiver Sterbehilfe, die Fragen der gerechten Ökonomie in Verbindung mit einer sensiblen Ökologie zählen dazu.

Diese Auswirkungen zeigen sich aber nicht nur untergründig in statistischen Korrelationen. Vielmehr haben wir in der Studie auch ausdrücklich danach gefragt, ob und zu welchen gesellschaftspolitischen Belangen die Kirchen und Religionsgemeinschaften Stellung nehmen sollen.

Eine erste Frage versuchte grundsätzlich zu klären, ob die Kirchen bzw. die (anerkannten) Religionsgemeinschaften sich überhaupt in Fragen des gesellschaftlichen Lebens einmischen sollen. Sowohl innerkirchlich, aber auch im politischen Diskurs gibt es die Ansicht, die Kirchen sollten sich mit dem Himmel und Gott befassen, die

Gestaltung des Lebens auf der Erde gehe sie nichts an. Ihr Platz sei die Sakristei und nicht der Marktplatz. Für eine am Gemeinwohl orientierte Politik gebe es Interessensvertretungen und Parteien. Die Aussage, dass „Religion Privatsache" sei, wurde in Europa von liberalen Parteien ebenso vertreten wie dieses Prinzip auch von kommunistischen Machthabern praktiziert wurde. Der „real-existierende Sozialismus" war zwar prinzipiell atheistisch ausgerichtet und betrachtete Religionsgemeinschaften als eine Art Klub religiös Süchtiger. Diesen werde es so lange geben, als es das soziale Elend gebe, zu dessen Bewältigung eben „Abhängige" die Droge Religion brauchten. Mit dem Erreichen einer gerechten klassenlosen Gesellschaft werde jegliche Religion verschwunden sein. Religions- und kirchenkämpferische Systeme haben inzwischen zwar ausgedient. Damit ist aber im gesellschaftlichen Diskurs die Frage nicht vom Tisch, ob sich die Kirchen/Religionsgemeinschaften in öffentliche Belange einmischen sollen. Daher wurde in der Studie die Frage vorgelegt: „Das Verhältnis zwischen Kirchen und Öffentlichkeit wird immer wieder diskutiert. Sollen die Kirchen zu wichtigen politischen Fragen oder Problemen in der Öffentlichkeit Stellung nehmen oder sollen sie sich zu eindeutig politischen Fragen eher nicht äußern?"

ABBILDUNG 35: Das Verhältnis zwischen Kirchen und Öffentlichkeit wird immer wieder diskutiert. Sollen die Kirchen zu wichtigen politischen Fragen oder Problemen in der Öffentlichkeit Stellung nehmen oder sollen sie sich zu eindeutig politischen Fragen eher nicht äußern?

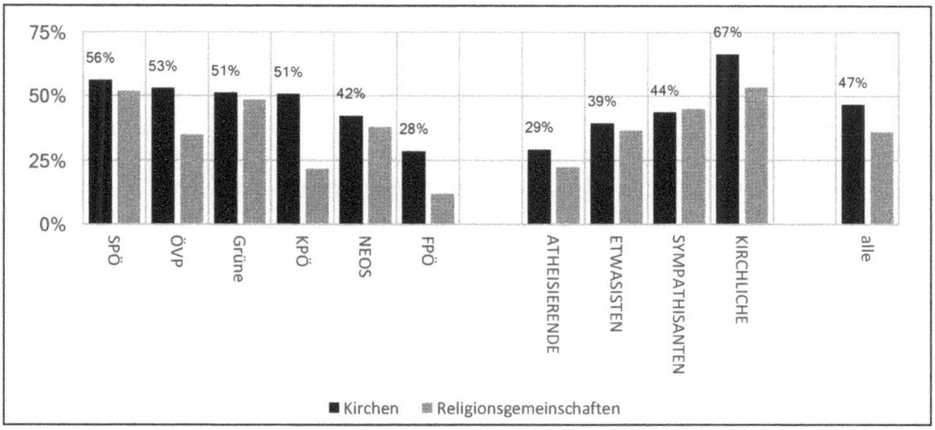

Schon bei der grundsätzlichen Frage, ob die Kirchen öffentlich Stellung nehmen sollen, sind die Befragten geteilter Meinung. Etwa die Hälfte bejaht die Frage und wünscht sich im öffentlichen Bereich engagierte Kirchen, die andere Hälfte lehnt deren politische Einmischung ab.

Diese beiden Positionen können prinzipiellen Überlegungen entspringen: Kirchen sollen sich um den Himmel kümmern und die Gestaltung der Welt den säkularen Führungskräften überlassen. Es ist aber auch denkbar, dass man sich pragmatisch von den Kirchen und Religionsgemeinschaften in wichtigen Fragen des öffentlichen Lebens entweder Unterstützung erwartet oder aber Kritik fürchtet.

Wer sich politische Unterstützung erhofft, wird öffentliche Äußerungen von Kirchen eher wünschen als jemand, der keinen kirchlichen Gegenwind haben will.

Für diese pragmatische Annahme könnte sprechen, dass die Parteipräferenz der Befragten für die SPÖ eher mit dem Wunsch nach öffentlichen Stellungnahmen einhergeht als jene für die FPÖ. Gerade in den letzten Jahren waren die Kirchen und Religionsgemeinschaften starke Kritiker der Migrationspolitik, die von der FPÖ, aber auch von Teilen der ÖVP gemacht worden war. Verständlich, dass FPÖ-Sympathisanten diese Einmischung der Kirchen als störend empfunden haben und daher mehr als andere Parteien ablehnen.

Für die grundsätzliche Deutung spricht hingegen der hohe Zusammenhang der Antworten auf diese Frage mit der sozioreligiösen Ausstattung eines Befragten. Die ATHEISIERENDEN wollen mehrheitlich keine Beteiligung der Kirchen am öffentlichen Diskurs. KIRCHLICHE hingegen wünschen diese mehrheitlich.

Themen der politischen Einmischung

Jene, die sich eine öffentliche Stellungnahme von Kirchen/Religionsgemeinschaften erwarten, konnten in einer weiteren Frage kundtun, bei welchen Themen sie ein Engagement der Kirchen wünschen.

Diese Frage war auch in den beiden Erhebungen der Jahre 2000 und 2010 gestellt worden. Die Antworten haben sich in diesen zwanzig Jahren nur geringfügig verändert, die Summe aller Antworten blieb in etwa auf gleicher Höhe.

Bei den Themen, von denen die Befragten jeweils mehrere auswählen konnten, gibt es ein starkes Gefälle. Soziale Probleme stehen an erster Stelle, gefolgt von der Herausforderung des Rassismus und des Antisemitismus. Die Fragen der Umwelt und der Migration rangieren im Mittelfeld.

TABELLE 82: Zu welchen Fragen sollen Ihrer Meinung nach die Kirchen/Religionsgemeinschaften öffentlich Stellung nehmen? (2000, 2010, 2020)

	2000	2010	2020
soziale Probleme	37%	36%	31%
Rassismus	28%	25%	23%
Umwelt	20%	17%	19%
Antisemitismus	20%	20%	18%
Probleme von Zuwanderern	17%	18%	15%
sexuelle Orientierung	10%	11%	14%
Frauenfragen	14%	14%	13%
Gentechnik	18%	16%	12%
politische Entwicklungen	9%	12%	12%
wirtschaftliche Fragen	7%	11%	11%
private Lebensformen	11%	12%	11%
Bildungs- und Erziehungsfragen*		1%	3%
SUMME	191	193	181

**Diese Antwortmöglichkeit wurde 2010 neu in die Liste eingebaut.*

Je nach sozioreligiöser Ausstattung haben die Befragten sehr unterschiedlich votiert. Die sozialen Probleme behalten bei allen vier sozioreligiösen Grundtypen den ersten Platz. Die KIRCHLICHEN gaben doppelt so viele Nennungen ab wie die ATHEISIERENDEN. Bei diesen sind auch die Themen Rassismus und Umwelt weit häufiger genannt als bei den anderen Gruppen.

Religiös-kirchliche Personen erwarten daher – was naheliegt – von den Kirchen und Religionsgemeinschaften mehr öffentliche Stellungnahmen als Personen, die keinen Zugang zu Religionen und Kirchen haben.

Die überdurchschnittlich hohen Werte bei den KIRCHLICHEN sollen nicht darüber hinwegtäuschen, dass auch unter den Kernmitgliedern die Ansichten über die öffentliche Präsenz der Kirchen merklich auseinandergehen. Ein Teil von ihnen erweist sich weltzugewandt, ein anderer weltabgewandt. Die einen sind eher sozial ausgerichtet, die anderen hingegen mehr fromm. Für die einen steht Solidarität im Mittelpunkt, für andere die Spiritualität.

Die Gründungsurkunden der Kirche stehen allerdings für ein unentflechtbares Ineinander beider Aspekte: Mystik und Politik lassen sich, so die ausgereifte Theologie, voneinander nicht trennen. Denn Jesus habe seine Bewegung dazu in Gang gebracht, dass die Welt menschlicher wird, also etwas von der Logik des Reiches Gottes heute schon das Leben und Zusammenleben der Menschen in Geschichte und Gesellschaft prägt. Dabei fällt der Blick stets auf alle Menschen und alle Völker, zwischen denen auf dem Weg wachsender Gerechtigkeit friedliche Verhältnisse geschaffen werden sollen. Diskriminierungen (wie Rassismus, Antisemitismus) passen nicht zu dieser Logik des Evangeliums. Sehr wohl aber die Lösung „sozialer Probleme“ sowie Fragen der Umwelt. Die ökumenischen Versammlungen der christlichen Kirchen haben sich deshalb dazu bekannt, sich gemeinsam für Frieden, Gerechtigkeit und Bewahrung der Schöpfung in den öffentlichen Diskurs einzubringen.

TABELLE 83: Zu welchen Fragen sollen Ihrer Meinung nach die Kirchen/Religionsgemeinschaften öffentlich Stellung nehmen? (2020)

	ATHEISIERENDE	ETWASISTEN	SYMPATHISANTEN	KIRCHLICHE
soziale Probleme	19%	26%	29%	44%
Rassismus	17%	19%	20%	31%
Umwelt	12%	18%	19%	24%
Antisemitismus	16%	16%	16%	21%
sexuelle Orientierung	8%	9%	14%	21%
Frauenfragen	10%	11%	11%	19%
Probleme von Zuwanderern	12%	14%	13%	19%
Gentechnik	6%	11%	13%	18%
private Lebensformen	6%	8%	9%	18%
politische Entwicklungen	8%	10%	11%	18%
wirtschaftliche Fragen	6%	7%	10%	17%
Bildungs- und Erziehungsfragen	1%	1%	1%	6%
SUMME	120	150	166	255

Ausländer

Eines der herausragenden politischen Themen seit 2015 ist der Umgang mit schutzsuchenden Menschen und Migranten. 2015 sind im Herbst viele nach Europa aufgebrochen: Es ist eingetroffen, was der Club of Rome bereits 1991 prognostiziert, die Politik aber nicht ernstgenommen hatte.[56] Die Erfahrung dieser „unkontrollierten Einwanderung" hat die Bevölkerung emotional unterschiedlich berührt. Die einen verspürten Ärger und wehrten sich gegen die angekommenen Fremden, an-

56 „Große Wanderbewegungen sind vorhersehbar, und das nicht nur aus Gründen der politischen, rassistischen oder religiösen Verfolgung, sondern um des wirtschaftlichen Überlebens willen. Solche Wanderbewegungen werden künftig in Europa nicht nur aus dem Osten in den Westen, sondern noch mehr aus dem Süden in den Norden stattfinden. Die demographische Entwicklung ist im Süden der Erde eine andere als im Norden. Bis Mitte des kommenden Jahrhunderts werden die Bewohner der heutigen Industrieländer nicht einmal mehr 20% der Weltbevölkerung stellen. Das schafft einen enormen Bevölkerungsdruck, der in Verbindung mit fehlender Chancengleichheit sowie von Tyrannei und Unterdrückung massive Auswanderungswillen in Richtung Norden auslösen wird, die sich nicht eindämmen lässt. Unsere Nachkommen werden vermutlich Massenwanderungen ungekannten Ausmaßes erleben. Dieser Prozess hat bereits begonnen, denken wir nur an die boat-people aus dem Fernen Osten, an die Mexikaner, die illegal in die Vereinigten Staaten kommen, und an die Asiaten und Afrikaner, die nach Europa drängen. Man kann sich unschwer ausmalen, dass im Extremfall unzählige ausgehungerte und verzweifelte Immigranten mit Booten an den Nordküsten des Mittelmeeres landen werden." Wie der Club of Rome 1991 angekündigt hat, verursacht die große Zahl von Schutz, Frieden und Perspektive für die Kinder suchenden Flüchtenden bei vielen Menschen ein Gefühl der Abwehr. Von einem „defensiven Rassismus" ist die Rede: Für die Experten des Club of Rome1991 ist „klar, dass keine Maßnahmen die Einwanderungsbewegung wirkungsvoll stoppen werden. Dies könnte zu einer deutlichen Verschärfung des defensiven Rassismus in den Zielländern führen und bei allgemeinen Wahlen rechtsgerichteten Diktatoren zur Macht verhelfen." King, Alexander u.a.: Die globale Revolution, Spiegel Spezial 2/1991: Bericht des Club of Rome 1991, 42f.

dere fühlten Zuversicht und setzten sich für eine menschenwürdige Aufnahme ein. Die Hälfte der Bevölkerung verblieb emotional in Sorge.[57]

Die Erfahrungen in der Flüchtlingszeit haben die Frage nach dem Umgang mit Ausländern politisch an die Oberfläche gespült. Die Haltung zu Ausländern und Fremden kann mit Daten der Studie ausgeleuchtet werden. Wiederum werden nicht nur die Grunddaten präsentiert. Vielmehr soll diskutiert werden, ob sich das Sozioreligiöse in der Frage des Umgangs mit Ausländern nachhaltig auswirkt. Theoretisch sollte dies der Fall sein. Das Oberhaupt der katholischen Kirche, aber auch die evangelische Kirchenleitung lassen keinen Zweifel daran, dass es Aufgabe der Christen sei, in Diskussionen an Wirtshaustischen, aber auch mit Geld und Einsatz sich der Aufnahme Schutzsuchender zu stellen und sich für eine Politik des Vertrauens einzusetzen, welche sich international bemüht, die Ursachen der Flucht zu bekämpfen statt die fliehenden Menschen. Aber die traditionsgetreuen Aufforderungen der Kirchenleitung sind nur die eine Seite. Sie beantworten noch nicht die Frage, was die Mitglieder der Religionsgemeinschaft von ihnen auch praktisch halten. Das soll nunmehr vorgestellt werden.

- „Ausländer sollten ihren Lebensstil ein bisschen besser an den der Inländer anpassen."
- „Ausländer sollten sich ihre Ehepartner unter ihren eigenen Landsleuten auswählen."
- „Wenn Arbeitsplätze knapp werden, sollte man die Ausländer wieder in ihre Heimat zurückschicken."
- „Man sollte Ausländer jede politische Betätigung im Inland untersagen."
- „Aufgrund der Anzahl der Zuwanderer in Österreich fühle ich mich manchmal wie ein Fremder/eine Fremde."

Diese Haltungen der Befragten lassen sich in konkrete ausländerpolitische Konzepte umsetzen, die dann in der faktischen Flüchtlingspolitik zur Anwendung gelangen. Die parteipolitischen Positionen sind hinlänglich bekannt und kommen in den Daten auch mit aller Eindeutigkeit zum Ausdruck:

Anhänger der ÖVP und noch mehr der FPÖ haben in allen ausländerabweisenden Aussagen einen überdurchschnittlich hohen Wert. Den Gegenpol bilden die Anhänger der GRÜNEN, der NEOS und der SPÖ, die nahe am Durchschnitt liegt. Allerdings gibt es in allen politischen Lagern nicht nur die jeweils dominante Ansicht. Es gibt somit ausländerfreundliche Befragte unter den Anhängern der FPÖ und der ÖVP, aber auch eine Minderheit von ausländerabweisenden Personen unter den Sympathisantinnen der GRÜNEN und noch mehr unter jenen der SPÖ.

57 Zulehner Paul M.: Entängstigt euch! Die Flüchtlinge und das christliche Abendland, Ostfildern 2016.

TABELLE 84: Einstellungen zu Ausländern nach Parteipräferenz

	Ausländer sollten ihren Lebensstil ein bisschen besser an den der Inländer anpassen.	Aufgrund der Anzahl der Zuwanderer in Österreich fühle ich mich manchmal wie ein Fremder/ eine Fremde.	Man sollte Ausländer jede politische Betätigung im Inland untersagen.	Wenn Arbeitsplätze knapp werden, sollte man die Ausländer wieder in ihre Heimat zurückschicken.	Ausländer sollten sich ihre Ehepartner unter ihren eigenen Landsleuten auswählen.	*SUMME ausländerabweisender Aussagen*	Eine Gesellschaft mit einer Vielfalt mit Sprachen, Religionen, Kulturen hat einen Vorteil.
FPÖ	87%	74%	66%	54%	45%	*326*	29%
ÖVP	81%	50%	42%	30%	28%	*231*	53%
alle	69%	40%	34%	26%	23%	*192*	56%
SPÖ	60%	29%	25%	16%	20%	*151*	67%
NEOS	56%	21%	18%	12%	4%	*111*	74%
GRÜNE	42%	14%	12%	7%	7%	*83*	79%
KPÖ	19%	14%	11%	24%	4%	*73*	79%

Dieses Ergebnis lässt sich komprimiert veranschaulichen, indem ein Index für die Ausländerabweisung errechnet wird. Auch die Vielfalt in den einzelnen Kategorien wird deutlich sichtbar. Es stehen immer Ausländerabweisende und Ausländerfreundliche in unterschiedlicher Stärke einander gegenüber. Ausländerpolitik ist in allen Gruppen der Gesellschaft umstritten und polarisiert diese. Das trifft auch auf die Religionsgemeinschaften zu.

ABBILDUNG 36: „Ausländerfreundlich" versus „Ausländerabweisend" (Index) nach Parteipräferenz, Religionszugehörigkeit, sozioreligiösen Grundtypen, Autoritarismus und Solidarität

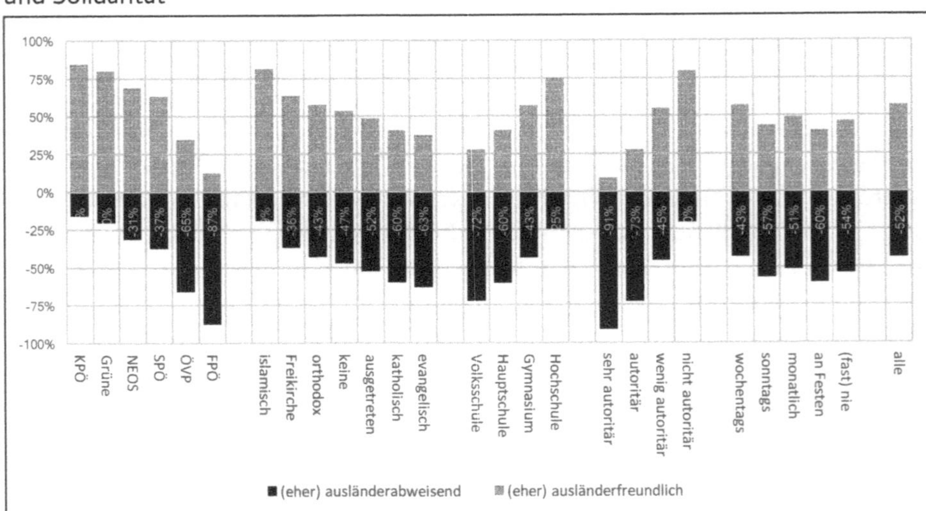

Gräbt man tiefer und will erfahren, welche Persönlichkeits- und Sozialmerkmale die „Ausländerabweisung" begünstigen, dann zeigt sich in einer multiplen Regressionsanalyse Folgendes: Wie schon in der Abbildung sichtbar gemacht, wirkt sich die Ausstattung mit Autoritarismus sehr stark aus (beta=,46). Dann folgen die Schulbildung (beta=,18), die Kirchgangsfrequenz (beta=-,14) und die (Nicht-)Zugehörigkeit zu einer Religionsgemeinschaft. Die Ortsgröße und das Alter schließen die Liste der signifikant wirksamen Einflussfaktoren ab.

TABELLE 85: Faktoren, die Ausländerabweisung begünstigen

	beta	p-Wert
Autoritarismus	0,46	0,00
Bildung	0,18	0,00
Kirchgang	-0,14	0,00
Ortsgröße	0,07	0,00
Religionsgemeinschaft	0,07	0,00
Alter	-0,07	0,01
Parteipräferenz	0,05	0,02
Religiosität	0,11	0,03

	beta	p-Wert
religiös und (nicht) autoritär	0,07	0,09
SOLIDARITÄT	0,03	0,25
SOZIORELIGIÖSE	0,04	0,33
Kinderzahl	0,02	0,48
SINN	-0,01	0,59
Lebensstand	0,01	0,78
Gottesbild	-0,01	0,86
Geschlecht	0,00	1,00

Die Menschheit wird in Zukunft mit wachsender Migration leben lernen müssen. Das unterstreicht auch der jüngst vorgelegte Migrationspakt der UNO. Menschen machen sich auf den Weg wegen Kriegen und politischer Verfolgung, wegen hoffnungsloser Armut und wegen Klimakatastrophen. Der schon 1991 vom Club of Rome vorhergesehene „defensive Rassismus" kommt in der Abweisung von Ausländern zum Vorschein und unterstützt auf durchaus demokratische Weise eine entsprechende Politik. Das ist nach Fachleuten eine der Ursachen für den wiedererwachenden Nationalismus nicht nur in Europa, sondern auch in Amerika oder in Brasilien.

Soll die Herausforderung der Migration friedlich und nach Maßstäben eines Weltgemeinwohls gemeistert werden, braucht es Maßnahmen, welche die Abweisung von Ausländern in eine rational begründbare und emotional positiv besetzte Migrationspolitik wandelt. Folgt man den Analysen dieses Abschnitts, dann hilft dabei vor allem der Abbau des angstbesetzten Autoritarismus, und das über verstärkte Bildung. Zudem können Religionsgemeinschaften einen nachhaltigen Beitrag dazu leisten.

Ist einmal die hoch emotional besetzte Abweisung von Ausländern und Fremden gezähmt, dann muss die Ankunft von Menschen aus fremden Kulturen und mit nichtchristlichen Religionen nicht mehr als Bedrohung erlitten werden. Sie kann zur Ursache einer kulturellen Anreicherung werden. Auch diese Aussage lässt sich durch ein Ergebnis aus der Studie belegen. Immerhin ist für 38 % der ausländerabweisenden Personen der Satz annehmbar, dass „eine Gesellschaft mit einer Vielfalt mit Sprachen, Religionen, Kulturen einen Vorteil" hat. Unter den ausländerfreundlichen Menschen steigt dieser Prozentsatz auf satte 85 %.

Teilnahme an Veranstaltungen

Es sind ganz unerwartete Unterschiede je nach sozioreligiöser Ausstattung, welche die Studie ans Licht brachte. Das bezieht sich noch nicht auf „religiöse Prozessionen durch die Straßen des Ortes", an denen SYMPATHISANTEN und KIRCHLICHE überdurchschnittlich oft teilgenommen haben. Das trifft auch noch auf Wallfahrten oder Pilgerreisen zu. Dabei fällt auf, dass auch unter den ATHEISIERENDEN und den ETWASISTEN eine Handvoll mitmachte. Bemerkenswert ist die Teilnahme an politischen Demonstrationen. Da liegen die ATHEISIERENDEN deutlich über den Durchschnitt. Lediglich 9 % der KIRCHLICHEN haben sich an einer Demo beteiligt.

Dieses Ergebnis wird gestützt durch die Antworten auf ein zusätzliches Item, das lautete: „VertreterInnen von Religionsgemeinschaften sollten nicht bei Demonstrationen auftreten." Die Mitglieder christlicher Kirchen (von den Protestanten und Katholiken stimmen 35 % der Aussage zu, von den Orthodoxen 42 %) zeigen sich demonstrationsfreundlicher als jene, die zu keiner Kirche gehören (44 %). Die Botschaft vieler Nichtmitglieder an die Kirchenmitglieder lautet daher: Haltet euch aus der Politik heraus. Im Schnitt sind 37 % aller Befragten dieser Ansicht. Auf der anderen Seite lehnen sie ebenso viele ab. Eine neue Variation der Verbuntung. Das macht verständlich, warum ein Teil der Menschen applaudiert, wenn sich ein Bischof bei einer Demonstration der Bewegung „Friday for future" zeigt, andere aber Ärger und Kritik äußern. Es ist unmöglich für eine Kirchenleitung, es allen recht zu machen. Das gilt für das öffentliche Engagement ebenso wie für das Heraushalten.

TABELLE 86: Beteiligung an öffentlichen Ereignissen – nach sozioreligiösen Grundtypen.

	politische Demonstrationen	öffentliche Feierlichkeiten	religiöse Prozessionen durch die Straßen des Ortes	Fahrten zu historischen Stätten des Landes	Wallfahrten oder Pilgerreisen	Hadsch/ Hac nach Mekka
ATHEISIERENDE	25%	51%	11%	37%	6%	0%
ETWASISTEN	15%	49%	24%	37%	15%	2%
SYMPATHISANTEN	16%	64%	43%	50%	24%	2%
KIRCHLICHE	9%	64%	54%	59%	46%	4%
alle	16%	58%	35%	47%	25%	2%

Wen nicht als Nachbarn

Das Verhältnis der Bevölkerung zu „andersgearteten Personen" wurde mit der Frage eingeleitet: „Hier sehen Sie eine Reihe von ganz verschiedenen Personengruppen. Könnten Sie einmal alle heraussuchen, die Sie nicht gern als Nachbarn hätten?"

TABELLE 87: Personengruppen, die man nicht gern als Nachbarn hätte

	Personen aus fremden Kulturen	Extremisten	Stigmatisierte	psychisch Belastete
Zuwanderer/Gastarbeiter	0,75	-0,04	0,13	0,04
Moslems	0,70	0,07	0,14	0,04
Menschen anderer Hautfarbe	0,66	0,04	0,15	0,02
Roma und Sinti	0,60	0,22	0,17	0,22
Leute mit vielen Kindern	0,53	0,02	-0,20	0,29
Rechtsextremisten	*-0,07*	*0,85*	*0,03*	*0,16*
Linksextremisten	*0,20*	*0,84*	*0,06*	*0,05*
Homosexuelle	0,10	0,04	0,76	0,11
Leute, die AIDS haben	0,30	0,07	0,71	0,14
Juden	0,48	0,01	0,51	-0,13
Personen, die vorbestraft sind	0,21	0,19	0,38	0,33
Psychisch instabile Personen	*0,22*	*0,09*	*0,30*	*0,55*
Drogenabhängige	*0,06*	*0,12*	*0,24*	*0,71*
Leute, die oft betrunken sind	*0,10*	*0,16*	*-0,05*	*0,77*

Bevor dargelegt wird, welche Personengruppen als Nachbarn unerwünscht sind, sollen die Antworten auf innere Zusammengehörigkeit durchleuchtet werden. Dazu dient eine Faktorenanalyse. Sie bringt Grundeinstellungen (Haltung) ans Licht, aus denen heraus bestimmte Personen gemeinsam abgelehnt werden.

- Eine erste Gruppe findet sich in einem Korb mit Personen, die anderswoher kommen und „*fremdeln*": Zuwanderer, Moslems, Menschen mit anderer Hautfarbe, Roma und Sinti. Es erstaunt, dass Leute mit vielen Kindern in diesen Korb fallen – vermutlich deshalb, weil die genannten Personengruppen zumeist kinderreich sind.
- In einem zweiten Korb sind „*extremistisch*" gesinnte Personen, egal ob Rechtsextremisten oder Linksextremisten.
- Die im dritten Korb zusammengefügten Personengruppen bezeichne ich als „*Stigmatisierte*". Dazu zählen nach der Datenlage Homosexuelle und AIDS-kranke Personen – wahrscheinlich wird untergründig von den Befragten ein fachlich durchaus umstrittener Zusammenhang zwischen AIDS und Homosexualität angenommen. Auch vorbestrafte Gruppen finden sich in diesem Korb. Was sehr befremdet, ist die Zuordnung der Juden zu dieser Gruppe. Ein latenter Rassismus deutet sich an.
- Im vierten Korb sind schließlich *psychisch instabile Personen*, Drogenabhängige und Alkoholiker.

Die größte Ablehnung als Nachbarn erfahren Drogenabhängige (67 %), Rechtsextremisten (62 %) und Alkoholiker (55 %), gefolgt von den Linksextremisten (46 %). Dann kommen in der Mittelgruppe der langen Liste psychisch instabile Personen (35 %), Roma und Sinti (32 %), Personen die vorbestraft sind (31 %). Den unteren Teil der Liste bestreiten Moslems (22 %), AIDS-Kranke (17 %) und Homosexuelle (14 %), Zuwanderer und Gastarbeiter (12 %). Leute mit vielen Kindern (12 %), Menschen anderer Hautfarbe (7 %) und schließlich Juden (7 %) landen am unteren Ende der Ablehnungsliste.

Werden die komplexen Daten nach Parteipräferenz aufgeschlüsselt, erhält man einige brisante Ergebnisse. In Summe gibt es die meisten Ablehnungen bei FPÖ-Wählenden, die wenigsten bei GRÜN-Sympathisantinnen. Die KPÖ-Anhänger machen dem „linken" und internationalistischen Image ihrer Partei Ehre: sie lehnen „Andersartige" am wenigsten ab.

Herausragend in der Spalte der „Juden" ist der Wert für die FPÖ. Liegt der Durchschnitt bei 7 %, lehnen unter den FPÖ-Wählenden 20 % Juden als Nachbarn ab. Nachwirkungen?

TABELLE 88: Nicht als Nachbarn – nach Parteipräferenz

	Drogenabhängige	Rechtsextremisten	Leute, die oft betrunken sind	Linksextremisten	Psychisch instabile Personen	Roma und Sinti	Personen, die vorbestraft sind	Moslems	Leute, die AIDS haben	Homosexuelle	Zuwanderer/Gastarbeiter	Leute mit vielen Kindern	Menschen anderer Hautfarbe	Juden	SUMME
FPÖ	74%	41%	57%	50%	49%	51%	37%	48%	29%	21%	29%	18%	16%	20%	543
ÖVP	76%	65%	57%	51%	36%	38%	34%	26%	19%	20%	12%	11%	5%	6%	455
SPÖ	72%	74%	58%	49%	35%	34%	40%	15%	20%	18%	11%	10%	9%	8%	451
alle	67%	62%	55%	46%	35%	32%	31%	22%	17%	14%	12%	11%	7%	7%	419
NEOS	66%	78%	62%	55%	48%	22%	27%	10%	3%	9%	6%	13%	4%	1%	405
GRÜNE	58%	76%	56%	38%	23%	18%	21%	5%	8%	7%	4%	7%	4%	2%	327
KPÖ	24%	82%	42%	52%	18%	31%	27%	11%	0%	1%	3%	11%	3%	0%	305

Nimmt man den Durchschnitt der vier „Körbe", dann werden die „Extremisten" (54 %) im Schnitt am meisten abgelehnt, gefolgt von psychisch Kranken (52 %). Dann folgen gleichauf die Stigmatisierten und die Fremden (jeweils 17 %).

Krasse Unterschiede gibt es also bei den Anhängerinnen der verschiedenen politischen Parteien. Wiederum bilden die FPÖ auf der einen und die GRÜNEN auf der anderen Seite die Pole. Die folgende Abbildung stellt die krassen Unterschiede dar. Am stärksten ist dieser bei den Moslems (43 Prozentpunkte). Bei den Rechtsextremisten kehren sich die Werte um – jetzt haben die GRÜN-Sympathisantinnen die stärkste Ablehnung (75 %), während dies bei 41 % der FPÖ nahen Personen der Fall ist.

ABBILDUNG 37: Krasse Unterschiede in der Ablehnung bestimmter Nachbarn auf den politischen Flügeln (FPÖ – GRÜNE)

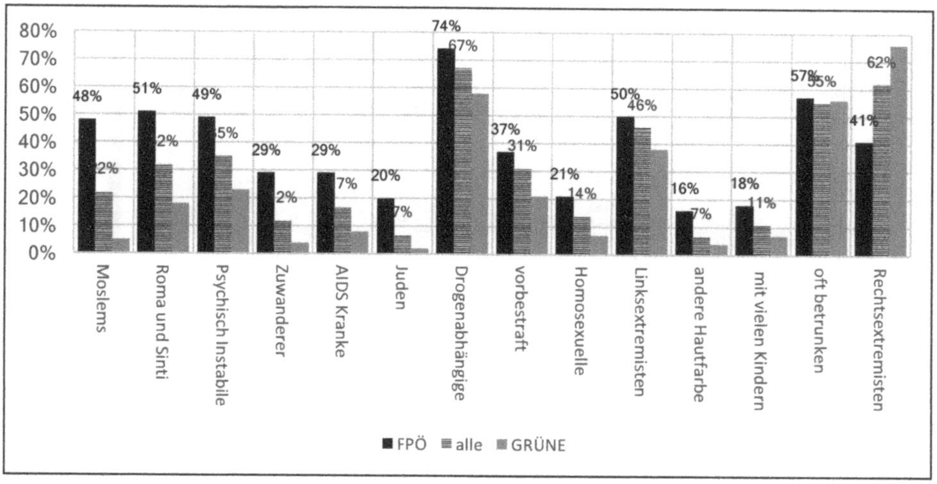

Persönlichkeitsmerkmale (wie Autoritarismus oder das Sozioreligiöse) spielen bei der Frage der Ablehnung bestimmter Personengruppen als Nachbarn eine nachhaltige Rolle:

- Autoritäre lehnen deutlich mehr Personengruppen ab (Summe 525) als Nichtautoritäre (Summe 331; der Durchschnitt für alle Befragten liegt bei 423).
- Deutlich schwächer und keineswegs eindeutig ist der Zusammenhang mit dem Sozioreligiösen (Religiosität, Glaubenskosmos, Commitment zusammengenommen): Die KIRCHLICHEN (Summe 445) haben in Summe die meisten Ablehnungen, die ATHEISIERENDEN deutlich weniger (398). Die ETWASISTEN kommen auf 433 und die SYMPATHISANTEN auf 387 Punkte. Personen, die am Sonntag zur Kirche gehen, haben einen höheren Summenwert (460) als Nichtkirchgänger (415). Sind Kirchgänger intoleranter? Eine Ausnahme bilden bei den Kirchgängern die Leute mit vielen Kindern sowie psychisch instabile Personen. Diese werden von Personen, die sonntags einen Gottesdienst mitfeiern, deutlich lieber angenommen als von jenen, die nie dorthin gehen.

ABBILDUNG 38: Ablehnung von Nachbarn bei Sonntags- und Nie-Kirchgängern

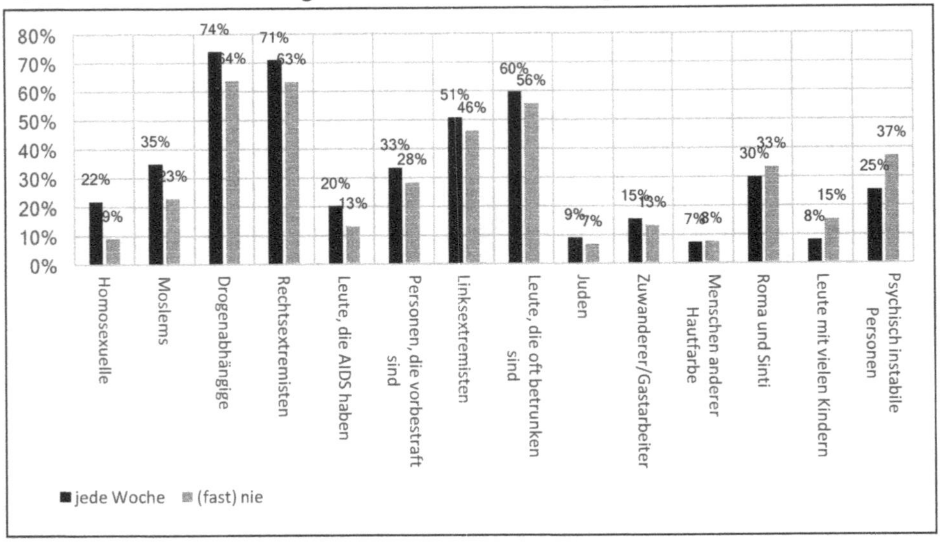

Protestantische Freiheit und Vielfalt

Wie schon in den beiden vorangegangenen Erhebungsjahren 2000 und 2010 wurde die Anzahl der befragten Protestanten mit finanzieller Beteiligung der Evangelischen Kirche Österreichs aufgestockt. Das sollte möglich machen, regionalen Verschiedenheiten unter den Protestanten nachzugehen. Aus historischen Gründen wurden drei Gebiete herausgehoben und mit den restlichen Kirchenmitgliedern verglichen. Protestanten in Großstädten wurden Mitglieder alter „Toleranzgemeinden" gegenübergestellt. Auch wurde ein „Schwerpunktgebiet" definiert. Die großstädtischen Protestanten leben vor allem in Wien, auch in Graz, Linz, Salzburg und Innsbruck. Die Mitglieder von Toleranzgemeinden wurden in Oberösterreich und einige wenige im Bundesland Salzburg befragt. Schließlich jene aus den sonstigen Schwerpunktgebieten: diese leben in Kärnten und im Burgenland. Die Vergleichsgruppe bilden entweder die „Restlichen" oder alle Protestanten in Österreich.

ABBILDUNG 39: Die drei untersuchten Gebiete des Protestantismus in Österreich

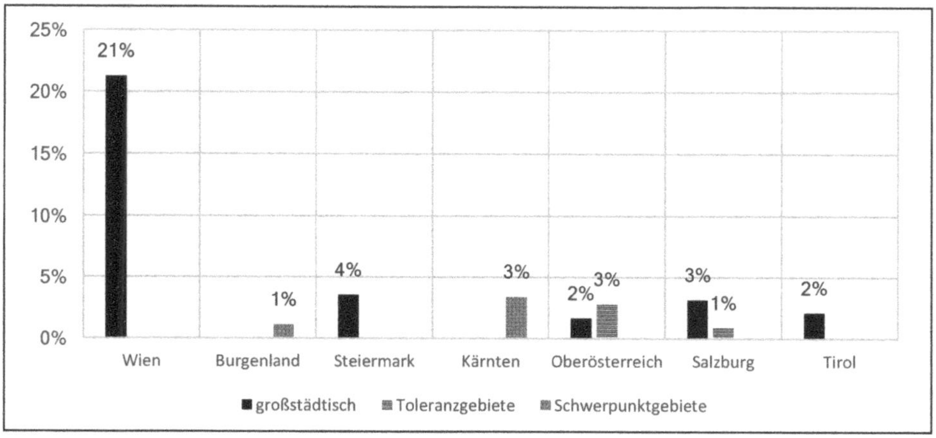

Im Folgenden werden mit einigen Items, die sich in der Auswertung bisher als Schlüsselitems erwiesen haben, die Unterschiede der verschiedenen Gebiete aufgezeigt werden. Diese Analyse wird berücksichtigen: die Einschätzung der eigenen Religiosität, das Gottesbild, den Kirchgang. Mit diesen dreien zusammen wird eine dreiteilige Typologie gerechnet. Dann sollen noch einzelne Merkmale der Protestanten je nach Gebiet vorgestellt werden: wie „autoritär" sie sind, welche politische Präferenz sie haben.

Religiosität, Gottesbild und Kirchgang bei den Protestanten

Großstädtische Protestanten fühlen sich im Schnitt am wenigstens religiös, wenngleich mit 61 % (sehr) religiöse Personen die Mehrheit bilden. Die anderen Gebiete sind religiös stärker geprägt.

Beim Gottesbild und dem wenigstens monatlichen Kirchgang ragen die Protestanten aus den alten Toleranzgemeinden heraus. Bei ihnen ist erheblich häufiger eine Bibel im Haus, wird auch eher zur Hand genommen. In manchen Häusern von Toleranzprotestanten gibt es noch Erinnerungen an die Untergrundzeit, etwa eine alte Bibel und Gebetbücher. Das Gottesbild der Protestanten ist jenem der Katholiken sehr ähnlich, der durchschnittliche Anteil derer, die ein „theistisches Gottesbild" haben, ist überschaubar (26 %), im Schnitt machen sich 37 % der befragten Protestanten wenigstens einmal im Monat auf den Weg zu einem Gottesdienst. Diesbezüglich ragen die Protestanten aus den Schwerpunktgemeinden in Kärnten und im Burgenland heraus (63 %). Unter den großstädtischen Protestanten gehen 40 % (fast) nie in einen Gottesdienst – die 30 % der zumindest monatlichen Kirchgänger in der subjektiven Selbsteinstufung erscheint „exorbitant". Der Besitz einer Bibel ist weit verbreitet. Bemerkenswert ist neben den Unterschieden zwischen den

Gebieten, dass die Katholiken hinsichtlich des Wertes einer Bibel und damit des Besitzes einer Bibel im Haus aufgeholt haben.

TABELLE 89: Eckwerte zu Religiosität, Gottesbild, Kirchgang und Bibel bei Protestanten in den Gebieten

	RELIGIOSITÄT	GOTTESBILDER		KIRCHGANG		BIBEL	
	(sehr) religiös	theistisch	atheistisch	monatlich	(fast) nie	im Haus	zur Hand genommen
KATHOLIKEN	76%	28%	8%	30%	30%	63%	7%
PROTESTANTEN	79%	26%	8%	37%	29%	62%	12%
großstädtisch	*61%*	*32%*	*12%*	*30%*	*40%*	*70%*	*12%*
Toleranzgebiete	*100%*	*60%*	*0%*	*34%*	*17%*	*88%*	*24%*
Schwerpunkte	*91%*	*27%*	*3%*	*63%*	*11%*	*69%*	*20%*
Rest-Österreich	*81%*	*21%*	*9%*	*26%*	*33%*	*52%*	*8%*
Freikirche*	74%	94%	0%	89%	0%	100%	85%
ORTHODOXE	80%	52%	5%	49%	18%	57%	16%
KEINE	19%	5%	42%	2%	84%	30%	2%
AUSGETRETENE	34%	7%	32%	1%	95%	32%	2%
ALLE	68%	30%	12%	27%	42%	56%	10%

Die drei Kerninformationen (Religiosität, Gottesbild, Kirchgang) werden zu einer Typologie verdichtet. Die Tabellen veranschaulichen, wie die drei errechneten Cluster gekennzeichnet sind:

- *Christlich Engagierte* haben ein theistisches Gottesbild, fühlen sich (sehr) religiös und feiern wenigstens monatlich, manche auch jeden Sonntag den Gottesdienst in einer Gemeinde mit.
- *Christlich Distanzierte* sind religiös Fühlende und im Sinn des Evangeliums an Gott Glaubende. Diese persönlichen Eigenschaften führen aber nicht zur Gottesdienstteilnahme. Sie leben ihren Glauben gemeindedistanziert.
- Den dritten Typ nenne ich die *Säkularen*. Hinsichtlich Gott sind sie agnostisch oder atheisieren, fühlen sich nicht religiös und sind auch im kirchlichen (Gemeinde-)Leben nicht präsent. Formal sind sie aber Mitglieder ihrer Kirche.

ABBILDUNG 40: Einfacher Cluster für das Sozioreligiöse (Gebiete)

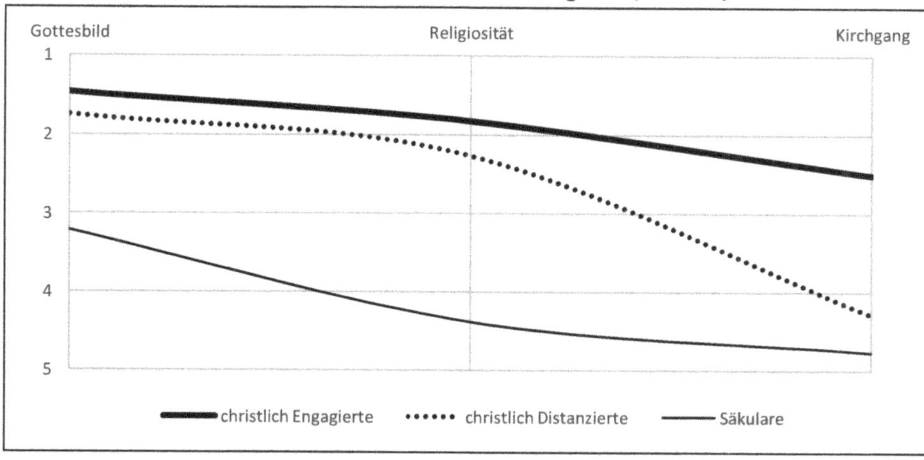

TABELLE 90: Illustration der drei einfachen Cluster für das Sozioreligiöse

	sehr religiös	religiös	gleichgültig	eher nicht religiös	nicht religiös
Säkulare	0%	0%	33%	41%	26%
christlich Distanzierte	3%	89%	8%	0%	0%
christlich Engagierte	61%	39%	0%	0%	0%
alle	10%	51%	15%	14%	9%

	theistisch	deistisch	agnostisch	atheistisch	keine Angabe
Säkulare	6%	47%	36%	7%	5%
christlich Distanzierte	35%	56%	5%	2%	3%
christlich Engagierte	81%	18%	1%	0%	0%
alle	31%	47%	15%	3%	3%

	wöchentlich	sonntags	monatlich	an hohen Festen	(fast) nie
Säkulare	0%	0%	0%	23%	77%
christlich Distanzierte	0%	0%	29%	58%	13%
christlich Engagierte	13%	79%	8%	0%	0%
alle	2%	11%	16%	38%	33%

Und so verteilen sich die drei Typen im Jahre 2020: 14% aller befragten Protestanten sind christlich Engagierte. 52% zählen als kirchlich Distanzierte, 34% als Säkulare (siehe die folgende Abbildung). Frauen sind eher christlich Engagierte, auch Personen mit Grundschuldbildung gehören zu diesem Typ, dies aber zusammen mit höher Gebildeten. Die 40- bis 49-Jährigen ragen heraus.

Von den Gebieten weisen die Toleranzregionen (39 %) sowie die Schwerpunktgebiete (37 %) deutlich höhere Werte an christlich Engagierten auf als die Großstädte (11 %) und der Rest (18 %).

ABBILDUNG 41: Verteilung der drei Typen des Sozioreligiösen nach Alter, Geschlecht und Schulbildung

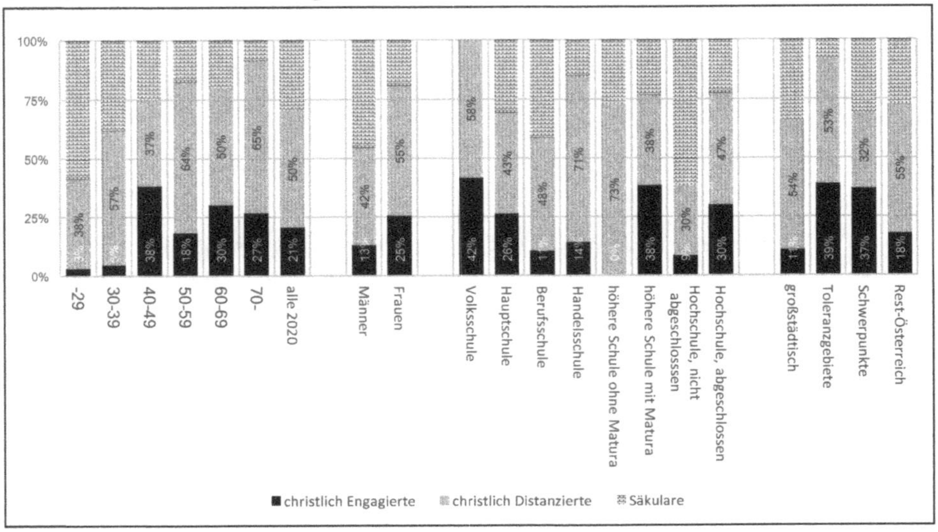

Politische Positionierungen der Protestanten

Die religiös-kirchlichen Eigenschaften eines Menschen, so ergaben bereits die Analysen aus dem ersten Hauptteil, stehen in enger Verbindung mit Persönlichkeitsmerkmalen und politischen Optionen. So sollen die besonderen Gebiete in der evangelischen Kirche auch noch in dieser Richtung beleuchtet werden.

Zunächst Angaben zum Autoritarismus, also der Unterwerfungsbereitschaft unter Autoritäten, oder ins Positive gewendet: Wie freiheitsbedacht sind Mitglieder in einer „Kirche der Freiheit"? In Summe (49 %) halten sich von den religiösen Menschen, wie auch unter den Mitgliedern der katholischen Kirche (53 %) die (sehr) Autoritären und die Nichtautoritären in etwa die Waage. Doch gibt es davon deutlich weniger unter den Evangelischen in den Großstädten (30 %), ebenso in den Toleranzgebieten (33 %).

Unter den Religiösen gibt es sowohl Autoritäre wie Nichtautoritäre. Diese zwei Gruppen wurden herausgeschält und einander gegenübergestellt. Das Ergebnis sieht so aus:

ABBILDUNG 42: Religiös-autoritäre und religiös-nichtautoritäre Personen nach weltanschaulichen Gruppen und Gebieten

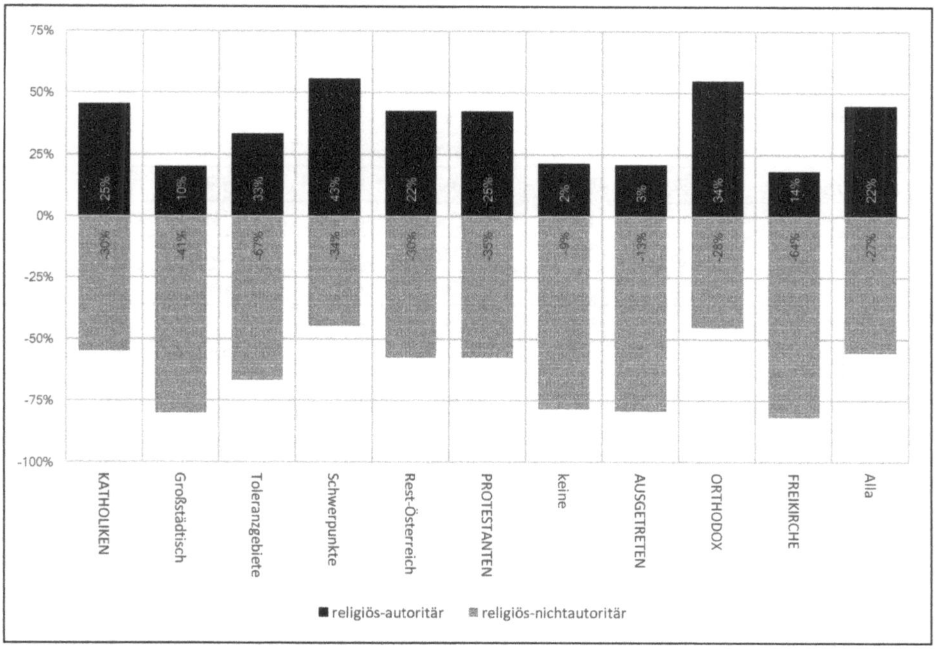

Auffällt die unterschiedliche Größe beider Subgruppen. Dabei lässt sich annehmen, dass die Größe der Gruppe auch über die Stärke der Polarisierung Auskunft gibt. Unter den Religiösen sind in den Toleranzgemeinden besonders viele Nichtautoritäre, in den Schwerpunktgebieten hingegen überwiegen die Autoritären. Für spannende Diskussionen zumal in politischen Fragen (wie der Migrationspolitik, der Arbeit der Diakonie) ist gesorgt. Die Diakonie wird in manchen Regionen mit einigen Positionen Gegenwind erfahren. Bei der demokratischen Struktur der evangelischen Kirche wird diese Polarisierung auch in Versammlungen deutlich zu spüren sein. Wichtig ist bei der Bewertung dieses Meinungspluralismus, dass er zumeist nicht theologisch begründet ist, sondern hauptsächlich durch das Persönlichkeitsmerkmal des Autoritarismus.

Dieses Persönlichkeitsmerkmal begünstigt auch eine spezifische Parteipräferenz. Es soll an den gegensätzlichen Parteien der FPÖ und den GRÜNEN festgemacht werden, wie sich die Befragten nach Parteipräferenz in den unterschiedlichen Gebieten verteilen. Ähnlich viele unter allen befragten Protestanten (jeweils 12 %) haben eine Sympathie für die eine wie die andere Partei. Allerdings gibt es überdurchschnittlich viele Sympathisanten für die FPÖ in den Schwerpunktgebieten (Kärnten, Burgenland). Ein Überhang an Sympathie für die Grünen findet sich hingegen unter den Großstadtprotestanten und jenen in Toleranzgemeinden.

TABELLE 91: Autoritarismus und politische Positionierungen in den Gebieten

	AUTORITA-RISMUS	Politische Präferenz		nicht als Nachbarn		Demonstra-tionen
	(sehr) autoritär	FPÖ	Grüne	Moslems	Juden	teilgenom-men
KATHOLIKEN	53%	14%	9%	24%	7%	13%
PROTESTANTEN	49%	12%	12%	18%	5%	17%
großstädtisch	*30%*	*5%*	*23%*	*8%*	*8%*	*28%*
Toleranzgebiete	*33%*	*12%*	*40%*	*12%*	*0%*	*0%*
Schwerpunkte	*51%*	*19%*	*11%*	*29%*	*9%*	*4%*
Rest-Österreich	*58%*	*11%*	*6%*	*19%*	*1%*	*20%*
Freikirche*	29%	5%	0%	23%	0%	12%
ORTHODOXE	57%	13%	7%	36%	8%	11%
KEINE	25%	20%	12%	23%	5%	25%
AUSGETRETENE	33%	16%	14%	18%	4%	26%
ALLE	48%	13%	10%	22%	7%	16%

Kirchenbindung der Protestanten

Schließlich noch Beobachtungen zur Kirchenbindung. Schon aus den bisherigen Analysen ist bekannt, dass unter den Mitgliedern der katholischen Kirche im Jahre 2020 deutlich mehr (36%) an einen Kirchenaustritt gedacht haben als unter den Mitgliedern der evangelischen Kirche (21%). Die derzeitige weltweite Auseinandersetzung in der katholischen Kirche um den Missbrauch hat dazu vermutlich stark beigetragen, obgleich lokal die Befassung mit diesem Thema bereits in der causa Groer früher stattgefunden hatte. Anders als in früheren Studien erweist sich also derzeit die Kirchenmitgliedschaft in der katholischen Kirche als deutlich labiler denn in der evangelischen Kirche.

Innerhalb der evangelischen Gemeinschaft finden sich diesbezüglich aber krasse Unterschiede nach Gebieten. Großstädtische Protestanten (39%) denken weit eher daran, die Kirche zu verlassen, denn Protestanten in den Toleranzgebieten (12%) oder im Schwerpunktgebiet (8%). Der freiheitliche Protestantismus scheint gerade in der städtischen Freiheitskultur zerbrechlich zu sein. In den Toleranzgebieten tragen Traditionen und soziale Kontakte zur Stabilisierung bei. Das wird auch an den verfügbaren Mitgliedschaftsgründen ersichtlich. Stark sind religiöse Mitgliedschaftsgründe in Toleranzgemeinden (87%), während die Stabilität in den Schwerpunktgebieten eher von der Tradition lebt (83%). In den Toleranzgemeinden gibt es auch noch etwas mehr soziale Kontrolle und Angst vor Nachteilen.

Wie labil die Lage der Großstadtprotestanten ist, zeigt sich auch daran, dass von jenen, die einmal an Austritt dachten, auch 22% faktisch ausgetreten sind. In den traditionellen Schwerpunktgebieten hingegen haben sich 54% für das Bleiben entschieden, in den Großstädten hingegen nur 31%.

TABELLE 92: Möglicher Kirchenaustritt und Mitgliedschaftsgründe

	an Austritt gedacht	ausgetreten	geblieben	Austrittsstandby	religiöse MGG	traditionelle MGG	Nachteile befürchtet
KATHOLIKEN	36 %	21 %	34 %	46 %	51 %	70 %	15 %
PROTESTANTEN	21 %	12 %	46 %	43 %	58 %	64 %	18 %
großstädtisch	*39 %*	*22 %*	*31 %*	*46 %*	*59 %*	*45 %*	*11 %*
Toleranzgebiete	*12 %*	*0 %*	*0 %*	*100 %*	*87 %*	*54 %*	*16 %*
Schwerpunkte	*8 %*	*0 %*	*54 %*	*46 %*	*71 %*	*83 %*	*2 %*
Rest-Österreich	*24 %*	*2 %*	*68 %*	*31 %*	*47 %*	*64 %*	*31 %*

MGG=Mitgliedschaftsgründe

Aus den reichhaltigen und tiefschürfenden Analysen der Daten des Jahres 2010 war hervorgegangen, dass weniger Irritationen zum Austritt führen, sondern eher das Fehlen von Gratifikationen, obgleich – wie die katholische Kirche derzeit demonstriert – die Irritation Missbrauch eine enorme Destabilisierung der Kirchenmitgliedschaft mit sich gebracht hat.

Auf Zukunft hin aber wird es in allen christlichen Kirchen unter den Bedingungen moderner Kulturen und der von den Menschen wahrgenommenen Wahlfreiheit darauf ankommen, aus dem Evangelium den Menschen starke Gratifikationen für ihr Leben zu erschließen. Es bedrückt, dass in einer solchen Situation viele sagen: „So wie die Kirche derzeit aussieht, ist sie keine Hilfe für mein Leben." Überraschend ist, dass 52 % der Befragten in den Toleranzgemeinden diese Ansicht für (sehr) zutreffend ansehen. Unter den Großstädtischen sind es dagegen „nur" 38 %. Am zufriedensten mit ihrer evangelischen Kirche sind die Evangelischen in den Kärntner und Burgenländischen Schwerpunktgebieten (21 %). Alle Protestanten im Land sind zu 31 % dieser Ansicht.

Orthodoxe im Aufwind

Rund eine halbe Million orthodoxe Christinnen und Christen leben derzeit in Österreich. Viele sind vor dem Krieg auf dem Balkan geflüchtet. Ihre Anzahl liegt deutlich über dem Anteil der Protestanten und knapp unter jenem der Moslems. Dieser für das traditionell katholische Land speziellen Subgruppe von Christen wurde in der Umfrage dadurch besondere Aufmerksamkeit gezollt, dass die Anzahl der Befragten angehoben wurde.[58]

Die Kirchen der Orthodoxie kultivieren ihr christliches Leben anders als die Katholiken oder die Protestanten. Das zeigt sich vor allem an der Liturgie. In deren Pracht und Gesängen wird der Himmel auf die Erde herabgesungen. Die Kirchen-

58 Für die Auswertung wurden die Daten gewichtet, sodass die Repräsentativität gewahrt blieb.

gestalt ist rund um die Priester angeordnet. Auch im Gottesdienst zeigt sich dies deutlich: Die Liturgie wird von den Priestern zelebriert, teilweise hinter der Ikonostase, dem anwesenden Volk verborgen. Kirchenmitglieder stellen den Chor. Ihre Teilnahme am Gottesdienst konzentriert sich auf die Beichte beim Priester rund um die oder in der Liturgie und für jene, die gebeichtet haben, auf den Empfang der Kommunion. Viele nehmen eher „vorübergehend" an der langen Liturgie teil, machen Verneigungen, sprechen persönliche Gebete, küssen eine Ikone, geben ein Almosen – und gehen wieder ihres Weges. Die Volksfrömmigkeit ist stark ausgeprägt. Wallfahrten und Ikonen spielen im religiösen Leben von Orthodoxen eine wichtige Rolle.

Die Kirchenleitungen der Orthodoxie sind gegenüber der modernen Welt noch skeptischer als jene der Katholiken und noch weitaus mehr als der Großteil der Protestanten. Siedelt man die drei christlichen Kirchen auf einer virtuellen Modernitätsskala an, dann erscheinen die Protestanten als postmodern, die Katholiken ringen um (mehr) Modernität, die Orthodoxen erscheinen vormodern.

Im Lauf der Analysen des ersten Hauptteils ist bereits sichtbar geworden, dass die Mitglieder der orthodoxen Kirchen in Summe religiöser sind, mehr von ihnen ein christliches Gottesbild haben und häufiger in die Kirche gehen.

Hier einzelne konkrete Ergebnisse zur sozioreligiösen Dimension der Mitglieder von orthodoxen Kirchen in Österreich.

Religiosität der Orthodoxen

Orthodoxe fühlen sich in Summe subjektiv religiöser als alle anderen Bevölkerungsgruppen. Fast zwei Drittel (64 %) bezeichnen sich als (sehr) religiös. Übertroffen werden sie nur noch von den Moslems mit 77 % (sehr) religiösen Mitgliedern. Die Katholiken liegen bei 59 %, die Protestanten bei 60 %. Erwartungsgemäß fühlen sich Ausgetretene (18 %) und Nichtmitglieder (26 %) nicht als religiös.

Einen Ausdruck findet die persönliche Religiosität im Besitz religiöser Gegenstände. Der Tradition ihrer Kirche entsprechend besitzen 81 % der Orthodoxen selbst eine Ikone bzw. haben eine solche in der Wohnung. Vergleichsweise nennen nur 36 % der Protestanten ein Heiligenbild ihr Eigen, dafür etwas häufiger eine Bibel (62 %; Orthodoxe 57 %). Weihwasser (39 %) und gesegnete Gegenstände (z. B. gesegnete Kerze, Medaille, Andenken an heilige Orte) sind bei Orthodoxen mehr verbreitet (64 %) als bei Angehörigen der Kirchen der Reformation (31 %).

TABELLE 93: Besitz religiöser Gegenstände

	Heiligenbild – Ikone	Kreuz	Bibel	Rosenkranz	Gebetbuch	Glücksbringer	Weihwasser	gesegnete Gegenstände	Summe
orthodox	81 %	82 %	57 %	27 %	46 %	59 %	39 %	64 %	454
katholisch	51 %	78 %	63 %	61 %	45 %	69 %	34 %	61 %	463
evangelisch	36 %	68 %	62 %	27 %	48 %	57 %	14 %	31 %	343
Freikirche*	37 %	94 %	100 %	22 %	94 %	17 %	11 %	56 %	430
keine	11 %	25 %	30 %	14 %	11 %	46 %	4 %	13 %	154
ausgetreten	16 %	34 %	32 %	21 %	14 %	57 %	6 %	17 %	197
alle	45 %	68 %	56 %	47 %	39 %	63 %	27 %	50 %	395

Gottesbild der Orthodoxen

Das Gottesbild der Orthodoxen ist öfter „theistisch“ geprägt als bei den Mitgliedern anderer christlicher Konfessionen. Der Glaube an einen persönlichen Gott ist erheblich weiter verbreitet (52 %) als unter Mitgliedern der katholischen (28 %) oder evangelischen (26 %) Kirche. Nur islamisch Gläubige glauben noch mehr an einen persönlichen Gott (67 %). Vergleichsweise tendieren die Mitglieder der katholischen und evangelischen Kirche eher zu einem „deistischen“, unpersönlichen Gottesbild. Eindeutig theistisch sind die Mitglieder der Freikirchen.

TABELLE 94: Gottesbilder nach Weltanschauungen

	theistisch	deistisch	agnostisch	atheistisch	keine Angabe
orthodox	52 %	34 %	8 %	5 %	2 %
katholisch	28 %	50 %	12 %	8 %	3 %
evangelisch	26 %	55 %	10 %	8 %	1 %
Freikirche*	94 %	0 %	6 %	0 %	0 %
islamisch	67 %	23 %	6 %	2 %	1 %
keine	5 %	30 %	17 %	42 %	7 %
ausgetreten	7 %	38 %	19 %	32 %	3 %
alle	30 %	43 %	12 %	12 %	3 %

Kirchgang der Orthodoxen

Nur 18 % der Orthodoxen gehen (fast) nie in eine Kirche zum Gottesdienst. Ein Drittel geht an den Festen (33 %), ein weiteres Drittel (30 %) monatlich. 19 % sind

Sonntagskirchgänger. Sieht man von den Freikirchen ab (80 % Sonntagskirchgänger) haben die Orthodoxen unter den Christen in Österreich die größte Bereitschaft, am Sonntag zur Kirche zu gehen. Moslems übertreffen die Orthodoxen allerdings mit der Häufigkeit des Moscheegangs am Freitag (28 %).

TABELLE 95: Wie häufig besuchen Sie etwa den Gottesdienst?

	wochentags	sonntags*	monatlich	an Festen	(fast) nie
Freikirche*	11 %	69 %	8 %	11 %	0 %
orthodox	4 %	15 %	30 %	33 %	18 %
katholisch	2 %	10 %	17 %	40 %	30 %
evangelisch	1 %	12 %	24 %	35 %	29 %
keine	0 %	1 %	1 %	14 %	84 %
ausgetreten	0 %	0 %	1 %	4 %	95 %
alle	2 %	10 %	15 %	31 %	42 %
islamisch*	2 %	26 %	2 %	42 %	17 %

** Moslems: freitags*

Das Sozioreligiöse bei den Orthodoxen

Mit diesen drei Informationen (Religiosität, Gottesbild, Kirchgang) wird eine Typologie errechnet, und zwar diesmal nur für die (aufgestockten) Orthodoxen. Sie sind den im Protestantensample errechneten Ergebnis sehr ähnlich: Neben christlich Engagierten (sie haben hohe Mittelwerte bei allen drei Indikatoren) finden sich christlich Distanzierte (im Vergleich zu den Engagierten ist die Kirchgangsfrequenz niedriger) sowie Säkulare. Von den befragten Orthodoxen sind 15 % christlich Engagierte, 64 % christlich Distanzierte – also gläubige Orthodoxe mit geringer Kirchgangshäufigkeit; 21 % gelten als Säkulare.

Die christlich Engagierten finden sich eher unter Frauen, 50- bis 59-Jährigen; sie sind eher Gebildete. Unter den Autoritären sind mehr als unter den Nichtautoritären.

Mit Autoritarismus sind die Orthodoxen (51 %) eher ausgestattet als die Katholiken (44 %) oder (noch weniger) die Protestanten (41 %). Sie stehen der ÖVP näher als der FPÖ oder auch den GRÜNEN. Würde morgen Nationalratswahl sein, würden von allen befragten Orthodoxen 19 % die SPÖ, 15 % die ÖVP, 13 % die FPÖ und 7 % die GRÜNEN wählen.

ABBILDUNG 43: Verteilungen der Typen orthodoxer Kirchenmitglieder

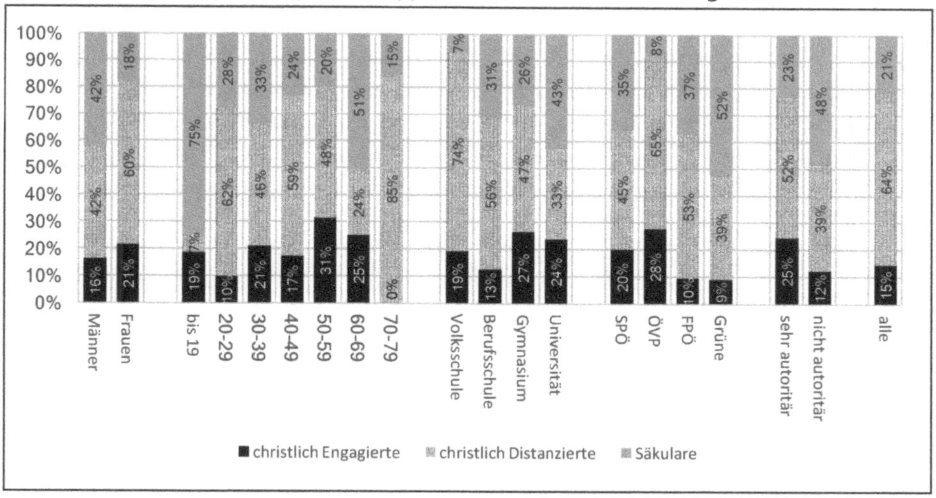

Wie in allen weltanschaulichen Gruppen sind auch in der orthodoxen Kirche in Österreich die Mitglieder mit Religiosität und Autorität unterschiedlich ausgestattet. 35 % der Religiösen sind autoritär, 28 % nicht autoritär. Bei den Katholiken und den Protestanten neigt sich das Verhältnis dieser polaren Gruppen in Richtung der nichtautoritären Religiösen (katholische Religiöse: 27 % autoritär, 30 % nicht autoritär; evangelische Religiöse: 25 % autoritär, 34 % nicht autoritär).

Die Mitglieder der orthodoxen Kirchen sind religiös und kirchlich stärker geformt als die Mitglieder der anderen christlichen Kirchen. Lediglich von den Mitgliedern der islamischen Glaubensgemeinschaft werden sie darin überboten.

Daraus folgt für die Entwicklung der religiös-kirchlichen Gesamtlage in Österreich: Indem in den letzten Jahren eine stattliche Anzahl von orthodoxen Christinnen und Christen nach Österreich zugewandert ist, haben sie das sozioreligiöse Niveau der österreichischen Kultur insgesamt angehoben und dessen Absinken, das durch die Schwächung der Katholiken verursacht wurde, etwas abgefedert.

Diese unverhoffte Stärkung der sozioreligiösen Dimension der Kultur erfolgt zudem durch Katholiken, die aus katholischen Ländern mit höheren sozioreligiösen Werten einwandern, aus Polen, Kroatien oder auch den Philippinen. Die katholische Kirche in Österreich ist inzwischen eine Art „Weltkirche“ im Kleinen geworden.

Es bedarf der Forschung über Jahre hinweg, um festzustellen, welche Rolle die mitgebrachte Religiosität und Kirchlichkeit bei der Integration von Migranten spielt. Möglich ist eine rasche Aufweichung unter den Bedingungen der religiös-kirchlichen Kultur des Aufnahmelandes. Denkbar ist aber auch, dass die mitgebrachte Religiosität und Kirchlichkeit stabil stark bleiben, weil sie die Angekommenen an die Heimat erinnern und über den Heimatverlust hinweghelfen und es ihnen vielleicht auf diese Weise erleichtern, sich sowohl zu integrieren als auch zugleich die Heimat nicht zu vergessen. Dafür könnte die Zustimmung zur Aussage sprechen: „Meine Religionsgemeinschaft hilft mir, in der Gesellschaft einen Platz zu finden."

Diese Aussage kann natürlich auch Menschen zusagen, die im Land geboren sind. Das scheint bei 29 % der im Land Geborenen der Fall zu sein. Aber von jenen, die nicht hier geboren wurden, teilen mit 40 % deutlich mehr diese Erfahrung. Das betrifft orthodoxe Christinnen und Christen (von ihnen sind 73 % nicht in Österreich geboren) sowie Muslimas und Muslime (66 % nicht hier geboren).

Die islamische Religionsgemeinschaft

Der Anteil der Muslime in Österreich ist in den letzten Jahren gewachsen. Zunächst kamen viele moslemische Flüchtlinge aus dem Balkan. Auch unter jenen, die vor dem Schrecken des Krieges im Nahen Osten geflohen sind und in Österreich um Asyl ansuchten sowie dieses auch bekommen haben, sind vorwiegend Muslime und Muslimas. Die Angehörigen der islamischen Weltreligion machen derzeit in Österreich etwas mehr als 8 % aus. Sie sind damit zwar nach wie vor eine Minorität, haben aber die Anzahl der Protestanten (3,4 %) bereits deutlich überholt.

Die Studie enthält Anhaltspunkte, was Moslems glauben und wie sie ihren Glauben praktizieren. Über Auswirkungen auf Persönlichkeitsmerkmale und andere Bereiche des persönlichen und gesellschaftlichen Lebens wurde bereits weiter oben im Kapitel „Auswirkungen auf das Leben" gemeinsam mit den anderen weltanschaulichen Positionen berichtet. Hier geht es nur um den Aspekt islamischer Gläubigkeit und religiöse Praxis.

Das heilige Buch: der Koran

Der Islam ist eine Buchreligion. Alle Gläubigen sollten das Buch besitzen, zur Hand nehmen und nach Möglichkeit auf Arabisch lesen. Dieser idealen Erwartung kam 2010 ein Viertel der in Österreich lebenden Moslems nicht nach (23 %). Zehn Jahre später stieg dieser Anteil allerdings auf 32 %. Entsprechend niedriger ist der Anteil derer, die sich wöchentlich ins heilige Buch vertiefen. Waren dies 2010 45 %, sind es 2020 mit 32 % um 13 Prozentpunkte weniger. Ist mit den Schutzsuchenden zumal aus dem bildungsarmen Afghanistan eine andere Generation von Muslimen mit einer anderen islamischen Glaubensbildung ins Land gekommen? Jedenfalls deutet diese Verschiebung bereits darauf hin, dass Muslime aus verschiedenen Ländern eine unterschiedliche Praxis ihres Glaubens mitbringen.

TABELLE 96: Wie oft nehmen Sie die heilige Schrift einer Glaubensgemeinschaft (Bibel, Koran) zur Hand?

	täglich	wöchentlich	monatlich	mehrmals im Jahr	nie
2010	10%	35%	15%	18%	23%
2020	14%	18%	7%	29%	32%

„den Koran" – nur islamisch

An einem Koranunterricht haben vier von zehn Befragten während der ganzen Schulzeit teilgenommen, andere einige Jahre, Monate oder Wochen, um den Koran lesen und verstehen zu lernen. Ein Viertel der 2020 Befragten Muslime genoss keinerlei Unterricht – nicht als Kind und auch nicht später.

TABELLE 97: Haben Sie als Kind oder später am Koranunterricht teilgenommen? Wenn ja, (insgesamt) wie lange?

	während der ganzen Schulzeit	einige Jahre	einige Monate	einige Wochen	gelegentlich, in Einzelveranstaltungen	habe nicht teilgenommen
2010	44%	18%	12%	1%	4%	19%
2020	41%	17%	7%	5%	8%	23%

Auf die Frage „Würden Sie die Qualität des Religionsunterrichts für die verschiedenen Konfessionen in Schulen als eher positiv oder eher negativ bewerten oder können Sie das nicht beurteilen?" haben alle die Befragten mit unterschiedlicher weltanschaulicher Ausrichtung Stellung bezogen. Mit lediglich 40% positiver Einschätzung fällt diese in der Gesamtbevölkerung ziemlich niedrig aus. Die Angehörigen des Islam haben hingegen fast alle (84%) mit „eher positiv" geantwortet. Wie ideologisiert die Islamdebatte derzeit ist, zeigen die Bewertungen durch andere weltanschauliche Gruppen. Von den Protestanten gaben noch 42% eine positive Einschätzung ab, unter den Katholiken 37%, unter den Orthodoxen 35%. Angehörige einer Freikirche (20%), Nichtmitglieder (16%) und Ausgetretene (10%) demonstrieren mit ihrer negativen Bewertung der Qualität (!) des islamischen Religionsunterrichts, den sie mit höchster Wahrscheinlichkeit gar nicht kennen, die Ablehnung entweder des Islam oder jeglicher Religion.

TABELLE 98: Würden Sie die Qualität des Religionsunterrichts für die verschiedenen Konfessionen in Schulen als eher positiv oder eher negativ bewerten oder können Sie das nicht beurteilen?

hier „Religionsunterricht für Muslime"

	eher positiv	eher negativ	Anteil in der antwortenden Bevölkerung
katholisch	37%	63%	52%
evangelisch	42%	58%	3%
islamisch	84%	16%	15%
keine	16%	84%	5%
ausgetreten	10%	90%	13%
orthodox	35%	65%	10%
Freikirche*	20%	80%	1%
alle	40%	60%	

Aber zurück zum Koran. Gefragt wurde auch, ob ihn die Muslime in der Originalsprache lesen bzw. rezitieren. Das ist der Hintergrund der Frage: Der Koran ist auf öffentliche Rezitation angelegt. Das geschehe nicht nur aus ästhetischen Gründen; vielmehr wird damit auch eine heilsame Wirkung verbunden. Zwei Drittel können den Koran so gut wie gar nicht auf Arabisch lesen. Das ist erheblich mehr als noch im Jahre 2010. Der Anteil derer, die dazu sehr geeignet sind, ist in den letzten zehn Jahren deutlich gesunken.

TABELLE 99: Können Sie den Koran auf Arabisch lesen?

	sehr gut	einigermaßen	(so gut wie) gar nicht
2010	27%	31%	42%
2020	17%	19%	63%

Fünf Säulen (Pflichten)

Der Glaubensvollzug einer Muslima, eines Moslems, ruht auf fünf Säulen, auch fünf Pflichten genannt. Sieht man von den Werten bei der Hadsch ab – die Wallfahrt nach Mekka hat im wünschenswerten Normalfall einmal im Leben einer Islamgläubigen stattzufinden –, kommen die Zustimmungswerte auf die Frage „Welche von den folgenden religiösen Pflichten pflegen Sie zu erfüllen" auf etwa zwei Drittel bis drei Viertel. Die Werte für 2020 liegen merklich niedriger als jene von 2010. Gebet (69%) und Fasten (63%) stehen an vorderer Stelle, Glaubensbekenntnis und Almosen folgen gleichauf (50%).

TABELLE 100: Welche von den folgenden religiösen Pflichten pflegen Sie zu erfüllen?

	Gebet	Glaubens-bekenntnis	Fasten	Zakat, Almosen	Hadsch	k.A.
2010	77 %	59 %	81 %	60 %	30 %	3 %
2020	69 %	50 %	63 %	50 %	11 %	14 %

Gebetshäufigkeit

Einen hohen Stellenwert nimmt in der religiösen Praxis eines Moslems das häufige, im Idealfall täglich mehrmalige Beten ein. Ein Viertel folgt dieser Anweisung und betet mehrmals täglich, ein weiteres Viertel täglich. Der Anteil jener, die seltener oder nie beten, liegt bei 20 %.

TABELLE 101: Wie oft beten Sie?

	täglich mehrmals	täglich	wöchentlich ein- oder mehrmals	mindestens einmal im Monat	mehrmals im Jahr (an großen Feiertagen)	seltener	nie
2010 %	26 %	26 %	15 %	5 %	13 %	8 %	7 %
2020 %	25 %	22 %	15 %	6 %	12 %	10 %	11 %

Moscheegang

Was für die Christen der Sonntagskirchgang ist, ist für die gläubigen Muslime am Freitag der Gang in die Moschee. 28 % erfüllen 2020 diese Pflicht (mehrmals am Tag oder einmal in der Woche zusammengenommen). Und so wie es Kulturchristen gibt, finden sich auch „Ramadan-Muslime" (14 %), sie gehen nur im Fastenmonat in eine Moschee. Relativ groß ist der Anteil jener, die selten oder nie eine Moschee aufsuchen; im Jahre 2020 sind es mit 45 % fast die Hälfte – 2010 waren es 39 %. Bei dieser Beschreibung werden unterschiedliche Regeln für Männer und Frauen in den einzelnen „Konfessionen" des Islam nicht berücksichtigt.

TABELLE 102: Wie oft besuchen Sie die Moschee?

	mehrmals am Tag	einmal in der Woche	einmal im Monat	nur im Ramadan	selten	nie
2010	1 %	39 %	14 %	8 %	24 %	15 %
2020	2 %	26 %	14 %	14 %	28 %	17 %

Heilige Nächte

Heilige Nächte sind besondere Feiertage. An diesen beten und fasten gläubige Muslime, sie gehen auch in eine Moschee. Beten und Fasten sind in diesen heiligen Zeiten unter den Befragten der islamischen Glaubensgemeinschaft häufiger als der Gang zur Moschee. Die Werte liegen zwischen zwei Drittel und drei Viertel.

TABELLE 103: Wie häufig machen Sie die folgenden Dinge in den heiligen Nächten (Berat, Regalb, Mirac, Meviut, Kadir)?

	beten		in die Moschee gehen		fasten	
	in jeder dieser Nächte	in einer oder einigen	in jeder dieser Nächte	in einer oder einigen	in jeder dieser Nächte	in einer oder einigen
2010	52 %	33 %	30 %	50 %	33 %	48 %
2020	51 %	27 %	30 %	39 %	44 %	24 %

Gegenstände

Alle Religionen sind, weil menschlich, auch sinnlich. Das trifft auch beim Islam und seinen Angehörigen zu. Eher magischen Flair haben Glücksbringer. Solche sind weiter verbreitet als das heilige Buch des Koran, das drei Viertel der Befragten besitzen. Gebetsketten nennen Muslime häufiger ihr Eigentum als Gebetsteppiche. Der sogenannte „Stein gegen die Verfluchung" wird von einem schwachen Drittel geschätzt.

TABELLE 104: Besitzen Sie persönlich oder gibt es in Ihrer Wohnung einen oder mehrere von folgenden Gegenständen?

besitzt entweder selbst oder ist in der Wohnung

	Glücksbringer	Koran	Gebetskette	Gebetsteppich	Stein gegen Verfluchung
2010	90 %	74 %	74 %	43 %	32 %
2020	80 %	72 %	65 %	49 %	29 %

Rat bei einem Imam

Schon weiter oben bei der Darstellung der Ergebnisse für alle Befragten für 2020 war berichtet worden, in welchen Angelegenheiten sich Mitglieder an amtliche Vertreter ihrer Religionsgemeinschaft wenden. Hier noch einmal die Zahlen für die Muslime für 2010 und 2020. Am ehesten suchen die Mitglieder beim Imam Rat in politischen Fragen. Politische Themen werden aber nicht nur in persönlichen Unterredungen besprochen, sondern kommen oftmals in den Predigten der Imame beim Freitagsgebet zur Sprache. Neben den politischen Fragen geht es um religiöse Themen, aber auch um persönliche Verzweiflung. Das mag damit zusammenhängen, dass unter den befragten Muslimen nicht wenige Flüchtlinge sind. Auffällt, dass die Muslime 2020 zwar niedrigere Werte bei den Kernfragen der religiösen Praxis haben, aber insgesamt deutlich häufiger einen Imam um Rat bitten.

TABELLE 105: In welchen der folgenden Situationen würden Sie einen Imam um Rat bitten?

	politische Fragen	religiöse Probleme	in persönlicher Verzweiflung	Gewissensnot	Eheprobleme	Kindererziehung	finanzielle Probleme	Sorgen im Beruf	SUMME	keine
2010	59%	30%	19%	43%	14%	1%	10%	5%	182	2%
2020	54%	47%	43%	33%	23%	13%	6%	4%	224	27%

Typologie Islam

In manchen Kreisen der Bevölkerung geht die Auffassung um, dass die Angehörigen der islamischen Religionsgemeinschaft allesamt glaubensstark sind (und noch dazu mehr Kinder haben) als die übrige Bevölkerung. Das werde, so an Stammtischen und in Wahlreden, dazu führen, dass ein glaubensstarker und kinderreicher Islam das glaubensschwache und kinderarme Christentum in Europa nach und nach verdrängen werde. Daraus wird geschlossen, dass man muslimische Schutzsuchende nicht nach Europa lassen dürfe, um das christliche Abendland zu retten.

Nun zeigen die Daten, dass an der größeren Glaubensstärke und höheren Kinderzahl der Muslime etwas Wahres ist. Doch so einfach lassen sich Islam und Christentum in unserem Land nicht gegenüberstellen. So wie es glaubensstarke und kinderreiche Christinnen und Christen gibt, finden sich auch glaubensschwache, säkulare Muslimas und Muslime mit geringer Kinderzahl.

Wie die Aufschlüsselung der Kinderzahlen nach Religionszugehörigkeit belegt, haben Ausgetretene und Nichtmitglieder am häufigsten keine Kinder. Unter den Angehörigen einer Religionsgemeinschaft liegen in der Kinderlosigkeit die Protestanten und Muslime/Muslimas gleich auf. Unter den Katholiken finden sich die wenigsten Menschen ohne Kinder.

Für die Entwicklung der Bevölkerung geht es also weniger um ein „Matsch“ zwischen Christen und Muslimen, sondern zwischen Mitgliedern und Nichtmitgliedern egal welcher Religionsgemeinschaft. Es sieht so aus, als würde es allen Religionsgemeinschaften eher gelingen, ihre Mitglieder zum solidarischen Teilen ihrer Lebenschancen mit Kindern zu gewinnen. Nichtmitglieder und Ausgetretene hingegen scheinen dazu weniger bereit zu sein.

TABELLE 106: Kinderzahl nach Religionszugehörigkeit

	keines	eines	zwei	drei	vier	fünf und mehr	Zeile
ausgetreten	53 %	18 %	18 %	9 %	2 %	0 %	15 %
keine	49 %	26 %	17 %	4 %	3 %	1 %	5 %
alle	37 %	17 %	28 %	13 %	3 %	2 %	
evangelisch	36 %	18 %	32 %	9 %	3 %	1 %	3 %
islamisch	36 %	12 %	25 %	21 %	4 %	2 %	8 %
orthodox	34 %	16 %	34 %	13 %	3 %	0 %	8 %
katholisch	31 %	17 %	31 %	15 %	3 %	3 %	58 %

Dann aber zur Mär von den glaubensstarken Muslimen/Muslimas. Mit Hilfe eines Pakets von Daten, die allesamt mit islamischem Glauben und Leben zu tun haben, wurde eine einfache polare Typologie errechnet. Einbezogen wurden in diese Clusteranalyse Informationen über die Feier der heiligen Nächte, das Lesen im heiligen Buch des Korans, das häufige Gebet, der Gang in die Moschee, der Besitz religiöser Gegenstände sowie die Erfüllung der religiösen Pflichten. Dass nur zwei gegensätzliche Typen herausgearbeitet wurden, hat mit der eher geringen Zahl von Muslimen im durchaus repräsentativen Sample zu tun.

Der eine Typ sind die gläubigen Muslime, der andere die säkularen. Am Beispiel des Moscheegangs kann dies gut illustriert werden, wie das Profil dieser beiden Typen aussieht. Unter den GLÄUBIGEN gehen 77 % wenigstens einmal im Monat zur Gebetsversammlung in einer Moschee, unter den SÄKULAREN mit 3 % so gut wie keiner. Von den Muslimen, die 2020 befragten wurden, zählen 53 % zu den GLÄUBIGEN und 47 % zu den SÄKULAREN. Dass also „die Muslime" allesamt glaubensstark sind, davon kann überhaupt nicht die Rede sein. Der typisch SÄKULARE Typ ist der junge unverheiratete muslimische Mann mit höherer Bildung, der in einer Großstadt lebt. Das sind religionssoziologisch durchaus vertraute Ergebnisse. Sie sehen unter den Mitgliedern der christlichen Kirchen nicht anders aus.

TABELLE 107: Wie oft die beiden Grundtypen in die Moschee gehen

	mehrmals am Tag	einmal in der Woche	einmal im Monat	nur im Ramadan	selten	nie
GLÄUBIGE	3 %	51 %	23 %	17 %	5 %	1 %
SÄKULARE	0 %	0 %	3 %	39 %	23 %	35 %
alle	2 %	26 %	14 %	28 %	14 %	17 %

Muslime 2020

Der Islam in der Gesellschaft

Der Islam ist in den letzten Jahren, als viele schutzsuchende Menschen aus den Kriegsgebieten des Nahen Ostens und Afghanistans nach Europa geflohen sind, zu einem brisanten politischen Thema geworden. Wahlkämpfenden einiger Parteien ist es dabei gelungen, durch den legitimen Kampf gegen einen in die Irre geleiteten gewalttätigen Islam das Image des Islams in Europa insgesamt zu beschädigen.

Wahlkampfreden sind das eine, was die Menschen persönlich denken, kann durchaus etwas anderes sein. So gewinnen die in der Studie zur „Islampolitik“ (im weiteren Sinn) gestellten Fragen durchaus an politischer Brisanz und können manche Politiker nachdenklich machen und zu differenzierterer, respektvollerer Rede veranlassen.

Was die Menschen im Land vom Islam halten

Eine Schlüsselfrage hinsichtlich der Bewertung des Islam im europäischen Diskurs ist, ob dieser in seinem Wesen friedlich oder gewaltförmig ist. Dazu kommt der Disput über die Modernitätsfähigkeit des Islam: Kann es einen modernen europäischen Islam denn wirklich geben? Viele Vertreter der islamischen Glaubensgemeinschaft, aber auch der universitären islamischen Theologie arbeiten an dessen Modernisierung und betonen, dass auch in der arabischen Welt es längst Ansätze dazu gegeben habe. Die derzeit von vielen vertretene kulturpolitische Hauptposition besteht aber darin, dass ein vormoderner, altmodischer und überkommener sowie in sich gewaltförmiger Islam in Europa keinen Platz habe.

Zu beiden Aspekten (friedliebend oder gewaltförmig) wurden insgesamt vier Aussagen vorgelegt. Die Befragten konnten zustimmen oder nicht zustimmen. Das sind die Antworten auf die einzelnen Fragen, und zwar bereits nach Religionszugehörigkeit aufgeschlüsselt. Auch der Vergleich der Antworten in den beiden Erhebungswellen im Jahre 2010 und 2020 wird dokumentiert.

TABELLE 108: Im Folgenden geht es um mehrere Meinungen um den Islam als Religion. Geben Sie bitte an, welchen davon Sie zustimmen und welchen nicht.

1=stimme zu (2=stimme nicht zu)

„Der Islam ist Weltreligion wie das Christentum und das Judentum, bei der das friedliche Zusammenleben aller Menschen im Vordergrund steht.“

	katholisch	evangelisch	islamisch	keine	ausgetreten	orthodox
2010	54%	70%	99%	59%	57%	69%
2020	56%	54%	97%	54%	50%	50%

„Der Islam ist im Grunde genommen eine friedliebende Religion, wird aber von Extremisten für deren Ziele missbraucht.“

	katholisch	evangelisch	islamisch	keine	ausgetreten	orthodox
2010	78%	82%	89%	84%	80%	66%
2020	79%	75%	94%	73%	74%	59%

„Die Moralvorstellungen des Islam sind überkommen und altmodisch. Vor allem passen sie nicht ins Europa des 21. Jahrhunderts."

	katholisch	evangelisch	islamisch	keine	ausgetreten	orthodox
2010	77%	74%	26%	62%	83%	83%
2020	78%	85%	25%	89%	83%	83%

„Der Islam ist eine gewalttätige Religion, die die Entwicklung von radikalen Gruppierungen und Terroristen begünstigt."

	katholisch	evangelisch	islamisch	keine	ausgetreten	orthodox
2010	48%	33%	13%	36%	50%	65%
2020	49%	49%	7%	39%	43%	55%

Mit Hilfe der Antworten auf diese vier Aussagen kann eine überschaubare Typologie gebildet werden. Drei Typen haben sich statistisch angeboten:

- Ein erster Typ („*friedlich*") sieht den Islam als eine im Grund friedliebende Religion an. Sie werde aber von Extremisten missbraucht. Zugehörige zu diesem Typ sind der religionswissenschaftlich gut begründeten Ansicht, dass Religionen im Lauf der Menschheitsgeschichte von Gewalttätern zur Rechtfertigung ihres kriegerischen Mordens herangezogen wurden – ein (missbräuchlicher) Vorgang, der in allen Religionen anzutreffen ist. Dabei liegt, so moderne Exegese wie auch heutige Wissenssoziologie übereinstimmend, das Problem weniger in den Religionen selbst, sondern in der in diese hineinprojizierten (männlichen) Gewaltneigung. Religionen eignen sich (neben der Sprache) vorzüglich als „Legitimationssysteme". Diese Hypothese wird durch den Hinweis, dass in den heiligen Schriften religiös begründete Gewalt vorkommt, nicht widerlegt. Denn auch in die heiligen Schriften des Judentums und des Christentums hat die Gewaltneigung von Menschen Eingang gefunden. Dass dabei das Gottesbild selbst verdunkelt wurde, hat Gott/Allah selbst in Misskredit gebracht. Der Dreißigjährige Krieg ist aus dem christlichen Raum ein historischer Beleg für solche Zusammenhänge. Moderne Exegese des Korans kann darauf hinweisen, dass Mohammed in seiner Zeit in Mekka, in der er Verfolgung erlitt, friedliche Suren verfasst hat; als er dann in einem grausamen Krieg mit keineswegs zimperlichen christlichen Heeren verwickelt wurde, schrieb er eine Handvoll kriegerischer Suren.

  Diesem ersten Typ wurden 2020 27% zugeordnet.
- Ein zweiter Typ (teils-teils) sieht das ähnlich, dazu kommt aber die Einschätzung, dass der Islam überkommen und altmodisch sei. Das hat damit zu tun, dass der Islam derzeit vor allem in „vormodernen" arabischen Ländern gelebt wird. Das Altmodische gehört also vermutlich nicht zur islamischen Religion, sondern vorab zu jener vormodernen Kultur, aus der Menschen mit dieser Weltreligion kommen. Wieder lohnt sich ein Blick in die Geschichte etwa des Katholizismus, der nach wie vor trotz der Anstrengungen des Zweiten Vatikanischen Konzils erhebliche Modernisierungsprobleme hat. Das zeigte sich allein an den Daten zur Frage, ob die (katholische) Kirche zeitgerecht sei. Noch stärker ist die

Spannung zwischen der modernen Kultur und der überkommenen Gestalt der Religion in den orthodoxen Ländern.
Allerdings ist dies eine „Außenansicht" des Islam. Denn die Mitglieder dieser Weltreligion sind weit mehr als die Mitglieder christlicher Kirchen der Überzeugung, dass der Islam durchaus gut in unsere Zeit passe, wenngleich diese Einschätzung sich in den letzten zehn Jahren leicht abgeschwächt hat. 2010 haben sich 49 % auf einer zehnteiligen Skala (0=passt überhaupt nicht; 10=passt sehr gut in unsere Zeit) der Position „sehr gut" zugeordnet; der Mittelwert lag in diesem Erhebungsjahr bei 8,37. Dieser fiel dann in den folgenden zehn Jahren auf 7,42; die Antwort „sehr gut" haben nur mehr 34 % gegeben.
Unter den Muslimen gehören im Jahre 2020 42 % diesem zweiten Typ zu.

TABELLE 109: Wie gut passt der Islam Ihrer Meinung nach eigentlich in unsere Zeit?

	passt überhaupt nicht	1	2	3	4	5	6	7	8	9	passt sehr gut	MW
2010	0%	-	1%	6%	0%	6%	7%	6%	8%	16%	49%	8,37
2020	3%	-	4%	4%	1%	12%	6%	13%	17%	6%	34%	7,42

- Der dritte Typ schließlich hält den Islam grundsätzlich für *gewalttätig*. Im Schnitt der Bevölkerung sind diesem dritten Typ im Jahre 2020 31 % zugerechnet.

TABELLE 110: Profil der drei Typen zum politischen Islam

friedliebend: „Der Islam ist Weltreligion wie das Christentum und das Judentum, bei der das friedliche Zusammenleben aller Menschen im Vordergrund steht."
altmodisch: „Die Moralvorstellungen des Islam sind überkommen und altmodisch. Vor allem passen sie nicht ins Europa des 21. Jahrhunderts."
missbraucht: „Der Islam ist im Grunde genommen eine friedliebende Religion, wird aber von Extremisten für deren Ziele missbraucht."
gewaltförmig: „Der Islam ist eine gewalttätige Religion, die die Entwicklung von radikalen Gruppierungen und Terroristen begünstigt."

	friedliebend	altmodisch	missbraucht	gewaltförmig	Zu diesem Typ gehörig
TYP „friedlich"	**84%**	1%	**89%**	9%	27%
TYP „teils-teils"	**88%**	**100%**	**98%**	19%	42%
TYP „gewalttätig"	2%	92%	39%	**99%**	31%
alle	*58%*	*75%*	*77%*	*44%*	*100%*

Spannend ist nun, wie die Angehörigen unterschiedlicher weltanschaulicher Positionen sich auf diese drei Typen verteilen. Das sind die Aufschlüsselungen für die Erhebungen 2010 und 2020:

- Naheliegt, dass die Angehörigen des Islam ihre Religion mit überwiegender Mehrheit als friedliebend, wenngleich von Extremisten missbraucht, ansehen.

- Bei den Protestanten, den Nichtmitgliedern und Ausgetretenen ist die positive Sicht des Islams in den letzten Jahren stark eingebrochen. Der Anteil des dritten Typs, für den der Islam grundsätzlich auf Gewalt angelegt ist, ist im Bevölkerungsschnitt ähnlich groß und bei den Protestanten, Nichtmitgliedern und Ausgetretenen in den letzten zehn Jahren deutlich angestiegen. Verschwindende zwei Prozent der Anhänger des Islam halten ihre Religion für gewaltförmig. Fremdwahrnehmung und Selbstwahrnehmung klaffen somit weit auseinander. Einig sind sich die Angehörigen der verschiedenen Weltanschauungen lediglich darin, dass derzeit der Islam politisch missbraucht wird.

TABELLE 111: Typologie zum „politischen Islam"

	friedlich		teils-teils		gewalttätig	
	2010	2020	2010	2020	2010	2020
katholisch	28%	24%	41%	43%	31%	32%
evangelisch	**27**%	**18**%	52%	44%	**21**%	**37**%
islamisch	70%	67%	29%	31%	1%	1%
keine	**33**%	**15**%	45%	50%	**22**%	**35**%
ausgetreten	**28**%	**21**%	45%	45%	**27**%	**34**%
orthodox	16%	23%	44%	34%	40%	44%
alle 2010	30%	27%	41%	42%	29%	31%

Diese Daten lassen sich auch nach parteipolitischer Präferenz aufschlüsseln. Das Ergebnis ist überraschungsfrei. Es ist offenbar der FPÖ in politischem Konzert mit der ÖVP gelungen, ihre Anhänger davon zu überzeugen, dass der Islam eine von Grund auf gewalttätige Religion sei. Befragte, die den GRÜNEN nahestehen, aber auch KPÖ-Nahe sehen dies gänzlich anders. Lediglich einer von fünf Befragten teilt die Ansicht von einem grundsätzlich gewalttätigen Islam, obgleich sie natürlich wahrnehmen, dass der an sich friedliebende Islam derzeit von Extremisten missbraucht wird. Eine Mehrheit der Menschen im Land tendiert dazu, den Islam als friedliebend anzusehen – eine Eigenschaft, die diese Weltreligion mit dem Judentum und dem Christentum teile.

TABELLE 112: Einschätzung des Islams nach parteipolitischer Präferenz

	Der Islam ist Weltreligion wie das Christentum und das Judentum, bei der das *friedliche* Zusammenleben aller Menschen im Vordergrund steht.	Die Moralvorstellungen des Islam sind überkommen und *altmodisch*. Vor allem passen sie nicht ins Europa des 21. Jahrhunderts.	Der Islam ist im Grunde genommen eine friedliebende Religion, wird aber von Extremisten für deren Ziele *missbraucht*.	Der Islam ist eine *gewalttätige* Religion, die die Entwicklung von radikalen Gruppierungen und Terroristen begünstigt.
FPÖ	27%	85%	55%	68%
ÖVP	52%	82%	75%	61%
alle	*58%*	*75%*	*77%*	*44%*
SPÖ	70%	69%	85%	32%
NEOS	69%	69%	86%	31%
Grüne	79%	73%	87%	20%
KPÖ	81%	65%	91%	19%

Ähnlich sieht das Ergebnis bei der Bewertung der Qualität des Religionsunterrichts aus. Wieder stehen die FPÖ- und ÖVP-Anhänger an der Spitze jener, die den islamischen Religionsunterricht eher negativ bewerten, „den" christlichen hingegen überaus positiv. Sie tun dies in vermuteter Unkenntnis, wie der Unterricht tatsächlich ist, und projizieren ein Vorurteil. Über die Hälfte der FPÖ- oder ÖVP-nahen Befragten räumt dies auch ein. Die Beurteilung bei den GRÜNEN sieht hingegen gänzlich anders aus.

TABELLE 113: Einschätzung des christlichen und des islamischen Religionsunterrichts nach Parteipräferenz der Befragten

„Würden Sie die Qualität des Religionsunterrichts für die verschiedenen Konfessionen in Schulen als eher positiv oder eher negativ bewerten oder können Sie das nicht beurteilen?"
Religionsunterricht für…

	… Christen			… Muslime		
	eher positiv	eher negativ	kann ich nicht sagen	eher positiv	eher negativ	kann ich nicht sagen
FPÖ	61%	12%	27%	6%	45%	50%
ÖVP	75%	5%	20%	17%	29%	54%
SPÖ	59%	13%	28%	25%	26%	49%
alle	57%	12%	31%	16%	25%	59%
NEOS	52%	14%	34%	23%	21%	56%
Grüne	45%	20%	35%	16%	20%	64%
KPÖ	34%	31%	36%	9%	14%	76%

Der Islam im christlichen Abendland

Das „christliche Abendland" wird von vielen heute beschworen. Zwar lässt sich fragen, ob es dieses jemals gegeben hat oder ob nicht weniger die Umformulierung zu einem „christentümlichen Abendland“ angebracht wäre. Sind Hexenverfolgung, Dreißigjähriger Krieg, grausame kolonialistische Missionierung Amerikas und Afrikas, aber auch das Morden von Häretikern wirklich „christlich“?

Immerhin wird heute der Islam von kämpferischen Gruppen als Bedrohung des Christentums in Europa angesehen. Es wurde allerdings mit vielen Daten bereits belegt, dass die Gegenüberstellung hier ein glaubensstarker und kinderreicher Islam, dort ein glaubensschwaches und kinderarmes Christentum so einfach der viel bunteren Wirklichkeit nicht gerecht wird. Das Christentum ist bunt, aber auch der Islam.

Dennoch werden die christlichen Kirchen und wird das Christentum heute „kulturchristlich“ zum Kampf gegen den bedrohlichen Islam aufgerufen. Viktor Orban begründet damit, dass sein Land nicht bereit sein dürfe, islamische Migranten aufzunehmen und so die christliche Reinheit des Landes zu gefährden.

In der Studie waren zu diesen religionspolitisch gefärbten Auseinandersetzungen wenige Fragen gestellt worden. Zunächst richtete sich der Blick auf das Christentum: seine Wichtigkeit für das künftige Europa und für das Zusammenleben der Menschen im Land. Dann aber wurde die Frage aufgeworfen, ob die christlichen Kirchen durch einen – wie Kritiker unablässig betonen – naiven Religionsdialog Europa nicht schaden würden. Sie sollten daher, so das vorgelegte Statement, „gegenüber dem Islam einen härteren Kurs einschlagen“.

Hier zunächst die Antworten auf diese drei Items, aufgeschlüsselt nach Religionszugehörigkeit und Parteipräferenz. Es ist beachtlich, dass sich nahezu ein Drittel der Nichtmitglieder und Ausgetretenen für das künftige Europa ein selbstbewusstes Christentum wünscht. Aber auch 38 % der Moslems plädieren dafür: mehr als Nichtmitglieder und Ausgetretene.

Bei den Fragen nach dem christlichen Selbstbewusstsein zeigt sich auch die Sympathie der ÖVP-nahen Befragten für ein christliches Abendland (79 %). Aber auch in der FPÖ und SPÖ liegen die Werte nahe bei 60 %. Dass KIRCHLICHE mehr als ATHEISIERENDE an einem selbstbewussten Christentum in Europa interessiert sind, liegt nahe. Es darf nicht übersehen werden, dass die Werte für die ATHEISIERENDEN (24 %) deutlich niedriger liegen als bei den Moslems (38 %), Könnte es also sein, dass das christliche Abendland weniger durch Moslems in Frage gestellt wird als durch ATHEISIERENDE? Umso mehr mag es erstaunen, dass politisch gerade im atheisierenden Ostdeutschland die Atheisten für die Rettung des christlichen Abendlandes auf die Straße gehen.

ABBILDUNG 44: Christlichkeit Europas und kirchlicher Islamkurs

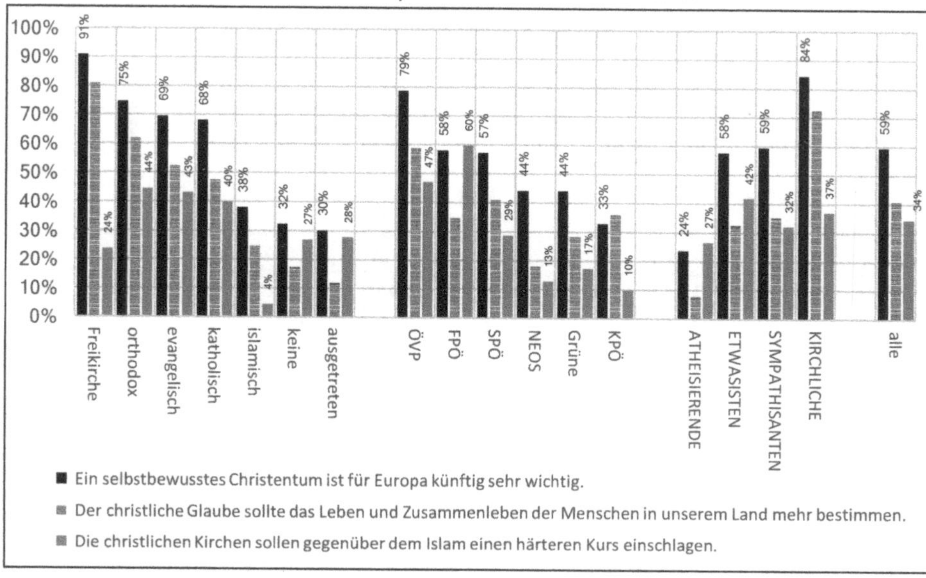

Der Wunsch nach einem selbstbewussten Christentum und der Prägekraft des christlichen Glaubens für das Leben und Zusammenleben der Menschen im Land korreliert stark mit der Aufforderung an die Kirchen, gegenüber dem Islam einen härteren Kurs einzuschlagen (c=,35).

Diese Forderung hängt allerdings mit der Bewertung des Islam hinsichtlich seiner Friedfertigkeit zusammen. Von jenen, die den Islam als „typisch" friedliebend einstufen, verlangen nur 17 % einen härteren Kirchenkurs. Welche aber der Ansicht sind, der Islam sei in sich gewaltförmig, fordern mehrheitlich (52 %), dass die Kirchen ihr vermeintlich zu sanftes Verhältnis zum Islam beenden.

Aber nicht nur Abwehrargumente gegen den Islam führen zur Forderung nach einer religionspolitischen Kurskorrektur der Kirche, sondern auch die Bedeutung, die man dem Christentum für Europa einräumt. Angesichts der relativ schwachen sozioreligiösen Ausstattung vieler Befragter ist es beachtlich, wie hoch dennoch die Rolle des Christentums für den europäischen Kontinent eingeschätzt wird. Und das auch von Personen, die keine Mitglieder oder aus einer der christlichen Kirchen ausgetreten sind.

TABELLE 114: Für wen das Christentum in Europa wichtig ist, wünscht sich auch einen härteren Kurs der Kirchen gegen den Islam.

		Die christlichen Kirchen sollen gegenüber dem Islam einen härteren Kurs einschlagen.					
		stimme voll zu	2	3	4	stimme überhaupt nicht zu	Zeile
Ein selbstbewusstes Christentum ist für Europa künftig sehr wichtig.	stimme voll zu	**30%**	**21%**	18%	12%	19%	31%
	2	17%	**24%**	**26%**	18%	15%	29%
	3	7%	14%	**34%**	**19%**	25%	22%
	4	8%	15%	14%	**30%**	**33%**	7%
	stimme überhaupt nicht zu	7%	3%	14%	6%	**69%**	11%
	alle	17%	18%	23%	16%	26%	

Islam soll sich einsetzen für...

In einem ganz anderen Sinn als im derzeitigen wahlpolitischen Diskurs ist der Islam ein „politischer Islam". Hinsichtlich des verstärkt gewünschten Einsatzes in gesellschafts- und weltpolitischen Anliegen rangiert er in der Liste der Weltanschauungen weit oben, wenngleich die Zahlen in den letzten zehn Jahren leicht rückläufig waren. Mit dem Islam hat also ein weiterer religiöser Player die gesellschaftspolitische Bühne betreten. Frieden, Gerechtigkeit, Bewahrung der Schöpfung – diese Anliegen teilen Muslime mit den Christen.

TABELLE 115: Für welche der folgenden Bereiche sollen sich die christlichen Kirchen Ihrer Meinung nach verstärkt einsetzen?

	für den Frieden in der Welt	gegen die Armut	für die Zukunft der gesamten Menschheit	für die Erhaltung der Umwelt	gegen die Benachteiligung der Frauen	gegen Ausländerfeindlichkeit	für die Aufnahme von Asylanten	für Veränderungen in der Arbeitswelt	keines davon
orthodox	87%	83%	63%	51%	32%	44%	24%	21%	405
islamisch*	85%	67%	61%	44%	39%	57%	32%	14%	399
*2010**	*74%*	*76%*	*59%*	*34%*	*30%*	*58%*	*22%*	*24%*	*377*
evangelisch	85%	69%	57%	50%	37%	32%	21%	15%	366
katholisch	82%	75%	58%	43%	39%	34%	20%	13%	364
alle	79%	74%	55%	44%	39%	36%	21%	15%	363
keine	66%	66%	40%	37%	45%	35%	24%	20%	333
ausgetreten	66%	68%	41%	41%	34%	32%	18%	13%	313

* *„Für welche der folgenden Bereiche soll sich die islamische Glaubensgemeinschaft Ihrer Meinung nach verstärkt einsetzen?"*

Ohne Islam würde niemand mehr…

Das gleiche Bild zeigt sich bei der Frage: „Wenn es keinen Islam mehr gäbe, würde bald niemand mehr ...“ – die Muslime haben die vorgelegten möglichen Verluste so gereiht wie die Mitglieder der christlichen Kirchen.

TABELLE 116: Wenn es keine Kirchen/*keinen Islam mehr gäbe, würde bald niemand mehr...

	… sich Gedanken über Gott machen	… sich um Traurige und Verzweifelte kümmern	… die Frage nach dem Sinn des Lebens stellen	… Beratung und Begleitung anbieten	… sich um die Armen kümmern	… sich um alte Menschen kümmern	… bei der Erziehung der Jugend helfen	… Kranke pflegen	… zu sexuellen Fragen Stellung beziehen	Summe
orthodox	67%	54%	46%	46%	49%	45%	44%	41%	26%	418
Islamisch*	52%	38%	40%	40%	35%	34%	36%	30%	24%	329
*2010**	*51%*	*33%*	*40%*	*16%*	*40%*	*28%*	*40%*	*24%*	*60%*	*331*
evangelisch	48%	47%	39%	40%	35%	27%	31%	22%	19%	307
katholisch	50%	43%	37%	36%	34%	28%	30%	25%	15%	297
alle	46%	38%	32%	32%	31%	25%	25%	23%	14%	265
keiner	30%	18%	14%	14%	16%	13%	9%	11%	5%	129
ausgetreten	23%	15%	9%	12%	13%	9%	4%	8%	4%	97

Zweiter Hauptteil: Wandlung in einem halben Jahrhundert

Einläuten

Im ersten Hauptteil wurde die Lage von Religionen und Kirchen, aber auch von Nichtmitgliedern und Ausgetretenen für heute analysiert. Die nach der Studie 2010 aufgestellte Grundthese von der Verbuntung („Pluralisierung") der weltanschaulichen Dimension der Kultur hat sich bestätigt.

Ebenso klar zeigt sich, dass trotz aller aufgeklärten Trennungsabsichten und vermeintlicher Religionsprivatisierung „die Religion" auf die politische Bühne zurückgekehrt oder – noch richtiger – nach wie vor präsent ist. Dies ist nicht nur wegen des Anwachsens des islamischen Bevölkerungsteils auf dem Weg der Migration nach dem Bosnienkrieg und nunmehr aus Syrien, dem Irak und Afghanistan der Fall. Religion wirkt auch insofern in soziokultureller Hinsicht, als Personen mit religiöser Ausstattung bzw. mit Commitment in einer der vielen Religionsgemeinschaften in „weltlichen" Belangen anders fühlen, denken und handeln als Nichtreligiöse und Noncommited. Religiosität, religiöse „Wirklichkeitskonstruktion", Beteiligung an einer religiösen Gemeinschaft prägen die Einstellungen in durchaus heftig diskutierten gesellschafts- und kulturpolitischen Themen. Dazu zählen die Veränderungen in den Geschlechterrollen, das gesellschaftlich ausgeweitete Bild von „Ehe", die Kultivierung des Sterbens, der Einsatz für Frieden, Gerechtigkeit und Bewahrung der Schöpfung. Relevant sind Religionen und Kirchen für die Menschen nicht zuletzt in sozialer sowie sozialpolitischer Hinsicht mit Blick auf Migration, Kinderarmut, Pflege, aber auch Bildung. Religionsgemeinschaften leisten auch einen Beitrag zur rituellen Meisterung von Lebensübergängen und beraten vor allem in Situationen tiefer Verzweiflung.

In diesem zweiten Hauptteil verändert sich nun der Fokus der Auswertung. Jetzt geht es nicht mehr um den „Querschnitt" – also die Lage von Religionen und Kirche in der derzeitigen modernen Kultur. In den Blick wird nunmehr der „Längsschnitt" gerückt. Es gilt die religionssoziologisch brisante Frage empirisch aufzuarbeiten, wie sich die religiöse Dimension einer modernen europäischen Kultur im letzten halben Jahrhundert entwickelt und wie diese Entwicklungen auch die Religionsgemeinschaften selbst, vorab die christlichen Kirchen mitgeformt haben.

Dieser zweite Hauptteil stützt sich auf jenes begrenzte Set von Fragen, die in allen sechs Erhebungen in den Fragebogen implementiert waren. Ziel bei der Fragebogenentwicklung in den einzelnen Erhebungsjahren war es, einen Großteil der Fragen stabil zu halten. Dabei wurde in wenigen Fällen die Kontinuität einer inzwischen als besser eingeschätzten Formulierung vorgezogen. Anders wäre die Vergleichbarkeit der Ergebnisse aus den sechs Erhebungen nicht hinreichend gewährleistet gewesen.

Als Grundlage für die Auswertung (auch für Faktoren-, Cluster- und Regressionsanalysen) dienen also die Daten aller sechs „Wellen". Das sind zusammen Antworten von N=12.213 Befragten. Eine beachtliche Datenmenge!

Die Grundstruktur des ersten Hauptteils wird beibehalten. Es wird zunächst die Entwicklung der subjektiven Religiosität in den letzten fünfzig Jahren nachgezeichnet. Sodann geht es um die Entwicklung des Glaubenskosmos: Im Mittelpunkt werden wieder die Glaubenspositionen über Gott und Tod stehen. Schließlich wird die Entwicklung des Commitments in einer Religionsgemeinschaft ausgeleuchtet. Ob sich in diesem halben Jahrhundert die Auswirkungen der sozioreligiösen Ausstattung der Menschen auf das persönliche Leben und gesellschaftliche Zusammenleben verändert haben, rundet die Analyse der Entwicklungen ab. Es wird sich dabei zeigen, dass der Titel der Studie „Wandlung" zu recht gewählt wurde.

Die Abschnitte in diesem zweiten Hauptteil tragen die Überschriften:

- Wandlung der Religiosität
- Wandlung im Glaubenskosmos
- Wandlung des Commitments
- Wandlung in den Auswirkungen des Sozioreligösen.

Wandlung der Religiosität

Für wie religiös halten sich die Menschen?

Die religionssoziologische Forschungsreise durch das letzte halbe Jahrhundert beginnt wie bei der Analyse der heutigen Lage mit dem Blick auf die Frage: „Wie würden Sie Ihre Religiosität einstufen?" Vorgegeben waren die Antwortkategorien von 1 = sehr religiös bis 5 = nicht religiös. Dazwischen lagen die Positionen 2 = religiös, 3 = gleichgültig, 4 = eher nicht religiös.

Die Graphik zeigt eine klare Entwicklung seit der ersten Vollerhebung[59] im Jahre 1980. Der Anteil der (sehr) religiösen Personen nahm von 69 % auf 42 % ab. Der Zahl der Befragten in den übrigen drei Kategorien (gleichgültig sowie [eher] nicht religiös) ist gewachsen. Die religiöse Einfärbung der Kultur ist insgesamt schwächer geworden. Die Kultur ist in religiöser Hinsicht aber heute zugleich bunter als noch 1980, die damals weithin eine „religiöse Kultur" war. Heute ist das „Sich für religiös halten" keine so verbreitete soziokulturelle Selbstverständlichkeit mehr wie noch vor 40–50 Jahren. Polare Vielfalt prägt vielmehr die Kultur auch in religiöser Hinsicht.

59 Für 1970 stehen Daten für Katholiken in den Bundesländern Tirol, Kärnten und Oberösterreich zur Verfügung. Dabei ist – wie die weiteren Studien zeigen – die Lage in Oberösterreich zumeist der Gesamtlage im Land sehr ähnlich.

ABBILDUNG 45: Wie würden Sie Ihre Religiosität einstufen?

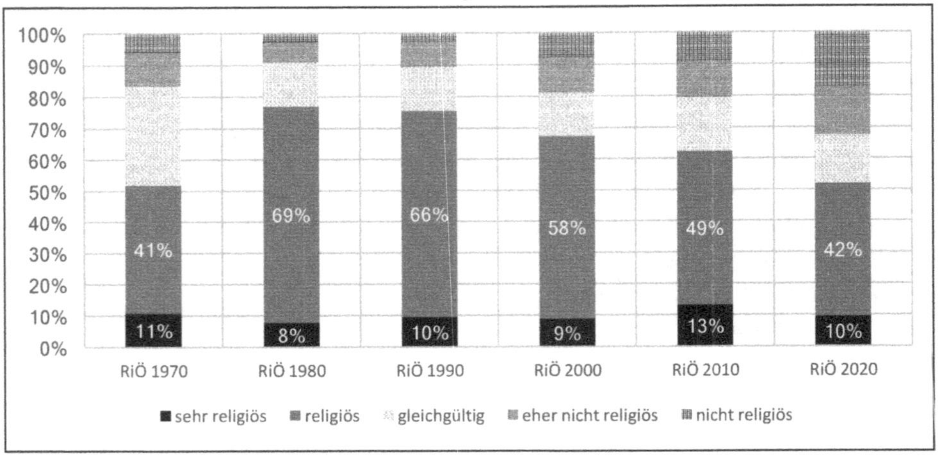

ABBILDUNG 46: Verteilungen nach religiöser Selbsteinschätzung

(sehr) religiös

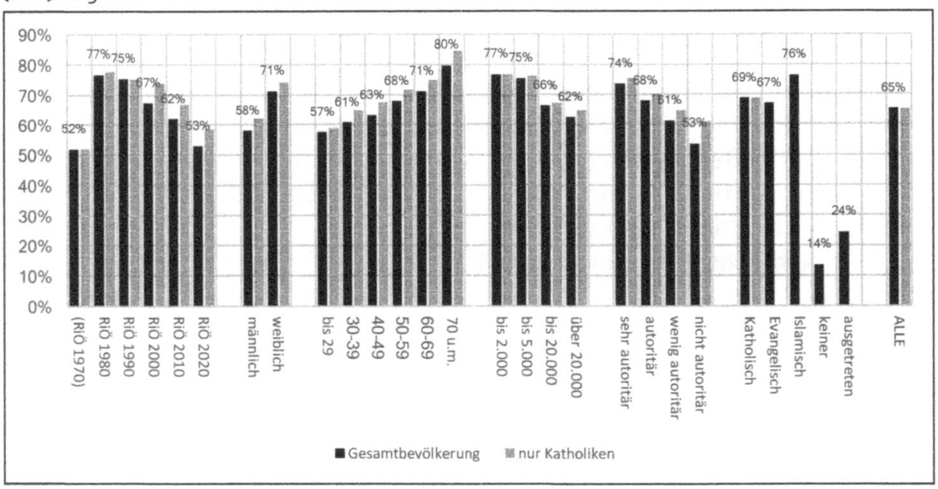

Wandel in den Funktionen der Religiosität

Das Datenmaterial erlaubt eine weitere Differenzierung. Denn es hat sich die Religiosität nicht nur in quantitativer Hinsicht abgeschwächt, sondern zugleich auch qualitativ gewandelt. Das zeigt sich an Hand der Daten, die über die erhofften „Funktionen" der Religiosität Auskunft geben. Entsprechende Aussagen wurden in allen sechs Umfragen vorgelegt. Dazu zählen:

- „Religion ist für mein Berufsleben belanglos."
- „Für mich ist die Religion Trost in den Nöten des Lebens."

- „Ohne Religion verliert man die Hoffnung."
- „Schwierige Situationen lassen sich ohne Religion überhaupt nicht bewältigen."
- „Religion braucht man in erster Linie, um die Angst vor dem Tod zu überwinden."
- „Von Herzen beten kann man nur, wenn man in einer Notlage ist."

Diese sechs Aussagen wurden einer Clusteranalyse unterworfen. Vier verwandte Typen von Religiosität haben sich herausgeschält. Die Befragten aller sechs Erhebungen verteilen sich gleichmäßig auf diese vier Gestalten der Religiosität.

ABBILDUNG 47: Cluster Religiosität

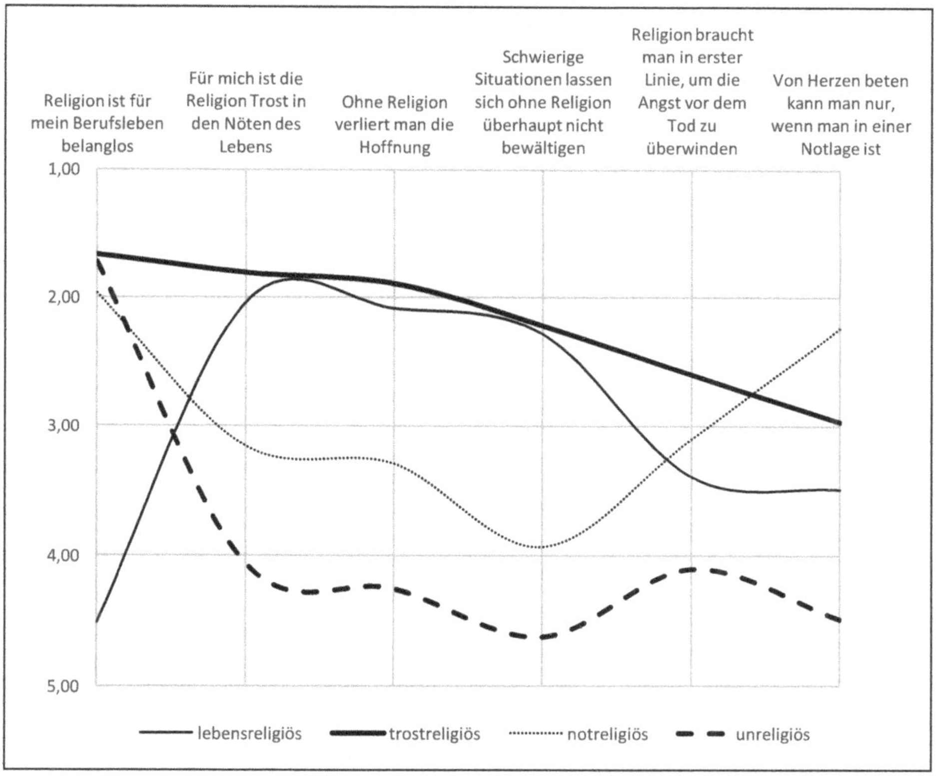

- In einem ersten Korb finden sich Menschen, für die Religion *lebensrelevant* ist: für das Berufsleben, wenn Trost gesucht wird, sobald es einen Bedarf an Hoffnung gibt. Religion hilft, schwierige Situationen des Lebens zu meistern. Wer diesem Typ angehört, bezeichnet sich mit hoher Wahrscheinlichkeit (84 %) als (sehr) religiös.
- Bei jenen, die aufgrund gemeinsamer Mittelwerte dem zweiten Korb zugefallen sind, finden sich alle Funktionen des ersten Typs wieder. Ausgeprägter ist zudem die Annahme, dass die Religion *Trost* gibt, auch indem sie dem Tod die Angst nehme. Der harte Unterschied liegt aber darin, dass diese Religiosität für das (berufliche) Alltagsleben belanglos erscheint. Wie auch die Angehörigen des

dritten Typs leben die Menschen sichtlich in zwei Welten, in einer „religiösen" (der Bereich bedrohlicher und zugleich zuversichtlicher Gefühle) und in einer „säkularen" (Berufswelt).

- Der dritte Typ macht seine Religiosität an *Notlagen* fest. Auf diese Menschen trifft die alte Weisheit zu, dass Not beten lehre. Es ist in dieser Kategorie eine im Durchschnitt abgeschwächte Religiosität, nur mehr 54 % unter ihnen sind (sehr) religiös. 63 % der Angehörigen dieses dritten Typs stimmen der einschlägigen Aussage zu: „Von Herzen beten kann man nur, wenn man in einer Notlage ist." Unter den Trostreligiösen meinen dies 41 %, unter den Lebensreligiösen 31 %. Die Unreligiösen sind so gut wie nicht (2 %) dieser Ansicht.
- Der vierte Typ sind die durchgehend *Unreligiösen*. Sie können keiner der möglichen Funktionen der Religion etwas abgewinnen. Auch für das Berufsleben halten sie die Religion für bedeutungslos. Immerhin gaben immer noch im Schnitt 36 % an, (sehr) religiös zu sein.

Mit Hilfe dieser Typologie der Religiosität lässt sich auch kompakt darstellen, wie sich die typische Religiosität der Menschen im Lauf des halben Jahrhunderts gewandelt hat. Der Anteil der lebensbezogenen Religiosität hat sich seit 1980 mehr als halbiert (1980 26 %, 2020 11 %), jener der religiös Unmusikalischen sich im selben Zeitraum nahezu verdoppelt (1980 19 %; 2020 34 %). Unveränderlich blieben hingegen die Anteile jener, die in der Religion Trost suchen und die in der Not beten. Religiosität erscheint zunehmend „spezialisiert" als heilende Kraft der Seelen. Die Gestaltungskraft für das weltliche Leben hat hingegen abgenommen.

TABELLE 117: Entwicklung der vier Typen der Religiosität 1970–2020

	lebensreligiös	trostreligiös	notreligiös	unreligiös
RiÖ 1970	46 %	19 %	22 %	13 %
RiÖ 1980	26 %	28 %	27 %	19 %
RiÖ 1990	26 %	25 %	28 %	21 %
RiÖ 2000	23 %	28 %	22 %	26 %
RiÖ 2010	14 %	31 %	24 %	31 %
RiÖ 2020	11 %	29 %	27 %	34 %
alle	26 %	26 %	25 %	23 %

Haben in der Studie 1970 nur 40 % keine Auswirkung der Religion auf das Berufsleben angenommen, sind es 2020 mit 75 % fast doppelt so viele. Das belegt nicht den Untergang der Religiosität, wohl aber signalisiert dies eine markante Wandlung: Religiosität hat sich aus dem „weltlichen" Leben zurückgezogen; zumal im beruflichen Bereich herrschen rationale Gesetze. Ihren Ort im Seelenhaushalt aber hat Religiosität weithin behalten. So ist Religion in einem wohlverstandenen, durchaus positiven Sinn „privatisiert", ist eine Sache der Person, der intimen Gefühle und gegebenenfalls des Überlebenskampfes geworden. Läuft hingegen der berufliche Alltag, braucht es, so schon vor Jahrzehnten Peter L. Berger, „keine Stimmen der

Engel".[60] Im Gegenteil: Religionen (jetzt als Gemeinschaften) sorgen seiner Ansicht nach dafür, dass die „Engel" in der rationalen Welt nicht stören, aber in einem gesonderten, „heiligen" Raum (dem Inneren des Menschen, in seelsorglicher Beratung, in Feiern von Ritualen, in gottesdienstlichen Versammlungen) durchaus „singen" können. Nicht der Untergang der Religion ist offenbar im Gang, aber eine doch beträchtliche Wandlung. Das hat beispielsweise damit zu tun, dass ein Fluggast, der mit einem hinduistischen Piloten Neu Delhi anfliegt, sich darauf verlassen will, dass der Pilot sich an die Betriebsanleitung des Flugzeugs und die Anweisungen der Flugkontrolle hält und nicht an seine hinduistischen Lehren, die ihm dabei wohl gar nicht viel helfen können.

Die vielfältigen Gestalten an Religiosität bleiben nicht nur ein inneres Gefühl, sondern dieses „artikuliert" sich auch, sucht sich Ausdruck in Worten und Ritualen. Häufig (66 %) beten jene Personen, für welche ihre Religiosität zum Leben gehört, auch zum beruflichen. Aber auch wer vor allem Trost sucht, betet öfter (55 %). Unreligiöse oder Menschen, welche sich in der Not an den ansonsten „eingefrorenen" Vorrat an Religiosität erinnern, beten selten.

TABELLE 118: Gebetshäufigkeit der religiösen Typen

	Häufigkeit des Betens: *täglich und oft*	Der festliche, stimmungsvolle Rahmen ist an der kirchlichen Trauung das Wichtigste. *stimme (voll) zu*	Religiös erzogen? *(eher) schon*	Religionsunterricht ist für Kinder nötig, weil sie lernen müssen, was sich gehört. *stimme (voll) zu*
lebensreligiös	66 %	33 %	81 %	78 %
trostreligiös	55 %	49 %	78 %	84 %
notreligiös	21 %	40 %	63 %	64 %
unreligiös	15 %	27 %	49 %	45 %
alle	40 %	38 %	67 %	70 %

Viel erzählt auch das Item „Der festliche, stimmungsvolle Rahmen ist an der kirchlichen Trauung das Wichtigste" über die Gestalt der jeweiligen Religiosität. Nur ein Drittel der Personen an den Rändern der virtuellen Skala (lebensreligiös, unreligiös) halten den rituellen Rahmen einer kirchlichen Zeremonie für das Wichtigste an einer Trauung. Deutlich stärker ist diese Einschätzung bei denen, für die Religion primär eine persönliche, ja intime Angelegenheit ist, also die Trostreligiösen (49 %) sowie die Notreligiösen (40 %). Dass Menschen, die in der Religion Trost suchen und Nöte meistern wollen, auch das Stimmungsvolle an einer kirchlichen Trauung mehr schätzen als die durchgängig Religiösen zeigt, dass diese beiden For-

60 Berger, Peter L.: A rumor of angels, Garden City, New York 1970 (deutsch: Auf den Spuren der Engel. Die moderne Gesellschaft und die Wiederentdeckung der Transzendenz, 1971). – Diesen Gedanken greift Berger theoretisch auf in Ders.: The Many Altars of Modernity. Toward a paradigm for religion in a pluralist age, New York 2014 (deutsch: Berger, Peter L.: Altäre der Moderne. Religion in pluralistischen Gesellschaften, Frankfurt am Main 2015.)

men der Religiosität weniger Gläubigkeit ausdrücken, sondern ein Moment an der rituellen Gestaltung wichtiger Lebensvorgänge sind.

In welchem der Typen eine befragte Person vorkommt, hat auch mit religiöser Erziehung zu tun. Doch stellt diese keine Garantie dafür dar, dass jemand auch in irgendeiner der Gestalten religiös wird. Immerhin sind trotz religiöser Erziehung 49 % in der Gruppe der Unreligiösen. Jene, bei denen ihre Religiosität das Leben formt, wurden allerdings 81 % (eher) religiös geformt. Religiöse Erziehung schafft somit keine Garantie dafür, dass dadurch jemand religiös wird. Aber sie stellt offenbar eine Begünstigung dafür dar. Den „Segen", der für die Lebensreligiösen ihre Religiostät ist, verdanken sie einem Gutteil einem religiösen Elternhaus. Aber auch dem Religionsunterricht wird – wenngleich unterschiedlich – Wert beigemessen: auch wenn es nur darum geht, (ethisch) zu lernen, was sich gehört.

Außeralltägliche Erfahrungen

Matthias Horx hatte die Respiritualisierung einen Megatrend der späten Neunzigerjahre bezeichnet.[61] Dabei wird hier Spiritualität mit der „Erfahrung von Außeralltäglichem" assoziiert. Das war der Anstoß, ins Forschungsprojekt einige Fragen zu dieser Entwicklung aufzunehmen. Unabhängig davon, ob der Begriff „Respiritualisierung" glücklich gewählt ist, weil er nahelegt, die Spiritualität war einmal vorhanden, sei dann verschwunden und kehre nunmehr wieder, zeigen die Daten doch eine Zunahme zumindest einmal von „außeralltäglichen Erfahrungen". Der Anteil der Personen, die diese oder jene Erfahrung schon einmal gemacht haben, schwankt in den Studien seit 1990 zwischen 9 % und 49 %.

61 Horx, Matthias: Das Megatrend-Prinzip. Wie die Welt von morgen entsteht, 2014.

TABELLE 119: Manchmal wird über sehr persönliche Erfahrungen gesprochen, die mit einer nicht alltäglichen Wahrnehmung, einer Entscheidung oder Macht zu tun haben. Hier stehen einige von diesen Dingen. Ist Ihnen irgendetwas davon je passiert? – Und würden Sie bitte jetzt noch für die Erfahrung, die Sie gemacht haben, angeben, ob Sie die als religiös beschreiben würden?

		man wusste vorher schon, dass etwas passieren wird, das heißt, Sie hatten eine Vorahnung	eine Kette von Ereignissen in Ihrem Leben, die Sie überzeugt hat, dass sie auf irgendeine Weise so passieren mussten	das Gefühl, dass ein guter Geist auf Sie aufpasst oder Sie führt	das Empfinden einer heiligen Macht in der Natur	ein Gefühl der Gegenwart von Gott	das Bewusstsein, durch Gebete Hilfe zu bekommen	auf eine seltsame Art erfahren, dass alle Dinge „eins" (eine Einheit) sind	das Gefühl, dass jemand, der gestorben ist, anwesend ist	das Gefühl, dass es eine böse Macht gibt	SUMME
passiert	*RiÖ 1990*	*41%*	*17%*	*30%*	*21%*	*23%*	*36%*	*10%*	*19%*	*14%*	*211*
	RiÖ 2000	*49%*	*24%*	*37%*	*17%*	*19%*	*27%*	*9%*	*24%*	*11%*	*218*
	RiÖ 2010	*39%*	*30%*	*38%*	*26%*	*28%*	*31%*	*14%*	*26%*	*12%*	*244*
	RiÖ 2020	42%	26%	39%	28%	22%	26%	14%	28%	11%	234
religiös	*RiÖ 1990*	*6%*	*3%*	*17%*	*11%*	*17%*	*29%*	*4%*	*7%*	*6%*	*101*
	RiÖ 2000	*17%*	*9%*	*28%*	*14%*	*16%*	*23%*	*6%*	*14%*	*5%*	*132*
	RiÖ 2010	*18%*	*16%*	*31%*	*21%*	*27%*	*28%*	*9%*	*18%*	*8%*	*174*
	RiÖ 2020	15%	11%	28%	17%	19%	23%	7%	15%	5%	139

Eruiert wurde sodann, ob die dergestalt Erfahrenen solch außeralltägliche Begebenheiten als „religiös" beschreiben würden. Diesbezüglich lagen in den letzten Jahrzehnten die positiven Antworten zwischen 2% und 31%. Die Summenwerte zeigen, dass zwischen 1990 und 2010 zunehmend viele Erfahrungen gemacht und auch religiös gedeutet wurden. In den letzten Jahren sind die Summen jedoch bei beiden Bereichen wieder rückläufig. Herausragt aus den vielen Erfahrungen, dass man vorher schon wusste, dass etwas passieren wird, das heißt, man hatte eine Vorahnung (2020: 42%). Aber auch das gute Gefühl, geborgen und behütet zu sein, ist verbreitet (39%). 22% geben ein Gefühl der Gegenwart Gottes an

Das Ergebnis macht deutlich, dass die Menschen eine Grenze zwischen dem Alltäglichen und Außeralltäglichen wahrnehmen und einen Teil der diese Grenze überschreitenden Erfahrungen „religiös" deuten.

Das Ergebnis kann verdichtet und damit übersichtlicher gemacht werden. Zunächst wird errechnet, wie viele Erfahrungen jeweils eine einzelne befragte Person gemacht hat. Sodann wird auch die entsprechende Anzahl der religiös gedeuteten

Erfahrungen ermittelt. Die Werte liegen jeweils zwischen 0–9. Daraufhin kann eine Korrelation mit den vier Typen der Religiosität durchgeführt werden. Dabei werden für die vier Typen jeweils die Mittelwerte für die Erfahrungen und deren religiöse Deutung errechnet. Je stärker die „typische" Religiosität ausgeprägt ist, so das Ergebnis der Analyse, desto öfter werden außertägliche Erfahrungen gemacht und religiös gedeutet. Bei den „Lebensreligiösen" steigt zudem der Mittelwert der gemachten Erfahrungen zwischen 1990 und 2010, um dann leicht zurückzugehen. Ähnlich steht es um die religiöse Deutung solcher Erfahrungen.

Daraus folgt zunächst, dass diese außeralltäglichen Erfahrungen und ihre Deutung primär von Menschen gemacht werden, die bereits sehr religiös sind. Bei den Unreligiösen kommt dies selten vor; allerdings sind auch die religiös Unmusikalischen vor dem Ausbruch aus der Alltäglichkeit und ganz selten in deren Begleitung vor einem Hauch von religiöser Ahnung nicht gänzlich gefeit.

TABELLE 120: Erfahrungen und religiöse Deutung in den vier Typen der Religiosität

	Erfahrungen (Mittelwerte)				religiös gedeutet (Mittelwerte)			
	1990	2000	2010	2020	1990	2000	2010	2020
lebensreligiös	2,8	2,9	3,7	3,4	1,7	2,1	3,0	2,7
trostreligiös	2,3	2,3	2,7	2,6	1,2	1,7	2,2	2,1
notreligiös	1,7	1,8	2,1	2,0	0,6	1,0	1,4	0,9
unreligiös	1,6	1,6	1,8	2,0	0,5	0,5	0,9	0,7

Wandlung im Glaubenskosmos

Die Religiosität ist die subjektive Seite der Religion, die „Gläubigkeit" die objektivierte. Es ist gleichsam der Kosmos, in dem das eigene Leben und die Welt gedeutet werden, die „Anschauung der Welt". Dieser Kosmos ist eine Art „Glaubenshaus", in dem jemand mit seiner kosmisch unbehausten Seele wohnt. Diese Welt kann weit reichen, über den Tod hinaus. Sie kann aber auch auf das vergängliche Leben auf dieser Erde begrenzt sein. Menschen erleben sich somit entweder als sterblich oder als unsterblich. Die Transzendenzspannweite ist erheblich verschieden. Für die Sterblichen ereignet sich das Leben innerhalb der engen Grenzen von Raum und Zeit. Für die Unsterblichen übersteigt das Leben diese Grenzen und mündet in einer Existenzweise, die nicht mehr an Raum und Zeit gebunden ist und von der christlichen Erzählung „Auferstehung" genannt wird.

Gott und Tod sind somit die Angelpunkte des Glaubenskosmos der Menschen. Wie sich die Ansichten der Menschen im letzten Jahrhundert zu diesen zwei großen Kernthemen einer Weltanschauung entwickelt haben, wird nunmehr analysiert.

Gott herglauben oder Gott wegglauben

Wie halten es die Menschen über die Jahrzehnte hinweg mit „Gott"? Hier ist nicht die Möglichkeit, wie im ersten Hauptteil näher darzulegen, welches Gottesbild die Menschen haben, obgleich diese Frage eine hohe Brisanz besitzt. Doch kann Auskunft gegeben werden, ob jemand an einen Gott glaubt und welche „guten Gottesgründe" jemand dafür vorbringt. Auch gibt es Daten zur gewichtigen Frage, wie das Verhältnis Gottes zum eigenen Leben gesehen wird. Zwei der „Gottesgründe" wurden über die Jahre hinweg erhoben: „Ich glaube, dass es einen Gott gibt; denn irgendjemand muss die Welt erschaffen haben" sowie „Es muss Gott geben, weil es ein Gewissen gibt." Über die Rolle, welche der Gottesglaube im Leben spielen kann, geben die Antworten zu folgenden Fragen Auskunft: „Gott leitet das Leben jedes einzelnen Menschen." „Nur ein Mensch, der an Gott glaubt, kann Opfer auf sich nehmen" sowie „Wenn es mir nicht gelingt, Gott zu erkennen und Ihn zu lieben, ist mein Leben sinnlos."

Die Leugnung Gottes konnte bei allen Items ausgedrückt werden. Aussagekräftig ist dazu auch der lebenspraktische Satz: „Es ist mir gleichgültig, ob es Gott gibt."

Die Zahlenreihen zeigen eine zunehmende Abschwächung des Gottesglaubens. Die „guten Gottesgründe" mit der Erschaffung der Welt und dem Gewissen haben an Kraft verloren: 2020 bieten sie einer schwachen Hälfte der Befragten eine Begründung ihres Gottesglaubens. Die meisten von diesen Menschen, die an Gott hängen, sind auch davon überzeugt, dass Gott das Leben eines einzelnen Menschen leitet. Zwei von zehn Personen können als „Hardcore-Gottgläubige" betrachtet werden. Für sie bleibt das Leben sinnlos, wenn es ihnen nicht gelingt, Gott zu erkennen und zu lieben. Ebenso vielen ist auf der anderen Seite gleichgültig, ob es Gott gibt.

TABELLE 121: Aussagen über Gott

	Ich glaube, dass es einen Gott gibt; denn irgendjemand muss die Welt erschaffen haben.	Es muss Gott geben, weil es ein Gewissen gibt.	Gott leitet das Leben jedes einzelnen Menschen.	Nur ein Mensch, der an Gott glaubt, kann Opfer auf sich nehmen.	Es ist mir gleichgültig, ob es Gott gibt.	Wenn es mir nicht gelingt, Gott zu erkennen und Ihn zu lieben, ist mein Leben sinnlos.	SUMME
RiÖ 1970	88%	74%	67%	50%	8%	52%	324
RiÖ 1980	78%	63%	56%	44%	14%	39%	265
RiÖ 1990	70%	56%	51%	35%	12%	32%	233
RiÖ 2000	64%	56%	48%	31%	14%	27%	213
RiÖ 2010	61%	63%	43%	28%	19%	23%	200
RiÖ 2020	51%	47%	42%	25%	21%	20%	162

Die Aussagen zu diesen Positionen sind (faktorenanalytisch) kohärent, entspringen also einer einzigen Dimension „Gottesglauben". Sie können somit gut zu einem Index „Gottesglauben" komprimiert werden. Das ermöglicht, übersichtlich darzustellen, wie sich der Gottesglaube über die Jahrzehnte hinweg entwickelt hat und in welchen Teilen der Bevölkerung er kräftig und in welchen schwach geworden ist.

Die Zahl der Personen, die eine starke Gottesüberzeugung haben, hat sich zwischen 1970 und 2010 nahezu halbiert. In den letzten zehn Jahren ist sie hingegen um zwei Prozentpunkte leicht angestiegen. Auf der anderen Skalenseite ist der Anteil der Atheisierenden bis 2010 auf niedrigem Niveau in etwa gleichgeblieben, um sich aber in den letzten zehn Jahren fast zu verdreifachen. Möglichweise scheint es heute auch leichter zu sein, sich als einen Menschen zu zeigen, der ohne Gott lebt und dem dessen Existenz gleichgültig ist, wenn er sie nicht überhaupt mit Überzeugung leugnet.

Zwischen diesen beiden Polen gibt es allerdings ein zwischen 1970 bis 2010 sich verbreitendes Feld von Schwach- und Kaumgläubigen. Erst in den letzten zehn Jahren ist dieses Mittelfeld zu Gunsten der Gottleugner kleiner geworden.

ABBILDUNG 48: Entwicklung des Gottesglaubens 1970–2020

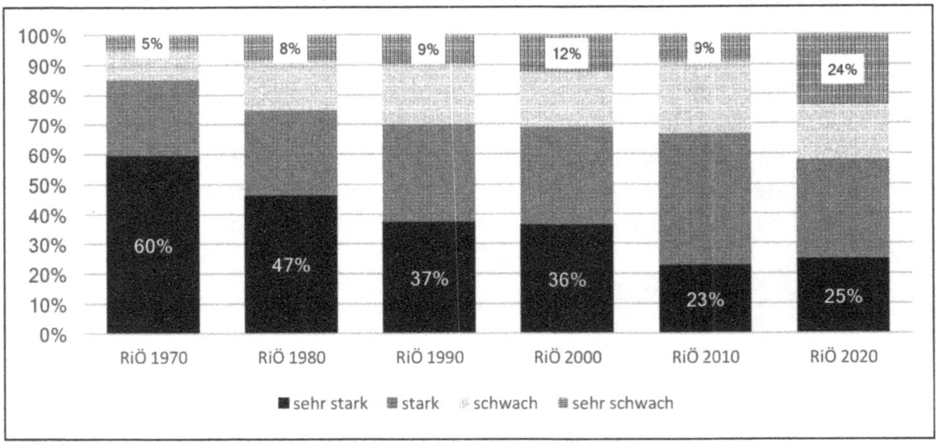

Index Gottesglaube (1+2/4)

Nimmt man die Daten aller sechs Erhebungen zusammen, lässt sich eine annähernde Antwort auf die Frage geben, welche Faktoren den Gottesglauben mitformen. Dazu wurde eine Regressionsanalyse gemacht, um nicht nur die simple Korrelation darzustellen, sondern die Faktoren in ihrer Wirkmächtigkeit voneinander zu trennen.

Unter all den in die Analyse einbezogenen Indikatoren wirkt am stärksten die Typologie der Religiosität (beta=,51): Je stärker die subjektive Religiosität ausgeprägt ist, desto wahrscheinlicher glaubt diese Person auch an einen persönlichen Gott, hat gute Gründe für seine Existenz und sieht eine Einwirkung Gottes auf das (eigene) Leben. Deutlich schwächer ist die Wirkung des Autoritarismus. Aber es stimmt: Je autoritärer eine Person ist, desto wahrscheinlich ist es, dass diese an Gott glaubt (beta=,14). Auch die Zugehörigkeit zu einer Religionsgemeinschaft ist von Belang (beta=,11): In der islamischen Glaubensgemeinschaft ist der Glaube an Gott am stärksten, unter den Nichtmitgliedern naheliegenderweise am schwächsten.

Einfluss auf die Stärke des Gottesglaubens haben auch das Geschlecht, das Alter und die Größe des Wohnortes, nicht hingegen die Schulbildung. Frauen glauben eher an Gott als Männer (beta=-,08), Ältere mehr als Jüngere (wobei die unter 20-Jährigen in den älteren Erhebungen schwach vertreten sind: beta=-08). In ländlichen Gebieten hat Gott mehr gläubige Akzeptanz als in größeren Städten (beta=,08).

Das Erhebungsjahr hat schließlich mit beta=,05 eine eigene Prägekraft für den Gottesglauben. Offenbar hat sich dieser nicht nur in den einzelnen Subkategorien der Gesellschaft abgeschwächt, sondern ist auch in der Kultur als Ganzer kraftloser geworden. Dabei bleibt aber bestehen, dass diese Kraftlosigkeit immer nur einen Teil der Bevölkerung betrifft: in einem kleineren Anteil ist die Anhänglichkeit an Gott in den letzten Jahren leicht angewachsen.

ABBILDUNG 49: Entwicklung und Verteilungen des Gottesglaubens (1970–2020)

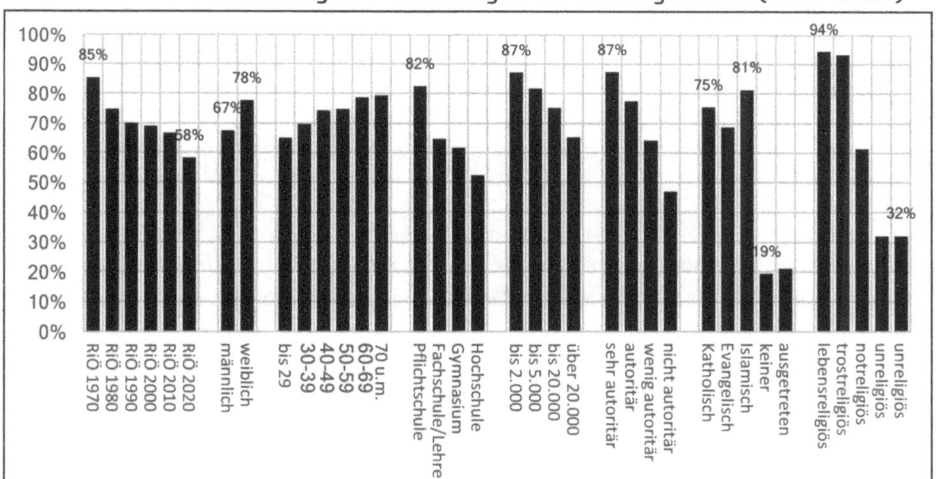

Index Gottesglaube (1+2/4)

Nicht wenige Menschen verwenden bei der Rede über den Glauben und die damit verbundenen Hoffnungen: „Nichts Genaues weiß man nicht!“ Dieser Spruch trifft – trotz Bildungsgesellschaft und Religionsunterricht – bei einem beachtlichen Anteil auf das Wissen der Befragten über Gott zu. Nicht ganz die Hälfte aller Befragten meint: „Es ist möglich, dass es Gott gibt, aber man kann nichts Genaues darüber wissen.“ Dieser Prozentsatz hat sich über die Jahrzehnte hinweg relativ stabil gehalten. Wir leben also in einer Kultur, in welcher Agnostizismus sozial nicht verpönt ist. Es ist freilich nicht das „Nichtwissen“ der Mystiker oder einer negativen Theologie, die davor warnt, zu viel über Gott zu wissen oder vollmundig, wie manche Prediger, über ihn zu reden. Es ist das Nichtwissen der religiös Unwissenden.

Tod

Wer an Gott glaubt, hofft zumeist auch über den Tod hinaus. Damit wird nicht einbahnig behauptet, dass die Angst vor dem Tod den Glauben an Gott hervorbringt – obgleich dies ein Teil der Befragten annimmt: Sie meinen, dass sich die Religion der Vergänglichkeit des Menschen verdankt. Religionsgeschichtlich mag dies durchaus der Fall sein. Doch ist die Verbindung der Todesbewältigung mit dem Gottesglauben noch kein triftiger Grund, dass Gott ein irreführendes, trügerisches Placebo für jene ist, die unter der Angst vor dem Tod leiden.

TABELLE 122: Todesbilder 1970–2020

	Mit dem Tod ist alles aus.	Ich hoffe, dass es ein Weiterleben nach dem Tod gibt.	Die Menschen werden mit Leib und Seele von den Toten auferstehen.
RiÖ 1970	31%	68%	29%
RiÖ 1980	36%	59%	30%
RiÖ 1990	31%	58%	22%
RiÖ 2000	24%	68%	28%
RiÖ 2010	31%	56%	27%
RiÖ 2020	30%	58%	24%

Die Todesbilder der Menschen haben sich in den letzten Jahrzehnten nur geringfügig verändert. Einander gegenüber stehen die Gruppe derer, die annehmen, dass mit dem Tod alles aus ist, sowie jene, die im christlichen Sinn an eine Auferstehung des ganzen Menschen glauben. Beide Gruppen machen in etwa ein Viertel der Bevölkerung aus. Die verbleibende Hälfte sind jene, die nicht glauben, dass mit dem Tod alles aus sei; aber eine Auferstehung des Leibes können sie sich nicht vorstellen.

ABBILDUNG 50: Todesbilder – Sterbliche und Unsterbliche

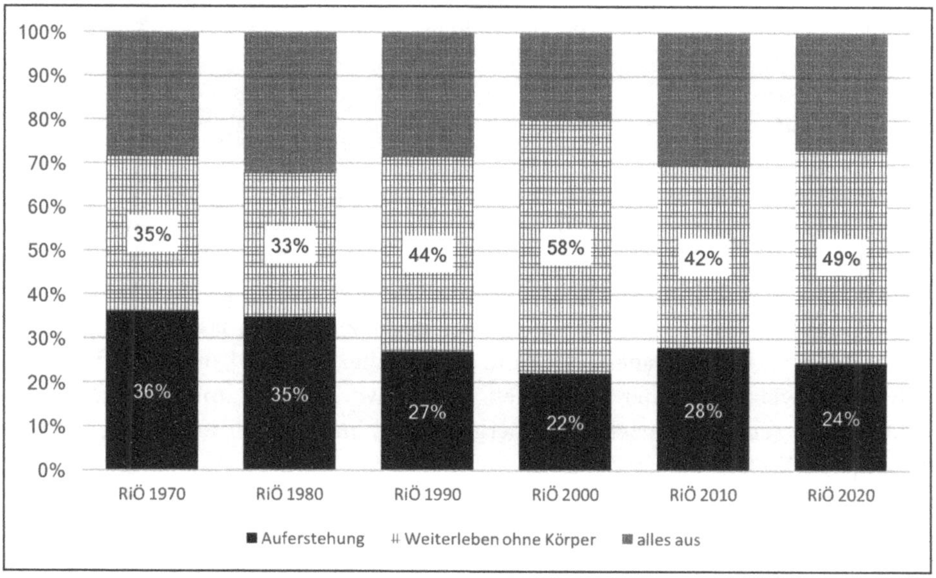

ABBILDUNG 51: Entwicklung und Verbreitung der christlichen Hoffnung auf Auferstehung mit Leib und Seele

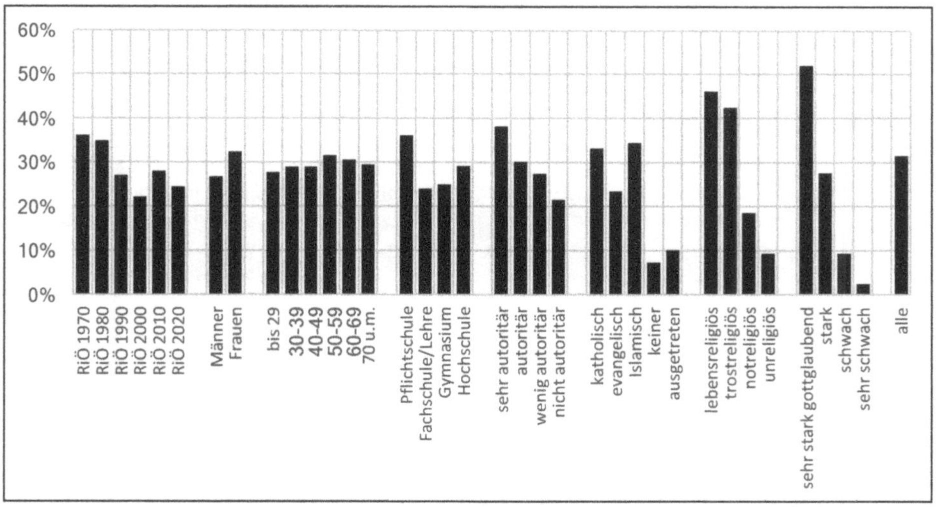

Die Einstellungen zu einem Leben nach dem Tod haben durchaus lebenspraktische Folgen bzw. Ursachen. So sagen 52 % jener, die meinen, es sei mit dem Tod alles aus: „Mit der Frage eines Lebens nach dem Tod habe ich mich noch nicht beschäftigt.“ Unter denen, die auf eine Auferstehung hoffen, wenigstens mit ihrer „unsterblichen Seele“, sind es lediglich 27 % bzw. 28 %. Nur 18 % der Auferstehung-Erhoffenden sagen, dass die Frage nach dem Weiterleben nach dem Tod für ihr Leben ohne Bedeutung sei. Unter den „Sterblichen" hingegen sind es mit 61 % fast zwei Drittel.

Sterbekultur

Menschenwürdig sterben ist schon geraume Zeit ein kulturpolitisches Thema. Es hängt mit der strafrechtlichen Freigabe der Euthanasie ebenso zusammen wie mit der Errichtung von Hospizen, in denen laut ihrer Gründerin Cicely Saunders die Menschen „with dignity and character" das Sterben vollbringen können. Studien zeigen, dass die Minderung der Ängste sich gegen eine Euthanasierung der Kultur positiv auswirkt. Viele haben aber trotz entwickelter Möglichkeiten zur Linderung physischer wie psychischer Schmerzen Angst davor, dass sie unnötige Schmerzen erleiden müssen, dass Angehörige überlastet sind und das Sterben auch längerfristig der Gesellschaft zu teuer komme.

Nun zeigt sich auch in der vorliegenden Langzeitstudie der über die Jahrzehnte hin gleichbleibende Wunsch nach einem kompetent palliativ begleiteten Sterben. In jeder Umfrage seit 1990 betonen die Befragten mit Werten um 85%, dass es ihr größter Wunsch ist, sterben zu können, ohne Schmerzen zu erleiden.

Schon geringer, aber immer noch bei knappen zwei Drittel der Bevölkerung anzutreffen, ist der gleichfalls stabile Wunsch, „daheim" sterben zu können, also im Kreis der Angehörigen.

Ein starkes Drittel schließlich will das Sterben als Teil des Lebens bewusst erleben.

TABELLE 123: Sterbebilder

	Mein größter Wunsch ist es, einmal sterben zu können, *ohne Schmerzen* erleiden zu müssen.	Ich habe den *dringlichen Wunsch, einmal im Kreise meiner Angehörigen* sterben zu können.	Wenn ich einmal sterben muss, möchte ich mein Sterben *bewusst erleben*, weil es ein Teil meines Lebens ist.
RiÖ 1990	85%	57%	36%
RiÖ 2000	87%	71%	47%
RiÖ 2010	80%	57%	38%
RiÖ 2020	84%	55%	30%
alle	84%	59%	37%

Sosehr es einen Konsens im Wunsch nach schmerzfreiem Sterben gibt: Die Befragten unterscheiden sich hinsichtlich des bewussten Vollbringens des Sterbens deutlich. Je nach Erhebungsjahre haben sich zwei Drittel bis drei Viertel für das Vollbringen des Sterbens als Teil des Lebens entschieden. Das Motto der Hospizbewegung gibt ihren Wunsch gut wieder: „Leben bis zuletzt!" Ein Drittel hingegen will das Sterben aus dem Leben auslagern: Es soll ohne Bewusstsein geschehen, wozu es auch nicht mehr die Nähe von Angehörigen braucht.

TABELLE 124: Sterben vollbringen oder verdrängen

	vollbringen	verdrängen
RiÖ 1990	71 %	29 %
RiÖ 2000	83 %	17 %
RiÖ 2010	71 %	29 %
RiÖ 2020	68 %	32 %

	vollbringen	verdrängen
Auferstehung	93 %	7 %
Weiterleben ohne Körper	83 %	17 %
alles aus	77 %	23 %
alle	84 %	16 %

Welchem der beiden Modi ein Mensch zuneigt, hat mit den drei Todesbildern zu tun, nämlich „Auferstehung mit Leib und Seele“, „Weiterleben ohne Körper“ sowie „alles ist aus“. Zunächst ist in allen drei Gruppen die Bereitschaft, das Sterben als Teil des Lebens, also bewusst und im Kreis der Angehörigen, zu vollbringen, in überwiegender Mehrheit vorhanden. Beim Verdrängen unterscheiden sie sich aber merklich. Von jenen, die auf eine Auferstehung als ganzer Mensch hoffen, möchten lediglich 7 % das Sterben aus dem Leben auslagern. Unter jenen aber, die mit dem Ende des Lebens dessen definitives Ende kommen sehen und meinen, „danach“ sei „alles aus“, möchten zu 23 % das eigene Sterben nicht bewusst erleben. Von denen, die an ein Weiterleben ohne Körper glauben, wollen 17 % das Sterben nicht miterleben.

Dem Glauben mit Ehrfurcht begegnen

Der Abschnitt zur Entwicklung des Glaubenshauses, das Menschen unserer Zeit bewohnen, soll mit einigen Blitzlichtern auf das Glauben als Haltung und Vorgang abgeschlossen werden. Die Studie enthält dazu ein paar bemerkenswerte Aussagen. Auf Stichworte komprimiert: Wie soll der Glaube sein – unveränderlich! Wie soll man ihm begegnen – ehrfürchtig! Wo kann ich den Glauben erspüren – im Inneren. Mit anderen Menschen über den Glauben sprechen – sinnlos! Und schließlich: Wissen, nicht glauben.

So haben die Befragten auf diese Fragen nach Eigentümlichkeiten des Glaubens geantwortet:

TABELLE 125: Wie dem Glauben begegnen

	Es ist sinnlos, mit einem anderen über Fragen des Glaubens zu sprechen, jeder muss für sich fühlen, was er glauben kann.	Dem Glauben muss man mit Ehrfurcht begegnen und nicht mit Kritik.	Der Glaube sollte etwas ganz Unveränderliches sein, an dem man sich ausrichten.	Jeder spürt im Innersten, dass er etwas glauben soll.	Je mehr man weiß und je selbstständiger man wird, umso weniger braucht man einen.
RiÖ 1970	57%	67%	68%	90%	25%
RiÖ 1980	57%	52%	58%	78%	22%
RiÖ 1990	53%	40%	51%	75%	19%
RiÖ 2000	51%	43%	46%	70%	22%
RiÖ 2010	51%	43%	52%		
RiÖ 2020	57%	46%	49%		
alle	55%	51%	56%	81%	23%

Eine starke Hälfte hält das Sprechen über den Glauben für sinnlos; Tendenz in den letzten zehn Jahren: steigend. Etwas weniger möchten, dass man dem Glauben mit Ehrfurcht begegnen solle; Tendenz seit Jahren leicht fallend. Ähnliches geschah mit der Ansicht, dass der Glaube etwas Unveränderliches sein solle. Die Hälfte hält es aber mit Luther, dass uns Gott eine feste Burg sei.

Die beiden letzten Sätze wurden nur zwischen 1970 und 2000 vorgelegt. Für fast drei Viertel herrschte in dieser Zeit die Überzeugung, dass jeder im Innersten spüre, was er glauben soll. In der Spannung zwischen Glauben und Vernunft haben sich in derselben Zeitspanne in etwa zwei von zehn Befragten für die Vernunft entschieden. Angesichts der Aufklärung eine geringe Zahl, mit Blick auf deren Krise sind es dennoch wenige.

Wandlung im Commitment

Die dritte Facette des sozioreligiösen Phänomens ist das Verhältnis zwischen der subjektiven Religiosität zu einer religiösen Gemeinschaft. Im Denkraum der christlichen Kirchen ist von „Kirchlichkeit" die Rede. Ich präferiere dafür das englische Wort Commitment.

Für die christlichen Kirchen ist die „Kirchlichkeit" der Menschen eine Existenzfrage geworden. Schlüsselindikatoren wie Anteil der Katholiken an der Gesamtbevölkerung, Beteiligung am Gottesdienst der Kirche, Mitgliedschaft in dieser sind in den letzten Jahrzehnten zu herausfordernden Fragen herangereift. Aus dem noch in der Nachkriegszeit weithin „katholischen" Land, das weltanschaulich einem gepflegten einfarbig grünen (katholischen) Sportrasen glich, ist inzwischen eine bunte Blumenwiese geworden. Betrug der Katholikenanteil in den Nachkriegsjahren 94 % (1971), so ging dieser seit der Mitte der Siebzigerjahre Schritt für Schritt zurück. Im Untersuchungsjahr (wie natürlich auch in der Repräsentativstudie) liegt er bei 58 %. Ein Drittel weniger!

Ein (nicht immer) lautloser Abschied

Bewegung kam in den Katholikenanteil in der Achtundsechziger Kulturrevolution. Diese wollte die gesellschaftlichen Freiheitsgrade ausweiten. Dazu, so der Plan, mussten alle Repressionen der Freiheit beseitigt werden. Dazu wurden Institutionen, Normen und Autoritäten gezählt: die Eltern, die Lehrer, die Priester und ihre Religionsgemeinschaft. Zumal die katholische Kirche, die gegen die modernen Freiheiten seit Jahrhunderten ankämpfte, war eine hervorragende Zielscheibe. Im Zuge des kulturellen Umbaus der Kirchen begannen auch viele aus Tradition der Kirche verbundene Mitglieder, auch innerhalb und gegenüber der Kirche sich auf ihre Freiheit und ihr Gewissen zu berufen. Das päpstliche Pillenverbot in „Humanae vitae" von 1968 beschleunigte unter den Kirchenmitgliedern die Lockerung selbstverständlicher Kirchenbindung.

So verwundert es nicht, dass nach 1970 die Zahl jener Mitglieder zunahm, welche sich in einem ersten Schritt von kirchlichen Normen und auch Dogmen verabschiedeten. Die Kirchenmitgliedschaft folgte dem Berger'schen Axiom „from fate to choice", vom Schicksal zur Wahl. Immer mehr Kirchenmitglieder wurden „Auswahlchristen", und schleichend erwiesen sich immer mehr als „Abwahlchristen". Sie verließen lautlos ihre Kirche. In der katholischen Kirche gab es zudem einige Vorkommnisse, die den Prozess beschleunigten. Vor allem die Ernennung von Bischöfen in der Zeit nach dem beliebten Kardinal Franz König, und später die skandalösen Missbrauchsfälle, angefangen vom Wiener Kardinal Hans Hermann Groer, führten zu massiven Spitzen in der Austrittskurve.

ABBILDUNG 52: Veränderungen in der Mitgliedschaft 1945–2018

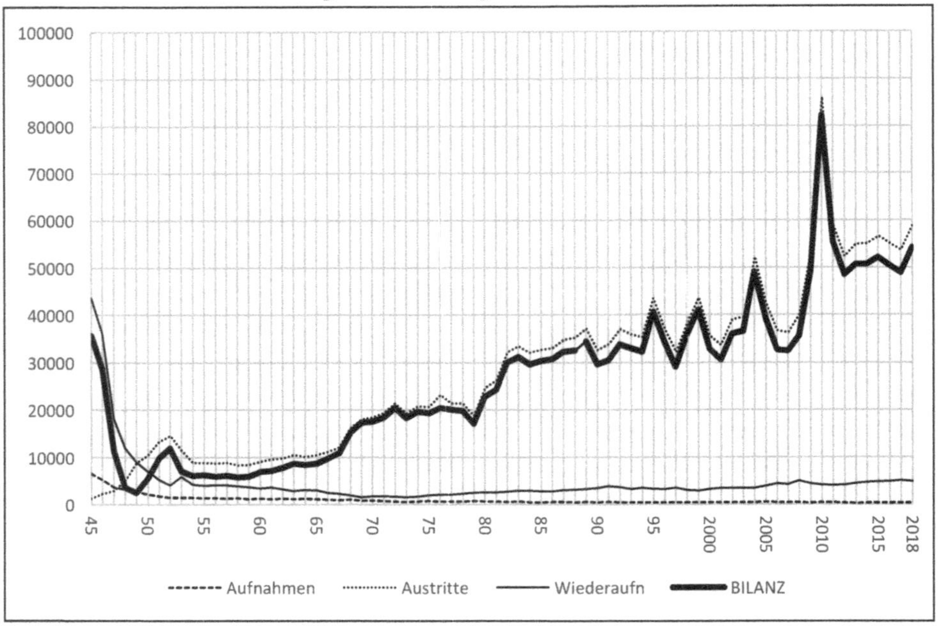

Quelle: Kirchliche Statistik

Die Folge dieser wachsenden Mobilität der Menschen hinsichtlich ihrer Kirchenmitgliedschaft zeigt sich am lautlosen Sinken des Katholikenanteils. Dieser signalisiert allerdings nicht nur Fehler der Kirche, sondern eben den Wandel von der Konstantinischen Ära in ihrer nachreformatorischen Gestalt hin in eine weltanschaulich verbuntete Gesellschaft mit verbriefter Religionsfreiheit: also auch der Freiheit sich anzunähern oder zu entfernen, sich auszuwählen oder (wieder) einzuwählen, sowie in der Freiheit, mit oder ohne Kirchenmitgliedschaft aus dem Glaubenskosmos einer Kirche das eine oder andere auszuwählen, anderes aber abzulehnen.

ABBILDUNG 53: Wandlung des Katholikenanteils 1945–2017

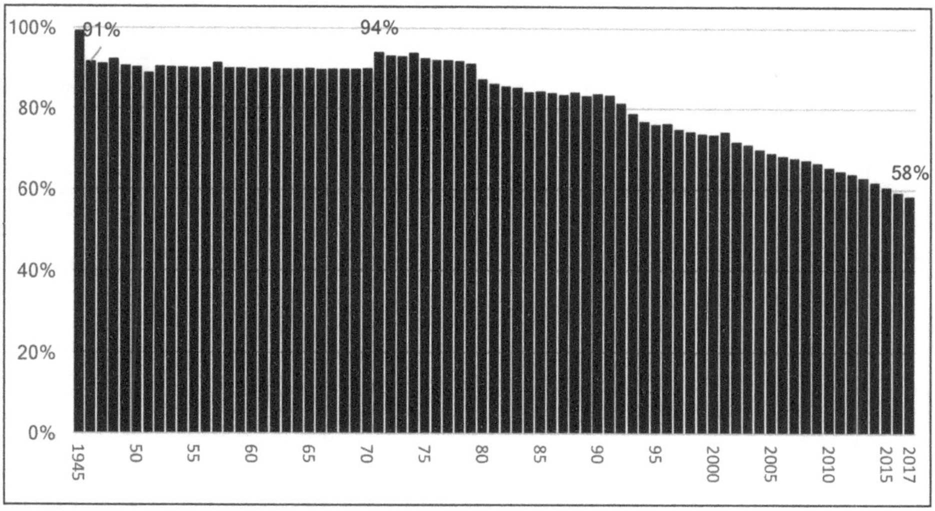

Quelle: Kirchliche Statistik

Diese (hier nur knapp skizzierte) epochale Entwicklung in der katholischen Kirche spiegelt sich in den reichhaltigen Daten der vorliegenden sechs Erhebungen wider. Die Langzeitstudie deckt genau diesen Zeitraum seit 1970 ab. Das große Datenmaterial ermöglicht es, hinter die rein statistischen Zahlen zu blicken, die einen über Jahrzehnte laufenden lautlosen Auszug von Mitgliedern aus der Kirche dokumentieren, ohne diesen näher zu erklären. Eben das soll nunmehr in Annäherungen versucht werden.

Wandlung im Gefüge der Mitgliedschaftsmotive

Schon im ersten Hauptteil wurden Mitgliedschaftsmotive der Menschen angesprochen. Deren Vielfalt und Zusammensetzung im Jahre 2020 wurde bereits im ersten Hauptteil präsentiert. Zur Erinnerung: Drei Motivbündel wurden abgegrenzt. Das Motiv, *soziale Nachteile* zu vermeiden (im Beruf, mit Blick auf Freunde und Verwandte, für die Kinder in der Schule), das *Traditionsmotiv* (es kommt am stärksten im Satz zum Ausdruck, dass „jeder Mensch einfach zu einer Kirche gehören muss", man sonst kein kirchliches Begräbnis bekomme, aus Respekt vor den Eltern, die einen taufen ließen und dafür sorgten, dass man als Kind in die Kirche hineinwachse, und auch eine hintergründige Angst vor Tod und Vergänglichkeit) sowie schließlich eine Reihe von *religiösen* Motiven (Stichworte sind hier: Lebenssinn, Orientierung im Leben, Ansprechpartner, Lebenshilfe, Vorbilder, gläubige Gemeinschaft, spirituelle Ruhe, wegen Jesus Christus, weil die Kirche das Richtige lehrt, die kirchliche Sorge um die Armen).

Sieben dieser Mitgliedschaftsmotive wurden in allen sechs Erhebungen abgefragt. Wie die faktorenanalytische Durchleuchtung belegt, gehören sie in drei Motivbündel: soziale (Nachteile), traditionelle (Taufe durch Eltern, kirchliches Begräbnis, man muss einfach zu einer Kirche gehören) sowie religiöse Motive, die mit der Innenseite des kirchlichen Lebens zu tun haben.

TABELLE 126: Die Entwicklung der Mitgliedschaftsmotive

	religiös			*traditionell*			Nachteile			
	weil ich die Lehre der Kirche für richtig halte	weil mir die Kirche im Leben eine Hilfe ist	weil jeder Mensch einfach zu einer Kirche gehören muss	*weil Eltern mich taufen ließen*	*weil ich sonst kein kirchliches Begräbnis erhalte*	*weil es nicht sicher ist, dass es nicht doch ein Leben nach*	weil ich sonst im Beruf Nachteile hätte	weil sonst die Kinder in der Schule Schwierigkeiten hätten	weil ich auf Verwandte und Freunde Rücksicht nehmen muss	SUMME
RiÖ 1970	76%	60%	53%	*72%*	*57%*	*45%*	13%	42%	19%	438
RiÖ 1980	66%	53%	54%	*63%*	*57%*	*53%*	9%	32%	21%	409
RiÖ 1990	57%	49%	44%	*61%*	*52%*	*47%*	7%	29%	17%	364
RiÖ 2000	52%	44%	38%	*78%*	*51%*	*38%*	4%	22%	15%	343
RiÖ 2010	52%	37%	39%	*72%*	*44%*	*33%*	9%	18%	21%	325
RiÖ 2020	48%	42%	32%	***72**%*	*45%*	*29%*	8%	19%	20%	315
Diff. '70-'20	*29%*	*18%*	*21%*	*0%*	*12%*	*16%*	*6%*	*23%*	*-1%*	

sehr stark und stark

Die Summe der vielfältigen Motive ist über die fünfzig Jahre merklich rückläufig. Lag die Gesamtsumme 1970 bei 438, war sie bis 2020 auf 315 gefallen. Das heißt, dass die Mitgliedschaft inzwischen weniger stark abgepolstert ist. Das stärkste Einzelmotiv über die Jahre hinweg ist ein traditionelles: Man ist wegen der Taufe durch die Eltern Kirchenmitglied. Was aber, wenn die Eltern nicht mehr leben? Und was, wenn Eltern nicht mehr taufen lassen? Und wenn, wie es immer häufiger der Fall ist, auch Großeltern nicht mehr einspringen? Wie unsere Analysen zeigen, gibt es heute immer weniger gläubige Großeltern.

Vor fünfzig Jahren war die Kirchenmitgliedschaft gemeinsam durch starke religiöse wie traditionelle Motive abgesichert. Auch soziale Gründe waren bei einem starken Viertel vorhanden. Inzwischen ist die Kraft tragender Motive für die Kirchenmitgliedschaft in allen drei Bündeln schwächer geworden. Das betrifft erwartbarerweise das soziale Motivbündel. Wer heute aus einer Kirche austritt, hat immer weniger mit sozialen Nachteilen für sich und die Kinder zu rechnen. Manchmal ist das Gegenteil der Fall: Manche ernten angesichts von akuten Skandalen Verwunderung, dass sie ihre Kirche noch nicht verlassen haben.

Die Abschwächung des traditionellen und noch mehr des religiösen Motivbündels im letzten halben Jahrhundert macht die Kirchenmitgliedschaft zunehmend instabil und erhöht die religiöse Mobilität der Mitglieder. Religiöse Mobilität ist dabei keine Einbahnstraße: Wo kirchliche Gemeinschaften und Projekte eine hohe Anziehungskraft bieten, gibt es durchaus Leute, die Kirchenmitglied werden wollen oder auch als Nichtmitglied sich an kirchlichen Projekten beteiligen.

TABELLE 127: Motivbündel für die Kirchenmitgliedschaft

	religiöse Motive	traditionelle Motive	soziale Motive (Nachteile)
RiÖ 1970	77%	67%	26%
RiÖ 1980	74%	73%	24%
RiÖ 1990	68%	67%	19%
RiÖ 2000	62%	71%	13%
RiÖ 2010	61%	63%	19%
RiÖ 2020	57%	63%	16%
Diff 1970–2020	*-20%*	*-3%*	*-10%*

Die Bindung der Katholikinnen an ihre Kirche ist im Langzeitdurchschnitt in Summe etwas stärker durch Mitgliedschaftsmotive abgestützt als jene der Protestantinnen. Das sind die Werte für die drei Motivbündel bei den Katholiken: religiös 67%, traditionell 68%, sozial 20% (in Summe 156 Prozentpunkte). Und so sehen die Zahlen für die Protestanten aus: religiöse 56%, traditionelle 62% und soziale Motive 12% (in Summe 130 Prozentpunkte).

Um zur Aussage zu stehen, „Ich trete erst dann aus der Kirche aus, wenn ich mit ihrer Lehre nicht mehr übereinstimme", braucht es in Summe mehr Motive, vor allem religiöser Art (Summe 179), als wenn man einen solchen Satz ablehnt (Summe 131). Umgekehrt hat weniger Motive (Summe 143), wer für sich denkt: „Wenn mir die Kirche nichts mehr sagt, trete ich aus", als ein Kirchenmitglied, der diesem Satz nichts abgewinnen kann (168).

TABELLE 128: Austrittbereitschaft und Mitgliedschaftsmotive

	„Ich trete erst dann aus der Kirche aus, wenn ich mit ihrer Lehre nicht mehr übereinstimme."				„Wenn mir die Kirche nichts mehr sagt, trete ich aus."			
	religiös	traditionell	sozial	Summe	religiös	traditionell	sozial	Summe
stimme voll zu	81%	75%	23%	179	59%	64%	21%	143
stimme zu	69%	69%	25%	163	63%	69%	24%	156
teils-teils	62%	66%	23%	151	63%	66%	24%	154
stimme nicht zu	61%	66%	18%	146	66%	70%	22%	158
lehne voll ab	59%	56%	16%	131	78%	69%	20%	168
alle	70%	68%	21%	160	70%	68%	21%	159

sehr wichtig und wichtig

Erwartungen an die Kirchen

Von den Befragten werden von den Kirchen eine Reihe Aufgaben erwartet. Um zu klären, worin diese bestehen, wurden mehrere Annäherungen gewählt. Eruiert wird, welche Aufgaben für wichtig erachtet werden. Zusätzlich wurde erhoben, was ohne die Kirchen nicht mehr stattfinden würde, um schließlich auch herauszuarbeiten, in welchen Situationen die Menschen bei einem amtlichen Vertreter oder Vertreterin Rat suchen würde.

Wie diese Erwartungen 2020 aussehen, war schon im ersten Hauptteil vorgestellt worden. Hier geht es um die Entwicklung dieser Erwartungen in den letzten fünfzig Jahren.

Aufgaben

Die Daten zeigen, dass die Erwartungslage – mit Unterschieden hinsichtlich der einzelnen Aufgaben – über die Jahre hinweg auf relativ hohem Niveau liegt. In der Gesamtaufstellung findet sich der niedrigste Werte mit 38 % im Jahre 1980 beim Bau von Kirchen. Den höchsten Wert erreichte der Religionsunterricht mit 91 % im Jahre 1970.

Wichtig geblieben sind den Menschen in allen Jahrzehnten die *Riten zu den Lebenswenden* Tod, Geburt und Heirat. Die Kirchen sollen Begräbnisse abhalten, Kinder taufen und Trauungen durchführen. Die Veränderungen in diesen drei Aufgabenfeldern sind marginal – vor allem hinsichtlich der Begräbnisse. Es bestätigt sich, dass diese Riten zu den Lebensübergängen in der Bevölkerung gut verankert sind. Sie gehören zu den wichtigsten „Gratifikationen", welche an die kirchliche Gemeinschaft binden. Diese Rituale zu den Lebenswenden bilden somit aus der Sicht der Menschen einen Kernbereich wichtiger kirchlicher Aufgaben.

Dazu gesellen sich noch „Gottesdienste feiern" sowie „Religionsunterricht erteilen". Weihen und Segnungen, Predigt, Kirchenbau und Beichtgespräche sind in allen Untersuchungsjahren eher „Randaufgaben". Um die Darstellung der vielen Daten übersichtlicher zu gestalten und damit auch Zusammenhänge anschaulicher darlegen zu können, werden die ersten fünf Aufgaben als „Kernaufgaben" und die übrigen vier als „Randaufgaben" in einem Index gebündelt.

TABELLE 129: Welche der folgenden kirchlichen Aufgaben sind Ihrer Ansicht nach sehr wichtig, bzw. überhaupt nicht wichtig?

	Begräbnisse abhalten	Kinder taufen	Trauungen durchführen	Gottesdienst feiern	Religionsunterricht erteilen	Weihungen und Segnungen vornehmen	Predigten halten	schöne Kirchen bauen und erhalten	Beichtgespräche führen	SUMME
RiÖ 1970	87%	87%	86%	84%	91%	73%	76%	59%	59%	703
RiÖ 1980	82%	82%	76%	72%	81%	60%	62%	52%	47%	613
RiÖ 1990	79%	78%	73%	63%	75%	51%	51%	45%	38%	551
RiÖ 2000	82%	80%	72%	69%	69%	47%	48%	39%	41%	546
RiÖ 2010	81%	76%	73%	67%	69%	56%	54%	45%	46%	568
RiÖ 2020	79%	68%	68%	63%	62%	52%	51%	46%	42%	530
Diff ,70-,20	*8%*	*19%*	*18%*	*21%*	*30%*	*21%*	*25%*	*13%*	*17%*	

hier: sehr wichtig und wichtig; ohne Muslime

Die Erwartungslage der einzelnen Kategorien in der Bevölkerung hängt (im Durchschnitt aller Untersuchungsjahre) am meisten von der Zugehörigkeit zu einer Religionsgemeinschaft ab – wobei sich Mitglieder und Nichtmitglieder deutlich unterscheiden (beta=,25). Dann folgen in jener Analyse, welche die Einflussströme trennt (multiple Regression), der Gottesglaube (beta=.23) sowie die Religiosität (beta=,14) eines Befragten. Das Persönlichkeitsmerkmal des Autoritarismus wirkt relativ stark mit (beta=,13). Abgeschwächte, aber immer noch zufallsunabhängige Wirkung zeigen die Schulbildung (beta=,06), die Ortsgröße (beta=,05) sowie das Geschlecht (beta=-,04). Der niedrige, aber auch signifikante Wert beim Erhebungsjahr (beta=-05) signalisiert, dass sich die Erwartungslage über die Jahre leicht abgeschwächt hat. Nicht signifikant ist der Zusammenhang mit dem Alter.

ABBILDUNG 54: Wichtige kirchliche Kern- und Randaufgaben

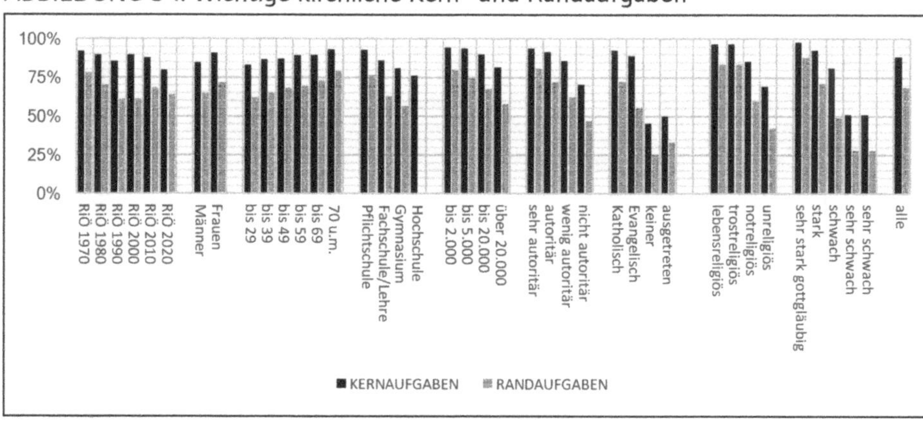

Ohne Kirche…

Gibt es Aufgaben, für welche die Kirchen eine Art Monopolstellung haben? „Welche Folgen hätte es, wenn es keine Kirchen mehr gäbe? Bitte beurteilen Sie die voraussichtlichen Folgen danach, ob sie Ihrer Meinung nach sicher eintreffen bzw. sicher nicht eintreffen würden…" Zur Erinnerung das Ergebnis für 2020 (erster Hauptteil): Den Kirchen wird vor allem zugemutet, sich Gedanken über Gott zu machen (im Schnitt aller Umfragen sind es 56%). Es folgen mit bereits großem Abstand „seelsorgliche" Aufgaben: die Kirchen stellen sicher, dass sich jemand um Traurige und Verzweifelte kümmert (43%), die Frage nach dem Sinn des Lebens stellt (41%), bei der Erziehung der Jugend hilft (38%), sich um die Armen kümmert (35%). Hinsichtlich der Alten- und Krankenpflege vermutet lediglich rund ein Viertel Folgen.

TABELLE 130: Welche Folgen hätte es, wenn es keine Kirchen mehr gäbe? Bitte beurteilen Sie die voraussichtlichen Folgen danach, ob sie Ihrer Meinung nach sicher eintreffen bzw. sicher nicht eintreffen würden…

	sich Gedanken über Gott machen	sich um Traurige und Verzweifelte kümmern	die Frage nach dem Sinn des Lebens stellen	bei der Erziehung der Jugend helfen	sich um die Armen kümmern	Niemand würde mehr: sich um alte Menschen kümmern	für sexuelle Orientierung eintreten	Kranke pflegen	Summe
RiÖ 1970	75%	58%	58%	65%	46%	41%	48%	46%	437
RiÖ 1980	60%	45%	44%	38%	34%	33%	37%	27%	318
RiÖ 1990	46%	37%	34%	29%	32%	28%	27%	24%	256
RiÖ 2000	48%	40%	37%	32%	37%	34%	19%	28%	274
RiÖ 2010	41%	28%	27%	17%	22%	18%	12%	15%	181
RiÖ 2020	46%	38%	32%	25%	31%	25%	14%	23%	233
DIFF ,70-,20	*29%*	*20%*	*26%*	*40%*	*16%*	*16%*	*34%*	*24%*	*204*
alle sechs Erhebungen	*56%*	*43%*	*41%*	*38%*	*35%*	*31%*	*30%*	*29%*	

Die Kirchen haben in den letzten fünfzig Jahren vielfach ihr „Alleinstellungsmerkmal" eingebüßt, was angesichts des Ausbaus des Sozialstaates und zivilgesellschaftlicher Einrichtungen nicht überrascht. Das betrifft Krankenhäuser wie Altersheime. Der Rückgang zeigt sich verdichtet an der Entwicklung des Summenwerts. Lag dieser 1970 noch bei 437, fiel er bis 2010 auf 181, stieg dann aber in den letzten zehn Jahren wiederum auf 233 an.

Besonders stark ist der Rückgang bei der Erziehung der Jugend. In diesem Arbeitsfeld hat die Kirche 40 Prozentpunkte verloren. Ähnlich stark ist die Abnahme der Werte bei der sexuellen Orientierung (minus 34 Prozentpunkte). Aber auch in ihrem (aus der Sicht der Befragten) wichtigsten Kernbereich, „sich Gedanken über Gott zu machen", hat die Kirche offensichtlich mit gewachsener Konkurrenz zu rechnen: Die Abnahme beträgt zwischen 1970 und 2020 29 Prozentpunkte.

Dieser Verlust an Alleinstellung in den letzten fünfzig Jahren wird in der folgenden Graphik anschaulich sichtbar – auch der niedrige Wert im Jahre 2010 sowie der leichte Anstieg danach sind gut zu erkennen. Hat sich die Wertschätzung kirchlicher Aktivitäten in den letzten zehn Jahren erholt? Aber macht eine Schwalbe bereits einen Sommer?

ABBILDUNG 55: Welche Folgen hätte es, wenn es keine Kirchen mehr gäbe? Bitte beurteilen Sie die voraussichtlichen Folgen danach, ob sie Ihrer Meinung nach sicher eintreffen bzw. sicher nicht eintreffen würden…

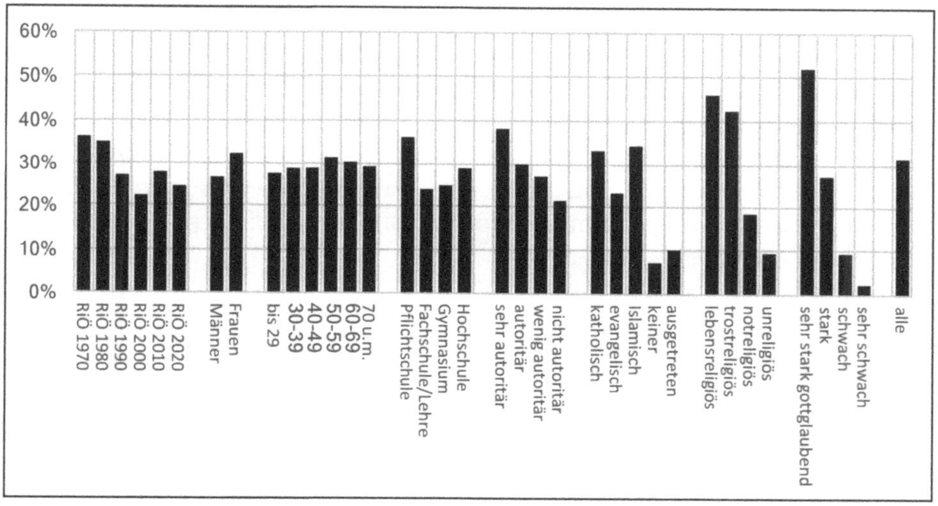

Vierteiliger Index, gebildet aus den Antworten auf alle acht einschlägigen Fragen. Hier Skalenwerte 1=sehr stark und 2=stark (würde eintreffen). Für die einzelnen Merkmale (Geschlecht, Alter…) sind die durchschnittlichen Werte für alle sechs Erhebungen ausgewiesen.

Beachtlich sind die Unterschiede innerhalb einiger Kategorien von Befragten, zwischen den Geschlechtern oder den unterschiedlichen Bildungsgraden. Als einflussstarke Persönlichkeitsmerkmale erweisen sich der Autoritarismus (beta=,19), die Stärke des Gottesglaubens (beta=,19) sowie die Religiosität (beta=,18). Die Abnahme der unumgänglichen Bedeutung der Kirche zeigt sich auch am Zusammenhang des Index „Ohne Kirche" mit dem Untersuchungsjahr (beta=,11).

Auffällig ist auch der Unterschied zwischen den weltanschaulichen Zugehörigkeiten. Katholiken sehen mehr Aufgaben, die ohne Kirche nicht wahrgenommen würden, als Protestanten. Erwartbar ist, dass die Ausgetretenen und die Nichtmitglieder ganz niedrige Werte aufweisen.

Rat holen
Ein drittes Modul im Fragebogen untersuchte, in welchen Angelegenheiten sich Menschen bei einer Amtsträgerin, einem Amtsträger Rat holen würden.

Aus den Analysen im ersten Hauptteil steht bereits (für 2020) fest, in welchen Belangen die Menschen sich seelsorgerlich Beratung geben ließen:

„Von den möglichen Beratungs-Situationen steht persönliche Verzweiflung ganz oben (im Bevölkerungsschnitt 38%), gefolgt von religiösen Problemen (35%) und Gewissensnot (29%). Gefragt ist also im besten Sinn dieses Wortes ‚Seelsorge'. Dann folgt ein Paket von Situationen rund um Ehe, Familie und Finanzen. So gut wie keine Beratungskompetenz wird den Kirchen in beruflichen Sorgen (4%) und politischen Fragen (2%) zugewiesen."

Nunmehr gilt es zu eruieren, ob sich dieser Beratungsbedarf im Lauf des letzten halben Jahrhunderts verändert hat. Genau das ist der Fall. Der Summenwert fiel von 200 im Jahre 1980 auf 129 im Jahre 2020, hat sich also nahezu halbiert. Am stärksten war der Beratungseinbruch bei religiösen Problemen, Verzweiflung und Gewissensnot, also im seelsorglichen Bereich. Dass bei Sorgen im Beruf, finanziellen Problemen und politischen Fragen die Menschen so gut wie nie einen Rat einholen, war in allen Untersuchungsjahren der Fall. Auch der 1980 bereits niedrige Beratungsbedarf rund um Familie und Kinder hat sich halbiert.

TABELLE 131: Es suchen Rat – 1970–2020

	religiöse Probleme	in persönlicher Verzweiflung	Gewissensnot	Kindererziehung	Eheprobleme	finanzielle Probleme	Sorgen im Beruf	politische Fragen	Summe
RiÖ 1980	60%	55%	46%	16%	17%	2%	2%	1%	200
RiÖ 1990	53%	50%	40%	11%	15%	5%	4%	3%	181
RiÖ 2000	39%	37%	29%	8%	8%	2%	2%	2%	128
RiÖ 2010	42%	39%	34%	4%	8%	2%	3%	1%	133
RiÖ 2020	35%	38%	29%	6%	10%	5%	4%	2%	129
Diff.'80-'20	*26%*	*18%*	*17%*	*10%*	*6%*	*-4%*	*-2%*	*-1%*	*71*

Welche Menschen suchen dann aber seelsorglichen Rat, also bei religiösen Problemen, in persönlicher Verzweiflung oder Gewissensnot? Die Antworten auf diese drei Situationen wurden in einem Index gebündelt. Damit kann gezeigt werden, wer eher und wer kaum Rat sucht, welche sozialen und persönlichen Merkmale sie aufweisen.

Nur ganz schwachen Einfluss auf die Nachfrage nach seelsorglicher Beratung hat das Alter, das Geschlecht und auch die Schulbildung. Schon merklich wirkmächtiger ist die Ortsgröße (beta=,10). Noch mehr Gewicht haben die (Nicht-)Zugehörigkeit zu einer Religionsgemeinschaft (beta=-,23), die Stärke des Gottesglaubens (beta=,-15), der Autoritarismus (beta=,11) sowie die persönliche Religiosität (beta=-,10). Am höchsten aber ist der Wert beim Untersuchungsjahr (beta=,28).

Seelsorglichen Rat suchen eher Akademiker, die in Städten leben, wenig autoritär sind, einer christlichen Kirche angehören, die in der Religion Trost suchen und an Gott glauben. Zwischen den Alterskategorien gibt es kaum Unterschiede. Aber es gibt Ratsuchende auch in den übrigen Subkategorien. Insgesamt ist zwischen 1980 und 2000 der Beratungsbedarf gesunken, dann aber hat er sich bei einem Drittel der Bevölkerung eingependelt. Dahinter stehen viele Einzelpersonen.

ABBILDUNG 56: Es suchen seelsorglichen Rat

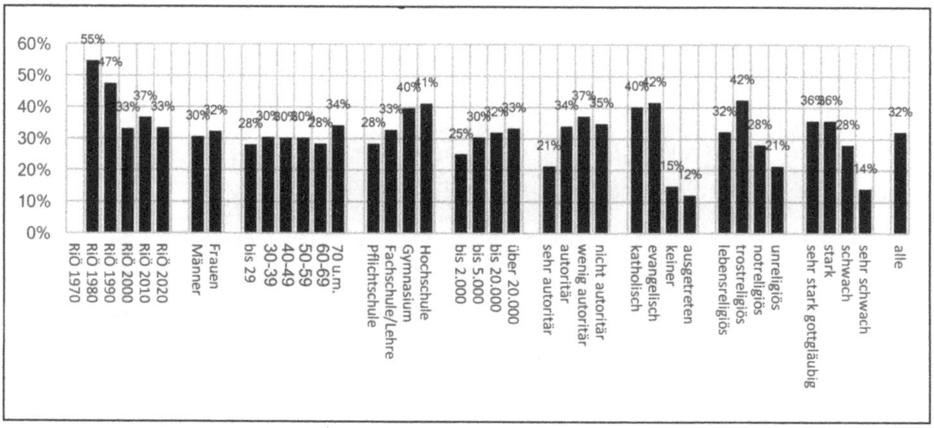

Kirchgang

Der Kirchgang ist eines der stärksten Zeichen, mit dem ein Kirchenmitglied seine Religiosität und Gläubigkeit zum Ausdruck bringt. Selbst die Häufigkeit ist für den Grad des persönlichen Gefühls der Religiosität sowie für den Glaubenskosmos eine starke Lesehilfe.

Schon im ersten Hauptteil wurde dargelegt, dass die Kirchenmitglieder in ganz unterschiedlicher Häufigkeit zu einem sonntäglichen Gottesdienst gehen. Es gibt solche, für welche der Sonntag ohne Kirchgang keiner ist. Unter diesen gehen einige auch unter der Woche. Andere machen sich monatlich wenigstens einmal auf den Weg. Wieder andere sind die „Saisonellen“. Sie gehen zu besonderen Anlässen (wie Beerdigungen oder Hochzeiten), aber auch an hohen Festen. Schließlich praktizieren einige so gut wie nie.

In diesem zweiten Hauptteil geht es um die Entwicklung des Kirchgangs im Zeitraum der letzten fünfzig Jahre. Dieser wird in den kirchenamtlichen Statistiken „Gottesdienstbesuch“ genannt. Der Begriff weckt die Assoziation, dass amtlich bestellte Personen einen Gottesdienst „anbieten“, den Kirchenmitglieder „besuchen“ sollen oder können: Die evangelische Kirche stellt es den Leuten frei, zu kommen, in der orthodoxen Kirche ist es ein Kommen und Gehen eines Großteils der Leute, die katholische Kirche kennt in ihrem Kirchenrecht eine sonntägliche Gottesdienstpflicht, die allerdings heute von der Kirche nicht mehr sanktioniert und von der Sozialkontrolle nicht mehr gleichsam „ernötigt" werden kann.

Laut kirchlicher Statistik hat sich der „Gottesdienstbesuch" der Katholiken in Österreich seit 1945 so entwickelt:

ABBILDUNG 57: Wandlung im Sonntagskirchgang 1945–2018

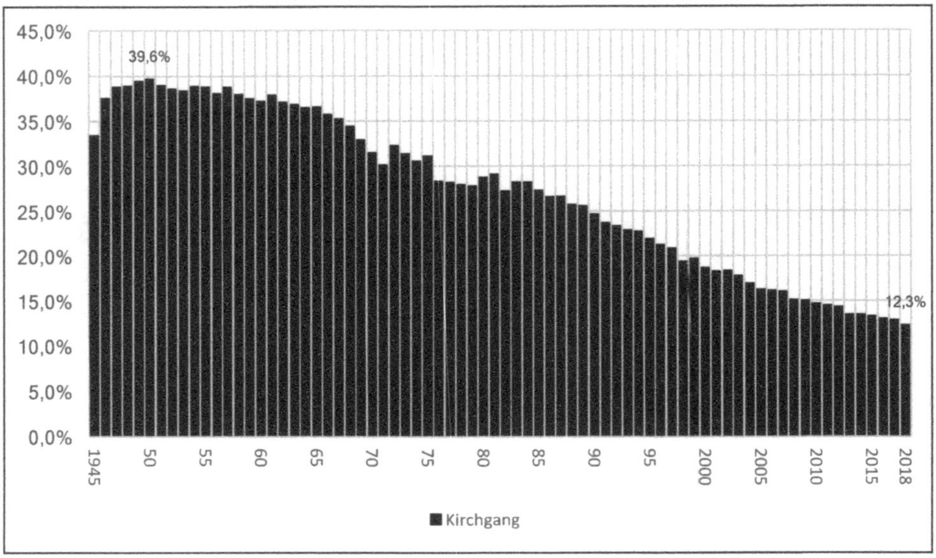

Quelle: Kirchliche Statistik

Diese Entwicklung spiegelt sich in den Erhebungen exakt wider; zugleich wird sie differenziert. Die kirchliche Statistik erfasst an zwei Zählsonntagen die „Gottesdienstbesucher". Daraus wird eine durchschnittliche Gottesdienstziffer für das jeweilige Jahr ermittelt. Ausgegangen wird davon, dass etwa 15 % der Mitglieder gute Gründe haben, nicht zum Gottesdienst zu kommen und daher „entschuldigt" sind (weil sie alt oder krank sind oder am Sonntag einer gemeinnützigen Arbeit nachgehen etc.). Die Gottesdienstziffer, wie sie in der Graphik ausgewiesen wird, bezieht somit die gezählten „Gottesdienstbesucher" auf 85 % der Katholiken.

Die Studie differenziert dieses Ergebnis für die letzten fünfzig Jahre hinsichtlich der Kirchgangsfrequenz. In diesem Zeitraum hat die Zahl der sonntäglichen Kirchgänger um 30 Prozentpunkte nachgegeben. Angewachsen sind in dieser Zeit die Kategorien der „Saisonellen" (+12) und vor allem der Nichtkirchgänger (+23).

TABELLE 132: Sonntagskirchgang nach Erhebungsjahren

	wöchentlich	sonntags	monatlich	festtags	(fast) nie
RiÖ 1970	6%	40%	17%	19%	19%
RiÖ 1980	3%	28%	19%	28%	22%
RiÖ 1990	3%	26%	19%	28%	24%
RiÖ 2000	3%	19%	19%	37%	22%
RiÖ 2010	3%	16%	19%	30%	33%
RiÖ 2020	2%	10%	15%	31%	42%
Differenz 1970–202	*-4%*	*-30%*	*-2%*	*+12%*	*+23%*

Überblickt man die Entwicklung in der evangelischen und der katholischen Kirche, so lässt sich eine bemerkenswerte Angleichung im sonntäglichen Kirchgangsverhalten beobachten. Kam unter den Protestanten in der Erhebung von 1980 ein knappes Drittel wenigstens einmal im Monat zur Kirche, waren es damals unter den Katholiken 52%. Inzwischen hat sich in beiden Kirchen dieser Anteil zu Gunsten der evangelischen Kirchenmitglieder leicht verschoben: 37% Protestanten, die wenigstens einmal im Monat zur Kirche gehen, stehen jetzt 29% der Katholiken gegenüber. Es scheint heute der Minderheitskirche besser zu gelingen als noch vor vierzig Jahren, ihre Mitglieder gottesdienstlich zu mobilisieren, denn der Mehrheitskirche. Es kann auch sein, dass in den letzten Jahren mehr Kirchenmitglieder vom Rand die evangelische Kirche verlassen haben. Das erhöht die Zahl der „Getreuen".

Überaus stark angestiegen ist bei den Katholiken im Untersuchungszeitraum der Anteil jener, die nur bei besonderen Gelegenheiten bzw. an Festtagen die Kirche aufsuchen. 2020 waren es 40% der Katholiken. Zu diesen kommen noch 40% Nichtkirchgänger. Unter den Protestanten ist dieser Anteil mit 34% „Saisonellen" und 34% Nichtkirchgängern ähnlich groß.

TABELLE 133: Kirchgangsfrequenz bei Protestanten und Katholiken

		wöchent-lich	sonntags	monatlich	festtags	(fast) nie
Katholiken	(RiÖ 1970)	6%	**40%**	17%	**19%**	**19%**
	RiÖ 1980	4%	**30%**	19%	**26%**	**21%**
	RiÖ 1990	3%	**27%**	20%	**27%**	**23%**
	RiÖ 2000	3%	**19%**	19%	**37%**	**21%**
	RiÖ 2010	3%	**18%**	22%	**32%**	**25%**
	RiÖ 2020	2%	**10%**	17%	**40%**	**30%**
Protestanten	RiÖ 1980	1%	6%	15%	43%	36%
	RiÖ 1990	1%	14%	15%	43%	27%
	RiÖ 2000	1%	5%	20%	37%	38%
	RiÖ 2010	3%	12%	17%	34%	34%
	RiÖ 2020	1%	12%	24%	**35%**	**29%**

Argumentativ wird diese Entwicklung dadurch plausibel, dass Protestanten wie Katholiken sich auch in der Ansicht immer mehr angeglichen haben, man könne „auch ohne Sonntagsmesse ein guter Christ sein". In dieser theoretischen Position waren sich im Jahre 2020 mehr oder minder alle einig: die Katholiken (86 %), die Protestanten (90 %), die Ausgetretenen (88 %) sowie jene, die nie einer Kirche angehört haben (85 %). Kirchgang und Mitfeier des Herrenmahls/der Eucharistie sind für die meisten Mitglieder einer christlichen Kirche subjektiv nicht mehr wesentlich. Sie machen einen „Christen" nicht mehr aus. Auch das gehört zu den folgenreichen qualitativen Wandlungen der Kirchlichkeit im letzten Jahrhundert. Dabei hat vermutlich die katholische Kirche dazu selbst nachhaltig beigetragen. Es ist ihr nicht gelungen, in vielen Gemeinden einen Priester zur Verfügung zu stellen, der die Feier einer Sonntagsmesse ermöglicht hätte. Eine Art Selbstsäkularisierung konnte stattfinden, eine Entkirchlichung durch selbstschädigende Untätigkeit der Leitung.

Übrigens steht diese Ansicht, man könne auch ohne regelmäßigen Austausch mit einer Religionsgemeinschaft in gottesdienstlichen Feiern auf die Dauer ein guter Christ sein, in krassem Gegensatz zu den erhobenen Daten. Die Christlichkeit bei den Personen ohne Austausch verdunstet rasch, es bleibt ein diffuser und verunsicherter Gottesglaube übrig, eben eine Art „Etwasismus".

Diese Entwicklung in einem Zentralbereich christlichen Lebens ist für die künftige Entwicklung der beiden Kirchen von hohem Belang. Zeigt sich doch zwischen der Kirchgangsfrequenz, der persönlichen Religiosität und dem Gottesglauben eine enge, vermutlich dialektische Beziehung. Die persönliche Religiosität sowie der Gottesglaube tragen zur „Erklärung" der Kirchgangsbereitschaft sowie Gottesdiensthäufigkeit sehr stark bei. Sie haben mehr Gewicht als die durchaus auch bedeutsamen Sozialmerkmale der Ortsgröße, des Alters, des Geschlecht oder der Schulbildung.[62] Je religiöser sich jemand selbst fühlt und je stärker sein Glaube an einen persönlichen Gott ist, umso wahrscheinlicher frequentiert eine solche Person regelmäßig (sonntags, monatlich) den Gottesdienst. Der Einfluss kann auch in umgekehrter Richtung verlaufen: Der regelmäßige Austausch mit einer feiernden Gemeinschaft stärkt das Christliche im Glaubenshaus sowie die subjektive Religiosität.

Nun haben sich aber in den letzten fünfzig Jahren in der Kultur sowohl die subjektive Religiosität wie der Gottesglaube abgeschwächt. Die Verminderung des sonntäglichen Kirchgangs erscheint auf dem Hintergrund dieser Entwicklung in den Personen eine logische Konsequenz. Es werden vermutlich künftig jene Menschen in einer gottesdienstlichen Zusammenkunft mitfeiern, die in wählerischer Freiheit, aber motiviert durch eine starke persönliche Religiosität und einen gefestigten christlichen Gottesglauben sich auf den Weg zur Feier machen. Die übrigen

62 So sieht das Ergebnis einer multiplen Regressionsanalyse mit der Kirchgangfrequenz aus: GOTTESGLAUBE (beta=0,31), RELIGIOSITÄT (beta=0,28), ORTSGRÖSSE (beta=0,17), ALTER (beta=-0,11), WELLE (beta=0,07), SEX (beta=-0,04), BILDUNG (beta=-0,04), AUTORITARISMUS (beta=-0,04), Religionsgemeinschaft (beta=0,04).

werden vermutlich wegbleiben. Da aber umgekehrt mit der Distanz zur Gemeinschaft und ihren Feiern die persönliche Religiosität weiter verdunsten und der Gottesglaube sich zu einem Etwasismus ausdünnen wird, wird die Anzahl der Nichtkirchgänger noch weiter zunehmen. Allerdings wird dann eine Phase kommen, wo eben diese Gruppe sich nicht nur dem kirchlichen Leben entfremden, sondern sich voraussichtlich überhaupt aus der Kirche entfernen wird.

ABBILDUNG 58: Was den Sonntagskirchgang mitträgt

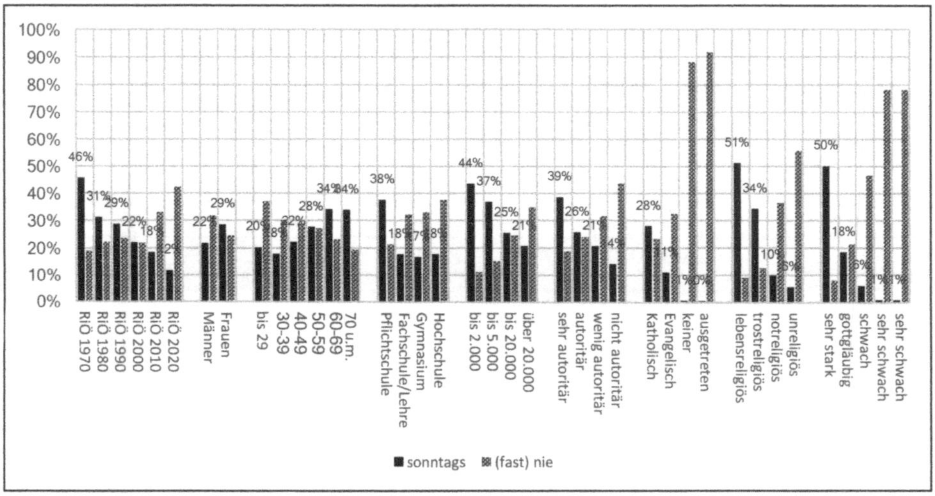

Die Regressionsanalyse bassiert auf den Daten aller sechs Erhebungen.

Aktive Beteiligung in der Kirche

Ein Teil der Kirchenmitglieder macht aktiv am Leben ihrer Kirche mit: Solche Aktivisten übernehmen pfarrliche Aufgaben, sind Mitglied einer kirchlichen Organisation, integrieren sich in eine Jugendgruppe.

TABELLE 134: Aktive Mitarbeit

		Katholiken	Protestanten
Pfarre	RiÖ 1970	15%	
	RiÖ 1980	9%	9%
	RiÖ 1990	11%	14%
	RiÖ 2000	11%	3%
	RiÖ 2020*	34%	39%
Organisation	RiÖ 1970	33%	
	RiÖ 1980	25%	11%
	RiÖ 1990	26%	24%
	RiÖ 2000	34%	10%
Jugend	RiÖ 1970	33%	
	RiÖ 1980	25%	11%
	RiÖ 1990	26%	24%
	RiÖ 2000	34%	10%

·2020 war die Frage differenzierter gestellt worden (siehe erster Hauptteil). Gefragt wurde nach Beteiligung bei Aktionen der Kirchengemeinde, in geistlichen Gemeinschaften, in Gebetsgruppen und bei Initiativen von Caritas/Diakonie.

Hier soll lediglich, gestützt auf die Daten über die Jahre hinweg, gezeigt werden, aus welchem Segment der Kirchenmitglieder die Beteiligung erwächst. Das Ergebnis lautet, als Faustregel formuliert: Je häufiger jemand im Sonntagsgottesdienst ist, desto wahrscheinlicher beteiligt diese Person sich auch an kirchlichen Aktivitäten. Eine Ausnahme bildet die kirchliche Jugendarbeit. In diesem Bereich verteilen sich die Beteiligten auf alle Kirchgangskategorien, aber auch mit einem leichten Anstieg in Richtung sonntäglichem Kirchgang. Wächst ein junger Mensch (heute) eher über Beteiligung an diakonalen Projekten in das gläubige Leben und in den Gottesdienst herein?

TABELLE 135: Kirchgangsfrequenz und Beteiligen an kirchlichen Aktivitäten

	Pfarre	Organisation	Jugend
wöchentlich	43%	43%	38%
sonntags	23%	23%	37%
monatlich	10%	10%	29%
festtags	2%	3%	23%
(fast) nie	1%	2%	20%

Altersentwicklung

Für die künftige Entwicklung der Kirchen im Land spielt eine entscheidende Rolle, wie junge Menschen zu Religion, Gott und die Kirche stehen. So soll dieser Frage vertiefende Aufmerksamkeit geschenkt werden. Es ist statistisch nicht möglich, mit Hilfe der Daten der Studie einzelne Personen über längeren Zeitraum in ihrem

Kirchgangsverhalten zu beobachten. Doch lassen sich einzelne Alterskategorien über Jahrzehnte hinweg verfolgen.

Ein Beispiel: Die Altersgruppe der „bis 29"-Jährigen aus dem Jahr 1970 war 1980 um zehn Jahre älter, stellt also die Kategorie „30–39" dar. Jedes Jahrzehnt steigt diese Kategorie in die nächste auf, um 2020 schließlich als Kategorie der über 70-Jährigen zu erscheinen. Je nach dem, mit welchem Untersuchungsjahr man mit dem Vergleich beginnt, lassen sich einzelne Kategorien maximal über fünfzig Jahre, andere über einen kürzeren Zeitraum hinweg vergleichen.

Die Kirchgangsentwicklung der Kategorien jener Befragten, die 1970 unter 30 Jahre oder 30–39 Jahre alt waren, kann über die vollen fünfzig Jahre nachverfolgt werden. Die unter 30-Jährigen sind bis 2020 zur Kategorie der 70–79 gealtert. Dargestellt sind in der folgenden Analyse jene Personen, die zumindest sonntags zur Kirche gehen. Ihr Anteil ist in den ersten zehn Jahren von 37 % auf 23 % zurückgegangen. Dabei ist zu beachten, dass 1970 nur für drei Diözesen repräsentativ erhoben worden war. Ab 1980 schwankt der Anteil etwas, bleibt aber über die Jahrzehnte hinweg erstaunlich stabil und liegt zwischen 20 und 26 %, wobei der höchste Wert in der letzten Erhebung 2010 aufscheint. Eine ganz ähnliche Entwicklung nahm die Alterskategorie der 30–39-Jährigen. Deren Alter lag 2020 über 80 Jahre. Der Rückgang in den ersten zehn Jahren von 1970–1980 fiel moderater aus. Und danach schwankte der Wert je nach Jahr zwischen 31 % und 39 %. In jenen Kategorien, für die es Kirchgangsdaten über weniger Jahrzehnte hinweg gibt, ist die Schwankungsbreite zwischen den Jahrzehnten ebenfalls durchaus gering. Daraus kann gefolgert werden, dass die Startkirchgangspraxis aus jungen Jahren das ganze Leben lang mehr oder minder durchhält.

Allerdings ist dieser Startwert in den fünfzig Jahren kontinuierlich zurückgegangen. Waren bei den unter 30-Jährigen in der Studie von 1970 37 % dieser Kategorie Sonntagskirchgänger, betrug dieser Wert 1980 20 %, stieg 1990 auf 24 %, um dann 2000 auf 7 %, 2010 auf 8 % und schließlich 2020 auf 5 % zu fallen. Das lässt für die Kirchgangspraxis in den kommenden Jahren, wenn es keine dramatischen Änderungen gibt, prognostizieren, dass diese weiterhin auf einem sehr niedrigen Niveau bleiben wird. In dieser Analyse sind die einzelnen Konfessionen nicht aufgeschlüsselt. Das macht aber durchaus Sinn, weil ja bereits gezeigt werden konnte, dass sich die Mitglieder der katholischen Kirche zunehmend der Kirchgangsfrequenz in der evangelischen Kirche angenähert haben. Es gelingt offenbar den christlichen Kirchen kaum noch, jüngere Menschen am Sonntag für eine gottesdienstliche Versammlung zu gewinnen. Praktisch bedeutet dies, dass die Gottesdienstgemeinden zunehmend überaltern und in den nächsten Jahrzehnten drastisch schrumpfen werden, sobald die alten Mitglieder die Kirchenbänke räumen. Junge Kirchgänger werden nach derzeitigem Erkenntnisstand kaum nachrücken. Bedenkt man, dass der Kirchgang einer der stärksten Indikatoren für das christlich geprägte Leben ist, ist vorhersehbar, dass die christlichen Kirchen in wenigen Jahren oder Jahrzehnten auf eine überschaubare Zahl schrumpfen werden.

TABELLE 136: Sonntagskirchgangs-Entwicklung nach Alterskohorten 1970–2020

										2020	
								2010		bis 29	5%
						2000		bis 29	8%	30–39	6%
				1990		bis 29	7%	30–39	12%	40–49	7%
		1980		bis 29	24%	30–39	12%	40–49	12%	50–59	11%
1970		bis 29	20%	30–39	19%	40–49	16%	50–59	19%	60–69	17%
bis 29	**37%**	**30–39**	**23%**	**40–49**	**20%**	**50–59**	23%	**60–69**	**26%**	**70-**	**19%**
30–39	**39%**	**40–49**	**34%**	**50–59**	**31%**	**60–69**	35%	**70–**	**39%**	**80–89**	**36%**
40–49	46%	50–59	34%	60–69	39%	70–	45%				
50–59	57%	60–69	41%								
60–69	55%										

hier: wöchentlich und sonntags

Frauen und Männer

Die Aufschlüsselung zwischen Männern und Frauen differenziert dieses Ergebnis weiter. Es zeigt sich Mehrfaches. Zum Ersten: Der Startkirchgang in jüngeren Jahren bleibt (mit Schwankungen) über die Jahrzehnte hin erhalten. Zum Zweiten: Frauen kommen über die Jahre hinweg öfter zu einer gottesdienstlichen Versammlung als Männer. Ein Drittes: Der Rückgang bei allen Männern und Frauen ist im Durchschnitt ähnlich: Bei den Männern ging der sonntägliche Kirchgang im Schnitt von 41 % auf 9 %, bei den Frauen von 50 % auf 15 % zurück.

TABELLE 137: Veränderungen der Kirchgangspraxis für Männer und Frauen 1970–2020 – in den einzelnen Alterskategorien

											2020	
									2010		M	F
							2000		M	F	5%	5%
					1990		M	F	6%	11%	5%	7%
			1980		M	F	6%	11%	8%	15%	7%	7%
	1970		M	F	22%	25%	14%	8%	7%	16%	10%	12%
	M	F	18%	22%	20%	18%	16%	20%	15%	23%	9%	24%
bis 29	**33%**	**41%**	**21%**	**24%**	**19%**	**21%**	**21%**	**28%**	**26%**	**27%**	**17%**	**28%**
30–39	**37%**	**41%**	**36%**	**31%**	**26%**	**35%**	**39%**	**36%**	**29%**	**46%**	**32%**	**38%**
40–49	43%	50%	31%	37%	40%	38%	32%	57%				
50–59	51%	63%	35%	45%								
60–69	46%	61%										

hier: wöchentlich und sonntags

Was Kirchenverantwortliche aber hellhörig machen muss, ist die wachsende Annäherung der Zahlen bei Frauen und Männern in den jüngeren Alterskategorien –

und das auf einem drastisch niedrigen Niveau. Konnten die Kirchen bislang darauf setzen, dass wenigstens Frauen zum Gottesdienst kommen, ist dieses optimistische Szenario auf Zukunft hin nicht mehr gegeben.

Das hat auch insofern nachhaltige Auswirkungen, als in unserer Kultur die religiöse Formung der Kinder (auch wegen der starken Berufsbindung von Vätern, aber nicht nur deshalb) über den Kirchgang der Mütter und Großmütter erfolgt(e). Die Wahrscheinlichkeit, dass Mütter und auch Väter ihren Kindern über die eigene Kirchgangspraxis einen Zugang zu den Gottesdiensten der Kirchen erschließen, ist nahezu geschwunden. Nichtpraktizierende Eltern formen nichtpraktizierende Kinder. Diese Aussage betrifft den sonntäglichen Kirchgang, nicht den Gottesdienst bei besonderen Anlässen (wie Taufe, Erstkommunion oder speziell von Familien getragene Gottesdienste). Die Frage, ob es ohne Support der Familien den Kirchen gelingt, über spezielle Kindergruppen oder über den Religionsunterricht Kinder zur gottesdienstlichen Praxis zu gewinnen, muss hier offenbleiben.

Im Spiegel dieser Entwicklung des Kirchgangs insbesondere bei jungen Frauen zeigt sich zumal der katholischen Kirche, wie sehr sie derzeit dabei ist, vermutlich auch aufgrund ihrer Haltung zu den Frauen in verantwortlichen kirchlichen Stellen einschließlich der Ordination, Generationen junger Frauen zu verlieren.

Schulbildung

Der beobachtete Rückgang in der Bereitschaft der Mitglieder christlicher Kirchen, sich sonntags zu einem Gottesdienst zu versammeln, zeigt sich auch in den verschiedenen Bildungskategorien. In Bildungskreisen, in denen die Startkirchgangsfrequenz überdurchschnittlich hoch war – das ist an den beiden Bildungsrändern Grundschule (1970: 55 %) und Hochschule (1970: 48 %) –, war der Rückgang stärker als in den beiden anderen Kategorien (jeweils minus 36 Prozentpunkte). Im Erhebungsjahr 2020 haben sich die Bildungskategorien weithin auf einem niedrigen Niveau angeglichen, obgleich Personen mit Pflichtschulabschluss nach wie vor eher am Sonntag zur Kirche gehen. Diese Personen leben überwiegend in kleineren Dörfern. Dort scheint der Gottesdienst noch eher kulturell und durch persönliche Vernetzung getragen zu sein.

TABELLE 138: Wandlung der Kirchgangsfrequenz nach Schulbildung

	Pflichtschule	Fachschule/Lehre	Gymnasium	Hochschule
RiÖ 1970	55%	31%	39%	48%
RiÖ 1990	38%	22%	24%	24%
RiÖ 2000	35%	18%	17%	26%
RiÖ 2010	28%	16%	15%	17%
RiÖ 2020	19%	9%	9%	12%
alle	38%	18%	17%	18%
Diff ,70-,20	*36%*	*22%*	*30%*	*36%*

hier: wöchentlich und sonntags

Ortsgröße
Wie sehr die soziale Kontrolle auch in den kleineren Dörfern in den letzten Jahrzehnten geschwunden ist, zeigt die Sonntagskirchgangsentwicklung nach Ortsgröße. In den Wohngebieten unter 2.000 Einwohnern hat sich die Anzahl halbiert (minus 47 Prozentpunkte). Je größer der Ort, desto geringer war schon 1970 die Kirchgangsfrequenz, daher ist auch der Rückgang in den letzten fünfzig Jahren nicht so stark ausgefallen.

Und wie bei anderen Sozialvariablen sowie Alter und Geschlecht haben sich die Subkategorien auf einem relativ niedrigen Niveau (zwischen 10–15 %) eingependelt.

TABELLE 139: Wandlung der Kirchgangsfrequenz nach Ortsgröße

	bis 2.000	bis 5.000	bis 20.000	über 20.000
RiÖ 1970	59 %	51 %	32 %	26 %
RiÖ 1980	43 %	38 %	30 %	20 %
RiÖ 1990	40 %	37 %	14 %	17 %
RiÖ 2000	28 %	18 %	19 %	21 %
RiÖ 2010	26 %	22 %	12 %	12 %
RiÖ 2020	12 %	15 %	14 %	10 %
DIFF 1970–2020	*-47 %*	*-37 %*	*-18 %*	*-16 %*

hier: wöchentlich und sonntags

Wandlung in der Grundtypologie Sozioreligiös

Diese reichhalten Analysen lassen sich noch einmal bündeln. Dazu werden die Indikatoren und Cluster aus den Bereichen Religiosität, Glaubenshaus/Religion und Kirchlichkeit/Commitment miteinander in eine Clusteranalyse einbezogen. Die Grundtypologie Sozioreligiös, die im ersten Hauptteil erstellt wurde, wird nunmehr mit den in allen sechs Erhebungen vorhandenen Daten aufgefrischt und durch das breitere Zahlenmaterial aus sechs Studien zusammen leicht modifiziert.

Die bisherigen Analysen haben erbracht, dass mit der Bildung von vier Clustern oder von vierteiligen Indizes ein guter Überblick über den jeweiligen Teilaspekt geschaffen werden kann. Bei manchen Clusteranalysen zeigt sich, dass Übersichtlichkeit einerseits und plausible Trennschärfe zwischen den Clustern andererseits eher mit der Bildung von drei Clustern erreicht werden konnte. Dies war etwa beim Clustern der Fragen zu den Todesbildern der Fall; diese hat einen Typ rein Diesseitiger einerseits und zwei Typen von Jenseitshoffenden andererseits erbracht, wobei der eine jenseitsorientierte Typ sich nur eine Auferstehung ohne Körper vorstellen kann, während der andere die christliche Option von einer Auferstehung des ganzen Menschen, also mit Leib und Seele präferiert.

Die nunmehr als Zusammenfassung aller gefundenen Ergebnisse gedachte Clusteranalyse, so zeigte sich im Spiel mit den Daten, bringt das anschaulichste und erklärungsstärkste Ergebnis mit der Bildung von vier Clustern. Dabei wurden folgende ohnedies schon verdichteten Ergebnisse von Clusteranalysen und Indexbildung einbezogen:

- die Clusterung zur (subjektiven) Religiosität (vierteilig: lebensreligiös, trostreligiös, notreligiös und unreligiös);
- der Index über die Stärke des Gottesglaubens (vierteilig: sehr stark bis sehr schwach);
- die Clusterung der Ansichten über den Tod (dreiteilig: mit Leib und Seele auferstehen, weiterleben ohne Körper, alles aus);
- die Indizes über die den Kirchen zugedachten Randaufgaben und Kernaufgaben (vierteilig: sehr stark bis sehr schwach);
- der Index über die Folgen für eine Gesellschaft „ohne Kirchen“ (vierteilig: sehr stark bis sehr schwach);
- die Kirchgangsfrequenz (Einzelitem, fünfteilige Ausprägung);
- die drei Indizes zu den Mitgliedschaftsgründen (dreiteilig: religiös, traditionell, sozial).

Und so sieht das Ergebnis der Clusteranalyse aus, wobei die Linien die Mittelwerte des jeweiligen Clusters auf den einzelnen Items wiedergeben. Die vier Typen der sozioreligiösen Gesamttypologie für alle sechs Erhebungen zusammen sollen folgende Benennung erhalten: Säkulare, Skeptiker, Religiöse sowie Kirchliche.[63]

---

63 In der Typologie für 2020 im ersten Hauptteil sind die Benennungen der beiden polaren Randtypen identisch: hier die Säkularen, dort die Kirchlichen. Die Skeptiker sind weithin deckungsgleich mit den „Etwasisten“ sowie die Religiösen mit den „Sympathisanten“.

ABBILDUNG 59: Sozioreligiöse Gesamttypologie

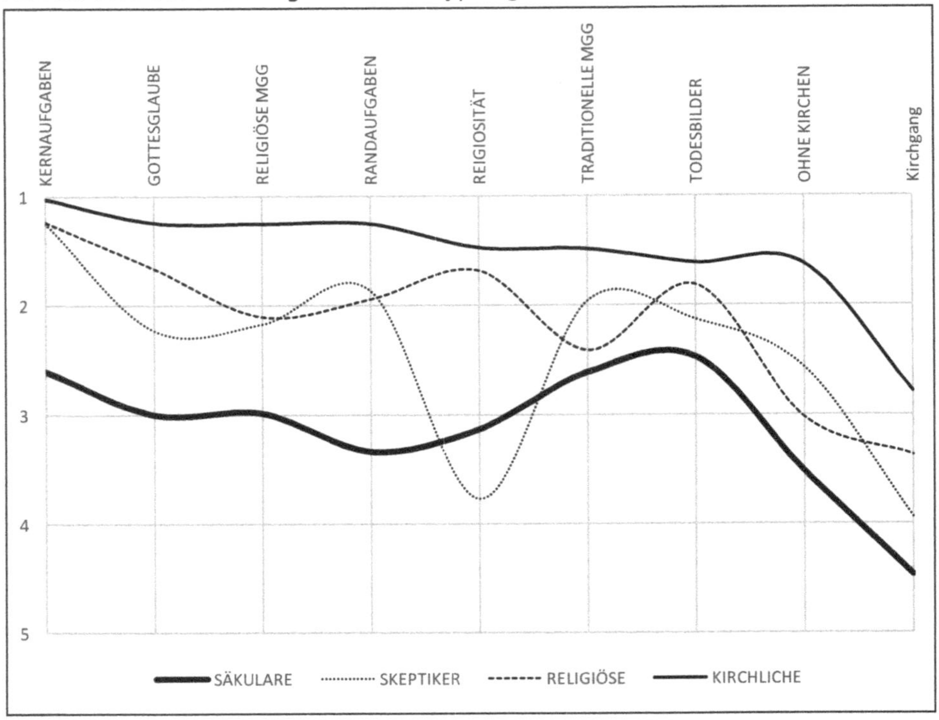

Alle bisherigen Teilerkenntnisse werden bestätigt. Es gibt eine signifikante[64] Korrelation zwischen den vier Grundtypen des Sozioreligiösen und dem Geschlecht, dem Alter, der Ortsgröße sowie dem Erhebungsjahr. Das bedeutet, dass es in den letzten fünfzig Jahren eine deutliche Verschiebung zwischen den Grundtypen gegeben hat. Der Anteil der KIRCHLICHEN hat abgenommen, und zwar zu Gunsten der SÄKULAREN. Während die KIRCHLICHEN ihr Leben im Horizont einer „Welt Gottes" deuten und damit in einer Welt mit einer Spannweite leben, die Raum und Zeit hinter sich lässt, erleben sich die SÄKULAREN diesseitig, gebunden an Raum und Zeit. Für sie ist das Leben „die letzte Gelegenheit" für ein sinnvolles Leben; die KIRCHLICHEN haben die Fähigkeit, einen Teil ihrer (unerfüllten) Wünsche und Sehnsüchte in eine Existenz jenseits von Raum und Zeit auszulagern. Das muss sie nicht vom diesseitigen Leben ablenken, entspannt sie aber im Streben nach dem jedem Menschen innewohnenden Glück, was wiederum Auswirkungen auf die persönliche Lebensführung wie gesellschaftliche Fragen zeitigt.[65]

64 Mit Hilfe der multiplen Regressionsanalyse zeigen sich folgende zufallsunabhängige Zusammenhänge; der beta-Koeffizient drückt die Stärke des Zusammenhangs aus: Geschlecht (beta=,11), Alter (beta=,11), Ortsgröße (beta=-,09), Welle (beta=-10), Autoritarismus (beta=-03). Die Graphik macht die faktischen Zusammenhänge anschaulich sichtbar.

65 Mehr dazu in Gronemeyer, Marianne: Leben als letzte Gelegenheit, Darmstadt 1983.

Zwischen diesen beiden polaren Grundtypen der Weltdeutung sind die beiden übrigen sozioreligiösen Typen, die Skeptiker und die Religiösen, positioniert. Die RELIGIÖSEN sind den Kirchlichen in ihrer Weltdeutung ähnlich. Sie scheinen auch noch vom christlichen Vorrat zu leben, der in der Kultur lagert und mit dem sie in familiärer, schulischer Erziehung oder auch den öffentlich vorhandenen Symbolen, jahreszeitlichen Festen und kirchlichen Ritualen rund um die großen Wendeerfahrungen im Leben bekannt gemacht wurden. Aber sie beteiligen sich nicht am Gottesdienst einer Kirche. Sie leben ihre religiösen Bedürfnisse ohne das Supportsystem einer Religionsgemeinschaft. Ihre Religiosität erscheint innerlich, privat, persönlich, aber weithin „unkirchlich".

Der vierte Typ – sie erhielten die Benennung SKEPTIKER – hat, gemessen an den Mittelwerten, in allen wichtigen Fragen eine zögerliche Position eingenommen. Ein Teil von ihnen geht sonntags zur Kirche, obgleich die Einschätzung der gesellschaftlichen Bedeutung der Kirche sehr zurückhaltend ausfällt. Ihre Ausstattung mit persönlicher Religiosität ist die schwächste von allen vier Gruppen. Sie finden sich häufiger unter Männern denn unter Frauen, bei den jüngeren mehr als bei den älteren Befragten.

ABBILDUNG 60: Abnahme der KIRCHLICHEN, Zunahme der SÄKULAREN zwischen 1970–2020 (nach Sozialmerkmalen)

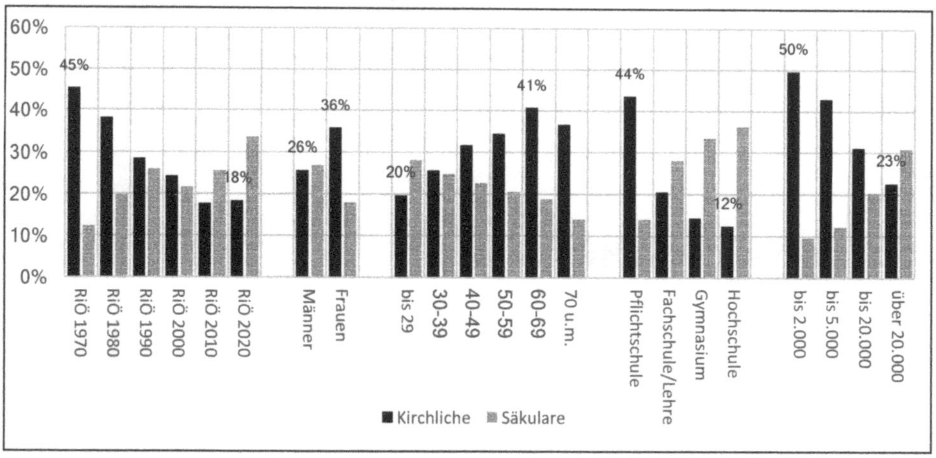

Bemerkenswert ist die Verteilung der vier sozioreligiösen Grundtypen bei den evangelischen und den katholischen Kirchenmitgliedern sowie bei jenen, die keiner Kirche (mehr) angehören.

Die Kirchen werden miteinander darüber nachdenken, warum es unter den Mitgliedern einen starken Anteil von Säkularen und Skeptikern gibt, wobei unter den Mitgliedern der evangelischen Kirche ein Drittel mehr Säkulare als in der katholischen sind. Bei den Kirchlichen ist es umgekehrt: diese bilden in der evangelischen Kirche die kleinste Gruppe. Der hohe Stellenwert, den auch theologisch die Freiheit des Christenmenschen besitzt, scheint bei vielen Protestanten nicht in die

Freiheit zum Engagement, sondern in die Freiheit zum Heraushalten zu führen. Von jenen, die in der evangelischen Kirche in beträchtlichem Abstand zum kirchlichen Leben stehen, ist ein Teil privat-religiös, skeptisch oder gänzlich säkular. Es sieht nur wenig danach aus, dass niedrige Kirchlichkeit mit hoher persönlicher religiöser Kraft einhergeht. Eher finden mit anwachsendem Abstand ein langsames Verdunsten der Religiosität, aber auch der Glaubensgewissheit bei den kirchlich besehen vereinzelten Kirchenmitgliedern statt.

Die katholische Kirche scheint in dieser Hinsicht noch von ihrer traditionell stärkeren Kirchlichkeit sowohl in ihrem Kirchenverständnis wie im praktischen Leben ihrer Mitglieder (hin bis zum strengen Gebot, sich sonntags am Gottesdienst der Kirche zu beteiligen) zu zehren. Aber die Daten über die Jahrzehnte hinweg lassen vermuten, dass dieser Vorrat ererbter Kirchlichkeit bei den Katholiken ziemlich verbraucht ist. Faktisch führt das zur Angleichung der Kirchenmitglieder der beiden Konfessionen auf einem für die herkömmliche großkirchliche Sozialgestalt bedrohlichen niedrigen Niveau.

TABELLE 140: Verteilung der vier sozioreligiösen Grundtypen nach (Nicht-) Zugehörigkeit zu einer Religionsgemeinschaft

	Säkulare	Skeptiker	Religiöse	Kirchliche
katholisch	19%	25%	22%	34%
evangelisch	30%	25%	28%	16%
keine	68%	26%	5%	1%
ausgetreten	66%	24%	9%	0%

Wandlung in den Auswirkungen

In den letzten fünfzig Jahren hat also eine tiefgreifende Wandlung von Religiosität, Religion als Glaubenskosmos und Commitment in einer religiösen Gemeinschaft stattgefunden. Und dies sowohl in quantitativer wie in qualitativer Hinsicht. Die sozioreligiöse Dimension der Kultur hat sich nicht nur abgeschwächt, sondern zugleich pluralisiert. Dabei haben sich auch die „Gestalten“ des „Sozioreligiösen“ gewandelt: die subjektive Religiosität, der Gottesglaube, das Commitment in einer Religionsgemeinschaft.

Diese Entwicklung war in eine tiefgreifende kulturelle Transformation eingebunden. Dabei ist nicht an eine Einbahnstraße zu denken, etwa dergestalt: Ändert sich die Kultur, ändert sich automatisch die sozioreligiöse Dimension der Kultur mit. Vielmehr ist mit einer Dialektik, einer komplexen Wechselwirkung zu rechnen. Die sozioreligiöse Weltdeutung wirkt sich auf die Lebenspraxis der Menschen aus, die ja nicht nur Kirchenmitglieder, sondern zugleich Bürgerinnen und Bürger sind. Umgekehrt gibt es in einer Kultur, die pluralistisch ist und von verschiedenen geistigen Kräften geprägt wird, auch eine Auswirkung von der Kultur und ihrer dynamischen Entwicklung auf die Kraft wie die Gestalt von Religionen und Kirchen.

So hat etwa die Frage, ob es einen modernen europäischen Islam geben könne, in erster Linie damit zu tun, dass Muslimas und Muslime, die derzeit als Schutzsuchende nach Europa kommen, aus weithin zumindest in großen Teilen kulturell, wenn auch nicht technologisch vormodernen Ländern kommen. Es ist zu erwarten, dass der Wechsel von einer vormodernen in eine moderne Kultur auch den Islam in Europa in eine neue „Form" bringen, also „re-formieren" wird.

Das gilt beispielsweise auch für die politisch sensible Frage, ob moslemische Migranten, die demokratieunerfahren ins Land kommen, gute Demokraten sein können. Eine ähnliche Frage ließe sich auch bei jenen Zuwanderern stellen, die aus ehedem kommunistischen Staaten kommend bei uns leben. Wir haben direkt danach gefragt, was die Menschen dazu meinen. Die vorgelegte optimistische Aussage lautete: „Man kann gleichzeitig ein Muslim und ein guter Demokrat sein."

Die gegebenen Antworten, hier nach Parteipräferenz sowie Religionszugehörigkeit aufgeschlüsselt, machen demokratiepolitisch nachdenklich:

Von fast zwei Drittel aller Befragten wird dies für möglich gehalten. Die Unterschiede nach Religionszugehörigkeit sind gering. Einzig die Moslems sind weit mehr dieser Ansicht: Die Selbsteinschätzung der Moslems und jene der übrigen Bevölkerung klaffen weit auseinander. Nimmt man die Angehörigen der islamischen Glaubensgemeinschaft diesbezüglich nicht ernst? Welche Gründe hat man für die Annahme, dass ein Teil der Moslems nicht demokratiefähig ist? Übrigens lässt sich diese Frage auch an die Mitglieder anderer Religionsgemeinschaften stellen und auch an atheisierende Nichtmitglieder.

Zur Erklärung des Misstrauens in die Demokratiefähigkeit von Muslimen kann die Aufschlüsselung nach Parteipräferenz beitragen. Die Sympathisanten der verschiedenen politischen Parteien haben es ja alle mit denselben islamischen Menschen zu tun. Offenbar nehmen sie diese aber sehr unterschiedlich wahr. Liefert das eigene politische Lager dafür die „Brille"? Das könnte dann aber bedeuten, dass das Zutrauen der Demokratiefähigkeit zu Menschen mit islamischem Glauben ein hochideologischer Vorgang ist. Die blaue FPÖ-Brille meint wenig Fähigkeit wahrzunehmen, wer eine grüne Brille aufhat oder eine rote KPÖ-Brille, sieht da erheblich mehr Demokratiepotential. Man sieht, was man sehen will. Demokratiepolitisch ist das sehr bedenklich.

ABBILDUNG 61: Man kann gleichzeitig ein Muslim und ein guter Demokrat sein.

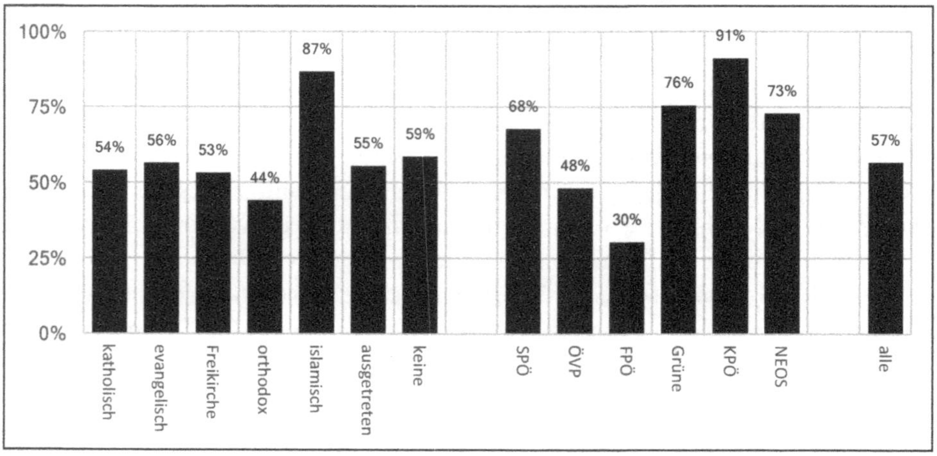

Die katholische Kirche hat mit der Auseinandersetzung mit der Modernisierung von Kultur und Gesellschaft reiche historische Erfahrung. Ihre Leitung hat sich über Jahrhunderte einer solchen Modernisierung entgegengestellt. Eine „Verweltlichung" der Kirche wurde befürchtet, ja sogar eine Art „Säkularisierung der Kirche"; selbst vor einer „Selbstsäkularisierung der Kirche" (Wolfgang Huber) wurde – dies mit Blick auf die evangelische Kirche – wachsam gewarnt.

Doch hat diese Haltung der Abwehr und Abschottung der katholischen Kirche nicht wirklich genützt. Denn der Konflikt zwischen der Kirchenleitung und der Kultur wurde zugleich den Kirchenmitgliedern aufgelastet. Diese sind ja nicht nur kirchlich geprägt, sondern als Zeitgenossen zugleich von jener Kultur, in der sie leben. Das versetzt gar nicht wenige Kirchenmitglieder in einen kulturellen Loyalitätskonflikt. Wollen sich diese nicht in sektoider Logik aus der in Entwicklung befindlichen Kultur ihres Landes herausnehmen und sich in einer geschützten Subkultur einigeln, wollen diese also durchaus von der säkularen Kultur geprägt ihr individuelles Leben gestalten, kommt es oftmals zu enormen Loyalitätskonflikten im Inneren der Menschen zwischen der kulturellen Prägung und den kirchlichen Erwartungen. Was in der gegenwärtigen Zeit als wertvoll gilt, gerät immer wieder in Spannung zu dem, was die eigene Religionsgemeinschaft als „heilig" und damit als unantastbar vorlegt. In mancher Hinsicht verlangt also die katholische Kirche von ihren Mitgliedern so etwas wie ein „kulturelles Martyrium". Allen voran von jungen Frauen.

Um diesem kulturellen Martyrium zu entrinnen, bilden manche „Pluralismuskünstler" in ihrem Inneren zwei getrennte Bereiche, jenen der außeralltäglichen Religion und jenen des alltäglichen Lebens. Sie trennen schlicht ihr von Kultur und Gesellschaft geprägtes Alltagsleben von den religiösen Ansprüchen ab. Im Wirtschaftsleben folgen sie einer anderen Logik als jener der Religion. Im Jahre 2000 war, wie in den Untersuchungen davor, die Aussage vorgelegt worden: „Im Wirtschaftsleben ist es nicht möglich, bei der Wahrheit zu bleiben." Diese wirtschaftsethisch eher depressive Aussage halten RELIGIÖSE zu 29 % und KIRCHLICHE zu 37 % für falsch. Unter den SÄKULAREN sind es 47 % und unter den SKEPTIKERN gar 50 %. Dennoch ist ein gänzliches Entrinnen für Kirchenmitglieder nicht möglich. Denn ein Teil der religiös und kirchlich Gebundenen fühlt offenbar einen Anspruch, im säkularen Bereich der Wirtschaft die ethischen Ansprüche der Religion zu achten, was aber eben keineswegs allen leichtfällt.

Die Daten der Langzeitstudie stützen die Vermutung, dass immer mehr Kirchenmitglieder zu einem „kulturellen Martyrium" nicht bereit sind. Die verbriefte Religionsfreiheit ermöglicht es ihnen, sich in säkularen Bereichen, aber auch immer mehr innerkirchlich – sozial „ungestraft" – die zugemutete „kognitive Dissonanz" abzubauen und sich den Ansprüchen ihrer Religionsgemeinschaft weithin zu entziehen. Einige überlegen, zur Beseitigung des „kognitiven Stresses" die Gemeinschaft ganz zu verlassen und auszutreten.

Dieser Schritt fällt aber keineswegs den meisten Mitgliedern leicht. Sie tragen in sich vielfältige religiöse wie soziale Motive, die Mitgliedschaft doch nicht leichthin aufzukündigen. Um dennoch die Loyalitätskonflikte zu mindern, verlangen gerade gesellschaftlich engagierte und kirchlich gebundene Kirchenmitglieder von ihrer Religionsgemeinschaft, sich der gegenwärtigen Kultur mehr zu öffnen. Sie haben als immer mehr auch theologisch gebildete Personen gelernt, damit zu argumentieren, dass ja keineswegs alles, was die Kirche lehrt, eine in jeder Hinsicht unveränderliche Botschaft ist, sondern mit der Sprache einer vergangenen Zeit und damit eingewoben in eine frühere Kultur vermittelt wird. Da müsse es doch möglich sein, das Bleibende auch mit der heutigen Kultur zusammenzubringen. Aus diesem Grund beteuerten in den Befragungen von 1990 und 2000 56 % der Befragten, sie „sehen es gern, wenn sich die Kirche der Zeit anpasst". In den reformschwangeren Jahren nach dem Zweiten Vatikanischen Konzil lag dieser Prozentsatz in euphorischen Höhen: 1970 bei 84 %, 1980 immer noch bei 74 %.

In den letzten vier Erhebungen wurde die Fragerichtung verändert. Seit 1990 wurde erhoben, ob die christlichen Kirchen aus der Sicht der Befragten in die heutige Zeit passen. Das Ergebnis zeigt eine überaus bunte Landschaft von Antworten, die von „passen überhaupt nicht" bis hin zu „passen sehr gut" reichen. Auskunftsreich ist die Entwicklung der Mittelwerte für das jeweilige Erhebungsjahr. Dieser lag im Jahre 1990 auf 6,00, um dann 2000 auf 4,90 und 2010 auf 4,86 zu fallen. Das zeugt von einer wachsenden Kluft zwischen Kirche und Zeit. Im Jahr 2020 war der Durchschnittswert wieder leicht angestiegen und erreichte 5,07. Die große Streuung der Antworten auf der breiten Skala der Zeitgerechtigkeit ist aber geblieben.

ABBILDUNG 62: Wie gut passen die Kirchen Ihrer Meinung nach in unsere Zeit? (1990–2020)

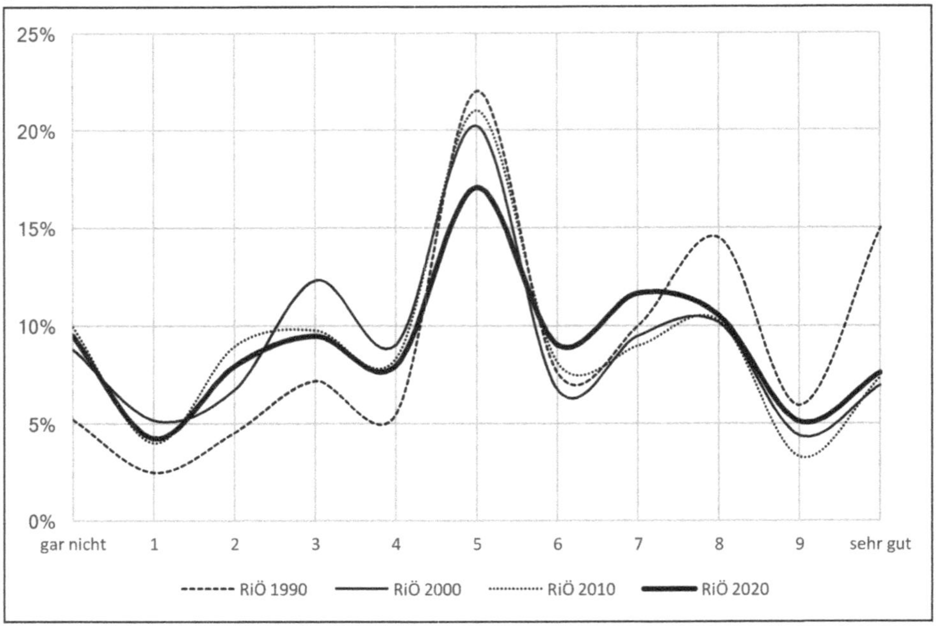

Die christlichen Kirchen unterscheiden sich in der Wahrnehmung ihrer eigenen Mitglieder hinsichtlich ihrer Zeitgerechtigkeit. Der Durchschnittswert veränderte sich seit 1990 in Zehnjahresschritten hin zu 2020 von 6,4 auf 5,3 und über 5,2 auf 5,6; die Zahlen für die evangelischen Kirchenmitglieder sind: 4,9 im Jahre 1990 – 4,8 – 4,4 – 4,5 in 2020: Es sind also die Katholiken, welche der eigenen Kirche mehr Sensibilität für die Zeit bescheinigen als die Protestanten. Seit 2000 stehen auch Zahlen für die Nichtmitglieder und die Ausgetretenen zur Verfügung. Diese Befragten beurteilen die christlichen Kirchen deutlich „weltfremder" – bei nicht wenigen Ausgetretenen rechtfertigt diese Weltfremdheit der Kirche in ihren Lehren und moralischen Normen den Kirchenaustritt. Das sind die Zahlen der Ausgetretenen seit 2000: 2,9 – 2,6 – 2,8 (2020) und für die Nichtmitglieder 1,8 – 2,1 – 2,3.

In den folgenden Ausführungen werden einige wenige Aspekte aus der gegenwärtigen Zeit aufgegriffen. Es wird diskutiert, ob das Sozioreligiöse auf Aspekte des Lebens und Zusammenlebens der Menschen einen Einfluss ausübt bzw. ob umgekehrt Veränderungen in der Kultur auch die Mitglieder der Kirchen erfassen und damit die Kirchen verändern. Dabei geht es jetzt wieder um Entwicklungen über die letzten fünf Jahrzehnte hinweg.

Analysiert werden einerseits Haltungen und Wichtigkeiten, aber auch Aspekte der praktischen Lebensgestaltung. Wir waren im Abschnitt über die Auswirkungen des Sozioreligiösen in der Querschnittsanalyse des ersten Hauptteils auf das eine oder andere Thema bereits gestoßen. Dazu zählen: die Haltung der Menschen zu Freiheit und Autorität; worin Menschen ihren Lebenssinn sehen; was ihnen in ihrem Leben wichtig ist; wie der kulturelle Wandel mit seiner Pluralisierung der Beziehungsformen (Ehedebatte) auch das Eheverständnis der Kirchenmitglieder formt und dadurch in den Kirchen angeregte Debatten über ein angemessenes pastorales Handeln angestoßen werden; wie das gesellschaftliche Ringen um einen Wandel in den Geschlechterrollen, durch den zumal Frauen mehr Gerechtigkeit zuteilwerden soll, das Thema Frauen in der Kirche zu einem Topthema gemacht hat. Diese Themen werden in diesem Abschnitt allerdings nur dann noch einmal aufgegriffen, wenn dazu Daten über mehrere Untersuchungsjahre hinweg vorliegen.

Freiheitsflucht inmitten verbriefter Freiheiten

Über den gesamten Forschungszeitraum, also ein halbes Jahrhundert hinweg wurde das Ringen um eine Balance zwischen Freiheit und Autorität erforscht. Die Langzeitstudie setzte ja in einer Zeit ein, als eine Bewegung umfassender kultureller Befreiung von allen erdenklichen Repressionen (einschließlich kirchlicher) kulturrevolutionär gekämpft hat. Das führt zu einer Ausweitung liberaler Selbstbestimmung der Menschen in immer mehr Lebensbereichen.

Diese Entwicklung hat sich in den Daten zum Autoritarismus niedergeschlagen. Die rasante Ausweitung der Freiheitsansprüche der Menschen zeigt sich im ebenso raschen Niedergang des Autoritarismus in der Kultur, der bereits 1970 einsetzte. Zu dieser Entwicklung liegen Daten seit 1970 vor.

TABELLE 141: Autoritarismus und Alter zwischen 1970–2020

	1970	1980	1990	2000	2010	2020
bis 29	**62%**	**46%**	**29%**	**29%**	**39%**	**43%**
30–39	79%	58%	40%	*31%*	*45%*	*43%*
40–49	86%	69%	46%	46%	46%	47%
50–59	90%	77%	66%	49%	**41%**	**45%**
60–69	**94%**	**81%**	**71%**	**68%**	**55%**	**50%**
70 u.m.				82%	68%	64%
alle	81%	65%	47%	47%	48%	48%

ABBILDUNG 63: Entwicklung des Autoritarismus (auch nach Alter)

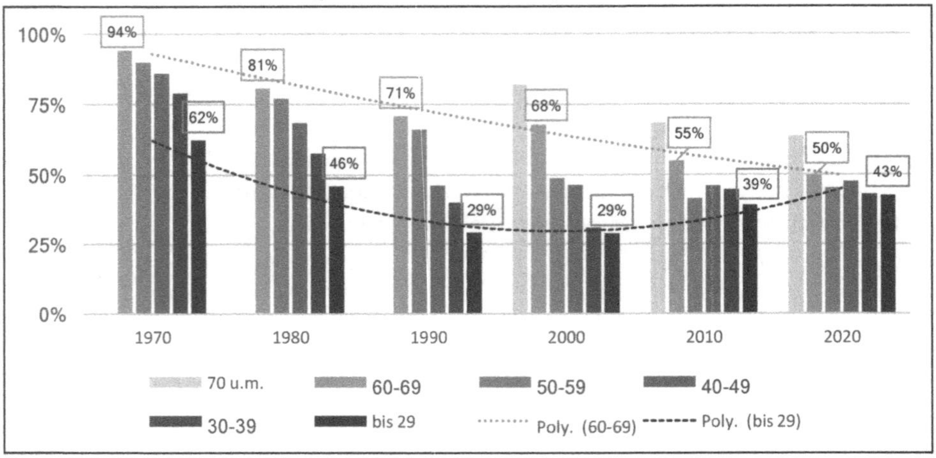

Die Datenreihe über den Autoritarismus belegt eine dramatische Entwicklung im spannungsgeladenen Verhältnis der Menschen zu Autoritäten und damit zur Bewertung ihrer persönlichen Freiheiten. Erkennbar werden folgende Wandlungen:

1. Seit der studentischen Kulturrevolution der Achtundsechzigerjahre war der Autoritarismus in Österreich zwei Jahrzehnte hindurch rasch zurückgegangen. Die Bereitschaft von immer mehr Menschen, sich blind Autoritäten zu unterwerfen und in diesem (ethisch höchst fragwürdigen) Sinn zu „gehorchen", ist schwächer geworden. Am Beispiel eines der in die Bildung des Index AUTORITARISMUS einbezogenen Einzelitems kann dies gut veranschaulicht werden: In der Erhebung von 1970 stimmten 85 % der Aussage zu: „Das Wichtigste, was Kinder lernen müssen, ist der Gehorsam." Dieser Wert fiel dann in Zehnjahresschritten über 81 % (1980) auf 43 % (1990). Von da an stagniert die Entwicklung. Der Wert sinkt im Erhebungsjahr 2010 noch auf 35 %, um dann aber bis 2020 wieder leicht anzusteigen.
2. Dieser Anstieg des AUTORITARISMUS seit der Mitte der Neunzigerjahre ist ein bedeutender Aspekt in der derzeitigen Entwicklung des Freiheitsgefühls der Menschen. Diese Zunahme autoritär gestimmter Personen betrifft weniger die älteren Generationen: bei den 60–69-Jährigen ist der Anteil – auf freilich beachtlich hohem Niveau – nach wie vor rückläufig und hat 2020 die 50 % erreicht. Das ist nahezu der Ausgangswert der unter 30-Jährigen im Jahre 1970 (62 %). In dieser Alterskategorie der Jüngeren war der Anteil der eher Autoritären über 46 % (1980) im Jahre 1990 auf den Tiefstwert von 29 % gefallen. In dieser Zeit war die junge Generation freiheitsliebend und nur begrenzt sicherheitsbedacht. Dieser Tiefstwert hielt sich dann auch 2000. Dann aber beginnt der Anteil der eher Autoritären unter den jüngeren Menschen wieder zu steigen: 2010 waren es 39 %, 2020 bereits 43 %. Es gehört zu den paradoxen kulturellen Entwicklungen, dass inmitten von Freiheitsrechten, die kulturell und gesellschaftspolitisch gut abgesichert sind, offenbar die Zahl jüngerer Men-

schen zunimmt, welche die lästig werdende Last der Freiheit wieder loswerden Wollen. Die Bereitschaft nimmt zu, sich neuerlich Führern zu unterwerfen. Vor die Wahl gestellt, ob Sicherheit oder Freiheit, wählen in den letzten drei Jahrzehnten junge Menschen Sicherheit und Wohlstand eher als Freiheit; der Anteil derer, welche Sicherheit und Wohlstand präferieren, liegt bei den unter 30-Jährigen in dieser Zeit zwischen 22% und 30%. (Die Zahlen für 2020 tanzen aus der Reihe.)

TABELLE 142: Sicherheit und Wohlstand sind wichtiger als Freiheit.

	1970	1980	1990	2000	2010	2020
bis 29	39%	25%	18%	27%	30%	22%
30–39	42%	20%	14%	15%	29%	19%
40–49	44%	24%	15%	17%	30%	21%
50–59	43%	27%	18%	19%	34%	17%
60–69	46%	28%	22%	20%	26%	17%
70 u. m.				31%	27%	21%
alle	43%	26%	17%	21%	29%	20%

Es wurde bereits viel zur Erklärung dieser Wende im Freiheitsgefühl der Menschen gesagt. Schuld daran sei die „neue Unübersichtlichkeit" (Jürgen Habermas), die mit der Globalisierung verbunden wird und offensichtlich nicht wenige verunsichert. Die gewachsene Komplexität der Welt mit ihren gewaltigen Herausforderungen (wie Klimawandel, Digitalisierung und Roboterisierung, Migrationsdruck) könnte mit wachsender Identitätsstärke der Bürgerinnen und Bürger aufgefangen und durchaus freiheitlich gemeistert werden. Doch scheint diese Freiheitskompetenz trotz breiter Bildungsbemühungen in den derzeitigen Familiengefügen immer weniger heranzureifen. Die gefühlte Bedrohbarkeit von identitätsgeschwächten Menschen steigt. Die ihnen zugemutete Freiheit wird als immer mehr „riskant" (Ulrich Beck) erlebt. Es liegt in einer solchen prekären Lage nahe, dass gerade junge Menschen sich eine kraftvolle und stolze Identität bei „neuen Führern" leihen. In allen Ländern bieten sich dazu politische wie religiöse Gruppen und Personen an, welche den Verunsicherten Sicherheit versprechen, den um eine lebenstaugliche Identität Ringenden eine neue Gruppenidentität leihen, den Überforderten die Komplexität der Herausforderungen durch vereinfachte Antworten reduzieren. Vor allem gegen das Gefühl des Überfordertseins und des kulturellen Minderwerts sichern sie den um Größe und Selbstwert Ringenden eine stolze Identität zu. Die von den neuen Führern und Führerinnen angebotenen Programme sind alle von derselben Art: Das eigene Land wird großgemacht, wie es in einem der Gebete der Bibel heißt: „Er erhöht die Niedrigen!" Das „Er" ist nunmehr kein religiöser, sondern ein politischer Messias. Die Namen sind allesamt weltweit bekannt und bedürfen hier keiner Erwähnung. Aber das gesellschafts- und kulturpolitische Problem sind nicht die Identitätsverleiher, sondern die Identitätsbedürftigen in der Bevölkerung.

Diese kulturell dramatische Entwicklung hat vor den Toren der Religionsgemeinschaften nicht Halt gemacht. Im Gegenteil, die gleiche Entwicklung zeigt sich auch unter den (verbliebenen) Mitgliedern der Religionsgemeinschaften. Es war auch in den Erhebungen danach gefragt worden, was sich Mitglieder von ihrer Kirche an Autorität erwarten. Das sind die vorgelegten Aussagen dazu: „Ich erwarte mir von einer Kirche Autorität." – „Dem Glauben muss man mit Ehrfurcht begegnen und nicht mit Kritik." – „Der Glaube sollte etwas ganz Unveränderliches sein, an dem man sich ausrichten kann." – „Durch die vielen Änderungen in der Kirche wird man im Glauben unsicher." Diese vier in allen sechs Umfragen vorgelegten Aussagen erweisen sich faktorenanalytisch als „eindimensional", entspringen also einer gemeinsamen Grundhaltung, die hier als „KIRCHENAUTORITARISMUS" etikettiert wird.

Dass diese Bezeichnung die Sache gut trifft, zeigt eine Korrelation zwischen AUTORITARISMUS und KIRCHENAUTORITARISMUS: Die sehr Autoritären sind zu drei Viertel auch sehr kirchenautoritär. Das verdeutlicht, wie sehr die gesamtgesellschaftliche und die innerkirchliche Entwicklung Hand in Hand gehen. Die Kirchen sind, zumindest dank ihrer Mitglieder, nicht nur „in der Welt", sondern kulturell mit dieser engstens verstrickt, sind sogar mehr als sie zugeben wollen „von der Welt". Es ist aber auch anzunehmen, dass es sich beim Verhältnis von kulturellem und kirchlichem Autoritarismus nicht um eine einbahnige Auswirkung der Welt auf die Kirche, sondern eine dialektische Wechselwirkung handelt. Noch mehr, oftmals wird der kulturelle Autoritarismus gezielt religiös eingefärbt. Wenn Politiker, die erklärt für eine autoritär stilisierte Politik stehen, bei Wahlreden Kreuze oder Rosenkränze in die Hand nehmen, dann zeigt dies, wie sehr sich kirchlicher, religiös motivierter Autoritarismus für die Legitimation und damit Verstärkung des politischen Autoritarismus eignet.

ABBILDUNG 64: Autoritarismus und Kirchenautoritarismus

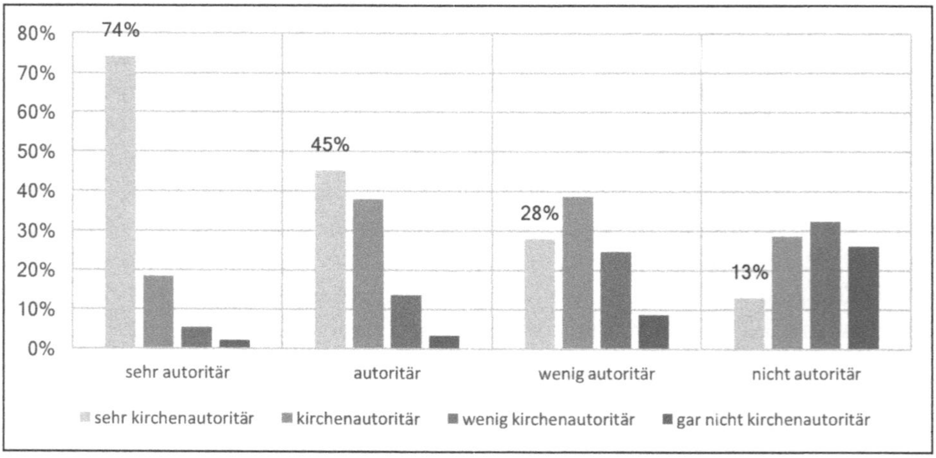

Der Kirchenautoritarismus lag in den ersten fünf Studien bei den Katholiken stets höher als bei den Protestanten, welche die Freiheit des Christenmenschen höher schätzen als die stärker gemeinschafts- wie autoritätsorientierten Katholiken. Allerdings haben Protestanten die Katholiken im Jahre 2020 überholt.

Bei den Nichtmitgliedern ist der Wunsch nach Kirchenautorität konsequenterweise niedrig. Hingegen zeigen die Ausgetretenen zwischen 2000 und 2020 eine starke Entwicklung gleichsam vom „Kirchenmitglied" zum „Nichtmitglied". Der verlassenen Kirche wird zunehmend Autorität abgesprochen.

ABBILDUNG 65: Kirchenautoritarismus – nach Religions(nicht)zugehörigkeit

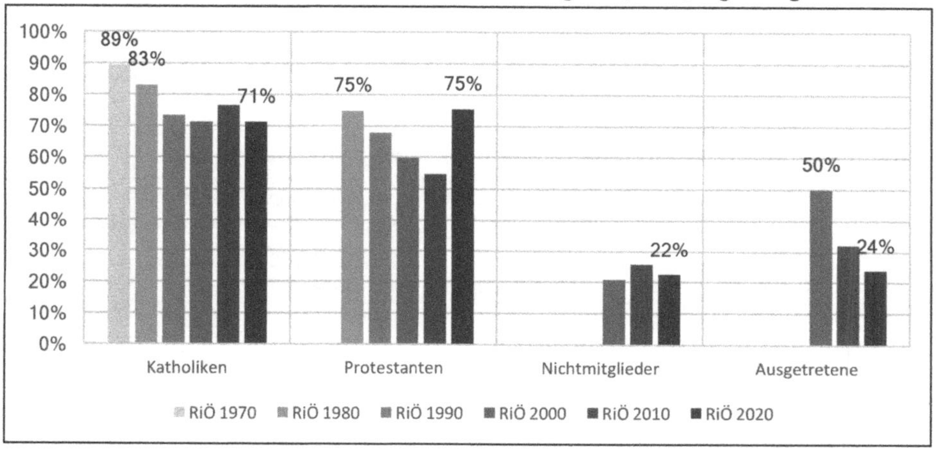

Ein enger Zusammenhang zeigt sich auch zwischen der sozioreligiösen Grundtypologie und dem Kirchenautoritarismus:

TABELLE 143: Kirchenautoritarismus und sozioreligiöse Grundtypologie

	sehr stark kirchenautoritär	stark	schwach	sehr schwach	Zeile
SÄKULARE	**7**%	26%	38%	28%	21%
SKEPTIKER	**28**%	46%	22%	5%	24%
RELIGIÖSE	**49**%	38%	12%	1%	23%
KIRCHLICHE	**78**%	19%	2%	0%	33%
alle	45%	31%	17%	7%	

Wie sehr die Entwicklung des Indikators AUTORITARISMUS auch von großer (sozial)politischer Brisanz ist, mögen zwei konkrete Korrelationen belegen. (Sehr) autoritär gestimmte Personen unterstützen nämlich eine „ordentliche Arbeitspolitik" sowie ein zeitweiliges Aussetzen der Demokratie. Der nahezu deckungsgleiche Zusammenhang findet sich aber auch beim Kirchenautoritarismus. Kirchenmitglieder sind nicht mehr gefeit vor einer „rechten" Versuchung in der Politik denn die Gesamtbevölkerung. Das Gegenteil scheint der Fall zu sein.

TABELLE 144: Autoritarismus und „rechte" politische Optionen

	Leute, die nicht ordentlich arbeiten, soll man besser gar nicht unterstützen.		Von Zeit zu Zeit würde ich mir in Österreich eine Diktatur wünschen, dann gäbe es nicht so viele Missstände.	
	sehr autoritär	nicht autoritär	sehr autoritär	nicht autoritär
RiÖ 1970	84%	50%	33%	10%
RiÖ 1980	73%	27%	41%	5%
RiÖ 1990	69%	15%	41%	2%
RiÖ 2000	45%	14%	19%	2%
RiÖ 2010	52%	13%	26%	12%
RiÖ 2020	53%	12%	22%	3%
alle	*74%*	*19%*	*33%*	*5%*

TABELLE 145: Kirchenautoritarismus und „rechte" politische Optionen

	Leute, die nicht ordentlich arbeiten, soll man besser gar nicht unterstützen.		Von Zeit zu Zeit würde ich mir in Österreich eine Diktatur wünschen dann gäbe es nicht so viele Missstände.	
	sehr kirchenautoritär	nicht kirchenautoritär	sehr kirchenautoritär	nicht kirchenautoritär
RiÖ 1970	77%	71%	26%	27%
RiÖ 1980	62%	56%	28%	14%
RiÖ 1990	49%	25%	25%	7%
RiÖ 2000	37%	17%	12%	1%
RiÖ 2010	37%	34%	18%	6%
RiÖ 2020	51%	21%	16%	5%
alle	*61%*	*32%*	*24%*	*8%*

Orientierungen fürs Leben

Einige Daten geben über fünfzig Jahre hinweg Auskunft über Lebenshaltungen und Wichtigkeiten im praktischen Leben.

Wichtigkeiten im Leben

„Geben Sie bitte zu jedem der folgenden Punkte an, wie wichtig er Ihnen persönlich für ein glückliches und sinnvolles Leben erscheint." Es waren dann über die Jahrzehnte hinweg dieselben Möglichkeiten zur Bewertung vorgegeben.

Die Prioritätenliste der Menschen hat sich in ihrer Grundstruktur kaum verändert. Ganz oben steht immer die Gesundheit. Das ist eine Art „Heiligtum", und das im Sinn des hebräischen schalom: ganz sein, zufrieden sein. Niemandem ist die Gesundheit nicht (sehr) wichtig. Dann folgen Wichtigkeiten, die sich um die bergende „kleine Lebenswelt" ranken: Freunde, Kinder, Freizeit, dafür genügend Einkommen, verheiratet sein. Bleiben noch die „Sonderbereiche" Politik und Gott.

So sehr also das Leben im geschützten Privatraum ganz hohen Wert genießt, haben sich Akzente in deren innerer Gestaltung seit 1970 merklich verschoben. Wählbare Freunde sind nunmehr erheblich wichtiger als (emotional wie scheidungsrechtlich) nicht (so leicht) abwählbare Ehepartner, mit denen man verheiratet ist. Die Wichtigkeit der Freunde hat zugenommen (plus 18 Prozentpunkte von 1970–2020), jene des Verheiratetseins (-28) und der Kinder (-14) ist hingegen im Schnitt zurückgefallen. Die Bedeutung des Lebens im Wohlstand hat gleichfalls etwas abgenommen – vielleicht auch deshalb, weil die Menschen reicher geworden sind und nicht mehr um Wohlstand kämpfen, sondern diesen eher vor dem solidarischen Teilen schützen. Eine „feste politische Meinung haben" ist über die Jahrzehnte hinweg gleichgeblieben.

Dramatisch verändert hat sich die Wichtigkeit „an Gott glauben". Der Wert halbierte sich in den vergangenen fünfzig Jahren und fiel von 83 % (1970) auf 47 % (2020). Dieser Rückgang spiegelt in einem Einzelindikator die Entwicklung von Religionen und Kirchen wider.

TABELLE 146: Wichtigkeiten über fünfzig Jahre

	gesund sein	Freunde haben	Kinder haben	viel Freizeit haben	in Wohlstand leben	eine feste politische Meinung haben	*verheiratet sein*	**an Gott glauben**	Summe
RiÖ 1970	99 %	70 %	85 %	49 %	68 %	46 %	*76 %*	**83** %	576
RiÖ 1980	100 %	87 %	83 %	47 %	49 %	47 %	*70 %*	**73** %	556
RiÖ 1990	98 %	88 %	84 %	55 %	48 %	43 %	*65 %*	**68** %	549
RiÖ 2000	98 %	90 %	80 %	55 %	53 %	45 %	*61 %*	**62** %	544
RiÖ 2010	97 %	93 %	77 %	59 %	60 %	54 %	*60 %*	**61** %	561
RiÖ 2020	98 %	88 %	71 %	67 %	57 %	48 %	*48 %*	**47** %	523
Differenz 1970–2020	-2 %	18 %	-14 %	18 %	-11 %	2 %	*-28 %*	**-36** %	-53

In diesem Teil der Präsentation der Langzeitstudie geht es neben der Darlegung der Entwicklungslinien immer auch um die Frage nach den „Auswirkungen des Sozioreligiösen". Diese ist auch bei den Wichtigkeiten enorm; und das nicht nur in Bezug auf das „An Gott glauben", sondern viel mehr auf die Reihung von Wichtigkeiten. Keine nennenswerten Unterschiede gibt es zwischen den vier sozioreligiösen Grundtypen in der Frage, ob sie gesund sein wollen, Freunde haben, im Wohlstand leben und eine feste politische Meinung haben. Gänzlich anders bewerten aber die Kirchlichen sowie die Religiösen die familiale Lebenswelt: Für 80 % der KIRCHLICHEN ist es wichtig (SÄKULARE 43 %), verheiratet zu sein; für 89 % Kinder zu haben (SÄKULARE 67 %). KIRCHLICHE setzen also mehr auf die Bildung eines Lebensraums für Kinder, der geprägt ist von Stabilität und Liebe, als die SÄKULAREN. Das scheint auch ein Hinweis darauf zu sein, dass im Prägeraum einer Religion die Fähigkeit wirksam gefördert wird, für Kinder solidarisch eigene Lebensressourcen freizugeben. Diese Befreiung zu handfester Solidarität scheint sich auch auf zivilgesellschaftliches Engagement auszuweiten. Kurzum, KIRCHLICHE erweisen einer kinderarmen Gesellschaft mit ihrer überdurchschnittlich hohen Bewertung von stabilen Beziehungen und Kindern einen guten Dienst.

TABELLE 147: Persönliche Wichtigkeiten nach sozioreligiösen Grundtypen

	gesund sein	Freunde haben	Kinder haben	viel Freizeit haben	in Wohlstand leben	eine feste politische Meinung haben	verheiratet sein	an Gott glauben	Summe
SÄKULARE	**98%**	**85%**	**67%**	**62%**	**55%**	**47%**	**43%**	**22%**	479%
SKEPTIKER	98%	85%	79%	59%	62%	43%	63%	57%	547%
RELIGIÖSE	98%	85%	**84**%	50%	50%	46%	**68**%	**85**%	567%
KIRCHLICHE	99%	82%	**89**%	48%	59%	51%	**80**%	**96**%	603%
alle	*99%*	*84%*	*81%*	*55%*	*57%*	*47%*	*65%*	*68%*	*554%*
Diff Säk-Kir	*1%*	*-3%*	***22**%*	*-14%*	*4%*	*4%*	***37**%*	***73**%*	*124%*

Wie sehr auf die KIRCHLICHEN hinsichtlich der Generativität der Gesellschaft Verlass ist, zeigen auch die Antworten auf die Aussage: „Man lebt vor allem, damit die Kinder etwas erreichen und zufrieden sind." Unter den KIRCHLICHEN stimmen dieser Aussage 77% zu, untern den SÄKULAREN 4%.

In der Studie ist eine Reihe weiterer Haltungen beleuchtet worden. Es sind Aussagen zum praktischen Lebenssinn, zur Selbstbezogenheit und bis 2000 Fragen zur „Anomie" (Sinnlosigkeit: „Ich weiß nicht, wozu der Mensch lebt.") sowie zur Erfahrung von Leid. Das Streben nach eigener beruflicher Karriere oder auch der Karriere der Kinder war in den letzten Jahren rückläufig. Insbesondere ist es kein Lebensziel für viele, sich für Kinder zu verausgaben. Angestiegen ist eine hedonistische Selbstbezogenheit, die in der Aussage zu Ausdruck kommt: „Wichtig ist, dass der Mensch glücklich wird. Wie, das ist seine Sache." Lag der Wert 1980 bei 48%, waren 2020 71% dieser Ansicht. Anomieerfahrungen hingegen machten zwischen 1970 und 2000 immer weniger Menschen.

TABELLE 148: Lebenshaltungen – 1970–2020

	Der Sinn des Lebens besteht darin, eine angesehene Position zu gewinnen.	Der Beruf soll in erster Linie dazu da sein, ein gesichertes Einkommen zu erhalten.	Ohne Wohlstand bin ich mit meinem Leben nicht zufrieden.	Man lebt vor allem, damit die Kinder etwas erreichen und zufrieden sind.	Man muss sich das Leben so angenehm wie nur möglich machen.	Wichtig ist, dass der Mensch glücklich wird. Wie, das ist seine Sache.	Es gibt heute niemanden, der sich Zeit nimmt, die Sorgen der anderen anzuhören.	Das Leben ist ein einziger Opferweg.	Ich weiß eigentlich nicht, wozu der Mensch lebt..
RiÖ 1970	49%	69%	46%	89%	72%	57%	41%	45%	21%
RiÖ 1980	39%	80%	31%	69%	61%	48%	46%	35%	17%
RiÖ 1990	30%	72%	28%	60%	56%	54%	44%	27%	12%
RiÖ 2000	25%	70%	42%	56%	70%	78%	42%	18%	7%
RiÖ 2010	32%	68%		39%	72%	71%			
RiÖ 2020	23%	70%			73%	79%			

Neuerlich ist die Auswirkung der sozioreligiösen Ausstattung, die in der Grundtypologie gut zum Ausdruck kommt, auf diese Haltungen bemerkenswert. Die in Gemeinschaft praktizierte Religiosität dämpft die hedonistische Selbstbezogenheit (KIRCHLICHE 57%, SÄKULARE 73%). Auch Sinnlosigkeitsgefühle waren in den drei untersuchten Jahrzehnten unter den KIRCHLICHEN seltener als unter SÄKULAREN. Den KIRCHLICHEN liegt mehr daran, eine angesehene Position zu gewinnen, und vermutlich mit Blick auf den Erhalt der Familie soll der Beruf ein gesichertes Einkommen erbringen.

TABELLE 149: Lebenshaltungen – nach sozioreligiösen Grundtypen

	Man muss sich das Leben so angenehm wie nur möglich machen.	Der Sinn des Lebens besteht darin, eine angesehene Position zu gewinnen.	Wichtig ist, dass der Mensch glücklich wird. Wie, das ist seine Sache.	Ohne Wohlstand bin ich mit meinem Leben nicht zufrieden.	Der Beruf soll in erster Linie dazu da sein, ein gesichertes Einkommen zu erhalten.	*Das Leben ist ein einziger Opferweg.*	*Es gibt heute niemanden, der sich Zeit nimmt, die Sorgen der anderen anzuhören.*	*Ich weiß eigentlich nicht, wozu der Mensch lebt.*	Man lebt vor allem, damit die Kinder etwas erreichen und zufrieden sind.
SÄKULARE	71%	26%	**73**%	33%	65%	*24%*	*34%*	*36%*	4%
RELIGIÖSE	61%	29%	58%	31%	67%	*29%*	*38%*	*25%*	48%
SKEPTISCHE	72%	37%	68%	39%	73%	*28%*	*44%*	*32%*	9%
KIRCHLICHE	66%	**44**%	57%	39%	**78**%	***46**%*	***50**%*	*30%*	**77**%
Differenz SÄK-KIR	*-4%*	*18%*	*-17%*	*6%*	*13%*	*21%*	*16%*	*-6%*	*72%*

Ehe als Risikolebensform

In der Liste der Wichtigkeiten ist schon sichtbar geworden, wie wichtig gerade in einer zunehmend anonymisierten Welt für die meisten Menschen die „kleinen Lebenswelten" sind. Hier begegnen sie face-to-face einem Lebenspartner, einer Lebenspartnerin, verbringen Zeit mit Kindern, sorgen sich pflegerisch um die Angehörigen, sobald das nötig ist. In diesen „kleinen Lebenswelten" wollen die Menschen nicht nur ihr Leben, sondern viele auch das Sterben vollbringen. An den Übergängen des Lebens, die alle familial[66] verwurzelt sind, entsteht der Wunsch nach Übergangsritualen, die nach Ansicht eines Großteils der Menschen den christlichen Kirchen anvertraut sind. Auch manche Feste des Jahres bringen Menschen mit Aspekten der christlichen Tradition in Verbindung. So gilt in der Forschung das Auto als das Symbol der Freiheit und Beweglichkeit, die Familie ist aber den Menschen als Symbol der Geborgenheit „heilig".

Im Forschungszeitraum wurden einige Fragen zu Ehe und Scheidung gestellt. Das war seit 1980 durch die pastorale Neuorientierung der Österreichischen Bischöfe im Umkreis von Scheidung und Wiederheirat akut geworden[67] Denn die Kirche in Österreich wurde vom damaligen Papst Johannes Paul II. wegen der lokalen pastoralen Innovation kritisiert, im Einzelfall geschiedene Kirchenmitglieder, die gegen den erklärten Willen der Kirche standesamtlich geheiratet haben, zur vollen sakramentalen Kirchengemeinschaft zuzulassen. Die Entscheidung sollte „nach einem Gespräch mit einem Seelsorger" im Einzelfall zusammen mit der betroffenen Person vorgenommen werden: Eine Lösung, die im Jahre 2015, gestützt auf zwei Familiensynoden, faktisch weltkirchlich anerkannt wurde. Die Fragen betreffen aber nicht nur Kirchenmitglieder, sondern geben auch über die Kultivierung von „ehelichen" Beziehungen Auskunft. Die Diskussion „Ehe für alle" war erst in den letzten Jahren aufgekommen: Dieser Frage ist ja im ersten Hauptteil eine Analyse gewidmet, gestützt auf die Frage, für welche Art von Partnerschaft die Kirche ihr Hochzeitsritual öffnen solle.

Über die Jahre hinweg war die Fragerichtung aber eine andere. Einerseits sollte ausgelotet werden, welche Bedeutung das kirchliche Trauungsritual und dahinter die kirchliche Ehelehre auf die Qualität von „ehelichen" Liebesbeziehungen habe. Sodann wurde ausgekundschaftet, wie stabil die Ehen eingeschätzt werden, ob die Paare heute zunehmend mit der Möglichkeit einer Scheidung rechnen müssen, welche Bedeutung der Glaube in Krisen von Paaren spielt – und eben schließlich: ob gerade in einer Kultur der Individualisierung und der Vereinsamung es nicht gerade moralisch nötig sei, dass Partner, die geschieden wurden, um ihrer selbst und auch um der Kinder willen sich neuerlich verbünden und wiederum eine kleine Lebenswelt aufbauen.

---

66 Diese Wortkreation sieht davon ab, für welche Familienform sich jemand entschieden hat. Wichtig sind die familialen Lebensräume, die geprägt sind von Stabilität und Liebe, und dies ist ein Bedürfnis für Erwachsene wie Kinder in einer hochmobilen Welt.

67 Die zeitbedingte Brisanz der Auseinandersetzungen in der katholischen Kirche ist die Ursache dafür, dass einzelne der Fragen nicht in allen Wellen gestellt worden waren.

Die Items zur Ehe bündeln sich (faktorenanalytisch) in zwei Gruppen. In der einen sind Aussagen über die Bedeutung von Glaube(nslehre) und kirchlichem Ritual für die Qualität der Beziehung. Die Fragen der zweiten Gruppe loten die Sorge der Menschen aus, die Ehe könnte nicht halten. Eine Wiederheirat wird befürwortet – wegen der Geschiedenen wie wegen deren Kindern.

TABELLE 150: Einstellungen zu Ehe, Scheidung und Bedeutung des Glaubens und des kirchlichen Hochzeitsrituals (1970–2020)

A: Der Glaube hilft über viele Ehekrisen hinweg.
B: Wenn man kirchlich heiratet, fühlt man sich mehr aneinander gebunden.
C: Wenn der Glaube in der Ehe fehlt, fehlt auch das gegenseitige Vertrauen.
D: Es ist gut, dass die Kirche die Unauflöslichkeit der Ehe verlangt.
E: Geschiedene verunsichern Verheiratete.
F: Um ihrer selbst und um der Kinder willen ist es notwendig, dass Geschiedene wieder heiraten.
G: Wer heute heiratet, muss mit der Möglichkeit einer Scheidung rechnen.
H: Wenn jemand schuldlos geschieden ist, wäre es richtig, ihm die kirchliche Heirat wieder zu gestatten.

	A	B	C	D	E	F	G	H
RiÖ 1970	67%	64%	60%	54%			84%	
RiÖ 1980	51%	52%	54%	39%			70%	
RiÖ 1990	46%	47%	48%	31%	19%	52%	69%	58%
RiÖ 2000	40%	44%	37%	26%	18%	56%	72%	64%
RiÖ 2010		55%						
RiÖ 2020		46%		22%			72%	
alle	54%	53%		37%		53%	75%	60%

Hoch ist der Anteil derer, die es für möglich halten, dass Romeo und Julia nicht als Philemon und Baucis enden werden: Man müsse heutzutage mit der Möglichkeit einer Scheidung rechnen. Der Wert liegt über die Jahre hinweg rund um 75%. Ehe erscheint (wie ja längst auch die Ehelosigkeit) als eine der beiden Hochrisikolebensformen. Es traut sich also viel, wer sich heute traut, zumal kirchlich. Das erklärt auch ein wenig die (wenngleich über die Jahre rückgängige) Zustimmung zu dem in allen sechs Studien vorgelegten Item: „Wenn man kirchlich heiratet, fühlt man sich mehr aneinander gebunden." Die Zustimmung zu dieser Aussage geht über die Jahre hinweg leicht zurück. Sie bewegt sich zwischen zwei Drittel (1970) und der Hälfte (2020). Das Ritual scheint den eigenen Durchhalteressourcen zusätzliche religiöse Ressourcen hinzuzufügen. Ein starkes Drittel erhofft noch 2000, dass der Glaube in der Ehe gegenseitiges Vertrauen begünstigt. Deutlich weniger Unterstützung wird davon erhofft, dass die Kirche die Unauflöslichkeit der Ehe verlange (2000: 26%, aber 1970 noch 54%).

Wenig Verständnis haben über die Jahre hinweg die Kirchenmitglieder für das strenge Wiederverheiratungsverbot ihrer katholischen Kirche aufgebracht. Eine Wiederheirat könne sogar zur sittlichen Verpflichtung werden, so eine starke Hälfte, wenn es um das Wohl des geschiedenen Partners, der geschiedenen Partnerin geht und vor allem um das Wohl der Kinder, die einen Raum, geprägt von Stabilität und Liebe und in diesem elterliche Menschen, für gewöhnlich Vater und Mutter brauchen. Nahezu zwei Drittel hatten 2000 keinerlei Verständnis für die restriktive pastorale Haltung ihrer Kirche. Dabei leugnen die Menschen nicht, dass am Anfang, in der Zeit der romantischen Liebe, kaum jemand mit Absicht die Liebe hinsichtlich Raum und Zeit begrenzen will. Aber im Lauf der Zeit könne sich das als unrealistische, nicht lebbare, ja lebensschädliche Täuschung erweisen. Dann habe das Überleben in Frieden Vorrang vor dem Aufrechterhalten einer nicht mehr für lebensfähig gehaltenen Verbindung.

Nur sehr wenige Befragte teilen die Ansicht, dass – so das betuliche Argument mancher pastoraler Ideologen – Geschiedene den Bestand von bestehenden Ehen gefährden würden. Dies vor allem dann, wenn die Kirche mit ihnen pastoral mit Augenmaß und mit Respekt vor den einzelnen Scheidungsgeschichten verfährt.

TABELLE 151: Aussagen zur Ehe(-scheidung) nach sozioreligiöser Grundtypologie

A: Der Glaube hilft über viele Ehekrisen hinweg.
B: Wenn man kirchlich heiratet, fühlt man sich mehr aneinander gebunden.
C: Wenn der Glaube in der Ehe fehlt, fehlt auch das gegenseitige Vertrauen.
D: Es ist gut, dass die Kirche die Unauflöslichkeit der Ehe verlangt.
E: Geschiedene verunsichern Verheiratete.
F: Um ihrer selbst und um der Kinder willen ist es notwendig, dass Geschiedene wieder heiraten.
G: Wer heute heiratet, muss mit der Möglichkeit einer Scheidung rechnen.
H: Wenn jemand schuldlos geschieden ist, wäre es richtig, ihm die kirchliche Heirat wieder zu gestatten.

	A	B	C	D	E	F	G	H
SÄKULARE	15%	14%	14%	9%	13%	44%	79%	70%
SKEPTIKER	33%	44%	33%	24%	17%	53%	78%	66%
RELIGIÖSE	59%	59%	53%	38%	17%	56%	79%	57%
KIRCHLICHE	84%	84%	81%	65%	25%	60%	71%	48%
Differenz Säk-Kir	*70%*	*70%*	*67%*	*56%*	*13%*	*16%*	*-7%*	*-22%*

Diese durchschnittliche Meinungslage verändert sich drastisch, wenn die Daten nach den vier sozioreligiösen Grundtypen aufgeschlüsselt werden. Nicht viel unterscheiden sich diese weltanschaulich konträr positionierten Typen, wenn es um das Argument geht, dass Geschiedene Verheiratete verunsichern würden. Auch schätzen die Zugehörigen zu allen vier Typen in ähnlicher Weise die heutige hohe Labilität von Ehen ein. SÄKULARE und auch SKEPTIKER raten der katholischen Kirche mehr als die KIRCHLICHEN, den schuldlos Geschiedenen die kirchliche Heirat wieder zu gestatten.

Hinsichtlich der Rolle des Glaubens klaffen aber die Daten zwischen SÄKULAREN und KIRCHLICHEN erwartungsgemäß weit auseinander. Die Differenzen liegen zwischen 56 und 70 Prozentpunkten. Das bedeutet, religionssoziologisch nüchtern besehen, dass KIRCHLICHE dank der mentalen Rückendeckung ihres Glaubens und ihrer Religionsgemeinschaft der Überzeugung sind, dass ihnen für ihre Ehe vor allem in Zeiten der Krise (religiöse) Energien zufließen, die ihnen die

Chance erhöhen, die Krise ohne eine Scheidung zu meistern. Die Frage an die SÄKULAREN kann nur lauten: Haben sie säkulare Ressourcen oder rechnen sie schlicht nicht mit der Stabilität der Beziehungen, sondern nehmen für sich und ihre Kinder hin, dass Ehen scheitern? In der Ehe-Literatur wie bei zeitgenössischen Eheratgebern wird selbst der Begriff des „Scheiterns" vermieden. Das geschieht wohl teilweise zu Recht, weil es oftmals gar nicht einfach ist, Schuld und Tragik, verletzendes Handeln und psychische Unreife voneinander zu trennen. Manche reden sogar vom Ergreifen neuer Chancen für sich und Kinder. Aber auch diese Position wird wiederum – selbst in profanwissenschaftlichen Szenen – in Frage gestellt.

Typologie Auswirkungen

Mit ausgewählten Items, die Auskunft geben über Haltungen und Wichtigkeiten, wird eine zusammenfassende Clusteranalyse gemacht. Es sollen mit einer solchen datenkomprimierenden Analyse typische Muster herausgeschält werden. Mit diesem Ergebnis kann gleichsam zusammenfassend ein Überblick über die Wirkkraft der bunten weltanschaulichen Positionen auf profane Aspekte heutigen Lebens gegeben werden. Dabei interessiert nach wie vor, wie sich diese Zusammenhänge im vergangenen halben Jahrhundert herauf bis heute entwickelt haben.

Zunächst ist es gelungen, drei gut abgegrenzte Cluster zu errechnen. Sie unterschieden sich sowohl in den Persönlichkeitsmerkmalen (wie Autoritarismus) als auch bei Haltungen und Wichtigkeiten. Hinsichtlich der Frage, wie der Einfluss des Glaubens und der eigenen Religionsgemeinschaft gesehen wird, sind die Unterschiede auch gut erkennbar.

- Ein erster Typ sind die *Trenner*. Sie sehen so gut wie keinen Einfluss des Religiös-Kirchlichen auf die in die Analyse einbezogenen Bereiche wie Ehe, Scheidung, Wichtigkeiten im Leben.
- Ein dazu polarer Typ sind die *Umsetzer*. Sie sehen deutliche Verwebungen zwischen Religion, Glaube, Kirche und wichtigen Lebensbereichen. Dieser Typ ist auch dadurch zu charakterisieren, dass die zugerechneten Personen stark mit Autoritarismus ausgestattet sind. Das ließe auch die Beschreibung „Durchsetzer" zu. Sie tragen das Bild von einer gesellschaftlich einflussreichen Kirche in sich. Erinnerung an einen „politischen Katholizismus"?
- Der dritte Typ ist jenem der Umsetzer nahe, hat aber eine weitaus geringere Ausstattung mit dem unterwerfungsbereiten und machtaffinen Autoritarismus. Sie sollen daher mit dem eher freiheitlichen Begriff „*Werber*" charakterisiert werden. Sie wünschen sich und sehen auch einen Einfluss des Religiösen und Kirchlichen auf verschiedene Lebensbereiche, haben aber keine Neigung zur „machtvollen" Durchsetzung.

ABBILDUNG 66: Typologie „Auswirkungen“

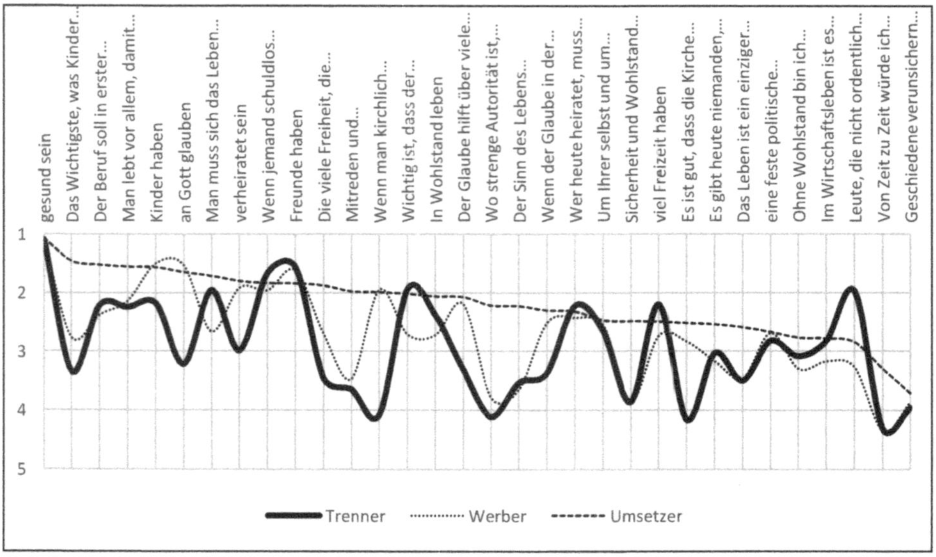

Clusteranalyse: Mittelwerte.

Der Anteil der Personen in diesen drei typischen Körben hat sich in den letzten fünfzig Jahren stark verschoben. Die Trenner sind mehr geworden, die Durchsetzer weniger. Der Anteil der freiheitlichen Werber ist stabil geblieben. 2020 sind die Trenner mit der Hälfte die klare Mehrheit.[68]

Unter den jüngeren Personen finden sich deutlich mehr Trenner als unter den älteren, ebenso unter Personen mit Pflichtschule gegenüber den Hochschülern. Damit hängt auch zusammen, dass die Trenner nicht in den Dörfern, sondern in den Städten leben. Unter den Protestanten gibt es deutlich weniger Um- und Durchsetzer als unter den Katholiken, es überwiegen in der evangelischen Kirche die Trenner. Die Nichtmitglieder und Ausgetretenen bergen in ihrer Kategorie fast nur Trenner.

Krass ist der Zusammenhang mit dem Typ der subjektiven Religiosität und der Stärke des Gottesglaubens.

68 Hier sind die Ergebnisse einer multiplen Regressionsanalyse. Sie zeigt, dass der Autoritarismus eine übermächtige Erklärungskraft besitzt. Das Geschlecht spielt keine Rolle. Die Zusammenhänge der in die Analyse einbezogenen Variablen mit der Typologie sind alle signifikant, ihre Stärke wird durch die Höhe des beta-Koeffizienten ausgedrückt. Der faktische Zusammenhang ist in der Abbildung dargestellt. Autoritarismus (beta=-0,51), Religiosität (beta=0,11), Gottesglaube (beta=0,09), Welle (beta=-0,06), Religionsgemeinschaft- (beta=0,05), Alter (beta=-0,04), Ortsgröße (beta=-0,03), Schulbildung (beta=-0,03).

ABBILDUNG 67: Verteilung der Typen der Auswirkungen

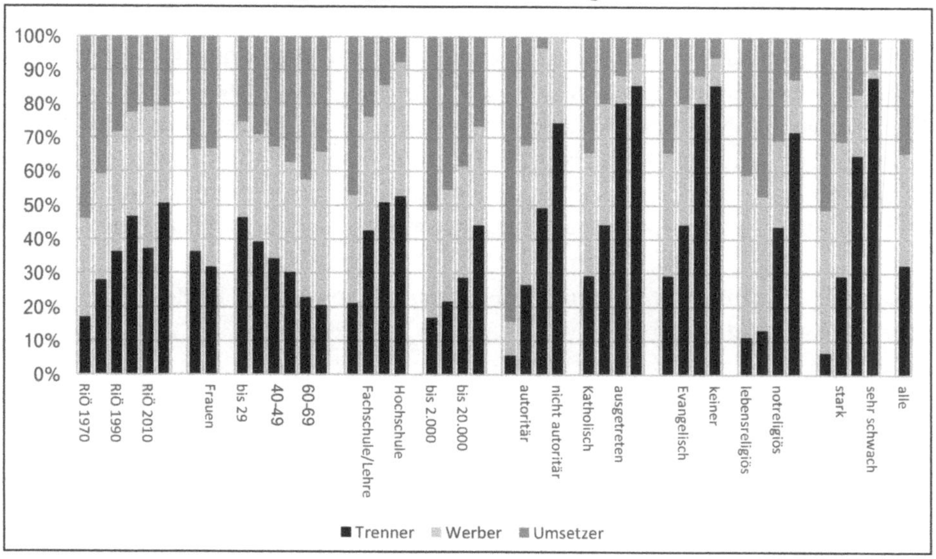

Entlassung

Was anderes kann am Schluss einer solchen Langzeitstudie erwogen werden als die dunkle Frage: Wie werden die Zukünfte der Religionen und Kirchen im Land aussehen? Wird sich auch die katholische Kirche (in Österreich) zu einer Minderheitskirche wandeln? Das müsste nicht von vornherein ein qualitativer Verlust sein.

Es könnte sein, dass sie sich aus einer erstarrten und von vielen als heillos überalterten Institution zu einer vitalen Bewegung wandelt. Aus der hochbürokratisierten, dank gesicherter Finanzen auch von Selbstgefälligkeit versuchten Organisation „Kirche" könnte eine verjüngte dynamische Jesusbewegung werden. Eine Art „Eastern for Future" à la Greta Thunberg könnte sich ereignen. Das wäre eine epochale Wandlung.

Würde eine solche Wandlung nicht die Kraft des Evangeliums stärken? Denn derzeit gibt es im Land viele Katholiken, unter denen auch Christen sind – was die Wirkmächtigkeit des Evangeliums nicht gerade fördert und den verbreiteten Etwasismus nicht beunruhigt. Vielleicht gibt es morgen weniger Katholiken, aber unter diesen weit mehr entschiedene und ziemlich „konsequente" Christinnen und Christen? Sie könnten einer 17-Jährigen Atheistin aus Ostdeutschland mit Begeisterung in der kurzen Zeit, in der sie es vermögen, auf einem Bein zu stehen, erklären, was Jesu Vision für seine Bewegung war und warum sie sich dieser Jesusbewegung ohne Wenn und Aber angeschlossen haben und versuchen, so gut es geht, sich an den Erzählungen der Jesusbewegung zu orientieren. Aber wäre eine solche Entwicklung nicht ein soziologisches Wunder, gegen allen Trend?

Zu einem solchen Blick in die dunkle Zukunft wurden auch die Befragten gewonnen. Sie sollten berichten, wie sie die künftige Entwicklung der Religion „sehen". Dazu war schon 2010 erstmals eine einschlägige Frage gestellt worden. Diese stammt aus dem großen Forschungsprojekt „Aufbruch: Gott nach dem Kommunismus", welches die Lage der Religion in den jungen postkommunistischen Reformdemokratien in Ost(Mittel)Europa erhoben hatte. So lautete die futurologische Frage ziemlich am Ende des Fragebogens unserer Langzeitstudie: „Was meinen Sie?" – und dann wurden zur Auswahl drei mögliche Szenarien vorgegeben:

- „1=In zehn Jahren werden mehr Menschen religiös sein als heute.
- 2=genauso viele
- 3=In zehn Jahren werden weniger Menschen religiös sein als heute."

Wenn man sich gar nicht festlegen wollte, konnte man auch „4=ich weiß es nicht" wählen.

TABELLE 152: Zukunftsaussichten

	In zehn Jahren werden mehr Menschen religiös sein als heute.	genauso viele	in zehn Jahren werden weniger Menschen religiös sein als heute.
2010	10 %	32 %	58 %
2020	11 %	33 %	56 %

Optimismus strahlt dieses Ergebnis wahrlich nicht aus. Deutlich mehr als die Hälfte „sieht" eine weitere Ausdünnung der Religiosität vorher (56 %), ein Drittel vermutet eine Stabilisierung, nur 11 % prognostizieren einen Aufbruch. Auch in den Zukunftsaussichten bleiben die Menschen dem Titel dieser Studie treu: Wandlung. Das freilich nicht zu Gunsten der Religionen und der christlichen Kirchen. Ausdünnung heißt nicht verschwinden. Aber die innere Gestalt der Religiosität und damit einhergehend der Glaubenskosmen sowie der Vielfalt der Bezogenheit und Beteiligung an den Lehren und Feiern einer Religionsgemeinschaft werden sich weiter wandeln, ohne zu verschwinden.

Es lässt sich auch zeigen, welche Teile der Bevölkerung in ihrer Religionsprognose eher optimistisch oder eher pessimistisch fühlen.[69]

- In folgenden Kreisen finden sich die *Entwicklungsoptimisten*: Sie sind selbst religiös, sind Mitglied einer Religionsgemeinschaft, gehen freitags in eine Moschee oder sonntags zum Gottesdienst, wohnen in einem Dorf und sind zwischen 40 und 60 Jahre alt. Verheiratete mit vielen Kindern neigen auch etwas mehr als Ledige dazu, der Religion eine bessere Zukunft zu bescheinigen. Am optimistischsten sind Angehörige einer Freikirche.

69 Keinen bemerkenswerten eigenständigen Einfluss auf die Prognose haben (so eine multiple Regressionsanalyse) das Geschlecht, die Kinderzahl, die Parteipräferenz oder die Schulbildung. Einflussstark ist vor allem die Religiosität (beta=,27), die (Nicht)Zugehörigkeit zu einer Religionsgemeinschaft (beta=-,09), die Ortsgröße (beta=-,08), das Alter (beta=,07) sowie der Kirchgang (beta=,07).

- Die *Entwicklungspessimisten* sind unter dreißig Jahre alt, sind selbst nicht religiös und glauben auch nicht an einen Gott. Sie feiern keine Gottesdienste mit, gehören keiner Religionsgemeinschaft an oder sind aus einer solchen ausgetreten.

Es sieht also danach aus, dass Religionserfahrene optimistisch, Menschen ohne religiöse Erfahrung hingegen die künftige Entwicklung der Religion pessimistisch einschätzen. Das erklärt auch, warum der Pessimismus überwiegt: Denn auch die religiös Unerfahrenen sind heute in der Mehrzahl.

ABBILDUNG 68: Optimisten und Pessimisten hinsichtlich der künftigen religiösen Entwicklung

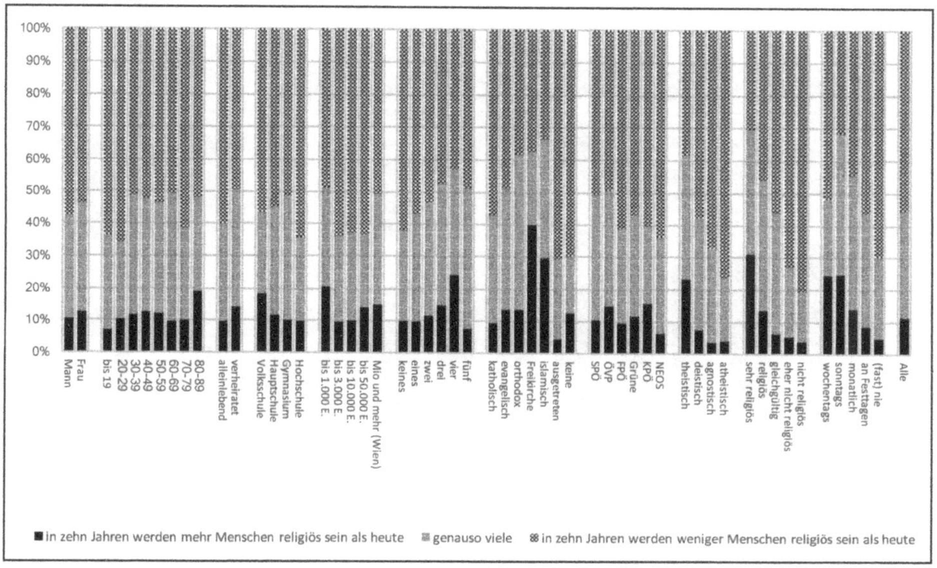

Diese Religionsprognose trifft auf ein westeuropäisches Land zu, vielleicht auf die Religion in Westeuropa insgesamt. Befragte in Osteuropa haben diesbezüglich eine andere Einschätzung.[70] Allerdings unterscheiden sich auch dort die Länder hinsichtlich der Religionsprognose beträchtlich. Orthodox geprägte Kulturen sind optimistischer als katholische, gemischte oder gar atheisierende Länder (wie Ostdeutschland oder Tschechien).

70 Tomka, Miklós/Zulehner, Paul M.: Religionen und Kirchen in Ost(Mittel)Europa, Ostfildern 1998.

TABELLE 153: Religionsprognose in ost(mittel)europäischen Ländern

	Ukraine	Weißrussland	Moldawien	Serbien	Bulgarien	Rumänien	Litauen	Ungarn	Kroatien	Ostdeutschland	Slowakei	Slowenien	Polen	Tschechien
in 10 Jahren werden weniger Menschen religiös sein als heute	9 %	9 %	20%	14%	15%	35%	31 %	35%	41 %	45%	36%	51 %	71 %	41 %
genauso viele	32%	33%	23%	32%	38%	32%	40%	39%	40%	37%	51%	38%	21 %	52%
in zehn Jahren werden mehr Menschen religiös sein als heute	59%	59%	57%	54%	46%	33%	29%	26%	19%	18%	13%	11 %	9%	7%

ABBILDUNG 69: Religionsprognosen in Ost(Mittel)Europa

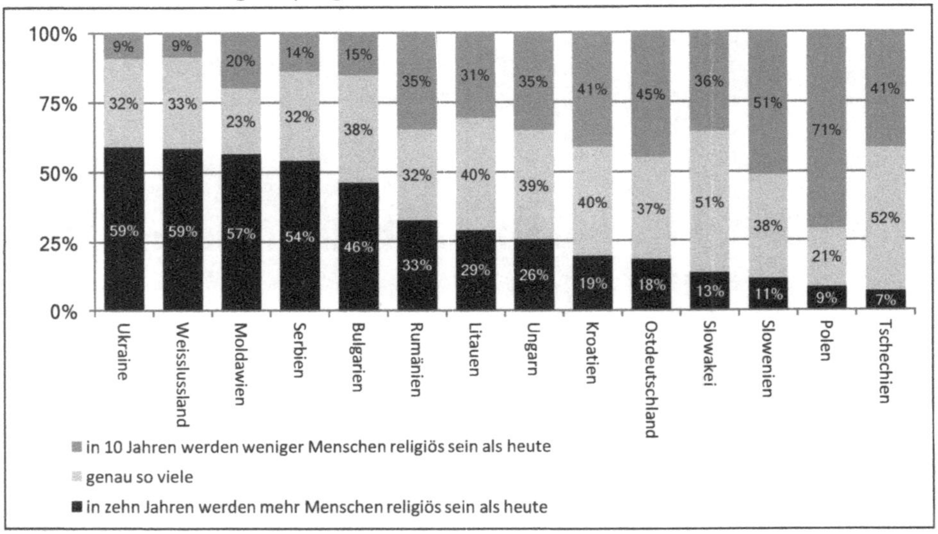

Die Daten verheißen für die meisten Länder Westeuropas sowie Teile Ost(Mittel) Europas insgesamt eine düstere Religionszukunft. Aber die Verlängerung von Trends in die Zukunft ist das eine, die faktische Entwicklung das andere. Niemand kann angesichts der turbulenten Weltentwicklung absehen, ob die in den psychischen Untergrund abgesunkenen religiösen Fragen der Menschen wiederauftauchen, sich neu stellen und nach Antworten verlangen. Oder ist mit dem Absinken der Religion in die Tiefen der Innerlichkeit die religiöse Frage selbst mitgestorben? Bleibt auch für Religionen und Kirchen nur das Hoffen auf das Wunder einer Auferstehung? Der in dieser Hinsicht ratlosen Forschung bleiben viele offene Fragen und der humoristische Satz: „Die Zukunft ist auch nicht mehr, was sie einmal war."

Ein für die künftige Entwicklung der Religionsgemeinschaften bemerkenswertes Ergebnis soll zum Abschluss präsentiert werden. Gibt es angesichts der Abwanderung von Menschen aus Religionsgemeinschaften und zur lautlosen Verdunstung von Religiosität und Gläubigkeit auch gegenläufige Prozesse? Ja, es gibt sie. Es gibt Menschen, welche berichten, dass sie im Lauf ihres Lebens „religiöser" geworden sind. Ein Drittel aller Befragten hat diese Erfahrung gemacht.

Überdurchschnittlich viele solche Personen finden sich in den Freikirchen und unter den Kirchlichen. Freikirchen entspringen einer persönlichen Entscheidung im Erwachsenenalter ihrer Mitglieder. Und wie die Kirchlichen pflegen die Mitglieder der Freikirchen mit ihrer Glaubensgemeinschaft einen intensiven Austausch. Beide Elemente scheinen für die künftige Entwicklung der Religionen und Religionsgemeinschaften eine wichtige Rolle zu spielen: die freie persönliche Entscheidung sowie die Erfahrungen einer tragenden Gemeinschaft. Religion ist somit, so Peter L. Berger, künftig eben „nicht Schicksal, sondern Wahl". Das ist die zentrale Wandlung, die im Gang ist. Insofern die Freiheit der Personen im Spiel ist, wird die Entscheidung zum Glauben in einer Gemeinschaft ein Prozess sein, in dem es Annäherung und Entfernung, Suchen und Zweifel[71] wie Erfahrungen von Gewissheit geben wird. Die Kombination von Entscheidung und Zweifel macht „Kirchen" aus. Unterbleibt diese, kommt es, soziologisch besehen, zur Bildung von Sekten.[72]

ABBILDUNG 70: Religion ist im Laufe meines Lebens für mich wichtiger geworden.

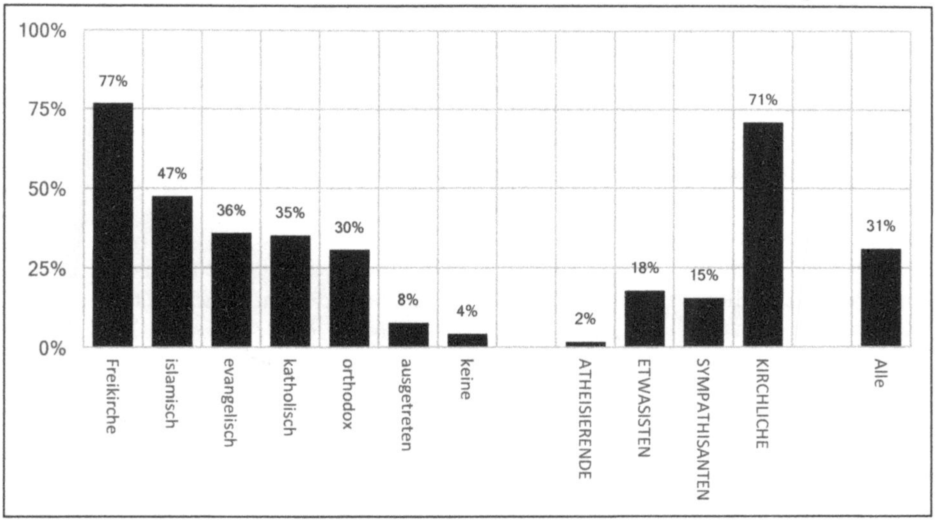

71 Berger, Peter L./Zijderveld, Anton C.: In praise of doubt, New York 2010.
72 Wilson, Bryan R.: Religious sects, London 1970.

Verzeichnisse

Tabellen

Abbildungen